精品课程配套教材

21世纪应用型人才培养“十三五”规划教材

“双创”型人才培养优秀教材

信息检索技术

编 著 赵 泉

副主编 汪邦银 林 苹

XINXI JIANSUO JISHU

中国海洋大学出版社
CHINA OCEAN UNIVERSITY PRESS

图书在版编目（CIP）数据

信息检索技术 / 赵泉编著. —青岛：中国海洋大学出版社，2018. 7

ISBN 978-7-5670-1904-1

Ⅰ. ①信… Ⅱ. ①赵… Ⅲ. ①信息检索技术—高等学校—教材 Ⅳ. ①G254. 91

中国版本图书馆 CIP 数据核字（2018）第 184428 号

出版发行 中国海洋大学出版社
社　　址 青岛市香港东路 23 号　　**邮政编码** 266071
出 版 人 杨立敏
网　　址 http://www. ouc-press. com
电子信箱 2880524430@ qq. com
订购电话 010-82477073（传真）　　**电　　话** 010-82477073
责任编辑 王积庆
印　　制 北京俊林印刷有限公司
版　　次 2018 年 8 月第 1 版
印　　次 2018 年 8 月第 1 次印刷
成品尺寸 185 mm × 260 mm
印　　张 20
字　　数 474 千
印　　数 1—10000
定　　价 45. 00 元

前　言

一直以来，笔者总是在思考一个问题，作为交叉学科的信息管理与信息系统专业，其技术应该包括哪些，代表性的技术又应该是什么？思前想后，总觉得应该是信息检索技术。随着时间的推移和学习和研究的深入，这种观点愈发地坚定了。

对信息检索及其相关技术进行研究的人员很多，成果比较多的是计算机行业相关人员，他们主要从事搜索引擎及其相关技术和领域的研究，而图书馆学、情报学相关人员对此类的研究反而变得非常少了。这是从研究人员的角度来探讨信息检索问题。换个角度，从课程的角度来看，计算机专业多半开设搜索引擎类课程，或许名称上会有些不同，但介绍的内容主要是围绕着搜索引擎来展开，研究算法及其改进的居多，建立系统的不少。从传统的信息管理与信息系统专业派生出来的课程名称是信息存储与检索，只是全篇并没有多少存储方面的内容，检索本身的内容也是理论多于实践，更注重手工检索、联机检索、网络检索等的所谓传承。另外，以前面向全体大学生，由图书馆开设文献检索课，现在多数都改成信息检索，此类课程更多的是关于信息资源的获取以及搜索工具的使用。总之，课程名也许相同，但内容会相去甚远。

社会的进步，技术的发展，网络的普及，使信息检索取得了飞速的发展，手工检索、联机检索等传统形式已经逐步被网络检索、搜索引擎等新的形式所取代。信息检索课是信息管理与信息系统专业的核心课程，与此相适应，其教材应该反映本学科最新的、最前沿的内容，应该在继承传统的基础之上，推陈出新，以适应目前飞速发展的形势的需要。

本书的内容可以分为两大部分，第一部分按信息检索的过程对信息检索技术进行了介绍，包括第1章到第4章，涵盖了信息检索概述、信息加工与处理、信息查询与检索以及全文检索与文本处理等，具体包括信息检索的含义和类型，检索系统的构成与评价，信息检索模型，从总体和全局角度所论述的信息加工与处理，信息检索等。第二部分是信息检索的应用，包括第5章到第9章，主要包括搜索引擎、搜索的延伸与拓展、智能检索、跨语言检索、基于内容的检索以及个性化信息服务等；对搜索引擎进行详尽的论述，也介绍了元搜索引擎等，并对垂直搜索、微博搜索、社会化搜索、桌面搜索和企业搜索、即时搜索，对自动标引、自动文摘等智能检索内容进行了介绍。本来微博检索应该归于社会化检索，但考虑到研究的热点以及成熟度和影响，把它们分成了两章。对自然语言和跨语言的检索，以及情境感知检索和语义检索也进行了介绍；把对多媒体的检索都归于基于内容的检索，对个性化检索，从需求到推荐，全过程进行介绍。希望通过自己的努力，力争把信息检索技术从过程到应用进行一个全面及完整的展示。

在全书的编写过程中，考虑到目前的信息管理与信息系统专业生源构成，尽可能地降低了技术的难度，但效果如何，还需要通过时间来检验。所以，不论是信息管理与信息系统专业，还是计算机相关专业，电子商务，物流管理等专业，在开设本课程时，务必注意前导课的问题，希望学生能够有一个良好的基础来学习这方面的内容，这个良好的基础包括计算机基础、管理信息系统知识等。

由于篇幅的限制，本书没有保留习题、综合实践以及大作业等内容，如果有必要，会以习题集或指导书的方式出版。

本课程建议学时为 48 小时，其中实验学时 20 小时。在具体开设时，可根据本校的具体情况进行删减。

本书由赵泉担任主编，由汪邦银、林苹担任副主编。具体分工如下：由赵泉编写第一章、第三章、第四章、第五章、第六章；由汪邦银编写第二章、第七章；由林苹编写第八章、第九章。最后由赵泉对全书统改。

本书在编写过程中参考了大量同类资料，绝大多数都在参考文献中加以标注，在此表示由衷的感激。

本书受辽宁对外经贸学院特色教材建设项目资助，在此表示衷心感激。

由于时间仓促，书中难免存在不妥之处，请读者原谅，并提出宝贵意见。

编者

2018 年 6 月

目 录

第1章 信息检索概述

在浩瀚无边的信息海洋中，尽快找到自己所需要的信息是我们应该具备的基本技能。本章从信息检索的基本概念入手，研究了信息检索的类型、过程、内容和发展。要求重点掌握信息检索的概念、原理和过程，信息检索的研究内容和发展史可做一般了解。

1.1 信息检索含义与发展

随着社会的发展和技术的进步，信息检索也有了很大的发展，随着新技术的出现，信息检索不断地被赋予新的内容。

1.1.1 信息检索含义

信息检索（Information Retrieval，IR）一词是由美国学者穆尔斯（C. N. Mooers）首先提出的，直到1961年，才开始在学术界和实践领域中得到广泛的应用。

信息检索可以从广义和狭义两个角度理解。广义的信息检索是指将信息按一定方式组织和存储起来，并根据用户的需要找出相关信息的过程。其中包括存与取两个方面。

“存”就是信息存储，是对信息进行收集、标引、描述、组织，并对其特征化的表达集加以整序，形成信息检索工具或检索系统的过程。在存储环节，首先采集信息，然后对采集来的信息进行加工，加工完成后的信息分别存储在索引库和数据库中。

“取”即信息查找，是通过某种查询机制从检索工具或检索系统中查找出用户所需的特定信息或获取其线索的过程。在“取”的环节，也就是信息检索的环节，信息用户产生信息需求，进而对需求表达，形成检索提问。将检索提问与索引库匹配，得到匹配结果。用匹配结果到数据库中将符合的结果读出来，结果存放并按要求显示。狭义的信息检索仅指信息查找过程。

基于广义的信息检索基本原理如图1-1所示。

信息检索实际上就是信息的匹配过程，由此形成了包括提取机理、表示机理、比较机理、判断机理和选择机理的信息检索一致性匹配作用机理。

1.1.2 信息检索的发展

信息检索的发展大概经历了手工信息检索阶段、机械信息检索阶段、计算机信息检索阶段三个阶段。进入20世纪，以缩微胶卷为代表的机械信息检索陆续出现。20世纪50年代，计算机的出现，使信息检索进入了计算机时代。

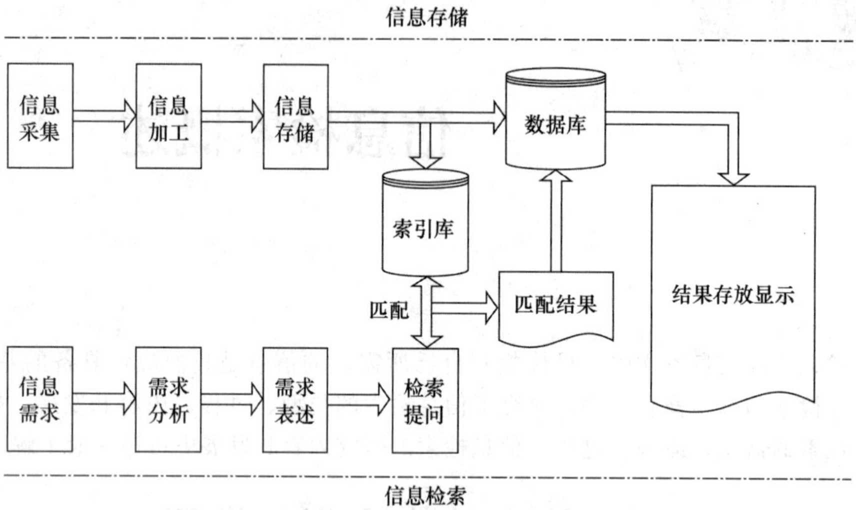

图 1-1　信息检索原理

1. 信息检索发展过程

计算机信息检索阶段则依据信息技术应用程度分为脱机检索、联机检索、光盘检索与网络化检索四个阶段。

（1）脱机检索阶段

1948 年穆尔斯在其硕士论文中第一次使用了"Information Retrieval"这个术语。

1951 年，提出了单元词组配检索法。1954 年，美国海军兵器中心在 IBM-701 型计算机上建立了世界上第一个科技文献检索系统。1958 年，美国通用电器公司（GE）将科技文献系统进行了改进，输出结果有作者和摘要。

1964 年，美国化学文摘服务社（CAS）建立了文献自动化系统。同年，美国国立医学图书馆建立了医学文献分析与检索系统，它支持"逻辑与""逻辑或""逻辑非"等逻辑运算，还提供了多种检索途径。

在建立文摘检索系统中，产生了布尔模型、向量空间模型和概率检索模型。

在利用计算机进行信息检索的早期，人们用磁带作存储介质，用单台计算机的输入输出装置进行检索，一般为连续的顺序检索方式。检索部门把许多用户的检索提问汇总到一起，进行批量检索，然后把检索结果通知各个用户，用户不直接接触计算机。这种方法更适合大批量的定题信息检索，所以也叫脱机批处理检索或定题情报服务。

最初的信息检索系统面向小型的科学文摘数据库、法律和商业文档，检索模型为基本的布尔模型和向量空间模型。

（2）联机检索阶段

20 世纪 60 年代末，由于计算机软硬件技术的不断提高，出现了一台主机带多个终端的联机信息检索系统。这种系统具有分时的操作能力，能够使许多相互独立的终端同时进行检索，用户可以使用终端设备直接与计算机进行"人机对话"，计算机对用户的提问能及时处理并显示出结果。80 年代，发达国家的一些计算机信息联机检索系统，通过卫星通信网络和计算机专用终端，在世界范围内提供联机信息检索服务，形成国际联机检索服务业。联机检索服务是计算机检索走向实用化、规模化、产业化的重要的标志。世界上比较著名的联机检索系统有欧洲共同体 9 国所属的欧洲科技信息联机检索网络 EURONET、欧洲空间组织的 ESA/IRS 系统、美国洛克希德公司的 DIALOG 系统、美国系统开发公司的 ORBIT 系统、美国医学图书馆的 MEDLINE 系统、日本科技信息中心的 JICST 系统等。

(3) 光盘检索阶段

光盘具有信息存取密度高、容量大、读取速度快、信息类型多、保存时间长、成本低等优点。1984 年，美、日、欧洲开始利用只读光盘存储专利文献、技术资料和工程图纸，1985 年，世界第一个商品化的 CD—ROM 数据库-Bibiofile（美国国会图书馆机读目录）推出。随着时间的推移，光盘数据库的类型也不断丰富，除了最初的书目数据库外，又增加了文摘数据库、数值事实参考数据库、全文数据库等等，并且还出现了图像型、音频型、软件型和多媒体型等多种形式的 CD—ROM 产品。

1986 年 4 月，国家海洋科技情报研究所引进了 CD—ROM 光盘数据库 ASFA（水科学与渔业文摘）和 LSC（生命科学文摘）。我国也研制成功了中文 CD－ROM 数据库。

(4) 网络化检索阶段

进入 20 世纪 90 年代，图书馆、信息服务机构和科研机构以及一些大的数据库生产商纷纷加入到互联网上，为信息需求者提供各种各样的信息服务，构成极其丰富的网络信息资源。其数据库内容涉及几乎所有知识领域。

1990 年，在互联网上出现了对 FTP 文档进行搜索的系统，包括：Archie、WAIS；在 WWW 上进行搜索的系统，包括：Lycos、Yahoo、Altavista。

2000 年，出现了为 Web 搜索服务的链接分析，此时 Google 开始崭露头脚。

问答系统出现，让用户以自然语言问句的形式提出问题，系统返回精确的结果。

2. 我国信息检索发展

1975 年，我国首次引进国外文献数据库进行计算机检索的实验。1980 年初，中国建筑技术发展中心等单位在我国驻香港海外建筑工程公司设立了我国第一台国际联机信息检索终端，通过香港大东电报局与美国的 DIALOG 和 ORBIT 系统联机。1981 年底，北方科技情报所在北京与美国 DIALOG 联机系统直接联机，1982 年 9 月，冶金部、石油部、化工部等部委情报所也实现了与 DIALOG 和 ORBIT 系统的直接联机。1983 年 10 月中国科技情报所通过到罗马远程数据库通信线路建立了几台 300 波特的数据终端与欧洲空间组织的 ESA-IRS 系统、美国的 DIALOG 和 ORBIT 系统联机。与此同时，我国的计算机信息检索系统和数据库的建设也取得了一定的成绩。1978 年，中国科技情报所开始试建文献数据库和检索系统，初步实现了建库、编辑、排版和定题检索服务。1984 年，北京文献服务处联机信息检索系统（BDSIRS）建成并开始服务。1989 年，化工部情报所的联机系统（CHOICE）建成。

1.2 信息检索的类型与内容

自从 20 世纪 50 年代出现了“信息检索”这个术语后，它不仅把传统的图书馆学情报学的理论和实践推向了新的高度，其自身也突破了原有的封闭的领域，成为了一个相对独立的研究领域。

1.2.1 信息检索类型

信息检索的类型很多，分类角度的不同，得到的分类结果也略有差别。

1. 按检索技术手段划分

（1）手工检索

手工检索是指用人工方式查找所需信息的一种检索方式。检索对象是文献类检索工具，由人脑和手工操作配合完成检索过程，匹配由人脑的思考、比较、选择，最终完成。

（2）机械检索

机械检索是利用某种机械装置来处理和查找文献的检索方式。主要有穿孔卡片检索和缩微检索两种方式。穿孔卡片是一种由薄纸板制成的、用孔洞位置表示信息，通过穿孔或轧口方式记录和存储信息的方形卡片。缩微检索是把检索标识变成黑白点矩阵或条形码，存储在缩微胶片或胶卷上，通过专用设备查找和阅读。

机械检索与手工检索相比，其信息检索的本质没有变化，变化的只是检索手段、检索对象、信息的表示方式、存储信息的结构和匹配方法，详见表1-1。

表1-1 计算机检索与手工检索的区别与联系

项目	手工检索	计算机检索
总体特征	手工操作、大脑判断	程序、策略、机器匹配
标引及索引特点	检索点少	检索点多
检索时间	专业、外语、检索知识	专业、外语、检索知识
检索要求	慢	快
查全率、查准率	查准率高	查全率高
综合效率	较低	较高

（3）计算机检索

计算机检索是指把信息及其检索标识存储在磁性介质上，通过设计好的程序进行查找和输出。其检索的对象是数据库（文档），检索由人与计算机协同完成，匹配由计算机自动完成。与手工检索相比，信息的媒体形式、存储方式和匹配方法等有所变化。具体又可以分为：

①脱机检索：以批处理方式处理检索提问的计算机检索方式。

②联机检索：检索者通过检索终端和通信线路，直接查询检索系统数据库的机检方式。它区别于脱机检索。

③光盘检索：以光盘为检索介质的一种独立的计算机检索，包括单机光盘检索和光盘网络检索两种类型。

④网络检索：利用各种检索工具，在互联网上进行信息检索。这是目前最常见的一种

方式，以搜索引擎为代表。

从检索效果看，手工检索的查准率较高，查全率较低；而计算机检索查全率较高，查准率较低。

2. 按存储与检索对象划分

（1）文献检索

文献检索是指将文献按一定的方式存贮起来，然后根据需要从中查出有关课题或主题文献的过程。它以包含用户所需特定信息的文献为检索对象。这是一种相关性检索。相关性检索的含义是指系统不直接解答用户提出的问题本身，而是提供与问题相关文献供用户选择参考。这是图书馆学情报学常用的一种表述方式。又有书目检索或全文检索之分。

（2）数据检索

数据检索是以事实和数据等浓缩信息作为检索对象，检索结果是用户直接可以利用的东西。这里的所谓科学数据，不仅包括数值形式的实验数据与工业技术数据，而且包括非数值形式的数据，如概念名词、人名地名、化学结构式、工业产品设备名称、规格等。

也有人将数据检索细分为数据检索和事实检索两种形式，认为数据检索的结果是各种数值性和非数值性数据；而事实检索的结果是基于文献检索和数据检索基础上的对有关问题的结论和判断，是在数据检索和文献检索的基础上，经过比较、判断、分析、研究的结果。

事实检索和数据检索则是以从文献中提取出来的各种事实、数据为检索对象的一种确定性检索。确定性检索的含义则是指系统直接提供用户所需要的确切的数据或事实，检索的结果要么是有，要么是无；要么是对，要么是错。

1.2.2 信息检索研究内容

从学科讲，信息检索是情报学的一个分支，是一门研究信息采集、加工处理、存储、查询活动与过程一般规律的学科。目前，信息检索已经成为计算机的一个重要应用领域。

作为一门正在发展的学科，信息检索随着时间的推移、技术的进步，其研究内容不断丰富，研究范围不断扩大，研究成果层出不穷，很多理论也在逐步形成中。归纳起来，信息检索的研究内容主要包括信息检索的理论研究、方法研究和技术研究，具体如下。

1. 信息检索理论研究

理论是学科的基础，信息检索理论的研究对于提高检索效率等的作用很大。多年的研究和探讨，更多地集中在理论部分。具体如下。

①信息组织理论。它包括了有关信息编码、信息标识和元数据等的信息描述理论，知识组织和知识构建理论，以及信息检索语言等。近年来，针对超文本、超媒体等的信息组织研究成果也不少。

②自动标引理论。包括统计标引、加权标引和引文标引。手工标引理论包括分类标引和主题标引等。

③检索模型。主要来自数学模型。比较典型的是经典模型、概率论模型、集合论模

型、代数论模型等。

④检索评价理论。包括检索性能评价、检索效益评价、评价方法、评价指标体系等。另外，相关性理论，是检索结果评价、判定的一个理论。

2. 信息检索方法研究

检索方法是指查找信息时所用的方法。检索方法有传统和计算机之分。传统的检索方法有浏览法、回溯法、顺查法、倒查法、抽查法、综合法等；在利用计算机实现的信息检索系统中，信息的方法包括布尔检索法、加权检索法、截词检索法、位置检索法、限制检索法、聚类检索法和全文检索法等。

3. 信息检索技术研究

检索技术是实现检索的手段和保障。我们尝试着按信息检索过程来划分信息检索技术，具体如图 1-2 所示。

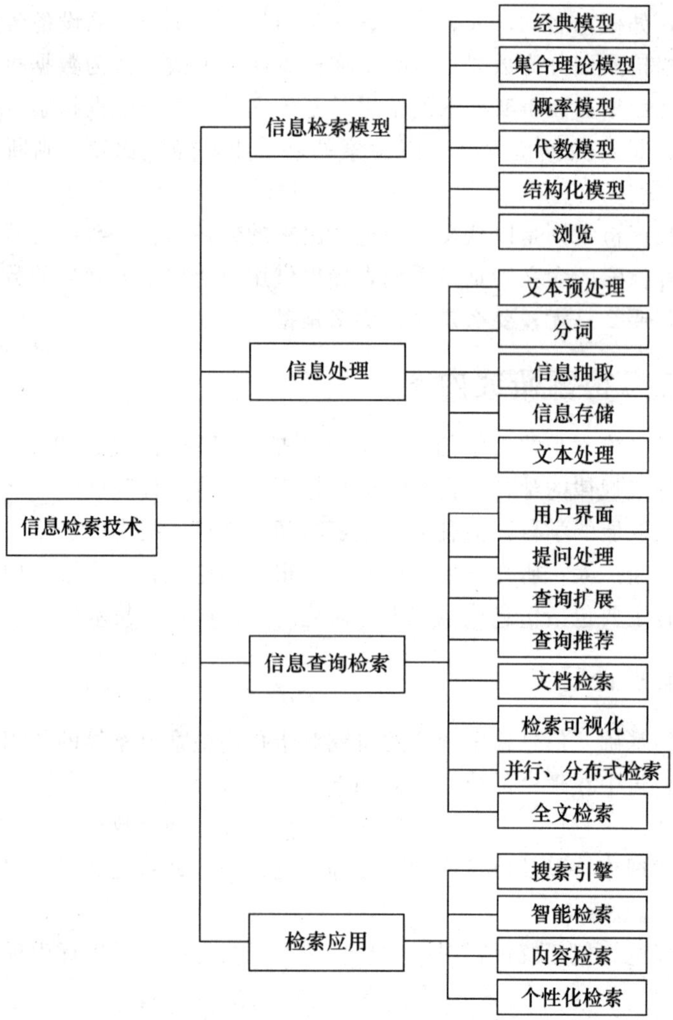

图 1-2　主要的信息检索技术

总体上，信息检索技术可以分为信息检索模型、信息处理、信息查询检索、Web 检索和检索应用。

信息检索模型包括经典模型、集合理论模型、概率模型、代数模型、结构化模型和浏览，具体内容详见 2.1 节。

信息处理主要完成对现有信息的基本处理，为后面的存储、查询和检索做好数据准备。具体包括：主要完成对词的处理的文本预处理技术，中英文有所区分的分词技术，信息抽取信息查询检索技术包括用户界面、提问处理、查询扩展、查询推荐、文档检索、检索可视化、并行、分布式检索和全文检索。用户界面指用户开始查询、显示检索结果的界面，它主要有界面设计技术，提问处理、查询扩展和查询推荐都是在这个界面实现的。提问处理保证对检索者的提问理解正确，为此可以通过推荐的方式使用户更好地查询，而查询扩展可以使我们找到的东西更多。文档检索是底层的技术，是对正排和倒排文档的检索，检索可视化是信息可视化的应用，全文检索（包括 Web 检索）是基础技术，而并行和分布式检索是大数据的体现。

站在信息检索领域的角度，搜索引擎、智能检索、内容检索和个性化检索等都属于检索应用的范围，虽然在计算机领域，搜索引擎和个性化检索研究的热火朝天。

传统的机器人的搜索引擎主要包括信息自动采集技术、索引技术、搜索结果排序技术和元搜索技术等。在传统搜索引擎迅速发展普及的同时，发展最快的是被我们称之为搜索的扩展和延伸的一些研究比较多的技术，在这些技术中，垂直搜索相对成熟，移动搜索应用很快，而以微博、社会化标签为代表的社会化搜索发展最快，至于桌面搜索、企业搜索等一直在应用中。

智能检索技术主要包括自动标引技术、自动摘要技术等，基于情境感知的信息检索也得到了深入的研究，另外，针对语义的检索的研究也比较多。智能检索的另一方面是自然语言检索。

基于内容的检索主要是多媒体检索，技术一直在发展中，包括以颜色检索、纹理检索、形状检索为代表的图像检索技术；以语音自动识别、音乐旋律检索为代表的音频检索技术；以运行目标检索、关键帧提取、镜头检索为代表的视频检索技术。

个性化检索是近年来发展很快的一个分支，以推荐系统为代表，以问答系统为特色，基于数据挖掘、用户兴趣模型。

1.3 信息检索系统

所谓信息检索系统，是指按某种方式、方法建立起来的用于检索信息的一种有层次的体系，是表征有序的信息特征的集合体。其中二次信息或三次信息是信息检索系统的核心和概括。它具有报道、存储和检索等职能。

通常，我们通过信息的收录范围、信息特征著录的详略、信息摘录及标引的质量、信息报道的时效、检索功能的完善等方面来对信息检索系统进行评估。

1.3.1 信息检索基本过程

手工与机械式检索目前已经没有实际意义了，我们着重探讨一下计算机的信息检索。

计算机信息检索是指利用计算机存储和检索信息。具体地说，就是指人们在计算机或计算机检索网络的终端机上，使用特定的检索指令、检索词和检索策略，从计算机检索系统的数据库中检索出所需的信息，继而再由终端设备显示或打印的过程。为实现计算机信息检索，必须事先将大量的原始信息加工处理、以数据库的形式存储在计算机中，所以计算机信息检索广义上讲包括信息的存储和检索两个方面。

计算机信息存储过程是：用手工或者自动方式将大量的原始信息进行加工，具体做法是将收集到的原始文献进行主题概念分析，根据一定的检索语言抽取出主题词、分类号以及文献的其他特征进行标识或者写出文献的内容摘要。然后再把这些经过“前处理”的数据按一定格式输入计算机存储起来，计算机在程序指令的控制下对数据进行处理，形成机读数据库，存储在存储介质（如磁带、磁盘或光盘）上，完成信息的加工存储过程。

计算机信息检索过程是：用户对检索课题加以分析，明确检索范围，弄清主题概念，然后用系统检索语言来表示主题概念，形成检索标识及检索策略，输入到计算机进行检索。计算机按照用户的要求将检索策略转换成一系列提问，在专用程序的控制下进行高速逻辑运算，选出符合要求的信息输出。计算机检索的过程实际上是一个比较、匹配的过程，检索提问只要与数据库中的信息的特征标识及其逻辑组配关系相一致，则属“命中”，即找到了符合要求的信息。计算机信息检索基本原理如图 1-3 所示。

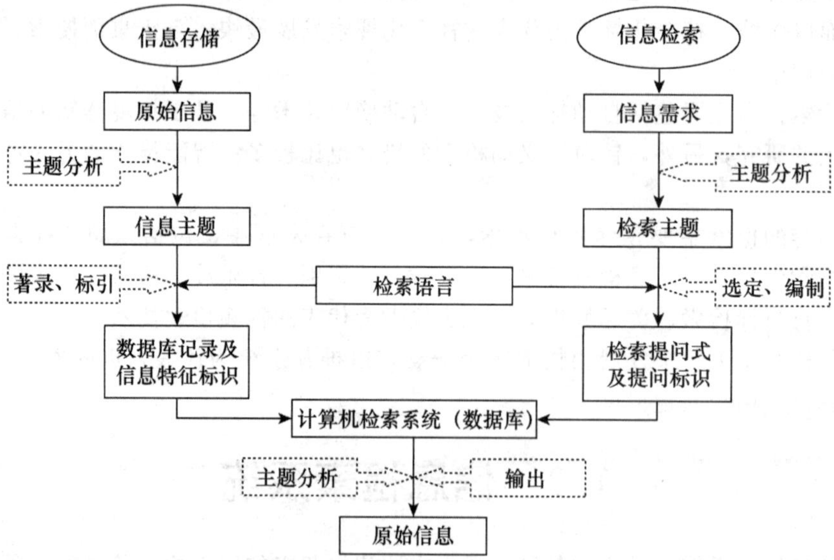

图 1-3　计算机信息检索示意图

按图所示，左侧是站在信息的角度，包括信息的采集、加工、存储和检索；右边的是站在用户的角度，包括了动机、需求和行为。

站在系统的角度，总体上，信息检索系统可分为数据预处理、索引生成、查询处理和检索四个部分。如图 1-4 所示。

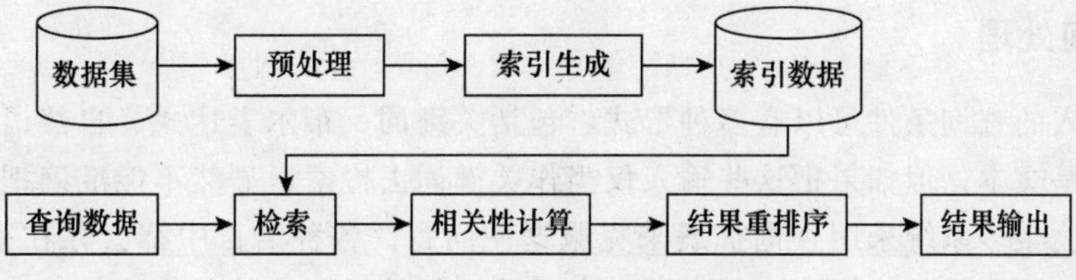

图 1－4　信息检索系统流程

1.3.2　信息检索系统构成

其对应的功能模块主要包括：信息数据的选择、处理、录入、维护子系统，词表和标引子系统，检索子系统，系统—用户接口子系统。下面，我们按上面所说的流程来探讨一下信息检索系统的构成。

1. 数据预处理

目前检索系统的主要数据来源是 Web，格式包括网页、Word 文档、PDF 文档等，这些格式的数据除了正文内容之外，还有大量的标记信息，因此从多种格式的数据中提取正文和其他所需的信息就成为数据预处理的主要任务。此外，众所周知，中文字符存在多种编码，比如 GB2312、BIG5、Unicode（CJK 区），而原始数据集往往包含多种编码，因此要正确地检索到结果必须进行统一编码转换。研究者们对预处理部分要提取哪些信息并没有共识，这与后续处理所需的信息密切相关，一般来说，正文、锚文本和链接地址都是要提取出来的。

信息数据的选择、处理、录入、维护系统是可以很好地完成上述任务的。同样的，由于研究着眼点不同，不同的检索系统在此的侧重也不相同。

2. 索引生成

对原始数据建索引是为了快速定位查询词所在的位置，为了达到这个目的，索引的结构非常关键。目前主流的方法是以词为单位构造倒排文档表。

每个文档都由一串词组成，而用户输入的查询条件通常是若干关键词，因此如果预先记录这些词出现的位置，那么只要在索引文件中找到这些词，也就找到了包含它们的文档。为了进一步提高查询的速度，在组织索引时还可以采用一些更复杂的方法，比如 B 树、TRIE 树、哈希表等。这个阶段还需要对预处理之后的文档进行词法分析，这是因为很多语言的文本都不宜直接把正文中的字符串用于建立索引。例如，中文里的词与词之间不存在分隔符，因此必须先进行分词，而英文中的词存在很多变形，比如“compute”就存在“computes”“computing”“computed”等多种变形，应先进行词根还原。此外，有些词虽然出现频率很高，但对于查询没有任何帮助，比如“的”“了”等，就无需放入索引，为此需要预备一个停用词表对这类词进行过滤。

词表系统可以很好地完成停用词使用。标引系统可以完成信息抽取，关键词确定等工作。

3. 查询处理

用户输入的查询条件可以有多种形式，包括关键词、布尔表达式、自然语言形式的描述语句甚至是文本，但如果把这些输入仅当作关键词去检索，显然不能准确把握用户的真实信息需求。很多系统采用查询扩展来克服这一问题。各种语言中都会存在很多同义词，通常会采用查词典的方法解决。很多研究者还采用相关反馈、关联矩阵等方法对查询条件进行深入挖掘。

用户接口完成了查询的输入工作，同义词、相关词等词典对查询进行了扩充。可以使整个查询更全。

4. 检索

最简单的检索系统只需要按照查询词之间的逻辑关系返回相应的文档就可以了，但这种做法显然不能表达结果与查询之间的深层关系。为了把最符合用户需求的结果显示在前面，还需要利用各种信息对结果进行重排序。目前有两大主流技术用于分析结果和查询的相关性：链接分析和基于内容的计算。许多研究发现，WWW 上超链结构是个非常丰富和重要的资源，如果能够充分利用的话，可以极大地提高检索结果的质量。基于这种链接分析的思想，Sergey Brin 和 Larry Page 在 1998 年提出了 Page Rank 算法，同年 J. Kleinberg 提出了 HITS 算法，其他一些学者也相继提出了另外的链接分析算法，如 SALSA、PHITS、Bayesian 等算法。这些算法有的已经在实际的系统中实现和使用，并且取得了良好的效果。而基于内容的计算则沿用传统的文本分类方法，多采用向量空间模型、概率模型等方法来逐一计算用户查询和结果的相似度（相关性）。两者各有优缺点，而且恰好互补。链接分析充分利用了 Web 上丰富的链接结构信息，但它很少考虑网页本身的内容，而直观上看，基于内容的计算则较为深入地揭示了查询和结果之间的语义关系，但忽略了不同网页之间的指向关系，因此现在很多系统尝试把两者结合起来，以达到更好的性能。

显然，检索和查询系统可以完成此任务。只是此系统对速度的要求比较高。而结果及其排序显示是用户接口系统完成的任务。

1.4 信息检索评价

为了使多个信息检索系统的性能相互间可以比较，或者判断一个检索系统有了多大程度的性能改善，就需要有能够客观地评价检索系统的评价度量。这种评价称为检索性能评价。

1.4.1 信息检索评价概述

1. 检索效果

检索效果是指利用检索系统（或工具）开展检索服务时所产生的有效结果。计算机检索效果如何，直接反映检索系统的性能，影响系统在信息市场上的竞争能力和用户的利益。

检索效果包括技术效果和社会经济效果两个方面。技术效果主要是指系统的性能和服务质量，系统在满足用户的信息需要时所达到的程度。社会经济效果是指系统如何经济有效地满足用户需要，使用户或系统本身获得一定的社会和经济效益。因此，技术效果评价又称为性能评价。社会经济效果评价则属于效益评价，而且要与费用成本联系起来，比较复杂。

2. 信息检索评价实验

（1）MEDLARS系统评价实验

MEDLARS是美国国家医学图书馆（NLM）1964年建成的一个批式检索系统。这一实验是在MEDLARS的运行数据库上进行的，这是一个生物医学文献数据库，它的索引款目是从一个医学标题表叙词表（MeSH）中选取出来的。MEDLARS实验的目的是对当前系统进行评价，并寻找改进系统性能的途径。在实验期间，MEDLARS服务系统可访问的文献集合中包含约700000条款目，当时该系统每年处理3000多个检索课题。这项评价的目的是研究用户的检索需求，确认MEDLARS满足用户需求的程度，分析鉴别影响系统性能的不利因素，寻找改进系统性能的途径。

实验过程如下：选取实验用的提问集合，检索，向用户提交检索结果，用户填写“相关性评估表”，初步统计分析，估计被遗漏的文献量，综合统计，检索失误分析，提交评价报告。

（2）Cranfield实验

①Cranfield1工程。对检索系统首次深入的评价研究是在C. W. Cleverdon的指导下，在英国的格连菲尔德（Cranfield）进行的，被称为Cranfield1工程。首次Cranfield研究始于1957年，Cleverdon对此次研究作了报告。

②Cranfield2工程。第二次Cranfield实验是一个受控实验，其目的是评估索引语言的组成要素对检索系统性能的影响。实验所采用的方法是：依次改变每一要素并保持其他要素不变，从而对每一要素的作用进行评估。通过概念组配方法共产生了29种检索语言，并将其在1400篇文献上进行了实验。

（3）STAIRS工程

1985年，Blair和Maron在进行了大量实验的基础上发表了一篇实验报告。他们的实验目标是对全文检索和检索系统的检索效率进行评价。这一工程被称为STAIRS（存储和情报检索系统）研究。

STAIRS中所使用的数据库包含近40000篇文献，代表某大型合伙诉讼案在申诉时使用的约350000篇硬拷贝文献。每篇文献的全文都可以通过联机方式获取，并且可以通过意义明确的简单词汇或其布尔逻辑组合检索得到。用户可以通过一个叙词表——TLS（叙词表语言系统）和广义词、狭义词或相关词的使用来操作检索。STAIRS的一个重要特点是，使用这一系统准备法庭辩论的律师规定他们必须能够检索到与一给定提问相关的所有文献的75%。STAIRS评价的主要目的是评估系统检索出与某一给定提问相关的全部文献的能力。为此，实验中对查全率和查准率进行了测算。

（4）WRU工程

1963～1968年间，美国开斯西方储备大学文献学与通讯系统比较实验室进行了一项检索系统评价研究。

研究目标是：确定文献检索系统的基本成分，建造一个系统模型；对影响系统性能的各种变量进行分析鉴别；设计一种实验方法去获得有关系统性能的量化信息；建造一个实验性系统，评估其性能与特定变量之间的关系；进一步揭示检索系统内各种变量和过程及实验方法。

该实验得出的结论是：预先编制一部叙词表可能是不值得的，但这并不意味着借助叙词表的提问扩展方式是不必要的。相反，它是提高查全率和“效率”的必要步骤。

其他结论是：职号的作用较小；拓宽检索式就可以达到最大的查全率，但其代价是查准率非常低；为改善提问分析、构造检索策略方面的决策是影响性能的主要因素。评价和最后提出的看法是：检索系统的效率通常是低的，我们必须学会与这一事实相处。

（5）SDI服务评价

这是1970～1972年间由莱格特（P. Leggate）等人在英国牛津Experiment Information Unit进行的评价研究。评价对象是若干种营运中的SDI服务。目的是测定服务的效果和效率。

（6）TREC简介

TREC是“文本检索会议”（Text Retrieval Conference）的简称，1992年由美国国家标准与技术局和国防部高级研究项目计划局共同发起并主办，是国际文本检索领域最最具权威性的年度评测活动。

TREC活动的主要目标：通过提供大型的语料库、统一的测试程序及系统整理评测的结果数据，来促进信息检索技术的发展。强调检索技术的先进性与实用性的有机结合。为学术界、工业界、政府部门等提供交流研究思想的公开论坛，促进各部门之间的合作与交流。

1.4.2 相关性

相关性是指检索系统针对用户的信息需求从文档集合中检出的文档与用户需求之间的一种匹配关系。

1. 相关性含义

相关性问题的出现：1958年，著名学者B. C. Vickery在ICSI（the International Conference for Scientific Information）上的两篇会议论文引发对“相关性”概念的最初讨论，“相关性”问题由此得到明确提出。

所谓“相关性判断”，是指信息检索中判断者在某一时刻对某种相关性的一种赋值操作。这个定义中包含了相关性判断的四个基本组成要素，分别是：相关性类型、判断者类型、判断时间和判断结果表达方式。

相关性类型，指基于何种相关性进行判断。

判断者类型，指实施判断的主体，通常分为用户与非用户两大类，其中，用户指检索系统的真实用户，非用户则包括检索系统设计者、检索中介等在内的各类人员。

判断时间，很明显在不同的时间点，相关性判断的结果可能是不同的，所以判断时间也是相关性判断的基本组成要素。

判断结果的表达方式，指对相关性的赋值方法。

影响相关性判断的因素有以下几个：

①文献与文献表示。文献与文献表示是检索的对象，对人的相关性判断有直接影响。人们比较了题名、题录、文摘和全文对相关性判断的不同影响，分析了文献的风格和内容专指性与相关性判断的联系，发现文献的主题内容是影响判断的最重要因素。文献内容愈具体，愈有利于相关性判断。文献的风格也可能影响判断。对同一文献，分别根据其题名、题录、文摘、全文来判断与特定提问的相关性，判断结果有差异。

②提问。提问促使文献作为答案输出、提问的专指性，判断者在不同研究阶段的知识状态以及提问的措辞等方面对判断均有影响。判断者对提问本身了解越多，对提问与答案的推断越深入，判断的一致性就越高。提问文本与相关文献文本之间似乎存在着较高的相似性和关联性，而在提问与非相关文献文本之间却未发现这种相似性。此外，判断者对提问本身知道得愈少，判断文献为相关的倾向性就愈大。

③判断环境与条件。这里主要指判断时间、人们对相关性的解释及其他环境因素。一些实验发现：实验条件的变化可能导致判断的变化；判断环境中的压力（如时间紧迫感）越大，会导致相关率越高；对相关性的不同解释并不一定导致不同的相关率。

④判断表达模式。这个变量是指供判断者用来表达判断的方式或手段，如文献相关性的等级划分、分支设置方法等。一些实验发现：不同的相关性分级方法对判断差异影响很小：分级越多，判断越方便；问卷方式对表达判断较有利；对一组相关度较高的文献，及时判断者的背景不同，也可望使判断达到显著的一致性。

⑤判断者的特性。这里主要指判断者的教育程度，特别是专业教育水平和身份。一些实验发现：判断者的专业知识越高深，相关性判断的一致性就越好；高级专业人员的判断一致度为0.55～0.75，情报服务人员为0.45～0.60；专业知识越少，相关性判断就越宽大；非专业人员（如图书情报人员）倾向于赋予较高的相关性比例；文献利用目的不同，可能会产生判断差异；判断相关不同于判断非相关，前者的一致率低于后者。

2. 相关性的特征

相关性具有以下本质特征：

①关系。是“相关性”最核心的本质特性。虽然传统的观点认为“相关”是对系统与用户之间连接有效性的判断，但新的研究观点则认为，它是对信息与信息用户需求之间关系性质的判断。

②直觉的。用户只是靠直觉来理解相关性。信息检索中的“相关性”也具有直觉性。对任何学科来讲，要给某一直觉概念下精确定义都是很困难的。

③多维的。“相关性”是一个多维的认知概念。首先，相关性概念涉及多个不同维度的匹配要素，如匹配双方、匹配动因、匹配标准、匹配环境等；其次，相关性判断存在着一个由简单到复杂。不同层次的相关匹配水平，如形式相关、语义相关、语用相关等。事实上，相关性概念不是单一的，而是包含了多组各种各样的相关性。

④动态的。受用户的知识水平、检索经验、信息需求的动机、情景及任务等众多因素的影响，对于同一批文档，不同用户基于同一检索提问，通常会做出不同的相关性判断。

3. 相关性模型

(1) 信息源

信息源可以表示为一个集合，其中包含了三个元素，分别代表用户查询对象的三个不同层次：

①文档，指检索系统用户能够检索出的结果实体。

②文档的代表或替身，指文档的某种视图表示，可能包含以下一些结构化信息属性，例如题名、关键词集合、作者姓名、书目数据、摘要等。

③信息，即用户在阅读已经被检出的文档时，所获得的某些非实体性的东西。

(2) 用户信息需求

用户的信息需求表现为四个不同层次：即真实的信息需求、感知到的信息需求、检索请求和查询提问。

用户信息需求可以用集合形式来表示，具体表示如下：

Repr＝{RIN，PIN，Request，Query}

(3) 时间

引入时间维度适宜于相关性的动态特性表达。

时间维度是指从用户的 RIN 产生到它被满足期间的一些时间片段（或点）的集合，具体表示为：

Time＝{t (rin0)，t (pin0)，t (r0)，t (q0)，t (ql)，t (r1)，T (q2)，…，t (pink)，…，t (rm)，…，t (qn)}

t (x) 表示某一需求状态 x 存在时的时间点。

(4) 组件

组件包含进行相关性匹配的一些标准或准则，目前，其基本成分可以划分为：主题、任务、情境或语境。

4. 面向用户的相关性

面向用户的相关性主要观察并考虑用户对检索结果的反应，是系统检索结果向用户需求的再投射。随着检索系统日益广泛的应用及专家检索模式向最终用户检索模式的转变，检索评价研究开始更多地思考相关性判断中人的因素和影响。事实上，信息检索不应是一个单向的处理过程，而应该是一个不断迭代、交互的人机对话过程。在检索性能评价过程中，脱离用户来谈论相关性是不现实的，也是不可能的。一篇检出文档是否具有相关性，很大程度上取决于用户的主观判断，往往涉及用户的知识状态，待处理和解决的问题、任务及所处的情境或者用户的目标、动机等众多因素。

(1) 信息观的相关性

判断主要基于信息问题与信息外在表现间的关系，判断的实质是判断者内在的知识储备。

Ingwersen 对此进行了研究，提出 4 种相关性：

①作者相关性。相关性与作者撰著的文档中的内容相联系，因而可以直接采用文档中的词汇表示信息，是自动标引和匹配技术的理论基础。

②标引者相关性。相关性由标引者以控制词表描述作者自然语言的标引结果决定。理论上，这种相关性要优于作者关于性的，实践中不一致性客观存在。

③查询相关性。相关性由用户将查询请求转换为查询表达式决定。

④用户相关性。相关性由标引者在标引时对用户的所知和所想的考虑来决定。

（2）情景观的相关性

描述信息与用户信息问题情景之间的关系，认为只有用户才能完成有效的相关性判断，在主观性方面，比信息观的相关性前进了一步。

影响情景相关的要素：

①偏好，用户偏好与问题和答案息息相关。

②兴趣，用户所关心的事物多为其有兴趣的。

③时间，相关会随着时间、时代的改变有所不同。

④程度，相关应有程度上的不同。

⑤显著信息，可改变认知状态的价值大的信息。

⑥实用信息。

Wilson 的研究，将相关的范围延伸到个人的知识状态，和当今的信息系统设计理念不谋而合。情景相关研究面临的最大问题是如何描述个人的认知状态，文字与文字之间的演绎与归纳关系。需要研究者在认知心理学、学习理论、人类思维领域进行深入的研究，需要多学科的合作。

5. 面向系统的相关性

面向系统的相关性是把信息检索定位于一种单方向的信息处理过程，系统根据用户的提问输出检索结果，用户是信息的接受者。这种理解把相关性看作是系统方面的属性，用户提出的查询请求只是被拿来与已经确定的文档相比较，二者之间匹配、比较的主要标准就是文档内容与提问的“主属性”。因此，系统角度的相关性也被称为“主题相关”或“算法相关”。

1.4.3 信息检索评价指标

根据 F. W. Lancaster 的阐述，判定一个检索系统的优劣，主要从质量、费用和时间三方面来衡量。因此，对计算机信息检索的效果评价也应该从这三个方面进行。质量标准主要通过查全率与查准率进行评价。费用标准即检索费用是指用户为检索课题所投入的费用。时间标准是指花费时间，包括检索准备时间、检索过程时间、获取文献时间等。查全率和查准率是判定检索效果的主要标准，而后两者相对来说要次要些。

1. 评价内容

信息检索系统评价的内容包括：资源的收录状况、数据的质量、检索的功能与效率、系统的功能以及检索结果的反馈形式等。

功能评价，即评价一个系统是否完成了它所侧重的目标。

性能评价，主要指标是时间与空间的开销。(如：对数据检索系统的评价) 响应时间越短，占用的空间越少，系统性能越好。检索性能评价有批处理模式和交互模式。批处理模式是用户提交提问，并得到检索结果，产生检索结果集合的方法。而交互模式是用户通过于系统一系列交互步骤提交信息需求，这其中涉及的因素包括：用户因素、界面性能、系统的导引性能和过程的时间。

检索的功能与效率的评价主要考察检索入口能否满足用户的需求，检索的组配是否丰富，查准率和查全率是否得当，检索的响应速度如何等。

检索功能和效率与检索算法有密切的关系，由于检索算法难以分辨出优劣，因此，可以通过检索界面、查全率和查准率以及检索响应时间等来判断检索的效率。

数据的评价主要从两个方面考察：

一是数据的录入质量，如数据的错误率，数据的结构是否合理，数据的完整性如何，数据的著录是否完备等。

二是数据的加工质量，如数据的加工深度，数据的标引质量，数据的分类是否合理等。

信息检索系统还包括其他一些度量指标。这是由于用户的查询请求本身具有模糊性，检出的结果不一定是精确答案。需要依照与查询的相关度，对结果集合的准确度进行评价。

2. 系统性能指标

传统的信息检索效果评价，通常以查全率、查准率和响应时间 3 个指标为主。

(1) 查全率

查全率是指系统在进行某一检索时，检出的相关文献量与系统文献库中相关文献总量的比率，它反映该系统文献库中实有的相关文献量在多大程度上被检索出来。

例如，要利用某个检索系统查某课题。假设在该系统文献库中共有相关文献为 40 篇，而只检索出来 30 篇，那么查全率就等于 75%。

$$\text{查全率}=\frac{\text{检出相关文献量}}{\text{文献库内相关文献总量}}\times 100\%$$

查全率是指从检索系统检出的与某课题相关的文献信息数量与检索系统中实际与该课题相关的文献信息总量之比率。对于数据库检索系统，查全率为检索出的款目数与数据库中满足用户检索式需求的款目数之比；而对互联网信息检索来说，文献总量是很难计算的，甚至连估算都困难。要按传统的方式计算查全率，就要检验检索工具反馈的所有检索结果，而检索结果的数量有时是极大的。为此，相对查全率是一种可以实际操作的指标，但从其定义可以看出，人为因素的影响较大。

$$\text{相对查全率}=\frac{\text{专业人员检出文献量}}{\text{全部实际检出文献集合并集总量}}\times 100\%$$

影响查全率的因素从文献存储来看，主要有：文献库收录文献不全、索引词汇缺乏控制和专指性、词表结构不完整、词间关系模糊或不正确、标引不详、标引前后不一致、标引人员遗漏了原文的重要概念或用词不当等。此外，从情报检索来看，主要有：检索策略过于简单；选词和进行逻辑组配不当；检索途径和方法太少；检索人员业务不熟练和缺乏耐心；检索系统不具备截词功能和反馈功能，检索时不能全面地描述检索要求等。

（2）查准率

查准率是指系统在进行某一检索时，检出的相关文献量与检出文献总量的比率，它反映每次从该系统文献库中实际检出的全部文献中有多少是相关的。

$$查准率=\frac{检出相关文献量}{检出文献总量}\times 100\%$$

如果检出的文献总篇数为50篇，经审查确定其中与项目相关的只有40篇，另外10篇与该课题无关。那么，这次检索的查准率就等于80%。显然，查准率是用来描述系统拒绝不相关文献的能力，有人也称查准率为“相关率”。查准率和查全率结合起来，描述了系统的检索成功率。

同样，对互联网信息检索来说，真实查准率也是很难计算的。因为，对于命中结果数量太大的检索课题来说，相关性判断工作量极大，很难操作。为此可以定义一个相对查准率如下：

$$相对查准率=\frac{检索者确定为相关文献量}{检索者在检索过程中看过的文献量}\times 100\%$$

影响查准率的因素主要有：索引词不能准确描述文献主题和检索要求；组配规则不严密；选词及词间关系不正确；标引过于详尽；组配错误；检索时所用检索词（或检索式）专指度不够，检索面宽于检索要求；检索系统不具备逻辑“非”功能和反馈功能；检索式中允许容纳的词数量有限；截词部位不当，检索式中使用逻辑“或”不当等。

实际上，影响检索效果的因素是非常复杂的。根据国外有关专家所做的实验表明，查全率与查准率是呈反比关系的。要想做到查全，势必会要对检索范围和限制逐步放宽，则结果是会把很多不相关的文献也带进来，影响了查准率。企图使查全率和查准率都同时提高，不是很容易的。强调一方面，忽视另一方面，也是不妥当的。应当根据具体课题的要求，合理调节查全率和查准率，保证检索效果。

（3）查全率与查准率的发展

①R查准率。R查准率就是在返回的结果排序结果的第R个位置计算查准率，产生排序结果的单值度量。文档集合中，假设与查询相关的文档总数为R，在按与查询相关程度输出检索结果的系统中，输出从高相关位到R相关位的检索结果称为R查准率（R-precision）。R查准率是一种评价按相关顺序输出检索结果有效性的度量。R查准率方法对于观察一种算法在实验中每个查询的有效性是非常有用的。

②F调和均值。排序结果中第j个文档的查全率与查准率的调和均值称为调和均值（F-measure）。

$$F(j)=\frac{2}{\frac{1}{R(j)}+\frac{1}{P(j)}}$$

调和均值取值范围在［0，1］范围内，当查全率和查准率双方的值都大时，取的值大。取值越大表示性能越好。

③E 均值。均值（measure）允许用户指定是对查全率更感兴趣还是对查准率更感兴趣。E 均值定义如下：

$$E(j)=1-\frac{1+b^2}{\frac{b^2}{R(j)}+\frac{1}{P(j)}}$$

b 是表示重视查全率还是查准率的参数。$b=1$ 表明查全率和查准率是同等重要。$b>1$ 表示与查全率相比，更看重查准率。$b<1$ 表示与查准率相比更重视查全率。E 的取值范围是［0，1］，E 取值越小表示性能越好。当比 $b=1$ 时，E 的值中用 1 减去的部分就是 F 的值。

④Ranking 指标。

Ranking 指标用来表明检索返回的文档是否排在前面，以及排在前面的紧密程度如何。

a. 均排序值。

设某个查询请求为 g，r_1，…，r_m 为系统检索出的正确结果，ranking（r_i）为查询 q 的第 j 个正确结果的排序位置，则平均排序值计算如下：

$$AR(r_j)=\frac{1}{m}\sum_{j=1}^{m}\text{ranking}(r_j)$$

b. 平均排序紧密度。

为了反映与查询 q 相关的文档在检索结果中排在靠前位置的紧密程度，可以用下式计算：

$$ART(r_j)=\frac{1}{m}\sum_{j=1}^{m}\frac{j}{\text{ranking}(r_j)}$$

如果相关文档全部排在最前面，那么该值为 1。

（4）响应时间

响应时间（response time）指在一次检索过程中，用户从开始向信息检索系统提问到系统输出检索结果的全部时间。

一般来说，响应时间越短，查全率和查准率越高，那么信息检索效果就越好。

（5）常用的其他性能指标

收录范围（coverage）又称数据覆盖率，数据库收录范围指标被作为衡量查全率的一项辅助指标，用以揭示数据库的涵盖范围。它的计算公式为“给定时间内系统收录的文献总量”与“同期相关领域中的实际文献量”之比。一个信息检索系统收录范围直接影响到用户信息需求的满足程度。

新颖率（novelty ratio）指某一次检索中检出新的相关文献的能力。特别是用于评价 SDI 服务。计算公式为检出的新的相关文献量与检出的相关文献总量之比。

囊括值（generality number）指与某一提问相关的文献在指定文献集合中的分布密度。通常，分度密度愈大愈易检出。其计算公式为给定集合中与某一提问相关的文献量与给定集合中的文献总量之比。

囊括值＝检索系统中的相关文献总量/检索系统中的文献总量

$$G=(A+B)/(A+B+C++D)$$

用户负担（user effort）是用户在检索过程中所消耗的物力、财力乃至精力的总和。

输出形式（output display format）是系统检索出文献信息的形式，可能是文献号、题录、文摘或全文等。输出的信息越多且便于浏览，用户越容易做出相关性判断。输出形式影响着用户对检索结果的选择和利用。

3. 系统效益指标

情报检索系统的效益包括社会效益和经济效益，综合体现在以下方面：信息和知识的传播速度；信息资源的有效利用率；节省获取信息的时间和费用；改进决策方式，提高决策水平；避免重复研究；促进新发明新发现的产生，提高科研效率。

4. 费用/效果指标

对用户来说，接受检索服务时需要支付的费用或成本可能有以下几种：检索服务收费，或检索工具或数据库的订购费；学会使用某系统所付出的时间和精力；检出信息时所付出的时间和精力；其他费用（如交通费等）。

相应地，系统的费用/效果水平可分别表示为：

检出每条相关记录的单位成本；

检出每条新的相关记录的单位成本；

获得每篇相关文献原文的单位成本。

5. 费用/效益指标

系统经营者为了向用户提供具有一定质量的服务和产品，必须投入一定数量的资源，如系统设备费、系统研制开发费、数据库购置费和建设费、系统运营维持费、广告费、培训费、房租水电费等。它的收益包括用户缴纳的检索费、出售有关产品能和服务的收入等。由于普遍缺乏对信息产品和服务费用的实际计算，各系统的费用开支很少公开，而且缺乏较完善的信息价格政策，信息服务的价格常被扭曲，所以，计量费用/效益比的难度很大。

6. 系统评价存在的问题

检索系统性能评价存在的问题：

①指标没有量化，常常是搜索引擎之间定性的比较。

②指标体系不完善，要么是指标不能全面反映搜索引擎的总体状况，要么是权重的得出主观性太强。

③指标体系无法操作或无法长期进行跟踪。

第2章 信息加工与处理

信息加工与处理是信息检索的最基础环节，它主要完成对信息的采集，按要求对其进行加工与处理，进而为信息的查询与检索提供最基本的准备。所以，整个信息的加工与处理环节应该包括信息检索模型、信息处理过程、文本预处理、分词、信息抽取，以及存储，包括文档与数据库等内容。

2.1 信息检索模型

信息检索模型主要从两个方面抽象地研究信息检索方法：一是确定在检索模型中如何表示构成检索系统的两个要素，即文档和检索式；二是确定在模型中如何定义和计算文档和检索式之间的关系。

检索模型的重要作用主要体现在以下几个方面：更精确地描述出文档与文档、文档与查询间的相关关系，使之能比较和计算；安排更合理、更便于检索的文档存储形式；在此基础上设计出合理的检索方式；除信息检索外，进行一些信息辅助分析工作。

信息检索模型分为三类：基于内容的信息检索模型、结构化模型和浏览型数学模型。近几年中，在这三种基本模型的基础上还发展出了许多新的模型方法，具体如图 2－1 所示。

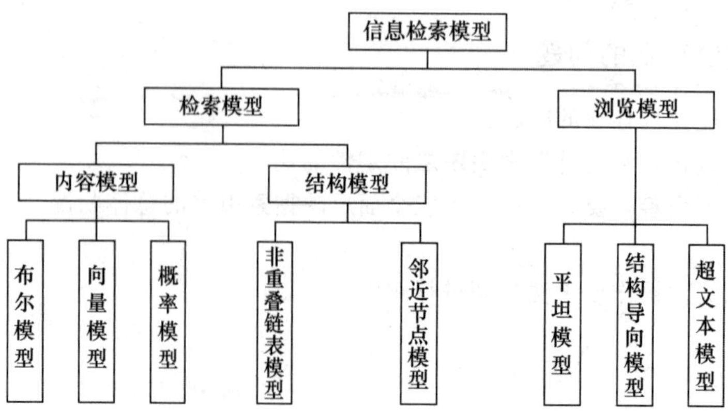

图 2－1　信息检索模型的类型

2.1.1 经典模型

经典模型是指比较常用，历史悠久的信息检索模型，主要包括布尔模型、向量模型和概率模型。

1. 布尔模型

布尔模型是最简单的信息检索模型，是基于集合理论和布尔代数的一种简单的检索模型。适用于普通用户，核心是二值相关，不能进行相关性排序。

（1）布尔模型的原理

标准布尔逻辑模型为二元逻辑，并可用逻辑符“and”“or”“not”来组织关键词表达式。用户可以利用布尔逻辑关系构造查询式并提交，搜索引擎根据事先建立的倒排列文件确定查询结果。

布尔模型假定索引词在文档中只有两种情况：出现和不出现。因此，索引词的权值变量都是由二值（0，1）数据组成，查询是由连接词“not”“and”“or”连接起来的多个索引词所组成，所以查询的实质是一个常规的布尔表达式。

在检索实际中，检索提问涉及的概念往往不止一个，而同一个概念又往往涉及多个同义词或相关词。为了正确地表达检索提问，系统中采用布尔逻辑运算符将不同的检索词组配起来，使一些具有简单概念的检索单元通过组配成为一个具有复杂概念的检索式，用以表达用户的信息检索要求。利用布尔逻辑算符进行检索词的逻辑组配，是常用的一种检索技术。

（2）布尔模型的优缺点

布尔模型的主要优点在于形式简洁，结构简单。另外，其具有自我保护功能，降低用户对搜索系统的期望，使自己不在责任方，检索结果不好的原因在于用户构造查询不好。

布尔模型的缺点如下：它的检索策略是基于二值决策准则，即一个文档只被判断成相关的或不相关的，无任何等级变化。

当用布尔表达式表示精确语义的时候，很难将信息表达为一个布尔表达式。

布尔模型主要用于准确匹配，不能近似或者部分匹配，多个结果无法排序。

布尔模型目前仍然是商业文档数据库的主流模型，并为一些新的领域提供了一个好的起点。

2. 向量模型

向量模型采用非二值的索引项权重，把文档和查询用 t 维权重向量表示，计算这两个向量之间的相似度来实现查询与文档的匹配。以向量表示提问和文档，向量计算在后台进行，与用户无关，优点是可以进行相关性排序，也可产生文档文摘。

（1）向量模型的工作原理

向量模型用检索项的向量空间来表示用户的查询要求和数据库文档信息。查询结果是根据向量空间的相似性而排列的。

向量空间模型可方便地产生有效的查询结果，能提供相关文档的文摘，并对查询结果进行分类，为用户提供准确的信息。

向量空间模型的基本思想是以向量来表示文本：(W_1，W_2，W_3，…，W_n)，其中 W_i 为第 i 个特征项的权重，特征项一般可以选择字、词或词组。

要将文本表示为向量空间中的一个向量，就首先要将文本分词，由这些词作为向量的维数来表示文本，最初的向量表示完全是 0、1 形式，即，如果文本中出现了该词，那么文本向量的该维为 1，否则为 0。

向量距离一般采用向量的夹角余弦来表示，两个文档之间相同的词越多且这些词的权重越高，则其距离越近。计算权重的目的是要正确突出每个索引项在文章中的重要程度，一般来讲，某个词在某文本中经常出现且在其他文本中不常出现，就说明该词对该文本或该类文本更具有代表性，应具有更高的权重。另一方面，如果一个索引项在很多文档中都出现，那么这个索引项则不能很好地代表某一类文档，其权重应较小。

一个向量空间是由一组线性无关的基本向量组成，向量维数与向量空间维数一致，并可以通过向量空间进行描述。具体如下：

文档 D：泛指文档或文档中的一个片段（如文档中的标题、摘要、正文等）。

特征项 t：指出现在文档中能够代表文档性质的基本语言单位，也就是通常所指的检索词，这样一个文档 D 就可以表示为 D（t_1，t_2，…，t_n），其中 n 就代表了检索字的数量。

特征项权重 W_k：指特征项 t_n 能够代表文档 D 能力的大小，体现了特征项在文档中的重要程度。这样文档 D 的向量可以表示为 D（w_{n1}，w_{n2}，…，w_{nm}），其中 w_1，w_2，…，w_m 分别代表文档 D 特征项 t_1，t_2，…，t_n 的特征项权重。在 WWW 索引文件中，每一个向量对应一个 URL，当用户检索查询一个文档内容时，如果匹配，则向量 D 对应的特征项 t 值为 1，否则值为 0。

相似度 S：指两个文档内容相关程度的大小，一般使用内积或夹角 θ 的余弦来计算，两者夹角越小说明相似度越高。

（2）向量模型的优缺点

向量模型在文本信息出来领域一直占据非常重要的地位，近乎成为文本处理领域的经典方法。向量模型主要优点在于：

①标引词加权改进了检索效果。

②其部分匹配策略允许检出与查询条件相接近的文档。

③余弦公式根据文档资料与查询之间的相似度对文档进行排序。

在向量模型的应用过程中也逐渐显现出了它的不足：

①由于特征项在文档中的不同位置代表不同的权重，而不同的关键词长度也会影响权重的大小。在传统的 TF-IDF 函数中，每增加一个文档都要重新计算向量，导致查询速度降低，同时由于使用频率因子，在扩大查询范围时，不可避免地会影响到查询的准确性。

②查询和文档向量间是依靠链接来判断的，而且判断的依据是两者间相同关键词的简单比较，但实际上，关键词可能具有相同的语义，同一关键词也会有多种语义。

3. 概率模型

在信息检索系统中，所需要查询的信息既不能被精确地表示，也没有一个清晰的过程来判别一个数据对象是否就是所需要的。概率模型就是处理这种不确定性最成功的方法。概率模型是一种规范的模型，它试图预测给定查询的相关文档，排序原则根据文档与集合的相似度进行排序。目前已经提出了很多不同的概率检索模型，但所有的概率模型都存在着参数估计、查询扩展和文档、查询的表示等一般性的问题。

(1) 经典概率模型

概率模型的基本思想是：给定一个用户的查询串，相对于该串存在一个包含所有相关文档的集合。我们把这样的集合看作是一个理想的结果文档集，在给出理想结果集后，我们能很容易得到结果文档。

具体处理过程：用户大致浏览一下结果文档，决定哪些是相关的，哪些是不相关的；然后系统利用该信息重新定义理想结果集的概率描述；重复以上操作，就会越来越接近真正的结果文档集。

概率模型假设这种概率只决定于查询串和文档。更进一步说，该模型假定存在一个所有文档的集合，即相对于查询串的结果文档子集，这种理想的集合用 R 表示，集合中的文档是被预料与查询串相关的。

(2) 贝叶斯网络

贝叶斯（Bayesian）网络是概率理论的一个主要研究分支。通常，贝叶斯网络可以看作是一个有向无环图(Directed Acyclic Graph，DAG)。如图 2-2 所示。

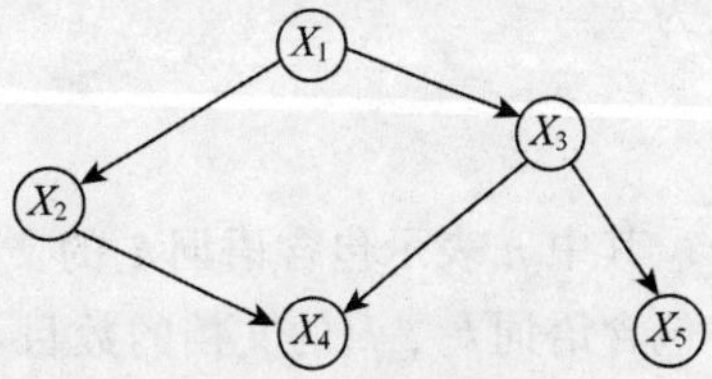

图 2-2　贝叶斯网络

图中的结点一般用来表示随机变量，有向边用于描述随机变量之间的因果关系，它由表示原因的随机变量（父结点）指向代表结果的随机变量（子结点）而因果关系影响力的大小（或仅值）则用条件概率来表示。

$$P(x_1,x_2,x_3,x_4,x_5)=P(x_1)P(x_2 \mid x_1)P(x_3 \mid x_1)P(x_4 \mid x_2,x_3)P(x_5 \mid x_3)$$

图中没有父结点的结点称为根（Root）

贝叶斯网络可以用联合概率分布的方式表达结点之间的依赖关系。

式中 P（x_1）称为网络的先验概率，它由具体应用系统的已有知识和语义来定义或决定；其余各项则称为条件概率。

(3) 概率模型的优缺点

概率模型的主要优点在于：它利用概率论原理，通过赋予索引词某种概率值来表示这些词在相关文档集合和非相关文档集合中的出现概率，然后计算某一给定文档与某一给定用户体温相关的概率并做出检索决策。概率模型具有一种内在的相关反馈机制，它把检索处理过程看作是一个不断逼近并最终确认命中文档集合特征的过程，并通过运用某种归纳式学习方法实现系统对检索结果的优化与完善。

概率模型存在一些局限，即：需要把文档分成相关的集合和不相关的集合；这种方法并不考虑标引词在文档中出现的频率，即所有的权值都是二值的；假设标引词相互独立。如同向量模型一样，概率模型并不能明确标引词的独立性在实际情况中是否是一个不利假设。

2.1.2 集合理论模型

基于集合理论的检索模型，包括布尔模型、模糊集合模型、扩展布尔模型。该模型中，文档和查询用标引词集合来表示，都是建立在集合理论的基础之上。

1. 模糊集合模型

模糊集合理论（Fuzzy set theory）研究的是边界不明确的集合的表示，其中心思想是把隶属函数和集合中的元素结合在一起。该函数的取值在区间［0，1］上，0 对应于不隶属于该集合，1 表示完全隶属于该集合，隶属值在 0 和 1 之间表示集合中的边际元素。因此，模糊集合中的隶属关系是一个逐步派生出来的固有概念，而不是突然出现的。

定义：论域 U 的一个模糊子集 A 可以用隶属函数来描述：→［0，1］，为 U 的每个元素 u 分配一个数值，该数值在区间［0，1］上。

采用叙词表来建立模型是信息检索过程构建模型的一种常用方法，叙词表可以通过定义一个词—词关联矩阵（term-term correlation matrix）C 来构建，这个矩阵的行和列分别对应于文档集合中的标引词。在矩阵 C 中，语词 k_i 和 k_l 之间的标准化关联因子 $c_{i,l}$ 可以定义为

$$C_{i,j}=\frac{n_{i,j}}{n_i+n_j-n_{i,j}}$$

其中 n_i 表示包含语词 k_i 的文档的数目，n_l 表示包含语词 k_l 的文档的数目，$n_{i,l}$ 表示同时包含语词 k_i、k_l 的文档的数目。

我们可以使用语词关联矩阵 C 来定义与每个标引词 k_i 相关联的模糊集合，在这个集合中，文档 d_j 的隶属度可以计算如下：

$$\mu_{i,j}=1-\prod_{k_i\in d_j}(1-c_{i,j})$$

即计算文档 d_j 中所有语词的代数和（在此是通过负代数积求补来实现的）。如果文档 d_j 自身的语词与 k_i 有关，则该文档属于语词 k_i 的模糊集合。只要文档 d_j 中至少有一个标引词 k_i 密切相关，则 $\mu_{i,j}\sim1$，且标引词 k_i 是文档 d_j 的一个很好的模糊索引；如果文档 d_j 中的所有标引词与 k_i 不是密切相关的，则标引词 k_i 不是文档 d_j 的一个好的索引（如 $\mu_{i,j}\sim0$）。

用户通过一个布尔型的查询表达式来阐述他的信息需求，模糊集合模型将查询转换为析取范式。例如查询［$q=k_a\wedge(k_b\vee\neg k_c)$］可以写成析取范式的形式：［$q_{dnf}=(1,1,1)\vee(1,1,0)\vee(1,0,0)$］，其中的每一个分量都是三元组（$k_a$，$k_b$，$k_c$）的一个二值加权向量，这些二值加权向量是 q_{dnf} 的合取分量。用 cc_i 表示第 i 个合取分量的参量，则

$$q_{dnf}=cc_1\vee cc_2\vee\cdots\vee cc_p$$

其中 p 是 q_{dnf} 的合取分量的数目。计算文档与查询相关的过程类似于采用经典布尔模型进行比较的过程。其区别在于：此处的集合是松散的集合而不是布尔集合。

重新考虑［$q=k_a\wedge(k_b\vee\neg k_c)$］，用 D_a 表示与索引 k_a 相关联的文档模糊集合，比如该集合由隶属度大于给定阈值 K 的文档 d_j 组成；此外，用 $\overline{D_a}$ 表示 D_a 的补集，模糊集合 $\overline{D_a}$ 与 $\overline{k_a}$ 相关联，它是标引词 k_a 的否定。类似地，我们可以分别定义标引词 k_b 的模糊集合 D_b

和标引词 k_c 的模糊集合 D_c，因为所有的集合都是模糊的，即使文档 d_j 的文本中并不包含索引 k_a，该文档 d_j 也有可能属于集合 D_a。

查询模糊集合 D_q 是与 q_{dnf} 三个合取分量（就 cc_1、cc_2、cc_3 而言）相关联的模糊集合的并集，模糊结果集合 D_q 中文档 d_j 的隶属度可以通过以下的公式来计算：

$$\mu_{q,j}=\mu_{cc1+cc2+cc3}=1-\prod_{i=1}^{3}(1-\mu_{cc_{i},j})$$

$$=1-(1-\mu_{a,j}\mu_{b,j}\mu_{c,j})(1-\mu_{a,j}\mu_{b,j}(1-\mu_{c,j}))(1-\mu_{a,j})(1-\mu_{b,j})(1-\mu_{c,j}))$$

式中，$\mu_{i,j}$，$(i\in\{a,\ b,\ c\})$，是与 k_i 有关联的模糊集合中文档 d_j 的隶属度。

析取模糊集合中的隶属度是用代数和来计算的，而不是最常用的最大值函数。此外，合取模糊集合中的隶属度是用代数积来计算的，而不是常见的最小值函数。采用代数和与代数积得出的隶属度，比用最大值函数和最小值函数计算得出的隶属度数值的变化更小，从而更适合于信息检索系统。

2. 扩展布尔模型

扩展布尔检索模型，它是将向量检索模型与布尔检索模型融为一体，克服经典布尔模型的一些缺点。主要原因是向量空间模型简单、快捷，并能产生较好的检索效果。用部分匹配和语词加权功能来扩展布尔模型，可以使布尔查询表达式与向量模型的特征结合在一起。下面我们用矢量的方法来讨论扩展布尔模型。

设文本集中每篇文本仅由两个标引词 t_1 和 t_2 标引，并且 t_1、t_2 允许赋以权值，其权值范围为［0，1］，权值越接近1，说明该词越能反映文本的内容，反之，越不能反映文本的内容，在扩展布尔模型中，上述情形用平面坐标系上某点代表某一文本和用户给出的检索式，如图2-3所示。图中的横、纵坐标用 t_1、t_2 表示，其中 A（0，1）表示词 t_1 权值为0，词 t_2 权值为1的文本，B（1，0）表示词 t_1 权值为1，词 t_2 权值为0的文本，C（1，1）表示词 t_1、t_2 的权值均为1的文本，文本集 D 中凡是可以用 t_1、t_2 标引的文本可以用四边形 $OACB$ 中某一点表示，同样，用户给出检索式后，也可用四边形 $OACB$ 中某一点表示。

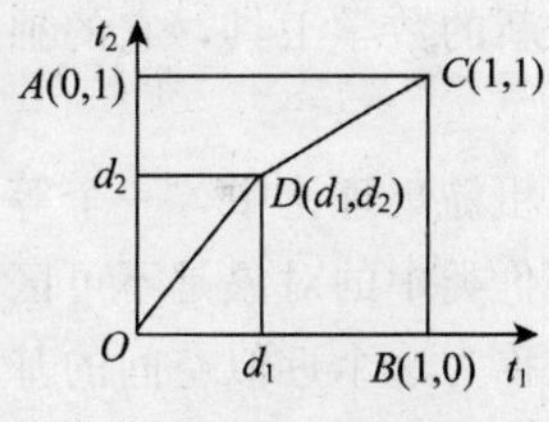

图2-3　布尔检索矢量表示法

（资料来源：李广源. 扩展布尔检索模型——Salton模型. 广西科学院学报）

对于由 t_1 和 t_2 构成的检索式 $q=t_1\vee t_2$，在图2—3中只有 A、B、C 三点所代表的各文本才是最理想的文本，对于某一文本 D 来说，当 D 点离 A、B、C 三点越接近时说明相似度越大，或者说，当 D 点离 O 点越远时，相似度越大。因而 D 与 O 的距离：

$$|DO|=\sqrt{(d_1-0)^2+(d_2-0)^2}=\sqrt{d_1^2+d_2^2}$$

可以作为我们衡量文本与查询 q 的相关程度的一个尺度，显然 $0\leqslant|DO|\leqslant\sqrt{2}$，为了使相似度控制在0与1之间，将相似度定义为

$$sim(D,Q(t_1t_2))=\sqrt{\frac{d_1^2+d_2^2}{2}}$$

对于由 t_1 和 t_2 构成的查询 $q=t_1\wedge t_2$，只有 C 点才是最理想的文本，用 D 与 C 的距离：

$$|DC| = \sqrt{(1-d_1)^2 + (1-d_2)^2}$$

作为衡量文本与查询 q 的相关程度的一个尺度，于是，把相似度定义为

$$sim(D, Q(t_1 t_2)) = 1 - \sqrt{\frac{(1-d_1)^2 + (1-d_2)^2}{2}}$$

扩展布尔模型是经典布尔检索模型精确匹配的严格性和向量处理模式提问的无结构性的折中，它用代数距离的方式来解释并放松了布尔操作的要求，因而有效融合了传统的布尔模型、向量空间模型的处理思想，它的主要特点有：

①与倒排档技术相兼容，支持使用标准布尔检索逻辑表达的提问式结构。

②允许在文档和提问式中进行词加权处理。

③支持按相似度的大小排序输出检索结果。

④通过调整参数 p 的取值，可以灵活选择并得到不同的检索结果。

3. 粗糙集模型

粗糙集模型在检索和基于词汇的查询提炼之间提供了高度的完整性，因为任何时候考虑到用户的信息需求，必须保证字眼算子关系的完整性。实际上，检索操作是在查询提炼之后进行的，在检索开始之前字眼和关系被自动用来进行查询提炼，粗糙集提供了一个在检索之前对词汇进行自动挖掘的方法。

粗糙集理论是波兰科学家 Pawlak 于 1982 年提出的一种处理不精确、不相容和不完全数据的新的数学工具，它的独到之处在于不需要先验知识，就可以从数据中获取潜在依赖规律。

在粗糙集理论中，一个等价关系将一个非空集合划分成互不相连的等价类，根据这个关系等价类中的对象是不可区分的。全集和等价关系一同定义了一个近似空间，等价类和空集被称为这个近似空间的基本集或原子集。这样一个近似空间可以用来描述全集的任意子集，这要用到两个近似集：上近似集和下近似集，它们是如下这样定义的。

设 R 是划分非空全集 U 的一个等价关系，近似空间为

$apr_R=$（U，R），一个划分被定义为 $U/R=$｛C_1，C_2，…，C_n），

这里 C_i 是 U/R 的一个等价类，对于 U 的任意一个子集 S，

S 的下近似集为：$\underline{apr_R}(S)=\{x\in C_i \mid C_i\subseteq S\}$

S 的上近似集为：$\overline{apr_R}(S)=\{x\in C_i \mid C_i \cap^{?}\ S\neq\varphi\}$

上近似集和下近似集近似描述了近似空间（U，R）中的子集 S，粗糙集就可以用这两个近似集来描述。

利用粗糙集在信息检索中可以将词汇建立模型。该模型是将给定范围的单词（单个词汇和段落）当作全集 U，表示等价关系 R 的定义为字眼的相似关系，R 对 U 产生一个划分，这样一个类中的字眼彼此都是同义的，用向量来表示文本和查询，通过近似空间 $apr_R=$（U，R）中的上、下近似集进行比较。显然文本和查询是全集的子集，分别求出它们在近似空间 $apr_R=$（U，R）中的上、下近似集。下近似集中的属性确定地描述了子集，而上近似集中的属性可能地描述了子集，这些确定性和可能性当然很大程度上是由近似空间决定的，因此，下近似集自动向核心描述靠近，而上近似集在词汇空间允许的范围

内扩大了描述。

当对文本和查询进行比较时，采用非自反的相似度方法，设 U 的两个子集 S_1 和 S_2，S_2 作为中心：

$$B_l = \underline{apr_R}(S_2)|-|(apr_R(S_1) \cap \underline{apr_R}(S_2))$$

$$B_u = \overline{apr_R}(S_2)|-|(\overline{apr_R}(S_1) \cap \overline{apr_R}(S_2))$$

这里|－|表示边界差，然后计算：

$$Similarrity_R(S_1,S_2) = 1 - [card(B_L)/card(\underline{apr_R}(S_2))]$$

在比较中，保持 S_2 为中心，如果上式为0，表示不匹配；上式为1，表示 S_2 和 S_1 之间的最大匹配。同样：

$$\overline{Similarrity_R}(S_1,S_2) = 1 - [card(B_U)/card(\overline{apr_r}(S_2))]$$

在实际比较中，可以把这两个相似度结合到一个检索状态值中。

粗糙集模型也有一些局限性，比如它不能使用用权值描述的文本和查询，也不能利用除了同义词之外的字眼关系。为了解决这个问题并且使粗糙集模型在检索中更加灵活，一般将粗糙集和模糊集合理论结合起来进行扩展，使检索模型适用的范围更加广泛，更进一步地提高检索效率。

2.1.3 概率模型

基于概率论的检索模型，如推理网络和信任网络模型。该模型中，用于构建文档和查询模型的机制是基于概率论的。

1. 推理网络模型

推理网络模型建立在贝叶斯可信度网络理论基础之上的一种新型检索模型，推理网络模型是这样来理解和处理信息检索问题的：用数学的方法从文档文本内容推理得出该文档满足用户信息需求的概率，将这个概率值作为文档与用户查询提问的匹配程度，并根据匹配程度的大小对文档进行排序。

简单的说就是通过模拟人脑的推理模式将文档的内容与用户查询提问的匹配过程转化为一个从文档到查询的推理过程。

2. 信任度网络模型

信任度网络模型与推理网络模型具有共同的理论基础，但两个模型的拓扑结构却是不同的。在信任度网络模型中，文档部分和提问部分在网络中是被分离开的。

这样的设计一方面简化了信任度网络模型的建模任务，另一方面也导致了两个模型在性能上的一些差异。

这些差异具体表现为：信任度网络模型有一个清晰定义的样本空间，并采用集合论观点看待信息检索的排序问题，而推理网络模型却没有定义这样的样本空间。

在信任度网络模型中，由于文档部分和提问部分被分开，这样有利于对以往的提问和相关性信息的统计数据进行综合处理并建模。

由于文档提问空间的分离，信任度网络模型能够再现推理网络模型中产生的各种排序策略，但反过来却不行。

2.1.4 代数模型

基于代数学理论的模型，如向量模型、广义向量空间模型、隐含语义索引和神经网络模型。该模型中，文档和查询用 t 维空间的向量来表示，都是建立在代数理论的基础之上。

1. 广义向量空间模型

广义向量空间模型以索引词向量是线性独立而不是两两相交的为基础，提出了索引词间的相互依赖性，该依赖性由索引词同时出现的模式导出。

假定集合中的索引词的集合为 $\{k_1, k_2, \cdots, k_t\}$，$w_{i,j}$ 是二元组 $[k_i, d_j]$ 的权值，如果所有的权值 $w_{i,j}$ 都是二值的，那么词语在文档内部同时出现的所有可能的模式可以用 $2t$ 最小项的集合来表示。若 $m_1=(0, 0, \cdots, 0)$，$m_2=(1, 0, \cdots, 0)$，…，$m_2t=(1, 1, \cdots, 1)$，函数 $g_i(m_j)$ 返回最小项 m_j 中的索引词 k_i 的权值 $\{0, 1\}$。我们把向量 m_i 的集合定义成：

$$m_1=(1,0,\cdots,0,0) \quad m_2=(0,1,\cdots,0,0) \quad \vdots$$

每一个向量 m_i 都与各自得最小项 m_i 相关联。

对于所有的 $i\neq j$，有 $m_i \cdot m_j=0$，因此，根据定义，m_i 向量集合是两两正交的，所以 m_i 向量集合可以作为广义向量空间模型的正交基。

广义向量空间模型的中心思想是引入了与最小项集合相关联的两两正交向量 m_i 的集合，并采用该向量集合作为目标子空间的基。也可以说，当索引词在文档集合内部同时出现时，就可以推导出这些索引词之间的相互依赖关系。

为了确定索引词 k_i 的索引向量 k_i，我们对最小项 m_r 的向量相加求和，则：

$$k_i=\frac{\sum_{\forall r, g_i(m_r)=1} C_{i,r} m_r}{\sqrt{\sum_{\forall r, g_i(m_r)=1} C_{i,r}^2}} \qquad C_{i,r}=\sum_{d_j \mid g_l(d_j)=g_l(m_r)\ for\ all\ l} w_{i,j}$$

公式中索引词 k_i 的值为 1 并且已经标准化。对于每一个 m_r 向量，可以定义一个关联因子 $C_{i,r}$ 用于计算此索引词 k_i 和文档 d_j 的权值 $w_{i,j}$ 之和。

在广义向量空间模型中，把文档和提问表示直接转化成最小项向量的集合，然后利用标准余弦函数来计算文档向量 d_j 和提问向量 q 之间的相似度，并将文档按相似度的大小以递减顺序排列输出。这种方法既考虑了语词之间的关系，又没有陷入对相似函数的复杂讨论中。

向量空间模型和广义向量空间模型都是用标引词来概括文档和提问文本的内容，由于受到同义词、多义词的影响，语义的准确表达不仅取决于对词汇的恰当选择，而且也取决于上下文对语义概念的限定。如果没有上下文的语境而孤立地依赖于标引词的简单组配，可能导致检索效果低下，其准确性、完整性也不够理想。因此，文本的思想内容虽然与标引词有关联，但相比之下，它与其中的概念关系更为密切，基于概念匹配而不是标引词匹配的潜语义标引模型较好地解决了这些问题。

2. 潜在语义标引模型

潜语义标引模型是将标引词之间、文档之间的依赖关系以及标引词与文档之间的语义关联都考虑在内，将文档向量和提问向量映射到与语义概念相关联的较低维空间中，从而把文档的标引词空间向量转化为语义概念空间；在降维的语义概念空间中，计算文档向量和提问向量的相似度，然后根据所得的相似度把排列结果返回给用户。

设 M 一表示 t 行 n 列的关键词一文档矩阵，t 表示系统中标引词的数目，n 为总的文档数目，则：

$$\overline{M}=(d_1,\ d_{21},\ \cdots d_n)=\begin{bmatrix} W_{11} & W_{12} & \cdots & W_{1n} \\ W_{21} & W_{22} & \cdots & W_{2n} \\ \cdots & \cdots & \cdots & \cdots \\ W_{t1} & W_{t2} & \cdots & W_{tn} \end{bmatrix}=\begin{bmatrix} M_{11} & M_{12} & \cdots & M_{1n} \\ M_{21} & M_{22} & \cdots & M_{2n} \\ \cdots & \cdots & \cdots & \cdots \\ M_{t1} & M_{t2} & \cdots & M_{tn} \end{bmatrix}$$

矩阵中的每一个元素 $M_{i,j}$ 为关键词一文档（k_i，d_j）的权值，如上所示，该权值可以用传统向量空间模型中普遍采用的 $tf-idf$ 加权方案来确定。

潜语义标引模型的思想是用数学方法把关键词一文档矩阵进行奇异值分解。奇异值分解是一种与特征值分解、因子分析紧密相关的矩阵方法。

定义　M 为 $t\times n$ 矩阵，M^TM 的特征值为：

λ_1^2，λ_2^2，…，λ_n^2，则 $\sigma_1=|\lambda_1|$，$\sigma_2=|\lambda_2|$，$\cdots\sigma_n=|\lambda_n|$

为矩阵 M 的奇异值。

定理　任何矩阵均可以被分解成三个矩阵的乘积。

所以，关键词一文档矩阵也可以分解成三个部分：

$$\overline{M}=\overline{KS\,D^t}$$

上式称为 M 的奇异值分解，其中矩阵 $\overline{k}$ 是由词一词关联矩阵 $\overline{M}*\overline{M^t}$ 导出的 $t\times t$ 正交特征向量矩阵（$kk^t=k^tk=E$），称为 M 的左奇异向量；$\overline{D^t}$ 是由文档一文档关联矩阵 $\overline{M^t}*\overline{M}$ 导出的 $n\times n$ 正交特征向量矩阵（$DD^t=D^tD=E$），称为 M 的右奇异向量；$\overline{S}$ 是 $n\times n$ 奇异值对角矩阵，对角元为 σ_1，σ_2，$\cdots\sigma_r$，且 $\sigma_1\geqslant\sigma_2\geqslant\cdots\geqslant\sigma_r$，此对角为 M 的奇异值；$r=\min(t,n)$ 是矩阵 M 的秩。

奇异值分解允许用一个维度较小的矩阵做初始矩阵的最优近似，选定一个合适的 x 值，保留 S 中的前 x 个最大奇异值，并保留 K，D 中对应的行和列，删去其余的行和列。则矩阵 M 的秩一 x 近似矩阵 M_x 为：

$$\overline{M_x}=\overline{K_xS_xD_x^t}$$

其中 K_x 是由 K 的前 x 列组成的 $t\times t$ 矩阵，S_x 是由 S 的前 x 行、前 x 行列组成的 $x\times x$ 矩阵，D_x^t 是由 D^t 前 x 行组成的 $x\times n$ 矩阵。

这样，通过 M 的秩一 r 近似矩阵将文档的关键词向量空间转化为语义概念空间，且语义概念空间的维度 $x\leqslant t$（t 是文档关键词向量空间的纬度，也即系统中所使用的标引词的数量），因而，次要的术语区别就被忽略了，有相似用法的关键词，其向量也就相似，用法不同的关键词，对应的向量也就不相似，从而降低了同义词、多义词的影响，减少了冗余。

值 x 的选择是折中的。首先，x 必须足够大，以能包括所有的实数结构；其次，x 又必须足够小，以便能忽略掉一些错误和不重要的描述细节。如果 k 值太小，那么分辨文档或标引词的能力不足；如果 k 值过高，则接近于传统的向量空间模型，失去了它可以表示词相互关系的能力。

潜语义标引模型将文档和提问向量从 t 维关键词向量空间转化为 x 维语义概念空间，降低了空间的维度，消除了基于标引词表示的描述的噪音，克服了多义词和同义词对检索的影响，提高了检索的精度。

3. 神经网络模型

神经网络模型是以神经元的数学模型为基础来描述的。神经网络模型由网络拓扑、结点特点和学习规则来表示。神经网络对人们的巨大吸引力主要在下列几点：并行分布处理、高度鲁棒性和容错能力、分布存储及学习能力、能充分逼近复杂的非线性关系。

神经网络在目前已有几十种不同的模型。神经网络模型被描绘成一个三层结构，如图 2-4所示。

神经网络模型由三层组成：第一层表示查询词语，第二层表示文档词语，第三层表示文档本身。

首先由第一层的提问词语结点启动，提问词语结点 k_a、k_b 和 k_c 分别向对应的第二层文档词语结点发出信息。

紧跟着文档词语结点 k_a、k_b 和 k_c 又产生信息并向第三层的相关文档结点传送。

文档结点会在收到文档词语结点发送的信号后产生新的信号并返回到文档词语结点，而且这种相互作用的信号传递过程将会重复进行直到信号不断衰减而终止。

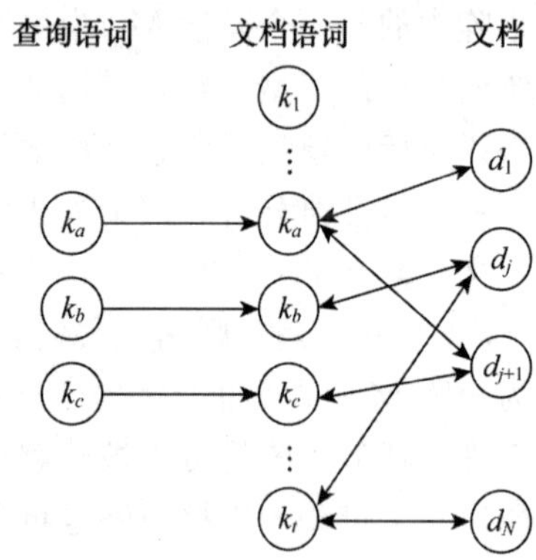

图 2-4　用于信息检索的神经网络模型

提问结点向文档词语结点发送信号，其作用强度分量由向量模型中词语的权值派生出来。

神经网络在信号传递的第一个阶段之后并没有停顿下来。实际上，文档结点依次直接向文档语词结点返回新的信号，这是由于文档语词结点和文档结点之间是双向边的原因。一旦接受到这种信号，文档语词结点再次直接向文档结点发出新的信号并重复这一过程。信号在每一次反复中会逐渐衰减，传递激活过程最终会停顿下来。即使文档 d_l 不包含任何的查询语词，它也有可能在这一过程中被激活。因此，这一过程可以解释为内置叙词表的激活。

为查询语词结点分配初始/固定的最大活跃值（activation），然后查询语词结点向文档语词结点发出信号，而文档语词结点已用规范化的查询语词 $\overline{W_{i,j}}$ 权值来衰减：

$$\overline{w}_{i,q} = \frac{w_{i,q}}{\sqrt{\sum_{i=1}^{t} w_{i,q}^2}}$$

采用查询向量的范数来规范化。

对到达文档结点的信号进行求和，在信号传播的第一个阶段之后，与文档 d_j 相关联的文档结点的活跃值可以表示为

$$\sum_{i=1}^{t}\overline{w}_{i,q}\,\overline{w}_{i,j}=\frac{\sum_{i=1}^{t}w_{i,q}w_{i,j}}{\sqrt{\sum_{i=1}^{t}w_{i,q}^{2}}\times\sqrt{\sum_{i=1}^{t}w_{i,j}^{2}}}$$

这是经典向量模型的准确排序。

然而，神经网络设计是一个复杂问题。其复杂性主要表现在两个方面：第一，采用什么类型的网络模型；第二，网络结构和参数的确定。

对于神经网络设计复杂性对应的第二个方面，基于进化算法的神经网络进化学习为解决该问题提供了一条新的更有潜力的途径。进化算法（EA）是从自然进化的思想和理论发展而来的一类基于群体的随机搜索算法，包括遗传算法（GA）、进化策略（ES）、进化规划（EP）、遗传规划（GP）。进化算法着重用于解决结构性优化、非线性优化、并行计算等复杂问题。在求解问题时，其根本目标是追求群体收敛性，保证算法趋于全局最优。其中，遗传算法是进化计算中提出得最早、应用最广、研究得最深入的一种算法，它是最早用于神经网络自动设计的进化算法并且获得的实验结果也最多。

遗传算法主要是借助生物进化机制和遗传学原理，按照自然选择和适者生存的原则，利用简单的编码技术和繁殖机制，模拟自然界生物群体优胜劣汰的进化过程，实现对复杂问题的求解，遗传算法的运算过程是一个反复迭代过程。它操作的对象是一组编码化的可行解，即由 M 个个体组成的集合（又称为群体），通过三种遗传算子——选择算子、交叉算子和变异算子不断地对其进行遗传和进化操作，并且每次都是按照优胜劣汰的规则，将适应度较高的个体以较大的概率更多地遗传到下一代，这样最终在群体中会得到一个优良的个体，使得它能达到或接近于问题的最优解。因此遗传算法有着鲜明的优点：全局优化性和鲁棒性、良好的并行性、可操作性和简单性。

遗传算法的基本步骤如下：

①初始化。设置最大进化代数 T；随机生成 M 个个体作为初识群体 P（0）。

②个体评价。计算群体 P（t）中各个个体的适应度。

③选择运算。将选择算子作用于群体。

④交叉运算。将交叉算子作用于运算。

⑤变异运算。将变异算子作用于群体。群体 P（t）经过选择、交叉、变异运算之后得到下一代群体 P（$t+1$）。

⑥终止条件判断。若 $t\leqslant T$，则：$t\rightarrow t+1$，转到（2），若 $t>T$，则以进化过程所得到的具有最大适应度的个体作为最优解输出，终止计算。

由于网络提供了海量信息，因此用户很难从中查找到自己感兴趣信息，而遗传算法在用户兴趣模型的提取与信息检索方面有着得天独厚的优势：

①遗传算法是一种基于自然选择的自适应算法，它的这种特性使得它非常适合于动态

环境中的应用，而通常用户的兴趣也是随着时间的变化而变化的。

②从某种意义上来说提取用户兴趣模型也是一个优化问题。

③遗传算法中存在演化的随机性，使得发现用户没能正确表达出来的兴趣需求成为可能。

2.1.5 结构化模型

文档的结构也包含了信息，除了根据内容进行检索外，还有几种参照文本所用的框架结构来建立检索模型的方法，即结构模型。基于非重叠链表和邻近节点模型是两个典型的结构和内容结合起来进行检索的模型。

1. 非重叠链表模型

Burkowski 提出将文档的整个文本划分成若干个非重叠的文本区域，并用链表连接起来。由于将文本分为非重叠区域的方法有多种，所以会产生多种链表。比方说，我们可以构建一个文档中所有章的链表，第二个链表是关于文档中所有节的链表，第三个链表包含文档中的所有子节。这些链表彼此独立，并且有不同的数据结构。尽管相同扁平的链表中的文本区域没有重叠，但不同链表中的文本区域可能会重叠。图 2-5 阐明了同一文档中的 4 种不同的链表。

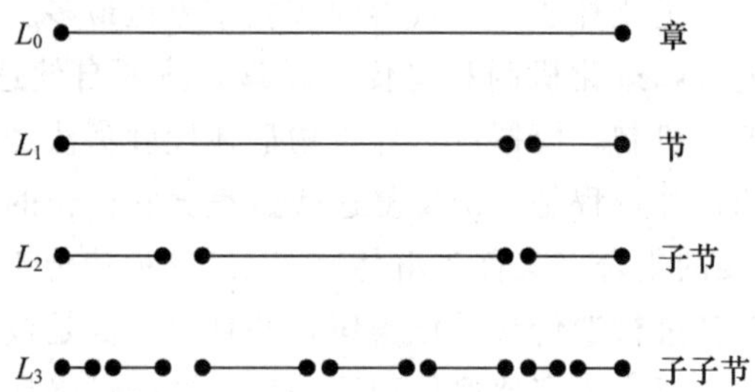

图 2-5 通过 4 个独立的索引链表来表示文档中的结构

为了允许对标引词和文本区域进行搜索，需要为每个链表构建一个独立的倒排文档。在这个倒排文档中，每个结构单元作为索引中的一个项。与每个项相关的是一个文本区域的链表，表示文本区域在哪些文档中出现。此外，这个链表还可以很容易地与传统的倒排文档和合并，以表示文本中的单词。因为文本区域是不重叠的，所以可以被提交的查询类型很简单：

(a) 选择一个包含给定单词的区域（不包含其他区域）。

(b) 选择一个不包含任何区域 B 的区域 A（B 属于一个不同于链表 A 的链表）。

(c) 选择一个不被包含于任何其他区域的区域。

基于非重叠链表的模型是把文档中的整个文本划分为非重叠文本区域，并用链表连接起来。

因为有多种方法将文本分为非重叠的区域，所以，对于同一个文档，会产生多个链表，这些链表清晰的记录了文档的数据结构。在相同链表中的文本区域没有重叠，而不同链表中的文本区域可能会重叠。

该模型是一种允许在相同文档上独立定义分层索引结构的模型，每个索引结构是一个严格的层次结构，其中每个结构组元称为节点，每个节点与一个文本区域相关，两个不同的层次结构可能涉及到两个重叠的文本区域

针对不同层次结构的用户查询，所汇集的结果是由来自其中一个层次结构的节点组成。

2. 邻近节点模型

Navarro 和 Baeza-Yates 提出了一种新的模型，该模型允许在相同文档的文本上定义独立分层（非扁平的）索引结构。每个索引都有严格的层次结构，即由章、节、段、页、行所组成，这些结构单元通常称之为结点，如图 2-6 所示。每个这样的结点都与一个文本区域相关。此外，两个不同的层次结构可能会涉及到重叠的文本区域。

对于涉及不同层次结构的用户查询而言，所汇集的结果只能由来自其中一个层次结构的所有结点形成。因此，最终结果不能由两个不同层次的结点所组成，这样做的目的是允许以较少的表达式获得较快的查询处理。然而应该考虑到，由于结构是层次型的，在结果集中允许出现来自于相同层次的嵌套文本区域。

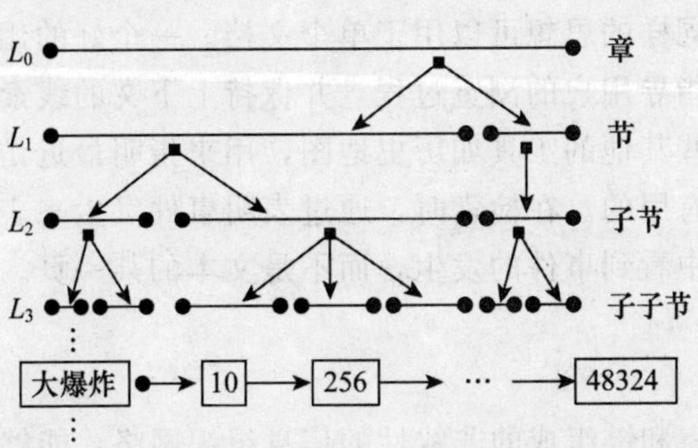

图 2-6　结构化单元的层次索引和词的扁平索引

上图给出了一个具有 4 个层次的层次索引结构，它们分别对应于同一篇文档中的章、节、子节和子子节，图中还给出了词“大爆炸”的倒排列表。倒排列表中的项，列出了文档文本中所有出现单词“大爆炸”的位置。在这个层次结构上，每个结点指明了结构化单元（如章、节、子节、子子节）在本文中的位置。

查询语言允许为字符串检索指定正则表达式，通过名称（如搜索章节）来引用结构成分，也可以是它们的组合。从这种意义上来说，可以把这个模型看成是表达与高效之间的一种折中。查询语言的某些限制性表达，允许首先搜索出那些与查询中指定的字符串相匹配的单元，然后判定哪些单元满足查询的结构部分的要求，这样可以提高检索过程的效率。

2.1.6　浏览

用户的兴趣可能不在于对系统的查询。而是想浏览文档空间，以寻找所关心的文档。浏览和搜索是不同的信息发现行为，而搜索比浏览更适合有明确查找目标的用户。

有三种浏览模型：平坦模型、结构导向模型和超文本模型。

1. 平坦浏览模型

该模型的思想假设用户浏览一个具有平坦组织的文档空间，文档集可以被描述为平面上的点或是链表中的元素。

用户在这些文档上到处浏览，以寻找有关信息，在反馈过程中，用户通过在邻近文档中的浏览，查找出相关的资料，找出一些感兴趣的关键词。这些关键词将被输入到原始的查询中，以试图提供更好的、新的查询。同样，用户也可以以平面方式浏览单一的文档。例如使用滚动条来浏览一个 Web 页面。

该模型的不足：第一，在给定的一个页面或屏幕上，可能没有任何用户所处上下文情况的指示。第二，平坦模型缺乏层次性的视图、用户的浏览行为很容易迷航。

2. 结构导向模型

结构导向模型提供了层次性目录式的导航模型，是一种非平坦模型。

为了对浏览的任务提供更好的支持，文档应该被组织成为像目录那样的结构。目录是类的层次结构，将文档按照相关主题来分类和组织。在这种情况下，我们说用户执行一个具有结构导向的浏览。同样的思想可以用于单个文档。一个好的用户界面能够以变焦的方式上下查看这些层次，指导用户的浏览过程，并保持上下文的线索。

界面还可以提供一些其他的工具如历史地图，用来指明最近访问过的类，这对于浏览结构庞大的文档集是很有用的。在检索时，通过表明事件发生来表示出这种结构，这使我们能在全部文档上下文中看到事件的发生，而不是文本的某一页。

3. 超文本模型

超文本模型是由节点和链组成的非线性的信息组织网络，能够为用户提供比上两种模型更多的信息，更方便的浏览，Web 是它最成功的应用。

超文本是一个允许以非顺序的方式在计算机屏幕上浏览文本的高层交互式导航结构。它由结点和链所组成，结点之间的关系用链表示，结点和链构成一个有向图结构。

对于超文本来说，每个结点都与一个文本区域相关，这个区域可能是书中的章，或文章中的节，或是一个 Web 页面。两个结点 A、B 被一条有向链接 l_{AB} 相连接，说明与这两个结点相关联的文本具有某种联系。这样，读者在阅读结点 A 中的文本时，就可以跳转到相关联的结点 B 中的文本。

超文本的导航过程可以被理解为遍历一个有向图的过程。图中被链接的结点表示文本结点之间具有某种语义关联。当遍历这个图时，读者便可想象出由超文本设计者所构思出的信息流。

当超文本很大时，用户可能会失去超文本组织结构的路线，其结果是用户进行错误的导航决策，并偏离他的主目标，这种情况称之为用户在网络空间中的迷航。为了避免出现这类问题，要将超文本设计成包含超文本地图，以用来随时指引用户。这个地图最简单的形式是一个有向图，可以显示当前所访问的结点。另外，这样一个地图还可以包含用户访问的历史路径，用于提醒用户访问过的路径是无效的。

此外，在超文本导航中，用户可能发现很难确定自己的方位，即使在前面讨论的导航工具如超文本地图存在的情况下，这种困难也依旧存在，原因可能是由于复杂的超文本组织具有太多允许用户前进和后退的链接。为了避免这一个问题出现，超文本可以采用一种可被用户在任何时候都快速记下的更为简单的结构，例如分层组织。

超文本结构的定义应该是在域建模阶段，即在需求分析阶段之后完成的。而且，经过域建模，用户界面设计应在实施之前完成。只有到那个时候，我们才能说我们手中有可以应用的合理的超文本结构。然而，在网络中，网页的设计往往没有考虑需求分析、域建模和用户界面设计。因此，网页往往是考虑不周的，为了使这种初始的定位措施更为便利，可以利用基于标引词的检索方式。

2.2 文本预处理

文本是检索中最常见的处理对象，在进行检索匹配之前，是必须经过处理的。通常的处理步骤包括：文本的词法分析、无用词汇的删除、词干提取、索引词条/词干的提取、词条分类结构的构造等。对中文而言，还需要使用中文分词技术对文本进行预处理，即先分词。

2.2.1 文本的词法分析

文本的词法分析，是对文本中的数字、连接符、标点符号和字符大小写进行处理。词法分析的过程是将文档中的文本转换成词条的过程，这些词条可能被用来作为索引词条。

数字通常不适合作索引词条，所以，很多的信息系统都不对数字进行索引，但在数字和单词混合的情况下，例如“2008 北京”，就是一个非常重要的索引词条了。对此，目前的解决方法是保留一些专门指出的数字，其他的则过滤掉。

连字符有着与数字同样的问题，处理的方式和方法也与数字基本相同。

对于文本中的标点符号，在词法分析时通常都会将其全部去除。但对那些已经成为单词一部分的标点符号来说，一般不去除。对此的解决办法，一是如上面的数字的解决方式，即建立特例，二是可以建立规则，比如名与姓之间的那个点。

字母的大小写对于索引词条的区分是不很重要，习惯性全部转换成大写或小写，也可以约定俗成。

2.2.2 词性标注

所谓词性标注就是通过适当的方法，根据上下文的语法关系确定词在上下文中合适的词类性质并加以标注的过程。对于单类词，我们只要根据词典进行机械配对即可。而如果一个词有多个词性，即兼类词，就必须结合上下文进行分析，为处理对象选择一个合适的词性。

自从 20 世纪 60 年代，布朗语料库（Brown Corpus）建立以来，机器自动词性标注技术得到了迅速发展迅速。目前，词性标注方法有基于规则的方法，基于统计的方法和混合方法等三种。

1. 基于规则的方法

这种标注方法最早出现在 20 世纪 60 年代。其基本工作原理是预先设置词典和规则库，先利用词典对语料进行静态词性标注，并把对象词所有可能的词性列出来，然后再依据上下文信息，结合规则库规则进行词性消歧，最终保留唯一合适的词性。它的核心思想是计算机根据具体的上下文结构框架，套用语言学家总结的语言学规律来判定兼类词词性。

基于规则的方法是归纳推理的过程，可以很好地对某一自然语料进行定性描述。但是它所依赖的规则库是一个封闭的系统，所含的规则是有限的，规则的增加需要时间，有限的规则无法对无限的不断变化着的自然语言进行一一描述，特别是在处理新词生词和特殊语言现象时，这种方法的局限性就十分突出。

2. 基于统计的方法

这是最常使用的一种词性标注方法，对于给定的输入词串，先确定其所有可能的词性串，然后对它们分别打分，并选择得分最高的词性串作为最终的词性标注结果，常见的基于统计的词性标注方法有基于频度的方法，基于 N 元模型方法和基于隐马尔可夫模型（HMM）的方法。

基于统计的词性标注方法侧重语料的定量描写。这种方法提供的数据是客观的，受非语言因素影响小，可信度、真实度较高；而且这是一种开放式的描述方法，符合自然语言动态变化的本质特征；通过计算机不断地记录和统计真实语言现象，可以不断生成新的规则，对新词生词和特殊语言现象的处理能力很强；这种随机总结规律的方法，适用性强，可以应用于各种语言和语言现象的处理。但这类方法对于自然语言的理解不直观，无法对各种语言现象进行明确地、定性地归纳总结；其所形成的规律只是基于数据的统计，因此是一种浮动的、似然的规律；这种规律对语料的依赖性极强，规律稳定性较弱，不可避免地会带有片面性。而且这种方法在进行词性判断时，只选择最佳概率的词性组合，排除其他选择，但是最佳概率并不是唯一的选择，也不一定就是最合适的选择。此外，这种方法对各种自然语言现象不加区分地使用单一复杂的概率算法。

3. 混合方法

混合方法是一种统计与规则相结合的方法，取长补短，在利用大规模语料库建立统计模型的同时，使用一定的语言学规则。与纯粹的统计方法相比，计算机的工作效率有了明显的提高，而比起纯粹的规则方法，这种方法利用统计模型弥补了规则方法规则有限性的缺陷，其处理自然语言的能力大大增强了，鲁棒性也提高了。但是这种方法比较复杂。

在这三种词性标注中，基于统计的词性标注方法应用得最为普遍，是目前词性标注的主流方法。

2.2.3 无用词汇的删除

无用词汇的删除，主要是过滤掉那些用处不大的词汇。这些无用词汇，不仅仅是冠词、介词和连词，动词、副词和形容词都可以成为无用词。在信息库的文档中太频繁出现的词都不会成为具有良好区分能力的词汇，所谓太频繁的标准是80%，即如果一个词出现在信息库的80%文档中，那么，它基本上就是无用词汇了。

通常，在系统中都会设置一个无用（停用）词表来解决这个问题。

删除无用词汇可以极大缩小索引空间的大小，一般可以缩小40%左右。后续的处理时间也就节省很多。

停用词过滤通常有两种方法：一种是通过建立一个停用词列表来实现，这个列表包含所有的停用词。使用停用词列表来过滤停用词的过程很简单，就是一个查询过程：对每一个词条，看其是否位于停用词列表中，如果是则将其从词条串中删除。另外一种方法是基于统计的，统计每个词项在文档集中出现的文档数，如果超过总数量的某个百分比（如80%），就将这个词项作为停用词过滤。

显然删除无用词汇成效显著，但问题也很大。删除无用词汇，会影响系统的查全率。所有，有些搜索引擎也对无用词汇建立了索引。

2.2.4 词干提取

词干提取，主要是去除词缀。比如是该词的复数、动名词或过去分词等形式的，都可以用其词干来代替。因此，词干提取这种技术适合英文等语系，并不适合中文。

通过词干提取，去除了词的前缀和后缀，可以将具有相同词根的词汇集中到同一个概念上。这样，可以在一定程度上提高信息获取的性能，同时，因为索引词的减少，也可以缩小索引空间的大小。

目前，词干提取技术可以分为如下几种：

①词缀删除。基于词缀删除的词干提取技术不仅比较直观、简单，而且算法比较有效。因此，搜索引擎中使用基于词缀删除的词干提取技术。

在词缀删除技术中，最重要的就是对词汇中后缀的删除，因为大多数词汇的变形是通过后缀来实现的。在词缀删除的算法中，采用一个后缀列表，然后通过一系列的规则应用到文本中的词汇。

②表格查询。表格查询方法指通过在表格中查找某个词汇的词干来实现，表格中的信息信赖于整个语言中词汇的词干。这就需要相当大的存储空间来存放这个表格，从而致使基于表格查询的词干提取的方法的可操作性不强。

③后续变形。后续变形词干提取方法主要是通过结构化语言的知识来确定词素的边界，这种方法比词缀删除法要来得复杂。

④N－连字。N－连字词干提取方法是基于对单词中字母是否应该连在一起的识别，这一过程实际上是词条聚类的过程。

2.2.5 索引词条的选择

索引词条/词干的提取，通常按单词的习惯用法进行选择，实际上，名词更有意义。

自动标引也叫做机器标引，是指直接使用计算机对信息记录进行标引。根据自动标引采用的理论来划分，自动标引的方法主要有3种：统计法、语言法、人工智能法。统计法是自动标引各类方法中使用历史最长的一种。该方法最早的理论根据是齐夫定律。齐夫第一定律概括了文献中高频词的出现规律，但不适合用来描述文献中低频词的出现情况。为此，齐夫又推导出齐夫第二定律。齐夫第二定律又称低频词定律。

为了获得更加理想的标引结果，人们在自动标引过程中引入了不同的加权概念，由此形成了位置加权法、相对加权法等加权方法。

为提高效率，通常选择一些比较重要的词条来建立索引。一种可选的方法是通过对文本的分析来自动选择索引词条。自然语言中的句子一般是由名词、代词、冠词、动词、形容词、副词、介词和连词构成的。在这些词中，主要是由名词表达句子的语义的，因此选择句子中的名词来作为索引词条是一种可行的方法。这可以通过删除文本中的代词、冠词、动词、形容词、副词、介词和连词来实现。由于一些名称常常是由两个或者三个同时出现，可以将这些词汇作为一个整体（概念）建立索引。在实际操作中，可以先设置一个阈值，然后计算文本中词汇之间的距离，如果该距离小于阈值，则将这些词汇放在一起构成词组。

2.2.6 词条分类结构的构造

词条分类结构的构造，比如词典或者结构抽取等。利用它们可以对查询进行扩展。

在信息获取系统中，词典是用来根据词汇找到对应词汇信息的数据汇编。在最简单的词典中将包括两部分内容：

①有关这个领域的重要词汇。

②对于词典中的每个词汇，都有跟它相关的一些词汇。这些相关的词汇可以是它的变形或者它的同义词。

一般说来，词典中还包含一个相对复杂的结构，而不只是简单的词汇列表和它们的同义词。例如有些词典考虑了短语，这些短语可以表达更为复杂的概念。

词典的主要作用是：提供索引和搜索的标准词汇；帮助用户使用合适的查询词汇；提供分类层次结构，这样可以根据用户的需求来扩大或者缩小查询请求。

倒排文件机制是一种面向单词的机制，利用它可以提高网络检索速度。倒排文件结构由词汇和词汇出现情况两部分组成。对于每个单词，都必须有一个列表来记录单词在所有文本中出现的位置，这些位置可以是单词的位置也可以是字符的位置。在倒排索引中，词汇表对空间的需求相对较小。可以采用块寻址技术缩小这种空间需求。而利用固定大小的块可以提高信息获取的效率。

2.3 分词

分词是建立索引、进行检索的前提，也是中文文档检索的关键问题和难点所在。

2.3.1 分词原则与方法

正如所知，关键词查询的前提是将查询条件分析成若干关键词。对英文而言，这不存在问题，因为一个单词就是一个词。但是中文词与词之间没有分界符，需要人为切分。此外汉语中存在大量的歧义现象，对几个字分词可能会有好多种结果。简单的分词往往会歪曲查询的真正含义。

1. 分词原则

①颗粒度越大越好。用于进行语义分析的文本分词，要求分词结果的颗粒度越大，即单词的字数越多，所能表示的含义越确切，如："公安局长"可以分为"公安 局长""公安局 长""公安局长"都算对，但是要用于语义分析，则"公安局长"的分词结果最好。

②切分结果中非词典词越少越好，单字字典词数越少越好。这里的"非词典词"就是不包含在词典中的单字，而"单字字典词"指的是可以独立运用的单字，如"的""了""和""你""我""他"。例如："技术和服务"，可以分为"技术和服务"以及"技术和服务"，但"务"字无法独立成词（即词典中没有），但"和"字可以单独成词（词典中要包含），因此"技术和服务"有 1 个非词典词，而"技术和服务"有 0 个非词典词，因此选用后者。

③总体词数越少越好。在相同字数的情况下，总词数越少，说明语义单元越少，那么相对的单个语义单元的权重会越大，因此准确性会越高。

2. 分词方法

中文分词通常采用统计方法和基于规则的方法来识别词边界和专有名词。在具体分词时，通常有以下几种方法：

①单字切分。也就是按照中文的内容，一个字一个字地进行分词。以这种方式进入索引，称为字索引。显然，这种方式并不是一个非常好的方法，效率低下，占用空间太大。

②二分法。将词按照二元语法方式切分出来，比如："北京天安门"切分成"北京 京天 天安 安门"。这样，在查询的时候，无论是查询"北京"还是"天安门"，将查询词组按同样的规则进行切分："北京""天安""安门"，多个关键词之间按与关系组合，同样能够正确地映射到相应的索引中。这种方式对于其他亚洲语言，如韩文、日文都是通用的。

基于自动切分的最大优点是没有词表维护成本，实现简单，缺点是索引效率低，但对于中小型应用来说，基于二元语法的切分还是够用的。基于二元切分后的索引一般大小和源文件差不多，而对于英文，索引文件一般只有原文件的 30%～40%不同，目前比较大的搜索引擎的语言分析算法一般是基于以上 2 个机制的结合。

③词库分词。词库分词一直是一种最理想的中文分词方式。即用一个已经建好的词的集合去匹配目标，当遇到集合中已经有的词的时候，就将其切分出来。

显然，这种分词方式的关键是词库的建立。通常采用统计方法，按词出现的频率等来决定把什么词加入到库中。如果再词库中增加语言和词性的标注，那么，这种词库的分词效果会更好。

2.3.2 分词算法

中文分词技术属于自然语言处理技术范畴，计算机处理的依据就是分词算法。它可为分基于字符串匹配、基于理解、基于统计和基于语义的分词方法。

1. 基于字符串匹配的分词方法

这种方法又叫做机械分词方法，它是按照一定的策略将待分析的汉字串与一个“充分大的”机器词典中的词条进行匹配，若在词典中找到某个字符串，则匹配成功。按照扫描方向的不同，串匹配分词方法可以分为正向匹配和逆向匹配；按照不同长度优先匹配的情况，可以分为最大（最长）匹配和最小（最短）匹配；按照是否与词性标注过程相结合，又可以分为单纯分词方法和分词与标注相结合的一体化方法。

基于词典的分词方法的三个要素为分词词典、文本扫描顺序和匹配原则。分词词典包括常规词典和专业词典。文本的扫描顺序有正向扫描、逆向扫描和双向扫描。正向扫描是指从待切分字符串的第一个字符往后扫描，而逆向扫描是指从待切分字符串的最后一个字符往前扫描。双向扫描则是正向扫描和逆向扫描的组合。匹配原则主要有最大匹配、最小匹配、逐词匹配和最佳匹配等。

（1）常用的几种机械分词方法

①正向最大匹配法（由左到右的方向）。其目的是将最长的复合词从语句中分离出来。这是最早提出的自动分词方法，由苏联学者在 20 世纪 60 年代研究汉俄机器翻译时提出，它的基本思想是：假定分词词典中的最长词条长度是 k，则用被处理文档的前 k 个字作为匹配字段查找分词词典，若词典中存在这样一个 k 字词，则匹配成功。匹配字段被作为一个词被切分出来。如果词典中找不到这样的一个 k 字词，则匹配失败。将匹配字段中的最后一个字去掉，对剩下的字符串重新进行匹配处理，如此进行下去，直到匹配成功，切分出一个词或剩余字串的长度为零为止。这样就完成了一轮匹配，然后取下一个 k 字字串进行匹配处理，直到文档被扫描完为止。

②逆向最大匹配法（由右到左的方向）。

③最少切分（使每一句中切出的词数最小）。

还可以将上述各种方法相互组合。例如，可以将正向最大匹配方法和逆向最大匹配方法结合起来构成双向匹配法。由于汉语单字成词的特点，正向最小匹配和逆向最小匹配一般很少使用。一般说来，逆向匹配的切分精度略高于正向匹配，遇到的歧义现象也较少。统计结果表明，单纯使用正向最大匹配的错误率为 1/169，单纯使用逆向最大匹配的错误率为 1/245。但这种精度还远远不能满足实际的需要。实际使用的分词系统，都是把机械分词作为一种初分手段，还需通过利用各种其他的语言信息来进一步提高切分的准确率。

对于机械分词方法的改进，一种方法是改进扫描方式，称为特征扫描或标志切分，优先在待分析字符串中识别和切分出一些带有明显特征的词，以这些词作为断点，可将原字符串分为较小的串再来进行机械分词，从而减少匹配的错误率。另一种方法是将分词和词类标注结合起来，利用丰富的词类信息对分词决策提供帮助，并且在标注过程中又反过来对分词结果进行检验、调整，从而极大地提高切分的准确率。

对于机械分词方法，可以建立一个一般的模型，形式地表示为 ASM（d，a，m）。其中，

d：匹配方向，+1 表示正向，−1 表示逆向；

a：每次匹配失败后增加/减少字串长度（字符数），+1 为增字，-1 为减字；

m：最大/最小匹配标志，+1 为最大匹配，-1 为最小匹配。

例如，ASM（+，-，+）就是正向减字最大匹配法（即 MM 方法），ASM（-，-，+）就是逆向减字最大匹配法（即 RMM 方法），等等。对于现代汉语来说，只有 m=+1 是实用的方法。

机械分词方法优点：简单，易于实现。

机械分词方法缺点：匹配速度慢；存在交集型和组合型歧义切分问题；词本身没有一个标准的定义，没有统一标准的词集；不同词典产生的歧义也不同；缺乏自学习的智能性。

（2）特征词库法

特征词库法的基本思想是：事先建立一个特征词库，其中包含各种具有切分特征的词。对给定的待分词的汉字串 S，首先根据特征词库将 S 分割成若干个较短的子串，然后对每个子串分别采用机械匹配法进行切分。

选取特征词的依据是汉语语法中的构词法和构形法等。但是，也应该看到，汉语中经常出现一些不合常规的例外现象。对此，在建立特征词库时应尽可能全面地加以考虑，最好能预计各种例外情形以便特殊处理。

2. 基于统计的分词方法

该分词方法首先认定文档中相邻的字同时出现的频率或概率反映其成词的可能性。对文档中相邻共现的各个字的组合的频度进行统计，进行一定规则的筛选，从而得到所需词条。由于这种方法不需要给定词典，可以较好地解决未登录词的识别。

从形式上看，词是稳定的字的组合，在上下文中，相邻的字同时出现的次数越多，就越有可能构成一个词。因此字与字相邻共现的频率或概率能够较好的反映成词的可信度。可以对语料中相邻共现的各个字的组合的频度进行统计，计算它们的互现信息。互现信息体现了汉字之间结合关系的紧密程度。当紧密程度高于某一个阈值时，便可认为此字组可能构成了一个词。这种方法只需对语料中的字组频度进行统计，不需要切分词典，因而又叫做无词典分词法或统计取词方法。但这种方法会经常抽出一些共现频度高、但并不是词的常用字组，例如“之一”“有的”“许多的”等，并且对常用词的识别精度差，时空开销大。实际应用的统计分词系统都要使用一部基本的分词词典进行串匹配分词，同时使用统计方法识别一些新的词，即将串频统计和串匹配结合起来，既发挥匹配分词切分速度快、效率高的特点，又利用了无词典分词结合上下文识别生词、自动消除歧义的优点。

基于统计的分词方法所应用的主要的统计量或统计模型有：互信息、N 元文法模型、神经网络模型、隐 Markov 模型和最大熵模型等。这些统计模型主要是利用词与词的联合出现概率作为分词的信息。

基于统计的分词方法优点：不受待处理文本的领域限制；不需要一个机器可读的词典；能够有效地自动排除歧义，能够识别新词怪词。

基于统计的分词方法缺点：需要大量的训练文本，用以建立统计模型的参数；该方法的计算量非常大；对常用词的识别精度差，且分词精度与训练文本的选择有关；经常抽出一些共现频度高，但并不是词的常用字组。

典型的基于统计的分词方法有：

①高频优先法。这是一种动态方法，对不同长度和题材的文章，其效力也不同。它主要用于找出“切分词”串中隐含的、字典中没有的非常用词，如人名、地名和科技新名词。原理是将出现频率高的连续的切分词组作为一个词，如“汉语分词技术”，由词典切分为“汉语—分词—技术”（3 个词）。但如果文章中，“汉语分词技术”出现多次，则将其合为一个词。这就是由频度切分产生的频度词。对全文“切分词”串做上述处理后，“切分词”串转变为“频度词”串。

②最大概率分词法（MP 算法）。该方法假设文档中的各种词的出现是独立的，追求分词结果中各词词频的乘积最大，而词长和词数不再是分词的依据，而只依靠词频来解决汉语自动分词的算法。该算法采用人工智能中的问题规约和状态空间搜索技术，能够迅速解决大多数歧义切分问题。

③统计取词法。该方法根据计算字与字相邻共现的频率或概率来确定是否成词。互现信息体现了汉字之间结合关系的紧密程度。当紧密程度高于某一个阈值时，便可认为此字组可能构成了一个词。这种方法只需对语料中的字组的频度进行统计，不需要切分词典。这种方法的局限性是会经常抽出一些共现频度高、但并不是词的常用字组，并且对常用词的识别精度差，时空开销大。

④基于期望法。该法是基于汉语语法及语用规律以及人们语言习惯而提出，它认为一个词的出现对于它后面紧相随的词有一种期望。当然是期望最大的词优先，分词时根据期望到期望最大的词所在的词库中找出所对应的词，从而切分出相应的词。这种方法增加了分词的失控复杂度，但在一定程度上提高了分词精度。

⑤最少分词词频选择法。该方法的基本做法是：先采用运行时间长短排序策略用最少匹配法分词以确定第一候选，最少匹配法给出多条最佳路径，则在采用按可能性大小排序的策略选择第一候选词串。

3. 基于理解的分词方法

该方法又称基于人工智能的分词方法。它是利用汉语的语法知识和语义知识以及心理学知识进行分词，需要建立分词数据库、知识库和推理机。这种分词方法需要使用大量的语言知识和信息。

基于理解的分词方法的分词系统通常包括三个部分：分词子系统、句法语义子系统、总控部分。在总控部分的协调下，分词子系统可以获得有关词、句子等的句法和语义信息来对分词歧义进行判断，模拟人对句子的理解过程。这种分词方法需要使用大量的语言知识和信息，由于汉语知识的笼统及复杂性，缺乏一种有效的知识表示手段将各种语言信息组织成机器可直接读取的形式，分词系统复杂程度比较高。

基于理解的分词方法优点：具有较高的歧义识别功能，有自学习的智能性，知识库易于维护和管理。

基于理解的分词方法缺点：开销大，需要使用大量的语言知识和信息；实现困难，将各种语言信息组织成机器可直接读取形式的难度较高。

基于理解的分词方法大概有约束矩阵法、语法分析法和理解切分法三种方法。

（1）约束矩阵法

约束矩阵法是为了解决中文歧义切分现象而提出来的，所谓歧义切分是指相同的汉字串被切分成不同的词的序列。典型的歧义切分包括交集型歧义切分和组合型歧义切分。所谓交集型歧义切分是指形为 ABC 的汉字串既可切分成 A/BC，又可切分成 AB/C。所谓组合型歧义切分是指形为 AB 的汉字串既可切分成 AB，又可切分成 A/B。

约束矩阵法的基本思想是事先建立一个语法约束矩阵和一个语义约束矩阵，其中的元素分别表明具有某词性的词与具有另一词性的词的相邻是否符合语法以及属于某语义类的词与属于另一语义类的词的相邻是否符合逻辑。另外，事先还要建立一个词库，其中包含所有可能出现的词，它们的各种可能的词性和语义类。

对给定的待分词的汉字串 S，按照某种确定的原则切取 S 的子串，若该子串与词库中的某词条相匹配，则从词库中取出该词的所有词性和语义类，然后根据约束矩阵判断这些词性和语义类中是否存在与已切分出来的相邻词相容的部分。若有，则该子串是词，记下它所有相容的词性和语义类作为后继切分的基础，继续分割剩余的部分，直到剩余部分为空；否则，该子串不是词，转上重新切取 S 的子串进行匹配。

约束矩阵法的前提和基础是存在对词的性质的分类和对词的语义的分类。

（2）语法分析法

引入语法分析法的背景与约束矩阵法相同，不同之处仅在于前者通过语法规则给出全局约束，而后者仅通过约束矩阵给出局部约束。

语法分析法的基本思想是，事先建立一套汉语语法规则，其中的规则不但给出某成份的结构（即它由哪些子成份构成），而且还给出它的子成份之间必须满足的约束条件。

另外，事先还要建立一个词库，其中包含所有可能出现的词和它们的各种可能的词类。

为了加快分析速度，一般将整个语法规则库分成若干个子库。每个子库中的规则又可按使用频度来排序。一条规则实际上就是一个产生式加上一个关于该产生式右部各分量的约束条件。约束条件可实现成布尔函数。

语法分析法要求保存分析时产生的所有中间结果，故它的空间开销要大些。不过，由于分词的最终结果包括一棵语法分析树，所以后继处理中就不必再进行语法分析了。

（3）理解切分法

理解切分法可按以下基本步骤实现：

①事先建立一个词库，其中包含所有可能出现的词和它们的各种语义信息。

②对给定的待分词的汉语句子 S，按照某种确定的原则，例如按正向最大匹配法切取 S 的子串。

③若该子串与词库中的某词条相匹配，则从词库中。取出该词的所有语义信息；若不匹配，则转到步骤一，按某种原则重新切分子串，例如减去子串尾的最后一个子串，并继续匹配词库，直到匹配成功。

④调用语义分析程序进行语义分析，包括形成理解结果和检查约束条件，这时不但要使用该词的所有语义信息，而且还要使用前面已分析部分的理解结果；若分析正确，则该子串是词，记下理解结果作为后继切分的基础，继续分割剩余部分，直到剩余部分为空；否则，该子串不是词，转到步骤 3 重新切取 S 的子串进行匹配。

由于理解切分法的最终结果包括理解结果的内部表示，这为后继的处理提供了一个很高的起点。

4. 基于语义的分词方法

语义分词法引入了语义分析，对自然语言自身的语言信息进行了更多的处理，比如扩充转移网络法、邻接约束法、知识分词语义分析法、综合匹配法、特征词库法、后缀分词法、语法分析法、矩阵约束法等。

扩充转移网络法是以有限状态机的概念为基础。有限状态机只可以识别正则语言，对有限状态机做的第一次扩充使其具有递归能力，形成递归转移网络（RTN）。在 RTN 中，弧线上的标志不仅可以是终极符（语言中的单词）或非终极符（词类），还可以调用另外的子网络名字作为非终极符（如字或字串的成词条件）。这样，计算机在运行某个子网络时，就可以调用另外的子网络，还可以递归调用。词法扩充转移网络的使用，使分词处理和语言理解的句法处理阶段的交互成为可能。并且有效地解决了汉语分词的歧义。

基于语义分词方法的优点：消除歧义；通过递归调用，使分词处理和句法处理相结合；很大程度提高了分词准确率。

基于语义分词方法缺点：多是对自然语言自身的语言信息进行处理。

5. 分词方法的比较

上述分词方法的异同点见表 2－1。

表 2－1　分词方法的比较

分词方法	基于字符串匹配分词	基于统计的分词	基于理解的分词	基于语义的分词
歧义识别	差	强	强	强
新词识别	差	强	强	强
需要词典	需要	不需要	不需要	不需要
需要语料库	否	否	是	否
需要规则库	否	是	否	否
需要句法分析	否	否	否	是
算法复杂性	容易	难	一般	一般
技术成熟度	成熟	不成熟	成熟	成熟
实施难度	容易	难	一般	一般
分词准确度	一般	准确	较准	较准
分词速度	快	慢	一般	较慢

2.3.3　中文分词系统

研究中文分词的大多是科研院校，清华、北大、中科院、北京语言学院、东北大学、IBM 研究院、微软中国研究院等都有自己的研究队伍。

1. 早期的自动分词系统

自 20 世纪 80 年代初提出了自动分词以来，一些实用性的分词系统逐步得以开发，其中几个比较有代表性的自动分词系统在当时产生了较大的影响。

CDWS 分词系统是我国第一个实用的自动分词系统，由北京航空航天大学计算机系于 1983 年设计实现，它采用的自动分词方法为最大匹配法，辅助以词尾字构词纠错技术。其分词速度为 5～10 字/秒，切分精度约为 1/625。

ABWS 是山西大学计算机系研制的自动分词系统，系统使用“两次扫描联想－回溯”方法，运用了较多的词法、句法等知识。其切分正确率为 98.6%（不包括非常用、未登录的专用名词），运行速度为 48 词/分钟。

CASS 是北京航空航天大学于 1988 年实现的分词系统。它使用正向增字最大匹配，运用知识库来处理歧义字段。其机械分词速度为 200 字/秒以上，知识库分词速度 150 字/秒（没有完全实现）。

书面汉语自动分词专家系统是由北京师范大学现代教育研究所于 1991 前后研制实现的，它首次将专家系统方法完整地引入到分词技术中。

清华大学 SEG 分词系统提供了带回溯的正向、反向、双向最大匹配法和全切分－评价切分算法，由用户来选择合适的切分算法。其特点则是带修剪的全切分－评价算法。经过封闭实验，在多遍切分之后，全切分－评价算法的精度可以达到 99%左右。

清华大学 SEGTAG 系统着眼于将各种各类的信息进行综合，以便最大限度地利用这些信息提高切分精度。系统使用有向图来集成各种各样的信息。通过实验，该系统的切分精度基本上可达到 99%左右，能够处理未登录词比较密集的文本，切分速度约为 30 字/秒。

国家语委文字所应用句法分析技术的汉语自动分词。此分词模型考虑了句法分析在自动分词系统中的作用，以更好地解决切分歧义。切词过程考虑到了所有的切分可能，并运用汉语句法等信息从各种切分可能中选择出合理的切分结果。

复旦分词系统由四个模块构成。

①预处理模块，利用特殊的标记将输入的文本分割成较短的汉字串，这些标记包括标点符号、数字、字母等非汉字符，还包括文本中常见的一些字体、字号等排版信息。

②歧义识别模块，使用正向最小匹配和逆向最大匹配对文本进行双向扫描，如果两种扫描结果相同，则认为切分正确，否则就判别其为歧义字段，需要进行歧义处理。

③歧义字段处理模块，此模块使用构词规则和词频统计信息来进行排歧。

④此系统还包括一个未登录词识别模块，实验过程中，对中文姓氏的自动辨别达到了 70%的准确率。系统对文本中的地名和领域专有词汇也进行了一定的识别。

哈工大统计分词系统。此系统能够利用上下文识别大部分生词，解决一部分切分歧义。经测试，此系统的分词错误率为 1.5%，速度为 236 字/秒。

杭州大学改进的 MM 分词系统。系统的词典采用一级首字索引结构，词条中包括了“非连续词”（形如 C1… * Cn）。系统精度的实验结果为 95%，低于理论值 99.73%，但高于通常的 MM、RMM、DMM 方法。

Microsoft Research 汉语句法分析器中的自动分词。微软研究院的自然语言研究所在从 90 年代初开始开发了一个通用型的多国语言处理平台 NLPWin，据报道，NLPWin 的语法分析部分使用的是一种双向的 Chart Parsing，使用了语法规则并以概率模型作导向，并且将语法和分析器独立开。实验结果表明，系统可以正确处理 85%的歧义切分字段，在 Pentium 200 PC 上的速度约 600～900 字/秒。

北大计算语言所分词系统。本系统由北京大学计算语言学研究所研制开发，属于分词和词类标注相结合的分词系统。系统的分词连同标注的速度在 Pentium 133Hz/16MB 内存机器上的达到了每秒 3 千词以上，而在 Pentium II/64MB 内存机器上速度高达每秒 5 千词。

中文分词存在着歧义识别和新词识别两个技术难题。歧义是指同样一句话，可能会有两个或更多的切分方法。具体而言，歧义又分为交叉歧义、组合歧义和真歧义。

2. 中文分词系统评价

中文分词系统性能评价主要由用户相应度、兼容性、准确率、运行效率、适用性和通用性等指标来完成。

用户相应度：指用户对系统的满意度。

兼容性：能在不同的系统中都可以毫无障碍地使用，而且能给各行各业都带来方便。

适用性：好的分词系统具有良好的适用性，可以方便地集成在各种各样的汉语信息处理系统中。

通用性：中文分词系统必须具有很好的通用性。中文分词系统应支持不同地区的汉语处理；应能适应不同地区的不同用字、用词，不同的语言风格。

运行效率：少占用系统资源，尽快地完成系统任务。

准确率是系统评价的核心指标，理想化的情况是分词的准确率为 100%。公式如下：

准确率（p）＝切分结果中正确分词数/切分结果中所有分词数 * 100%。

3. 中文分词工具

（1）ICTCLAS——全球最受欢迎的汉语分词系统

中文词法分析是中文信息处理的基础与关键。中国科学院计算技术研究所在多年研究工作积累的基础上，研制出了汉语词法分析系统 ICTCLAS（Institute of Computing Technology，Chinese Lexical Analysis System），主要功能包括中文分词、词性标注、命名实体识别、新词识别、同时支持用户词典、支持繁体中文、支持 GBK、UTF-8、UTF-7、UNICODE 等多种编码格式。

演示网址：http：//ictclas. org/test. html

开源官网：http：//ictclas. nlpir. org/

（2）HTTPCWS——基于 HTTP 协议的开源中文分词系统

HTTPCWS 是一款基于 HTTP 协议的开源中文分词系统，目前仅支持 Linux 系统。HTTPCWS 使用“ICTCLAS 3. 0 2009 共享版中文分词算法”的 API 进行分词处理，得出分词结果。

HTTPCWS软件自身采用NewBSD开源协议，可以自由修改。HTTPCWS使用的ICTCLAS共享版API及dict/Data/目录内的语料库，版权及著作权归中国科学院计算技术研究所、ictclas.org所有，使用需遵循其相关协议。

演示网址：http：//blog.s135.com/demo/httpcws/

开源官网：http：//blog.s135.com/httpcws_v100/

(3) SCWS——简易中文分词系统

SCWS在概念上并无创新成分，采用的是自行采集的词频词典，并辅以一定程度上的专有名称、人名、地名、数字年代等规则集，经小范围测试大概准确率在90%～95%之间，已能基本满足一些中小型搜索引擎、关键字提取等场合运用。SCWS采用纯C代码开发，以Unix-Like OS为主要平台环境，提供共享函数库，方便植入各种现有软件系统。此外它支持GBK、UTF-8、BIG5等汉字编码，切词效率高。

演示网址：http：//www.ftphp.com/scws/demo.php

开源官网：http：//www.ftphp.com/scws/

(4) PhpanAlysis——PHP无组件分词系统

PhpanAlysis分词系统是基于字符串匹配的分词方法，实现简单，容易使用，能做一些简单应用，但大数据量的计算效率不如前几种。

演示网址：http：//www.itgrass.com/phpanalysis/

开源官网：http：//www.itgrass.com/phpanalysis/

(5) MMSEG4J

MMSEG4J基于Java的开源中文分词组件，提供lucene和solr接口

MMSEG4J用Chih-Hao Tsai的MMSeg算法实现的中文分词器，并实现lucene的analyzer和solr的TokenizerFactory，以方便在Lucene和Solr中使用。

MMSeg算法有两种分词方法：Simple和Complex，都是基于正向最大匹配。Complex加了四个规则过虑。官方说法，词语的正确识别率达到了98.41%。MMSEG4J已经实现了这两种分词算法。

(6) 盘古分词

盘古分词是一个基于.net平台的开源中文分词组件，提供lucene（.net版本）和HubbleDotNet的接口。其特点如下：

高效：Core Duo 1.8 GHz下单线程分词速度为390K字符每秒

准确：盘古分词采用字典和统计结合的分词算法，分词准确率较高。

功能：盘古分词提供中文人名识别、简繁混合分词、多元分词、英文词根化、强制一元分词、词频优先分词、停用词过滤、英文专名提取等一系列功能。

(7) IKAnalyzer开源的轻量级中文分词工具包

IKAnalyzer是一个开源的，基于Java语言开发的轻量级的中文分词工具包。从2006年12月推出1.0版开始，IKAnalyzer已经推出了3个大版本。最初，它是以开源项目Lucene为应用主体的，结合词典分词和文法分析算法的中文分词组件。新版本的IKAnalyzer3.0则发展为面向Java的公用分词组件，独立于Lucene项目，同时提供了对Lucene的默认优化实现。IKAnalyzer3.0特性如下：

采用了特有的“正向迭代最细粒度切分算法”，具有60万字/秒的高速处理能力。

采用了多子处理器分析模式，支持：英文字母（IP地址、Email、URL）、数字（日期，常用中文数量词，罗马数字，科学计数法）、中文词汇（姓名、地名处理）等分词处理。优化的词典存储，更小的内存占用。

支持用户词典扩展定义，针对Lucene全文检索优化的查询分析器IKQuery Parser；采用歧义分析算法优化查询关键字的搜索排列组合，能极大的提高Lucene检索的命中率。

（8）庖丁解牛

庖丁解牛分词系统使用Java语言开发，在企业用户建立自己的搜索引擎时作为分词模块。庖丁解牛分词工具是国内中文分词做的比较好的工具，而且这个工具是开源的，使用者可以根据自己的需要进行改进，所以推出之后就广受好评，是网站首选的分词组件。庖丁解牛分词工具在性能上有极大的突破，在PIII 1G的个人电脑之上，在一秒之内可以分词100万，并且可以不受个数的限制的对文章进行切分。

2.4 信息抽取

信息抽取（Information Extraction，简称IE）的目标是从自然语言文档中找到特定的信息，是自然语言处理领域应用比较多的一个子领域。IE系统中的关键组成部分是一系列的抽取规则或模式，其作用是确定需要抽取的信息。

2.4.1 信息抽取概述

IE技术起源于20世纪90年代初，主要是由TIPSTER的消息理解会议（MUC）发起，其前身是文本理解，在IE出现之前，已经有大量的关于自然语言处理的研究和系统。输入信息抽取系统的是原始文本，输出的是固定格式的信息点。信息点从各种各样的文档中被抽取出来，然后以统一的形式集成在一起，这就是信息抽取的主要任务。

信息以统一的形式集成在一起的好处是方便检查和比较。例如比较不同的招聘和商品信息。还有一个好处是能对数据作自动化处理。例如用数据挖掘方法发现和解释数据模型。信息抽取技术并不试图全面理解整篇文档，只是对文档中包含相关信息的部分进行分析。至于哪些信息是相关的，那将由系统设计时定下的领域范围而定。

信息抽取主要有三个基本阶段。

（1）事实抽取

在这一阶段，关心的是如何在文本中找到独立的事实，因此领域知识是非常重要的。根据文本中有可能出现的事实就可以构建模式识别系统。下面是事实抽取中的一些技术。

①模式匹配：一个使用习惯表达法形成最低层次抽取的过程，它有效地构建了一个自底向上的文本的解析。模式匹配也可用于更大的范围内，比如处理那些已被设定了语法值的标记。

②词法分析：构建以词法分析为基础的事实抽取有许多阶段，在比较浅的层次上说，考虑将文本拆分成若干的标记，这样才能识别句子。而在句子中使用领域词典来确定可能的上下文。在这一层次上应该能够识别那些固有名称的标记。

③句法和语义结构：另一个处理层次概念的方法是将句法组件分配给单词或者词组。在看当前的文本的时候可以查找名词动词词组，从而为查找词出现的上下文提供进一步的线索建立好基本的句法之后，一个信息抽取系统就可以开始寻找被训练的语义模式。

（2）事实集成

事实集成所要解决的主要问题是防止相互解释。需要独立地看待每一个事实，然后看看他们混和在一起将构成表达的意思。解决句首重复解释的问题是相对比较低级的阶段。相对比较高级的层面来讲就应该是集成，可以使用事件融合这个概念，但是这样的处理其实对于编码人员来说是很困难的，会涉及许多模糊识别的问题。

（3）知识表述

这是信息抽取的第三个阶段，但也是信息抽取技术应用的重要一环。

信息抽取技术对于从大量的文档中抽取需要的特定事实来说是非常有用的。互联网上就存在着这么一个文档库。在网上，同一主题的信息通常分散存放在不同网站上，表现的形式也各不相同。若能将这些信息收集在一起，用结构化形式储存，那将是有益的。

2.4.2 Web信息抽取方式

基于Web的信息抽取技术也很多，它的分类方式有多种，但根据各种技术实现所采用的原理不同，大致可以分为六类：基于自然语言理解的方式、基于模版的网页抽取方法、基于本体的方式、基于HTML结构的方式、基于视觉特征的网页抽取方法和基于语义信息的网页抽取方法。

1. 基于自然语言理解

基于自然语言理解方式的信息抽取采用自然语言理解技术，它适合于自由文本的信息抽取，尤其适用于源文档中包含大量文本的情况。其抽取过程需要包括：句法分析、语义标注、专有对象的识别和抽取规则。它的基本思想是先把文本分割成多个句子，接着对每个句子的句子成份进行标记，然后把加了语义标注的句子的语法结构和事先定义的语言模式相匹配，从而获得句子的内容。从更专业的角度上讲，就是根据子句结构、短语和子句间的相互关系，建立基于语法和语义的抽取规则，最后利用它来实现信息抽取。抽取规则可以人工方式参与编制生成，也可以是系统自身从人工标注的语料库中自动学习获得。

对于待抽取的Web文档，可以将其视为文本进行处理，但也存在明显的缺点：首先，它将待抽取的Web文档看作文本，就不能利用Web文档层次特点，其抽取规则是基于语法规则定义的，表达能力有限，缺乏健壮性。并且需要通过大量的样本学习才能获得有效的抽取规则，要想依靠程序的全自动实现则较困难，而且实现速度上也较慢。这对于网上海量数据的操作来说这是一个大问题；其次，其抽取规则是在支持记录型的语义模式结构下，所以它不能很好地支持复杂对象的数据抽取；另外，由于Web页面中的文本通常不是结构完整的句子，所以，它适用范围相对来说比较较窄。

2. 基于模版

基于模版的网页抽取方法依赖于HTML的结构特征，它假设相同类型的网页集合具有相似的网页结构特性或DOM树结构，所以该方法定制相应的抽取模板，方便、快速地从相同类型的页面中提取需要的信息。基于模版的网页抽取方法的核心组件是包装器。

这种信息抽取方法主要由一系列的抽取规则和应用这些规则的程序代码所组成，而这些抽取规则和代码组合在一起就是通常所说的包装器。在一般情况下，一个包装器是针对某一种特定的信息源所设计的，所以它只能针对该类信息源进行信息抽取。如果想要从几个不同信息源中抽取信息，就必须建立一系列的包装器库，每一类Web信息源对应于一个包装器。基于包装器归纳的方式最大特点在于它可以自动分析出待抽取信息在网页中的结构特征并实现信息抽取，该方法的主要思想是用归纳式学习方法生成抽取规则，然后根据该抽取规则完成信息抽取。与基于自然语言理解方式比较，包装器几乎不依赖于待抽取文本的句子语法结构和分词等复杂的自然语言处理技术，相反它更注重于待抽取文本的组织结构。

但在具体实现过程中，也存在很多困难：第一，针对性强、可扩展性较差。对于一种特定的信息源，就需要一个包装器。在这种情况下，如果要从几个不同的信息源中抽取信息，就设计并开发一系列的包装器集，这就使得信息抽取的工作量十分巨大。第二，可重用性差。包装器的抽取规则是基于待抽取Web页面的组织结构，所以它对页面结构的依赖性强，当其信息源的Web页面结构发生了变化时，就会导致原来的包装器失效，以致于无法从其信息源中抽取数据或抽取错误的数据。这就会伴随着一个新的问题产生，即包装器的维护问题。第三，主动理解能力不够。包装器能否达到很好的数据抽取效果，主要依赖于待抽取网页或其Web数据源的后台数据库的模式。从一定意义上来看，可以看作是一种数据模式的还原，所以它缺乏对数据语义的主动理解能力。

3. 基于本体

根据Stanford AI的专家Tom Gruber的定义，本体的提出是为了帮助程序和人共享领域，它描述了代理之间的概念和关系。这种抽取方式利用对数据本身的描述信息实现抽取，它对待抽取的网页结构依赖较少。它的主要思想是事先要由某领域知识专家书写某一应用领域的本体；然后根据本体中常值和关键字的描述信息产生抽取规则，再对每个无结构的文本块进行抽取获得各语义项的值，同时还要将抽取出的结果存入根据本体的描述信息生成的数据库中。它的最大优点就是对待抽取的网页结构依赖较少，只要保证事先建立的某领域的本体非常强大，就能实现对该领域中各种待抽取网页实现信息抽取。但它也存在缺点：第一，抽取效果取决于领域专家事先建立的某一应用领域的详细的、清晰的本体，如果要保证本体的足够强大，就需要十分巨大的工作量。第二，在减少了对网页结构依赖性的同时，增加了对待抽取网页中所含的数据结构的要求。第三，要从大量的、异构的Web数据源的文档中提取公共模式，其工作量相当繁重。

4. 基于网页的HTML结构

这种方式的信息抽取技术的基本思想是根据待抽取Web页面的结构定位其信息。因此，在信息抽取之前，需要利用HTML解析器把待抽取Web文档解析成语法树，并根据此语法树自动或半自动的生成其抽取规则，然后利用该抽取规则就能完成待抽取Web面的信息抽取。

5. 基于视觉特征

基于视觉特征的网页抽取方法利用页面上不同的视觉特征将一个完整的页面分割成不同的视觉特征块，并在这些视觉特征块中找出相应的正文段，从而抽取出相应的正文信息。

一般的用户常常通过网页的视觉特征和布局结构来确定所需信息的正确位置，所以基于视觉特征的网页抽取方法的核心思想就是通过模拟用户的分析方式来提取网页中的正文信息。该算法的流程主要分为三部分：首先根据视觉特征将页面分割成多个不同的区域，然后对不同区域之间的分隔条赋予相应的权值，最后根据分隔条的权重对区域块进行合并，并将合并后的数据提取出来，组成网页的正文信息。基于视觉特征的网页抽取技术虽然能够根据页面的视觉特征解决一定范围内的抽取问题，但是由于视觉特征难以判断，所以经常需要有人不停的调整抽取策略，从而维持算法的有效性。

6. 基于语义信息

语义信息是指除网页视觉特征外的所有信息，包含 HTML 标签和页面文本信息等。基于语义信息的网页抽取方法主要分为三类。

①基于过滤 HTML 标签的方法。该方法首先将网页中的所有 HTML 标签都过滤掉，只剩下大小不同的纯文本内容区域，然后根据纯文本内容区域的大小判断出相应的正文信息主体区域，最后将全部的正文信息主体区域进行组合提取出整个网页的正文内容。

②基于统计字符序列的方法。该方法先利用待抽取的网页的结构特征生成一个 Dom 树结构，然后统计每一个节点中所包含的字符数量，最后字符量最大的节点便是正文信息节点。

③基于 Table 节点的方法。由于网页的布局经常使用 Table 标签来完成，所以该方法利用这一特点从 Table 标签中提取出正文主体。

2.4.3 Web 信息抽取的关键技术

对于 Web 信息抽取而言，首要的任务是要确定规则，也就是抽取规则如何生成或者说获取，其次是自动化，只有更加自动化才能更好地发挥计算机的作用。

1. 抽取规则的生成技术

从对信息抽取技术分析中不难看出，所有的抽取技术都在抽取规则的生成上下功夫。抽取规则对于抽取工作的自动化程序至关重要，同时又对抽取的质量有着重大的影响，因此是信息抽取系统的一个关键组成部分。抽取规则描述的是要抽取信息的各种特征和规律，作用是要确定需要抽取哪些信息，用于在 Web 上识别和定位待抽取的信息。

抽取规则的生成方法主要有两类：

(1) 人工获取方式

这种方式是相关专家依靠自身的知识和技术，审阅一定量的待处理文本文档，归纳出相关信息出现的规律，然后按照信息抽取系统内部对抽取规则格式书写的要求表述抽取规则。显然，专家掌握相关领域知识的水平和技能状态对系统的性能起着相当关键的作用。

另外，Web 页面更新（内容或格式的变化）或者出现新一类的 Web 页面时，都需要人工识别，更新或重新生成抽取规则，这样导致了系统可扩展性较差。

（2）自动学习方式

自动学习方式也需要一定的人工协助。主要是依靠人工在训练集合中的文档中用适当的方式标出相关信息的出现，生成系统自动学习抽取规则需要的训练集。学习模块就可以在训练数据的基础上运行了。不同系统抽取规则的定义和表示方法也各不相同。有的专门定义一种高级语言或脚本语言，描述复杂的文本模式和语言结构，如 Lixto 采用的 Elog 语言，有的基于 HTML DOM 树定义，有的采用了正则表达式表示等。采用专门的高级语言描述抽取规则的缺点是需要掌握这种语言的语法，也不容易移植到别的系统，而只采用 DOM 或正则表达式不足以描述待抽取信息的各方面特征。

2. 机器学习和归纳学习方法

用于 IE 的机器学习方法有很多、如符号化学习法、ILP（归纳逻辑设计法）、分装器归纳法、统计法和语法归纳法。

在分装器归纳法中，分装器的生成被描述成一种归纳学习问题。分装器归纳法是一种自动构造分装器的技术。主要思想是用归纳式学习方法生成抽取规则。用户在一系列的网页中标记出需要抽取的数据，系统在这些例子的基础上归纳出规则。这些规则的精确度取决于例子的质量如何。如果能代表那些需要处理的网页，那么，这些例子就是高质量的。

在最高层次，归纳学习法是从一些实例中完成未知目标概念的计算任务，是对现象的一种概括。主要思路是，如果归纳出来的规则能解释观察到的实例，或者在新事例出现时能做出准确的预测，那么，这种归纳是成功的。在分类、知识获取、知识发现等任务中被证明是有用的。

归纳学习法是通过推论来完成的。推论是一种从部分到整体、从个别到一般、从个体到普遍的推理过程。有指导的归纳式学习法可以分为两类：零阶（zero-order）和一阶（first-order）学习法。两者的区别在于其训练数据和所形成的理论的表达方式的不同。

零阶学习法所采用的事例是事先分好类的。每个事例都由对应于固定属性集合的特定值描述。这类系统发展的理论以决策树或生成规则的形式出现，把事例的类和它的属性值联系起来。但决策树的学习系统缺少表达能力，因为它们建立在命题逻辑的基础上，不能学习到对象之间的关系（如家族成员的关系）之类的概念。

关系型一阶学习法可在带有结构信息的例子中进行归纳，例如一阶逻辑谓词和函数，无界限结构体等。尤其是 ILP 方法，专门研究从例子中归纳一阶逻辑形式的规则，逻辑编程的学习以及其他关系型知识。

ILP 借助一阶逻辑的表达能力，可以学习关系和递归概念。ILP 还可以学习更丰富的表达式和比决策树更复杂的概念，因此，已应用于解决从包含复杂结构和关系的文档中抽取信息的学习中。

ILP 算法采用两种不同的归纳方法：一是自下而上（概括），另一是自上而下（具体化）。自下而上的方法是数据驱动的。先选择几个例子，在此基础上提出一个假设，使之能处理这些例子。然后把这个假设推而广之，使之能处理其余例子。自上而下的方法则先从最普遍的假设开始，通过引入反例，把假设规则不断具体化。总的说来，自上而下算法可以归纳出一大类的逻辑程序，但需要相对多的样例。而自下而上算法有为数不多的例子就行了，但只能归纳出一小类的程序。

2.5 文档与数据库

信息检索所面对的数据量是非常大的，在这种情况下，建好文档及数据库，不仅必要而且必须。对信息检索的文档而言，不仅是历史的原因，也有检索及查询方便的需要。

需要说明的是，我们这里所说的数据库可以是文档、也可以是数据表，这是一个非常笼统、宽泛的概念。虽然称为数据库，但实际上更多地是指文档。

2.5.1 顺排文档与倒排文档

所谓文档的编排结构，就是计算机检索系统中文档（数据库）的每条记录数据项的编排方式，有顺排文档和倒排文档两种。

1. 顺排文档

顺排文档存入了数据库的全部记录，文献记录按照存取号的大小顺序排列。由于它存储记录的最完整的信息，所以，又把它称之为主文档。如果在顺排文档中进行检索，计算机就要对每个检索提问式逐一扫描数据库中的每一条记录，存储的记录越多，扫描的时间越长，这样检索效率就会很低。

下面所列的是按文献记录的存取号从小到大排列的顺排文档。

218653（AN）

Nonverbal Communication in Teaching

TI1 TI2 TI3 TI4

Smith，Howard A

AU

Reviews of Educational Research. V49 n49 p631－72 Wtr1983

JN PY

Language：English

LA

School - related research is reviewed under…

AB1 AB2 AB3 AB4 AB5 AB6

……

218654

218655

……

2. 倒排文档

倒排文档是建立在顺排文档（主文档）的基础之上，它是从主文档中提取可检索字段内容，也有采取自动从标题、文摘或全文中提取关键词，利用所得到的这些属性词来建立倒排文档。其组成元素主要包括：

关键字：作者，主题词，分类号。

目长：含有该关键字记录的条数。

记录号集合：所有与该关键字有关的记录号。

由顺排文档构造倒排文档需要经过抽词、排序、归并和组织等过程，实现步骤如下：

选择需要做索引的字段属性（如作者、关键词等），抽出其中的内容，并在其后附上其记录号。

对抽出的内容进行排序，使之便于归并相同内容。

对相同内容进行归并，把合并后的内容放入倒排文档的主键字段（如标引词、作者等），统计每一数据的频次作为目长，把每一内容后的记录号顺序放在记录号集合字段。

不同的字段组织成不同的倒排文档。倒排文档可以按主题词的字顺排，也可以按分类号的大小排。按表达文献内容特征的主题词排列的文档称为基本索引文档；按表达文献外部特征排列的文档称为辅助索引文档。倒排文档只有文献的标识、文献篇数及文献存取号。因此，在实施检索时，必须和顺排文档配合使用，先在数据库的倒排文档中查得文献篇数及其记录存取号，再根据存取号从顺排文档中调出文献记录。倒排文档类似于检索工具中的辅助索引。下面所列的就是一个倒排文档。如图 2－7 所示。

关键词索引文档表

索引词	记录号	字段号
Article	195895	AB2
Artifacts	218653	AB22
Behavior	218653	AB17
Body	195895	TH2
	195895	AB10

……

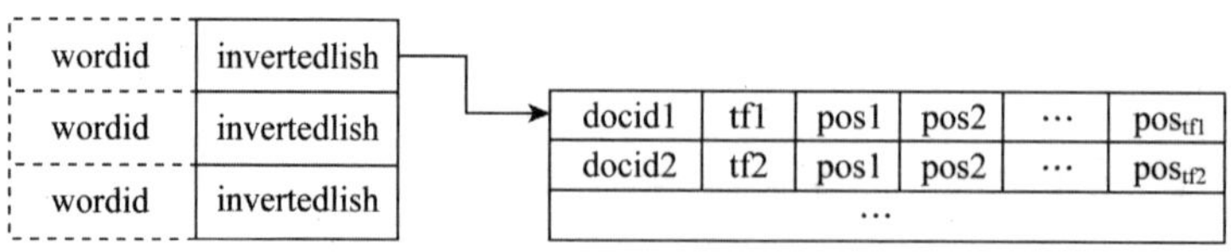

图 2－7　倒排文档结构

2.5.2　检索数据库的类型与格式

按照数据库所含信息的内容可以划分为以下类型。

①文献书目数据库。这是存储某个领域原始文献的书目，即二次文献数据库，记录内容包括文献的题目、著者、原文出处、文摘、主题词等。大多数是印刷本检索工具的机读版，如美国工程索引数据库，英国科学文摘数据库（INSPEC），美国化学文摘数据库等。

②信息指南数据库。它主要是记录一些机构、人物、产品、项目简述等事实数据，通过该类数据库可以查到公司、机构的地址、电话、产品目录、研究项目或名人简历等信

息。这类数据库也称为事实数据库。

③数值型数据库。数值数据库是专门提供以数据形式表示信息的一种源数据库。主要记录科学研究中实验、测量、计算、工程设计、经济分析和工业规划等方面的数据。这类数据库主要包含数值数据，有的也包含文字，文字是用来定义数据所需的最小量的文字，有时称为文本—数值数据库。

④全文数据库。这是存储文献内容全文或其中主要部分的数据库，简称全文库。它是将经典著作、学术期刊、重要的会议录、法律法规、新闻报道，以及百科全书、手册、年鉴等的全部文字和非文字内容转换成计算机可读形式。在我国，已有《中国学术期刊全文数据库》、《超星数字图书馆》等图书、期刊全文数据库建成投入使用。

除了上述四种基本的数据库类型之外，还有多种混合型的数据库形式，如“数值—全文型”数据库，“书目—数值—全文型”数据库等。特别是随着多媒体技术的迅速发展和广泛应用，多媒体数据库的数量越来越多。

⑤信息检索数据库的记录格式。数据库的记录是构成数据库顺排文档（主文档）的基本单元，是对某一实体属性进行描述的结果。在书目数据库中，被描述的实体是某一特定的文献，这类记录通常被称作文献记录。一个数据库可能包含几千条甚至几十万条记录，一条记录又包含若干个数据字段。这些数据字段就是手工检索工具正文部分的文摘款目中的若干著录项目，例如原始文献的篇名、著者、文献出处、出版时间、文摘、主题词、语种等。它们是构成记录的最小信息单元。为了方便计算和检索，每一个字段都有自己特定的标识符，称为字段名，如 AB 代表文摘字段、TI 代表篇名字段、AU 代表著者字段等。数据库记录的著录项目（字段）往往比手工检索多得多，这就决定了计算机检索能够提供比手工检索更丰富的检索途径。

值得指出的是，不同的数据库，其记录的字段种类、数目、名称、代码不尽相同，在检索时，可根据每个数据库的说明查询字段的设置情况及使用方法。

2.6 文本压缩

文本压缩是指用较少的位或字节来表示文本，这样就可以显著地减小计算机中存储文本的空间大小。

常规的压缩方法是基于字符的压缩，但是，为了能够在信息检索系统中进行快速的单词匹配，压缩的基本单位是单词而不是字符。在选择压缩方法时，除了要考虑空间的节省程度外，还要考虑压缩文档的编码和解码速度。

目前，常用的有统计方法和字典方法两种文本压缩方法。倒排文档使用了特定的文本压缩方法，因此，也是一个效率很高的索引压缩方案。下面分别加以探讨。

2.6.1 统计方法

统计方法依赖于对每个符号在文本中出现的概率进行估计，估计得越准确，压缩的效果就越好。文本中所有可能的符号的集合称为字母表。对每个符号进行概率估计的任务称为建模。

模型的本质是建立信息库中文档的概率分布。一旦有了这些概率，符号就转成二进制数，这个过程称为编码。编码和解码都使用了同一个模型，解码是编码的逆过程。常见的统计编码方案有两种：霍夫曼编码和算术编码。

1. 建模

模型的主要功能是为要编码的符号提供一个概率。常用的压缩模型有：适应性模型、静态模型和半静态模型。

适应性模型并不预先获取文本信息，其统计分布信息是在压缩过程中逐渐获取的。这样，对文本的扫描一次就足够了。在文本足够多的情况下，本模型与文本的真实的统计分布一致。由于数据的分布在文档中是递增存储的，所以文档的解压就必须从头开始，这是该模型的一个不足。适应型模型适合于一般压缩，对随机存储压缩模型的全文检索就不太合适。

静态模型首先大致估计出一个概率分布，以便将来用于所有的文本压缩，实际上是所有文本都被编码后再建模。对此，如果假设有问题，或者数据偏离了初始的假设，那么，模型的压缩比就会很低。

半静态模型是在第一次扫描时就记住它，在第二次扫描时，利用第一次扫描后的分布导出的固定代码来压缩数据。这样，半静态模型有两个缺点，一是对所有的文本都是两次扫描，第二是数据分布的信息必须事先存储在解码器中再进行解压缩。

基于单词的模型是把单词作为符号，这可以获取更高的压缩比，也可以将单词作为压缩模型的一部分来使用。

由于文本不仅包含单词还包含分隔符，所以，模型也必须能够处理分隔符。

2. 霍夫曼编码

霍夫曼编码是美国数学家 David Huffman 在 20 世纪 50 年代初提出的，其主导思想是根据字符出现的概率来构造平均长度最短的编码，并且保持编码的唯一可解性。也就是说，在源数据中出现概率越高的字符，相应码字越短；出现概率越小的字符，其码长越长，从而达到用尽可能少的码符号来表示源数据，达到压缩的效果。霍夫曼编码是一种变长的编码（因为其长度是随符号出现的概率而不同，概率高则码短）。在编码过程中，若各码字长度严格按照码字所对应符号出现概率的大小的逆序排列，则编码的平均长度是最小的。

静态的霍夫曼编码的编码过程如下：

①对源信号的出现频率进行统计，每个源信号根据它出现频率大小被赋予一定的编码，高频率的信号对应短码，低频率的信号对应长码。

②用信号对应的编码去取代源数据中的信号。在已知源数据流中各字符发生的概率情况下使用，即在压缩数据时，遵循固定的源数据符号代码表。在不允许两次扫描源文件的情况下，往往根据先验统计概率或假设构造这张代码表。压缩处理时，若源数据流中的符号与代码表中的符号相匹配，则用与之相对应的较短的代码替代该字符，否则不予处理。

霍夫曼编码有一个十分重要的特性：任何一个编码决不会是其他编码的前缀。这一特性保证了对编码译码时的唯一性。因此，它是一种简单而且实用的算法，但不是最好的算法。

静态霍夫曼编码方法有一些缺点：

①对于过短的文件进行编码的意义不大，因为光以 4Bytes 的长度存储霍夫曼树的信息就需 1024Bytes 的存储空间。

②进行霍夫曼编码，存储编码信息时，若用于通讯网络，就会引起较大的时延。

③对较大的文件进行编码时，频繁的磁盘读写访问会降低数据编码的速度。

后来在传统的霍夫曼编码的基础上产生了动态的霍夫曼算法，其基本的思想就是构造一棵动态变化的霍夫曼树。对第 t+1 个字符的编码是根据原始数据中前 t 个字符得到的霍夫曼树来进行的，编码和解码使用相同的初始霍夫曼树，每处理完一个字符，编码和解码使用相同的方法修改霍夫曼树，因此，这棵树能够随输入串的输入而不断的调整修改，保证它反映所输入串数据变化着的概率。并根据不同源文件的具体内容，采用完全不同的方法动态地构造代码表，并在构造代码表的同时进行编码压缩。

从上可知动态的霍夫曼编码只需一次扫描，没有必要为解码而保存霍夫曼树的信息，无须维护和传输串码对应表，对字符在整个串中出现频率不均现象有很好的压缩效果。

3. 算术编码

算术编码是基于统计的、无损数据压缩效率最高的方法。其与霍夫曼编码的一个很大的不同就是它跳出了分组编码的范畴，而是从全序列出发，采用递推形式的连续编码。它不是将单个的信源符号映射成一个码字，而是将整段要压缩的整个数据序列映射到一段实数半封闭范围内的某一区段。其长度等于该序列的概率，即是所有使用在该信息内的符号出现概率全部相乘后的概率值。当要被编码的信息越来越长时，用来代表该信息的区段就会越来越窄，用来表达这个区段所需的二进位就越多。

算术编码避开用一个特定码字代替输入符号的思想，不需要传送像霍夫曼编码的霍夫曼表，而用一个单独的浮点数来代替一串输入符号，避开了霍夫曼编码中比特数必须取整的问题，而且算术编码还有自适应能力的优点。但是算术编码也有一些不足之处：第一，很难在具有固定精度的计算机完成无限精度的算术操作；第二，高度复杂的计算量不利于实际应用；第三，也是需两次扫描源数据流。

2.6.2 字典方法

有许多场合，开始时不知道要编码数据的统计特性，也不一定允许我们事先知道它们的统计特性。因此，人们提出了许许多多的数据压缩方法，企图用来对这些数据进行压缩编码，在实际编码过程中以尽可能获得最大的压缩比。这些技术统称为通用编码技术。字典编码技术就是属于这一类，这种技术属于无损压缩技术。

1. 字典编码的基本思想

字典算法是最为简单的压缩算法之一。它是把文本中出现频率较高的字符组合做成一个对应的字典列表，并用特殊代码来表示这个字符。例如，有字典列表：

00＝Chinese

01＝People

02＝China

源文本：I am a Chinese people，I am from China 压缩后的编码为：I am a 00 01，I am from 02。压缩编码后的长度显著缩小。

字典编码法的种类很多，归纳起来分为两类。

第一类词典法的想法是企图查找正在压缩的字符序列是否在前面的输入数据中出现过，如果是，则用指向早期出现过的字符串的“指针”替代重复的字符串。

这类编码中的所有算法都是以 Abraham Lempel 和 Jakob Ziv 在 1977 年开发和发表的算法（称为 LZ77 算法）为基础。此算法的一个改进算法是由 Storer 和 Szymanski 在 1982 年开发的，称为 LZSS 算法。

第二类算法的想法是企图从输入的数据中创建一个“短语词典”。编码数据过程中当遇到已经在词典中出现的“短语”时，编码器就输出这个词典中的短语的“索引号”，而不是短语本身。

A. Lempel 和 J. Ziv 在 1978 年首次发表了介绍这种编码方法的文章，称为 LZ78。在他们的研究基础上，Terry A. Welch 在 1984 年发表对这种编码算法进行了改进的文章，并首先在高速硬盘控制器上应用了这种算法。因此后来把这种编码方法称为 LZW（Lempel－Ziv Walch）压缩编码。

基于字典的 LZ 系列编码包括：LZ77 算法、LZSS 算法、LZ78 算法、LZW 算法等几种基本算法，是通用数据压缩主流。LZ78 和 LZW 两种算法的编译码方法较为复杂，实现起来较为困难，而 LZ77 算法的压缩率又相对较低，比较而言 LZ77 算法在单片机上实现起来较为理想，其压缩率较高，编译码算法也较为简单。

2. LZ77 算法

LZ77 算法是由 Jacob Ziv 和 Abraham Lempel 于 1977 年提出的。传统的算法，如霍夫曼算法都是建立在静态的字典模型上，但是静态字典模型并不是好的选择。首先，静态模型的适应性不强，我们必须为每类不同的信息建立不同的字典；其次，对静态模型，我们必须维护信息量并不算小的字典，这一额外的信息量影响了最终的压缩效果。

LZ77 算法采用了自适应的字典模型，也就是说，将已经编码过的信息作为字典，如果要编码的字符串曾经出现过，就输出该字符串的出现位置及长度，否则输出新的字符串。

LZ77 算法使用“滑动窗口”的方法，来寻找文件中的相同部分，也就是匹配串。这里说的串，是指一个任意字节的序列，而不仅仅是可以在文本文件中显示出来的那些字节的序列。这里的串强调的是它在文件中的位置，它的长度随着匹配的情况而变化。

LZ77 算法文件的开始处开始，逐个字节的向后进行处理。一个固定大小的窗口，随着处理的字节不断的向后滑动。对于文件中的每个字节，用当前处理字节开始的串，和窗口中的每个串进行匹配，寻找最长的匹配串。如果当前处理字节开始的串在窗口中有匹配串，就用（之间的距离，匹配长度）这样一对信息，来替换当前串，然后从刚才处理完的串之后的下一个字节，继续处理。如果当前处理字节开始的串在窗口中没有匹配串，就不做改动的输出当前处理字节。

处理文件中第一个字节的时候，窗口在当前处理字节之前，也就是还没有滑到文件上，这时窗口中没有任何内容，被处理的字节就会不做改动的输出。随着处理的不断向后，窗口越来越多的滑入文件，最后整个窗口滑入文件，然后整个窗口在文件上向后滑动，直到整个文件结束。

3. LZ78 算法

LZ77 算法针对过去的数据进行处理，而 LZ78 算法却是针对后来的数据进行处理。LZ78 通过对输入缓存数据进行预先扫描与它维护的字典中的数据进行匹配来实现这个功能，在找到字典中不能匹配的数据之前它扫描进所有的数据，这时它将输出数据在字典中的位置、匹配的长度以及找不到匹配的数据，并且将结果数据添加到字典中。

尽管在最初得到流行，但是后来 LZ78 的普及逐渐衰减。最流行的 LZ78 压缩形式是 LZW 算法，这个算法是 Terry Welch 所开发的一个 LZ78 变体。

在算法中用到的几个术语和符号：

字符流（Charstream）：要被编码的数据序列。

字符（Character）：字符流中的基本数据单元。

前缀（Prefix）：在一个字符之前的字符序列。

缀－符串（String）：前缀＋字符。

码字（Code word）：码字流中的基本数据单元，代表词典中的一串字符。

码字流（Codestream）：码字和字符组成的序列，是编码器的输出。

词典（Dictionary）：缀－符串表。按照词典中的索引号对每条缀－符串（String）指定一个码字（Code word）。

当前前缀（Current prefix）：在编码算法中使用，指当前正在处理的前缀，用符号 P 表示。

当前字符（Current character）：在编码算法中使用，指当前前缀之后的字符，用符号 C 表示。

当前码字（Current code word）：在译码算法中使用，指当前处理的码字，用 W 表示当前码字，String. W 表示当前码字的缀－符串。

（1）编码算法

LZ78 的编码思想是不断地从字符流中提取新的缀－符串，通俗地理解为新“词条”，然后用“代号”也就是码字表示这个“词条”。这样一来，对字符流的编码就变成了用码字去替换字符流，生成码字流，从而达到压缩数据的目的。

在编码开始时词典是空的，不包含任何缀－符串。在这种情况下编码器就输出一个表示空字符串的特殊码字（例如“0”）和字符流中的第一个字符 C，并把这个字符 C 添加到词典中作为一个由一个字符组成的缀－符串。在编码过程中，如果出现类似的情况，也照此办理。在词典中已经包含某些缀－符串之后，如果“当前前缀 P＋当前字符 C”已经在词典中，就用字符 C 来扩展这个前缀，这样的扩展操作一直重复到获得一个在词典中没有的缀一符串为止。此时就输出表示当前前缀 P 的码字和字符 C，并把 P+C 添加到词典中作为前缀，然后开始处理字符流中的下一个前缀。

LZ78 编码器的输出是码字一字符（W，C）对，每次输出一对到码字流中，与码字 W 相对应的缀一符串用字符 C 进行扩展生成新的缀一符串，然后添加到词典中。LZ78 编码的具体算法如下：

步骤 1：在开始时，词典和当前前缀 P 都是空的。

步骤 2：当前字符 C：=字符流中的下一个字符。

步骤 3：判断 P+C 是否在词典中：

①如果“是”：用 C 扩展 P，让 P：=P+C；

②如果“否”：

a. 输出与当前前缀 P 相对应的码字和当前字符 C；

b. 把字符串 P+C 添加到词典中。

c. 令 P：=空值。

③判断字符流中是否还有字符需要编码

a. 如果“是”：返回到步骤 2。

b. 如果“否”：若当前前缀 P 不是空的，输出相应于当前前缀 P 的码字，然后结束编码。

（2）译码算法

在译码开始时译码词典是空的，它将在译码过程中从码字流中重构。每当从码字流中读入一对码字一字符（W，C）对时，码字就参考已经在词典中的缀一符串，然后把当前码字的缀一符串和字符 C 输出到字符流，而把当前缀一符串 string. W+C 添加到词典中。在译码结束之后，重构的词典与编码时生成的词典完全相同。LZ78 译码的具体算法如下：

步骤 1：在开始时词典是空的。

步骤 2：当前码字 W：=码字流中的下一个码字。

步骤 3：当前字符 C：=紧随码字之后的字符。

步骤 4：把当前码字的缀一符串（string. W）输出到字符流，然后输出字符 C。

步骤 5：把 string. W+C 添加到词典中。

步骤 6：判断码字流中是否还有码字要译

（1）如果“是”，就返回到步骤 2。

（2）如果“否”，则结束。

与 LZ77 相比，LZ78 的最大优点是在每个编码步骤中减少了缀一符串（String）比较的数目，而压缩率与 LZ77 类似。

2.6.3 倒排文档压缩

倒排文件的结构是非常适合信息获取系统快速提取文档信息的，因此，倒排文档是信息检索系统中使用最为普遍的一种索引机制，对其进行压缩可以极大地提高检索速度并节约磁盘空间。

倒排文档通常由词汇表和事件表两部分组成。词汇表就是放分词词典的地方，事件表是存放本文档对应于词汇表中词汇出现的位置。另外，倒排文档还使用了一种称为块寻址技术的技术，具体就是不标出单词的具体位置，而是先将文本分块，然后再在事件表中标出单词在文本块中的块位置。采用这种块的方法可以有效降低倒排文档的体积，但需要打开文件进行查找，这会增加很多消耗。

目前，倒排文档的压缩方法可以分为固定长度和可变长长度的。比较典型的固定长度压缩方法是比特对齐压缩，即以字节为编码单元，对于要压缩的数字，一般用前两个比特代表长度，其他比特用二进制编码代表数值本身。变长的压缩方法主要有一元编码方法、Elias压缩方法、Golomb压缩方法以及对上述方法的混合使用等方法。

第3章 信息查询与检索

不论是信息的采集，还是信息的加工处理，其终极目标都是为了信息的查询与检索使用的。从总体上看，信息检索包括检索界面、文档的检索、检索技术的扩展等内容。本章即从总体上来探讨一下信息检索问题。

3.1 提问与查询处理

提问及其处理是检索系统的核心，用户在此需要完整准确地表达自己的检索需求，而检索系统本身也需要通过人工智能及各种算法和技术使用户的检索需求与系统本身更加契合。

3.1.1 系统交互流程

用户界面是信息检索者与信息检索系统之间的交流媒介。信息检索是一个无法给以精确描述的过程，当用户面对一个信息检索系统时，他们对要以什么样的方式达到目的通常只有一个模糊的概念，因而用户界面应该在信息需求的理解和表述方面为用户提供指导和帮助。此外，它还应指引用户构造查询，选择恰当的信息源，理解检索结果，以及保持对检索进展状况的控制。

信息系统是一个典型的人机交互系统，其交互的基本流程如图 3－1 所示。

①首先用户产生信息需求，并以此信息需求为出发点。

②选择查询系统及作为查询对象的信息集合。

③将信息需求以句子或关键词的形式表示，并转换成查询要求，以构造查询。

④向系统提交查询，这实际上是在查询界面录入查询需求。

⑤查看、评价并说明查询结果。

⑦结束查询，或者重构查询并返回第三步。

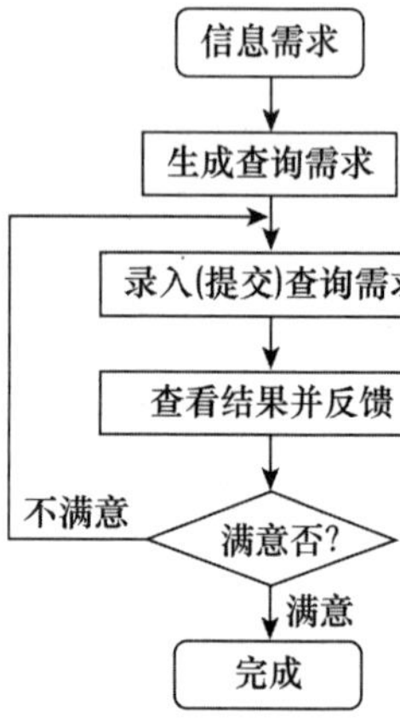

图 3－1 用户交互流程

3.1.2 提问处理与检索匹配

提问处理与检索匹配模块是整个信息检索系统的核心所在，其主要功能是：接受并处理用户输入的检索词或提问式，将它们与数据库倒排索引中存储的数据项进行匹配运算，然后将结果返回给用户。其流程如图 3－2 所示。

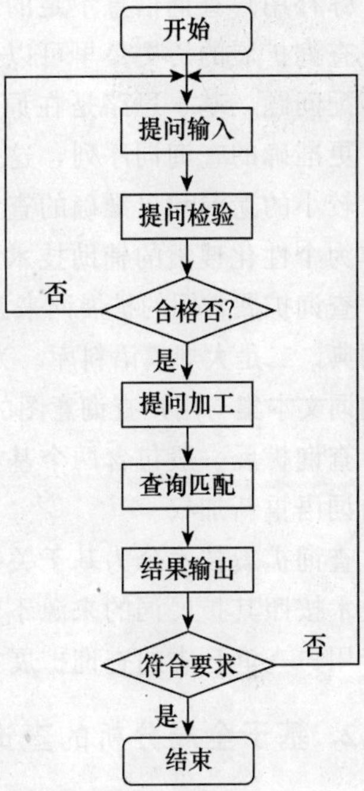

图 3－2 提问处理与检索匹配流程图

从图中我们可以看出，提问流程由三部分组成：提问处理、查询匹配和结果输出。提问处理包括提问输入、提问校验、提问加工，它们分别完成以下工作：提问输入用于接收用户的提问；提问校验对用户输入的提问式进行语法、格式、用户等多方面的检查；提问加工是对经过校验的合法、有效的用户提问进行解释性或编译性的变换与加工，生成便于机器处理的目标提问式。查询匹配是将目标提问式与索引文档中的记录进行匹配。结果输出可以是输出到结果文档，也可以是到屏幕。

常用的提问加工方法主要包括表展开法、逆波兰转换等（详细内容可见本书 3.3 和 3.4 节）。查询匹配更多是依据各种检索模型，主要是布尔模型和向量模型（详细内容可见本书 2.1 节）。

在整个流程中，我们增加了两个反馈环节，第一个反馈是针对提问式本身的。即提问式不合格的话，可以重新进行修正，这种情况是比较理想的情况，并不代表着目标已经实现了。第二个反馈是针对检索结果而言的。如果觉得检索结果不太符合自己的要求，那么，我们可以修改提问式，重新进行检索。

在用户进行提问输入时，可能会出现输入错误等，这种错误可能是键盘敲击错误，也可能是章节错误，如中文的同音字等。所以，需要查询纠错。其主要的算法有编辑距离和噪声信道模型。

在整个流程中，我们并没有考虑中间的很多数据问题，匹配的过程我们也没有做过多的探讨。

3.1.3 查询扩展技术

在目前所有的检索模型和检索系统中，信息都是以词、词组或者汉字的形式来表示的，只有用户查询的词出现在文档中时，才有被检索到的可能。这对用户提出了极高的要求。

实际上，用户的查询表示与实际的检索意图往往存在较大的差异，这主要源于以下三个方面：第一，用户缺乏特定问题领域的知识；第二，用户不愿意或者不能够形成、提交符合查询意图的查询关键词，这就是所谓的短查询问题。除此之外，目前的搜索引擎不能解决自然语言中词的歧义性与同义性问题。查询扩展的技术就是为了解决此类问题提出的。

1. 含义

查询扩展指的是利用计算机语言学、信息学等多种技术，把与原查询相关的语词或者与原查询语义相关联的概念以逻辑方式添加到原查询，得到比原查询更长的新查询，然后检索文档，以改善信息检索的查全率和查准率，解决信息检索领域长期困扰的词不匹配问题，弥补用户查询信息不足的缺陷。

查询扩展的历史最早可以追溯到20世纪70年代。其目的是为了解决用户查询时的词不匹配问题，基本思路是在原查询词的基础上加入与用户查询相关的词或词组，组成新的、更准确的查询词序列，这能在一定程度上弥补用户描述与查询信息之间的差别，尽可能以较小的遗漏和更准确的查询词检索出用户所需的文档。这使得查询扩展技术通常被用来作为个性化搜索的辅助技术。

查询扩展常用的扩展词来源有两大类：一是语义知识辞典，如WordNet、HowNet或同意词典，二是大规模语料库。为了提高查询扩展技术在个性化搜索系统中的效果，增强候选查询词文本集与用户查询意图的相关性，通常结合用户个人的一些相关信息进行查询扩展。

查询扩展一般包含两个基本的步骤：利用新的词语来扩展初始的查询，在扩展的查询中给词语重新加权。

查询扩展技术分为基于关键词查询扩展和语义概念查询扩展技术。目前关键词查询扩展技术按照其扩展词的来源不同主要有全局分析、局部分析、基于关联规则的查询扩展、基于用户查询日志的查询扩展技术

2. 基于全局分析的查询扩展

全局分析是较早出现的查询优化技术，是指初始查询条件在提交给搜索引擎之前就实行优化。这种方法的使用不依赖于查询条件的全局知识库或方法就能找到最能表示查询条件的特征来扩展初始查询条件，这类全局的知识库一般是指整个检索文档集的统计信息。其基本思想是对全部文档中的词或词组进行相关分析，计算每对词或词组间的关联程度。全局分析通常基于所谓的关联假设，在一篇文档中相关联的词语易于在整个文档集中一起出现。当一个新的查询到来时，则根据预先计算的词间相关关系，将与查询用词关联程度最高的词及词组加入原查询，以生成新的查询。

全局分析的查询扩展技术经历了语词全局聚类技术、相似性叙词表、潜在语义索引等发展阶段。

（1）基于词语全局聚类的查询扩展

其基本思想是：对整个文献集的全部文档聚类生成不同的簇，由这些簇组成全局叙词表或者对每个簇构造相应的局部叙词表。局部叙词表是将整个集合上下文中相关词语集中起来，然后可以用这些相关词语来扩展初始用户查询。为了使扩展更加有效，用于扩展的词语必须有较高的词语分辨率，即它们必须是低频词语。研究表明，这种扩展方法确实能提高检索性能。其主要缺陷是不能处理查询词的歧义性问题。

（2）基于相似性叙词表的查询扩展

Jing与Croft提出了Phrasefinder技术，在一定程度上解决了查询词歧义性问题。构建的相似性叙词表在查询扩展中用于计算检索词和整个查询的相似性。主要思想是首先对全部文档进行分析，建立一个检索词与文档间的关联矩阵T，然后构造检索词之间的关联矩阵S=T·TT（TT为T的转置矩阵），文档集出现的检索词与整个查询的相似性是用前者和后者中每个检索词相似性的权重值的和来表示，将此权值按降序排列，前列检索词作为扩展词。这种方法的缺陷是计算开销非常大。

(3) 基于潜在语义索引的查询扩展

此方法是通过使用检索词的共现信息进行奇异值分解SVD来发现检索词之间的重要关联关系，以减少向量空间的维数。LSI基本思想是分析每一个检索词出现的上下文的相似性，创建一个低维的特征向量空间。将此空间中出现相似上下文中的检索词聚集在一起。如给定一个阈值，与特定检索词相似的检索词就很容易得到，将这些词加入到原查询就可以实现查询扩展。它的缺点依然是计算开销很大。

3. 基于局部分析的查询扩展

局部分析的扩展技术较好地解决全局分析的缺陷。它主要是利用初检出的与原查询最相关的n篇文档作为扩展词的来源。

(1) 通过局部聚类的查询扩展

它依据全局聚类算法，首先对初检出的文档聚类，得到局部簇，然后从局部簇中选取与原查询相关的语词进行查询扩展。由于其分析的文档较少，从而提高了检索速度。主要缺点是如果初始检出的文档与原查询相关程度低下，则扩展后检索性能反而下降。另外其扩展效果对前n篇检索出的文档篇数n较敏感，检索性能不稳定。

局部反馈策略是用与查询词语相关的词语来扩展这个查询的，这些相关的词语出现在局部文档集合的局部簇中。因此，在讨论局部查询扩展之前，首先来讨论构建局部簇的策略，这三种类型的局部簇分别是关联簇、度量簇和标量簇。关联簇是基于词语或词干在文档内部的同时出现，基本思想是同时频繁出现在文档内的词干具有同义关联。度量簇认为，文档中距离较近的两个词语（例如在同一句中出现）要比相距较远的词语更具有关联性，所以词语之间的距离也在计算相关度时也应该在考虑之内。

(2) 通过局部上下文分析（Local Context Analysis，LCA）的查询扩展

此方法在整体上是局部分析，但其利用全局分析中的Phrasefinder技术，仅仅考察初检出的最相关的前n篇文档的共现率，从而减少了计算量。LCA以概念为查询单位来进行扩展。是从初检出的文档中选出与原查询词共现的概念，计算每一个概念与整个查询的相似度并排序，排在前面的概念作为扩展词，然而这里不用篇章，而是用段落来确定同时出现的信息。

4. 基于关联规则的查询扩展

基于关联规则的查询扩展的主要思想是：通过数据挖掘技术挖掘词间关联规则，将关联规则的后面结论部分作为扩展词的来源。研究表明，这种扩展方法能很好地改善检索性能。

5. 基于用户查询日志的查询扩展

基于用户查询日志的扩展方法考虑的是整个用户的查询日志。用户的查询日志是众多用户使用检索系统时多次“反馈”结果的积累，对它的分析相当于使用大量用户的相关反馈。崔航等提出了基于用户查询日志的查询扩展统计模型。它的基本思想是：在用户查询记录的基础上建立用户空间，在文档集合上建立文档空间，根据用户日志将两个空间中的词按照用户提交某个查询所点击的文章以条件概率方式连接起来，当新的查询到来时，系

统选取当该查询出现时，被选择成为扩展用词的条件概率最大的文档用词加入查询中。

6. 基于语义概念查询扩展

传统的查询扩展技术往往把研究重点放在扩展词本身，往往忽略了词与词之间的语义关系，因此并不能真正的理解用户的需求和其真实意图。基于语义概念查询扩展的关键问题是创建概念语义空间和得到查询语义。概念语义空间主要指的是用来确定词与词之间的语义关系的某类词库或者词典，现主要形式有分层组织结构、领域本体、语义网、语义词典。提取查询语义的扩展方法一般包括近义扩展、细/泛化扩展，实例/抽象概念化扩展等。

7. 查询词权重调整技术

除了关键词查询扩展外，查询扩展方式还有查询词权重调整，它主要采用对查询词权重重新调整的方法扩展查询词。这种方法属于局部分析的相关反馈扩展技术，它使用向量空间模型对查询进行修改，检索效果得到明显的提高。

查询词权重调整的基本思想是：从用户认为相关的初检文档中选择重要的语词，加重其权重，并添加到原查询中组成新查询，或者没有扩展原查询词，而用户提供的反馈信息只是用于对原查询语词重新加权。它主要缺点也是必须依赖于用户对初检文档作相关性判断。向量空间模型相关反馈的应用表明在一个给定查询中那些被认为相关的文档中，词语与权值向量之间有着很大的相似性，即相关的文档彼此相似。此外，不相关文档中也包含词语与权值向量，但这些向量不同于相关文档中的那些向量。此方法的基本思想是重构查询，以便更接近与相关文档的词语——权值向量空间。

3. 1. 4　查询改写

所谓查询改写，是在提交查询，得到结果后，发现不能满足最初的查询要求，于是需要改写查询。实际上，从用户产生信息需求到最终形成查询，中间可能会有很大的变化，在形成查询的过程中是会存在信息丢失的问题的。因此，后继工作中的查询改写就是一个逐步澄清搜索需求的过程。常见的查询改写包括抽象化改写、具体化改写和同义重构改写。

抽象化改写是将原来的查询进行语义抽象处理，类似于选取上位词，之所以做这种改写，更多的是因为原先查询找到的东西太少。

具体化改写与此正好相反，从宽泛的语义概念中下行收窄，类似于选取下位词，改写后的查询更加具体，也就可以更加精确地定位查找内容了。

同义重构改写保持改写前后的查询不变，只是换了另外一种同义说法来重新搜索。这样，可以保证同一个东西不会因为称谓的不同而没有找到或找全。

3. 1. 5　相关反馈

反馈技术对用户查询建立反馈，对查询进行修正和权值重估以有效提高检索性能。

相关反馈是指用户对检索出的文档进行显示或隐式的相关性判定，系统根据这些判断对查询进行处理，重新检索从而提高最终结果的相关技术。

相关反馈是具有很长历史的查询扩展和查询提炼技术。最初是在 20 世纪 60 年代提出的，它是依靠系统与用户的交互过程，识别出在用户初始查询的排序文档中的相关文档。在相关反馈中，不是让用户从词项列表中或可替换的查询中进行选择，而是让用户指出哪些文档是感兴趣的（即相关的）以及哪些是完全离题的（即不相关的），根据这些信息，系统通过增加词项或对原始词项重新分配权重自动地改写查询，并用改写的查询生成新的文档排序。

相关反馈技术按照反馈信息的获取方式，可分为显式相关反馈、伪相关反馈和隐式相关反馈。

（1）伪相关反馈

又称局部反馈或盲相关反馈，是指系统假定返回的前 k 个检索结果是相关的，然后据此进行自动查询扩展。研究表明，在一定情况下，使用伪相关反馈可以改进检索效果。但伪相关反馈的改进效果依赖于系统初始返回的前 k 个文档的相关程度，当相关程度较低时，会出现“查询主题漂移”的情况，不仅不会改善检索结果的质量，反而会降低检索结果的质量。

伪相关反馈技术是当前短查询的主流技术。

（2）隐式相关反馈

是指系统利用用户对检索结果的点击浏览等行为，自动学习用户兴趣，然后系统根据获取的用户兴趣等信息，来改进检索效果。但是，在隐式相关反馈中，对于用户行为的解释和用户兴趣的学习比较复杂和困难，往往很难真正捕获用户的真实意愿和兴趣。

（3）显示相关反馈

是指由用户对系统返回的检索结果的相关性做出明确的判断。相比之下，可以较为准确地推断用户真正的信息需求，形成真正描述用户信息需求的查询，可较好地改进检索结果。

显式的相关反馈，一般包含以下几个步骤：

①用户提出一个简短的查询。

②系统计算文档与查询的相关性，然后按照相关性打分从高到低返回一系列文档。

③用户查看返回的文档，将文档标为“相关”或“不相关”。

④系统根据用户的反馈结果，计算出一个更好的查询表达式。

⑤以上过程每进行一次称为一轮，可重复多次。

3.2 查询推荐

查询推荐也称为相关搜索，是指用户输入某个查询请求后，搜索引擎等查询工具向用户推荐的与用户输入的查询相关的其他查询组合。这个相关可以是语义相关，也可以是概念相关，亦或是其他相关的。把这些相关的查询词推荐给用户，可以帮助用户更好地表述自己的搜索意图，也会改善用户的体验。

3.2.1 查询推荐过程

传统的搜索引擎根据系统定义的相关度给用户提供信息，因此，不同的用户只要采用的关键词一致所得到的信息就一样。研究表明：搜索引擎的用户往往只会留意搜索结果开始的几个页面，可能导致用户感兴趣的结果淹没在后面海量的信息中。与传统的搜索引擎相比，基于关键词集合的搜索推荐利用用户常用的关键词，构建用户兴趣模型，以此为基础，将数据库新增记录中与用户兴趣模型匹配的信息资源推送给用户；或将用户获得的信息资源推荐给与用户兴趣模型相同或相近的用户，这样可以节省他们检索并甄别相关信息的时间，提高信息的检准率。具体包括 4 个步骤：

①获取用户常用关键词或者关键词集合。用户在检索时，通过记录其搜索历史以及点击行为，得到用户经常使用的关键词或关键词集合。

②建立不同的用户兴趣。根据用户使用关键词的频率，确定由关键词集合构成的用户兴趣模型。

③利用推荐引擎推荐相应资源。经过推荐引擎将相关信息资源推荐给具有相近用户兴趣模型的用户，或者日后相关数据库中有用户兴趣的信息资源时，推荐引擎也会自动推荐给用户。

④用户从推荐的资源中选择自己需要的信息资源。

3.2.2 目标关键词

一般而言，关键词具有这些特征：目标关键词一般作为网站首页的标题；目标关键词一般是 2～4 个字构成的一个词或词组，名词居多；目标关键词在搜索引擎每日都有一定数目的稳定搜索量；搜索目标关键词的用户往往对网站的产品和服务有需求，或者对网站的内容感兴趣；网站的主要内容围绕目标关键词展开。

目标关键词的获取通常有如下几种方式：

①根据网页关键词密度的大小进行排序，从而获取相关关键词。关键词密度是指在一个网页中所有搜索引擎可以阅读的文字中关键词使用的比率。相对于页面总字数而言，关键词出现的频率越高，关键词密度也就越大。

②根据网站内容分析提炼关键词。主要是将 Web 内容中的数据模型化，通过发现 Web 文档的模式，建立 Web 仓库、Web 知识库或虚拟数据库以获得结构化的数据，并从结构化数据中提炼关键词。

③根据下拉列表框的推荐获取关键词。目前百度、谷歌、搜狗等主流的搜索引擎，都提供了下拉框推荐功能，用户在输入检索词时，会出现关键词推荐的下拉列表，方便用户快速查找自己需要的信息，尤其是在用户不知道用什么关键词来准确表述自己的需求时，能够为用户提供帮助。

④根据用户兴趣模型来获取关键词。用户搜索信息时，搜索引擎通过分析用户浏览及点击行为，建立用户兴趣模型，记录用户兴趣，并通过用户兴趣模型来获取相关关键词。

关键词获取方式不同，得到的关键词也不尽相同。第一、二种是比较常见的获取方式，主要是分析网页内容及结构特征等，挖掘、抽取使用频率比较高的关键词，启发用户找到需要的信息。采用这两种方式，不同用户在不同时间所获取的相关关键词基本相同，不具有个性化。第三种方式主要是用户在输入搜索关键词过程中，搜索引擎将含有当前输入字（或词语）搜索次数最多、最热门的关键词列出，供用户选择，方便用户获取。第四种方式获取相关关键词主要是基于用户浏览、点击、购买等记录。

3.2.3 查询推荐方法

查询推荐目前已经是搜索引擎的标准配置。通常的做法有基于查询会话的方法和基于点击图的方法。

1. 基于查询会话的方法

首先将原始搜索日志转换为大量的查询会话，然后采用关联规则挖掘等各种数据挖掘算法对其进行统计处理，挖掘的结果常常是一批查询对，即其经常在一起出现，这样，当用户输入其中一个查询时，就可以把另一个查询推荐给用户。

这种方法思路清晰明了，但存在以下问题：一是查询会话切割的准确性不太高；二是不同用户之间的查询关联不能体现。

2. 基于点击图的方法

在用户发出查询请求后，搜索引擎返回搜索结果，这时，用户会点击其中的某些链接，可以这样假设：用户之所以点击这个链接，是用户确信其和查询是相关的。将查询与这个查询对应的点击图联系起来，就可以构建点击图。这是一种二分图，一端的图节点是所有用户发出的查询条件，另一端的图节点是网址。

据此，如果两个查询中各自对应的点击网址中，相同的比例很大，那么就可以假定这两个查询在语义上是密切相关的，是可以进行相互推荐的。

对于基于点击图的方法来说，如何快速处理数据量巨大的点击图是一件很有挑战性的工作。

3.2.4 疑问查询

所谓疑问查询，指在搜索日志中用户输入的查询串或者用户点击的网页标题中包含疑问词的查询。疑问查询可以分为显式疑问查询、隐式疑问查询和偏移疑问查询。

在这三类疑问查询中，显式疑问查询的疑问意图明确，可以直接从查询串中获得疑问信息。隐式疑问查询，虽然用户输入的查询串中不包含疑问意图，但是其点击的网页标题包含了疑问信息，这种隐含的疑问查询具有较大的研究价值。偏移疑问查询，可能是用户查询意图发生偏移，或者相关的网页中包含直观的答案。

现代汉语中疑问句可分为：正反问、是非问、特指问、选择问。特指问所询问的具有完全的开放性，能够提供不定量的信息。特指疑问中的疑问代词对问句的疑问主题进行了限定，其常含有下列特殊疑问词：谁、什么、怎么、哪、几、多少等。这些疑问词是问话人最想知道的部分，自然也就成为特指问句的焦点。

查询疑问推荐，作为查询推荐的一个分支，立足于开放问答系统，以向用户推荐查询主题相关的问句为目标，智能分析用户查询意图，快速定位查询目标。主要包括问句预处理、特征提取、推荐查询问句等步骤。

3.3 顺排文档检索

顺排文档检索最早是由日本人菊池敏典提出的，也就是用文档中的记录去一条条匹配提问。目前，常用的顺排文档检索方法主要有表展开法和逻辑树法。

3.3.1 表展开法

1. 概念

1968年，日本科技情报中心的菊池敏典研究出了脱机批处理检索信息的表展开法，即菊池敏典算法。它属于传统的布尔逻辑检索模型，基于文本信息检索，主要适用于二次文献信息的检索。菊池敏典算法的实质是：凡是可不查阅的文献属性一定不查，凡是可不再查询和比较的提问条件项一定不再查。为了方便比较，表3—1和表3—2分别给出了检索词表的结构和展开表的结构。

检索词表是为了描述提问式中出现的提问检索词而设计的。

地址是指该行所在展开表中地址。

匹配成功时转向地址AFD，给出一旦在检索词与文献记录中标引词匹配成功时，下一步应该处理的提问检索词在提问表中的地址。

表3-1　检索词表结构

检索词号	属性项号	比较部位	比较条件	有效位	检索词项

匹配不成功时转向地址NFD，给出一旦检索词与标引词匹配失败后应该转向展开表的地址。

表3-2　展开表结构

地址	AFD	NFD	层次值	检索词号	属性项号	比较部位	比较条件	有效位	检索词项

层次值给出层次计数器在完成展开表填写时的当前处理值。

表展开法主要思想是将代表用户的逻辑提问式转换成表的形式。该表规定了表的内容走向和是否命中的判断，检索时根据表的走向及其相关信息来判断每条记录是否命中。

表展开法的关键技术是采用列表处理方法将提问逻辑式（检索式）变换成等价的提问展开式，按提问展开表的内容对顺排文档的每篇文献进行检索。其优点是能够缩短每一个提问式的查找时间，并且对所存储情报的任何可检项目都能够进行相同的处理。

由于该方法节约了机器的查询比较时间，菊池敏典算法在早期开发情报检索自动化系统得到相当的重视及广泛的应用。

2. 展开表生成

而提问式的构造不仅要能正确全面反映用户的情报需求，还要有一个便于计算机处理的适当的表示形式。一般的，在计算机内一个提问逻辑式的表达分两个部分。第一部分是表达检索词及对它的各种检索要求的，包括检索词本身、它的代号、所属字段、截断说明、比较条件等，如果是加权检索，还应有该检索词的权值。第二部分是由检索词代号组成的提问逻辑式（如果是加权检索，则没有这部分）。第一部分称为检索词表，第二部分称为提问逻辑式，两部分间通过检索词代号来联系。

将逻辑提问式生成展开表是一个复杂的过程，整个生成过程分为前处理和后处理两个部分。

（1）前处理

判断提问式中的字符，从上而下填写表格。

若是检索词，则将其存入展开表内的检索词栏，并记下在表中的地址。

若是运算符，分为以下情况。

“+”：前一词满足，指向“*”；不满足，指向后一词。

“*”：前一词满足，指向后一词。

若是括号，分为以下情况。

“（”：逢“（”在其后的检索词所在行的“级位”栏值加 1。

“)”：逢“)”在其后的检索词所在行的“级位”栏值减 1。

若遇结束，则最后一个检索词所在行的“条件满足指向”栏放入“命中”，“条件不满足”放入“落选”。

（2）后处理

依据表中“级位”值，从下而上填写。

若当前行级位值大于上一行的级位值，表示上一行的检索词后有右括号。

若所在行的“条件不满足指向”栏为“空”，则表明当前行和上一行的检索词之间为“*”运算，应把上一行“落选”内容复制到当前行的不满足栏。

若所在行的“条件满足指向”栏为“空”，则表明当前行和上一行的检索词之间为“+”运算，应把上一行“命中”内容复制到当前行的不满足栏。

若当前行的级位值等于上一行的级位值，则作以下处理：

若所在行的“条件不满足指向”栏为“空”，复制上一行“落选”内容到当前行的不满足栏。

若所在行的“条件满足指向”栏为“空”，复制第一个右括号或提问式结束号前检索词所在行的满足栏内容到当前行的满足栏。

若当前行的级位值小于上一行的级位值，表示当前行的检索词前有左括号。

若所在行的“条件不满足指向”栏为“空”，复制表中已处理过的第一个与当前行级位值相等或小的不满足栏到当前行的不满足栏。

若所在行的“条件满足指向”栏为“空”，复制当前行紧后复合检索项中最后一个检索词所在词所在行的满足栏内容到当前行的满足栏。

3. 表展开法的检索处理

表展开法检索的基本思想就是从主文档中读出文献记录，并将其与已变换成展开表的提问式进行比较，若满足条件，便将该文献作为答案输出给用户。

构造检索标识表的办法：

①从主文档中读入一条文献记录，取出其头标部分，根据头标信息可以计算出该记录含有多少个登录项。

②检索目录区，判断各登录项是否属于可检项目。若属于可检项，则将其字段属性代

号放入检索标识表的相应栏目中。然后根据地址数据到数据区中取出该检索项目的所有子字段内容，放入检索标识表的“检索词”栏中，而对应项目的长度放入“有效位”栏中。检索表格式如表 3－3 所示。

表 3－3　检索表格式

字段号	有效位	检索词
350	3	搜索
350	3	引擎
280	5	2000
280	5	2010
…	…	…

4. 优缺点

优点：第一，以提问中的提问条件项为检索查找的主动项。由于每个独立的提问所涉及的提问条件项的属性范围都不太多，因此，检索时，在文献中查找的范围只需局限于单个提问所涉及的那一小部分。第二，菊池敏典算法用便于查找的提问展开表代替了原来的提问逻辑式。电脑可以顺着提问的思路查阅有关文献。一旦提问要求得到判定性的答案后，则可立即停止关于其他提问项的查询。

缺点：其效率在某种程度上依赖原提问式的书写。在实际的定额批量检索中，很多提问中往往含有很多相同的检索词。由于每个提问都要与主文档进行匹配处理，因此一批提问中这些相同的检索词和同一文献要重复匹配多次。

3.3.2　逻辑树展开法

逻辑树展开法是将逻辑提问式展开成树型结构（下称主树），运算符构成树的结点，检索词被视为树叶，所有检索词按照有限自动机原理构造成字符树（下称辅树），主树与辅树间的相关元素用指针链接。

检索时，采取爬树原则，先用文档中的索引词逐字符的对比爬行辅树，走到树的一个端头（树叶），然后依照指针登记主树，并根据倒爬树方式分析提问是否命中。

逻辑树展开法包括三个部分：逻辑提问式的分解、字符树的生成、检索实现。

1. 逻辑提问式分解

逻辑提问式分解的分解目标为：提供可直接用于检索实现的主逻辑树表、检索词地址表以及检索词在检索式中的位置表。这些表在检索实践中分别发挥着应有的作用。

（1）主逻辑树表

主逻辑树表是逻辑提问式的一种树形表达形式，是检索处理的关键环节，它用层次型的树形结构把运算符、运算项关联起来，其主要内容包括：运算种类、子项个数、父项地址以及检索处理登记栏。其具体结构如表 3－4 所示。

表 3-4　主逻辑树表结构

运算种类	子项类型	父项地址	处理标志	检索处理

运算种类：表示提问式中的运算符“＋”“＊”“－”等，每个运算符有一个或多个子项，但只能有一个父项，没有父项的节点为根节点。

子项个数：表示某算符直接下属项的个数。

父项地址：表示本项的父项在本表中的地址。如提问式 A＋B＊C，“A”和“＊”都指向同一父项“＋”。

检索处理：用以记录该项在检索过程中的变化情况。即当该项的子项命中后，对该项进行累计处理，当该项的检索要求被满足后，则在“处理标识”栏置1。

处理标识：在检索过程中填写，表示该检索项或逻辑组合项是否“命中”。通常情况下，处理标识初值为0，当检索“命中”以后，则记为1。对于“－”运算，则初值为1，在该词命中后置0。

对于主逻辑树表，在检索时，当某一行的处理标识为1时，则根据该行的“父项地址”值找到其“父项地址”行，进行检索处理，以此类推，直到“树根”行。当“树根”行的处理标识为1时，则说明该检索提问式“命中”。

(2) 中间工作表

由于在进行逻辑提问式到逻辑树表的转换过程中，涉及一些中间数据，这些数据在生成逻辑树时需多次使用，因此需要建立一个中间过程工作区（中间工作表）来记录这些数据，一旦主逻辑树生成完毕，该表即可以清除。

起始位置：表示子项在逻辑提问式中的起始位置。

终止位置：表示子项在逻辑提问式中的截止位置。

父项地址：本项的父项在逻辑提问式中的地址。

辅助信息：为分解该子项时提供辅助信息。例如，本项是否为括号项，本项的父项为何种运算，等等。在本算法中，“0”表示该子项的前后端分别为左右括号，“1”表示父项为“＋”运算，“2”表示父项为“＊”运算，“3”表示父项为“－”运算。

(3) 检索词地址表

检索词地址表是主逻辑树表与辅表的联系纽带，在检索中，当一个检索词命中以后，通过辅表找到其在检索词地址表的位置，再根据该表中记录的主表位置进行检索处理（在检索处理栏加1等操作）。

该表由两个字段组成：检索状况登录区、检索词在主表中位置。具体见表3-5所示。

表 3-5　检索词地址表结构

检索登录	主标位置

检索登录：用于登记检索词“命中”与否。初值为0，首次“命中”后记为1，同时根据所记录的本项在主表中的位置找到主表，进行检索处理。

主表位置：表示该检索词在主逻辑树表中的位置。此栏是主表和辅表间的连接点，当辅表中的检索词“命中”后，可以通过辅表的指针在该表中找到主表中的相应位置。

（4）检索词位置表

检索词位置表是在逻辑提问式转换成逻辑树表的过程中，临时生成的一个中间处理过程表，该表还将作为从逻辑提问式到词逻辑树的桥梁，一旦辅表生成完毕，该表将被清除。

检索词种类：记录检索词的类别，如标题、著者、关键词、出版年代等。

起始位置：表示本行检索词在逻辑提问式中的起始位置。其作用在于构造辅表时，可以快速准确地在提问式中取词。

终止位置：表示本行检索词在逻辑提问式中的结束位置。作用同上。

（5）主逻辑树表的生成

主逻辑树表的生成算法思想为：采用多次扫描的分层分解构造法。首先分解出逻辑式中最外层“+”号下的子项，括号内的项暂时不分解；其次扫描已分解出的子项（在最外层没有“+”项的情况下对整个逻辑式进行）中的“*”号的运算子项，若该子项为括号括起项，则仍分解“+”号子项；最后分解“－”号子项。

2. 检索词字符表

检索词字符树表的生成吸收了 Aho 和 Corasick 的思想，将所有检索词构造成有限自动机状态表，如表 3－6 所示。该表是一个由字符和状态层次组成的二维表。

字符树表内容根据状态转移函数 g（n，x）填写，一个检索词结束就调用函数 output（x）填写地址表指针。

3. 检索实现

逻辑提问式最终转换为逻辑树的三个表：主逻辑树表、检索词地址表、检索词字符树表。这三个表构成了用户检索提问档，整个检索主要依赖这三个表。

表 3－6　检索词字符树表

字符（x）／状态（n）	Abc…xyz	检索词终极点与检索词地址表指针
0		
1		
2		

在实际检索过程中，首先从文档中读取记录，然后用记录中的标引项去匹配相关的检索词字符树，根据检索词地址指针去判断检索词地址表对应的检索登录区，如果是 1，则表示该已命中过，不需要再处理，若为 0，则将该项置为 1，并根据本行的主表位置字段去修改主逻辑树表。

逻辑树法由于判断的次数少了，所以，处理速度更快；同时，对提问式的处理是一次性的，且是后台处理，这为检索带来了极大的便利。

3.3.3 其他顺排文档检索算法

1. BF 算法

BF 算法是一种串的模式匹配的算法。其设计思想是将主串 S 的第一个字符和模式 T 的第 1 个字符比较，若相等，继续逐个比较后续字符；若不等，从主串 S 的下一字符起，重新与 T 第一个字符比较。直到主串 S 的一个连续子串字符序列与模式 T 相等。返回值为 S 中与 T 匹配的子序列第一个字符的序号，即匹配成功。否则，匹配失败，返回值−1。

主串 S＝“abcdefg”，模式串 T＝“cde”，则模式匹配的过程。

```
第一次匹配   a b c d e f g
             ↑
             c d e                  i=0,j=1
第二次匹配   a b c d e f g
               ↑
               c d e                i=1,j=0
第三次匹配   a b c d e f g
                 ↑
                 c d e              i=2,j=2   匹配成功
```

2. KMP 算法

假设 P 为给定的子串（也叫模式串），T 是待查找的字符串（也叫目标串），要求从 T 中找出与 P 相同的所有子串，这称为模式匹配问题。

若 P＝“aaaba”，T＝“aaabbaaaba”。用 P 中的字符依次与 T 中的字符进行比较，遇到不相等的字符，则可将 P 右移一个字符，重新进行比较，直到某次匹配成功或者到达 P 的最右字符移出 T 为止。

3. BM 算法

给定一个特定的字串 P（通常又称为模式），在一个大的文本 T 中进行查找，确定 P 是否在 T 中出现，出现则给出相应位置。

BM 算法的基本思想是先对模式 P 进行预处理，计算两个偏移函数：BadChar 和 Goodsuffix，然后将文本和模式对齐，从右往左进行匹配，当文本字符与模式字符不匹配时，根据函数 BadChar 和 Goodsuffix 计算出的偏移值，取两者中的大者。将文本指针往右移，匹配成功则予以输出。

3.4 倒排文档检索

倒排文档是将顺排文档中的可检索字段取出，按照一定的规则排序，归并相同词汇，并把在顺排文档中的记录号集合赋予其后所形成的文档，可看成为辅助文档。

倒排文档将两个检索词的逻辑运算转换成了两个检索词之间的记录号集合的运算。目

前最常见的倒排文档检索为逆波兰展开法。

3.4.1 逆波兰转换

1929年波兰的逻辑学家卢卡西维兹提出将运算符放在运算项后面的逻辑表达式，又称“逆波兰表达式”。它是一种没有括号，并严格遵循“从左到右”运算的后缀式表达方法。

日本的福岛首先将逆波兰表达式应用于情报检索，故又称“福岛方法”。例如，

逻辑提问式　A＊（B+C）+D

逆波兰表达式　ABC+＊D+

逻辑提问式中运算符优先次序（），　－，　＊，　＋

逆波兰表达式中的次序（），＋，＊，－

逆波兰表达式的语法规定是：表达式必须以逆波兰表达式的方式给出。逆波兰表达式又叫做后缀表达式。这个知识点在数据结构和编译原理这两门课程中都有介绍，下面是一些例子：

正常的表达式	逆波兰表达式
a+b	a，b，＋
a+（b－c）	a，b，c，－，＋
a+（b－c）＊d	a，d，b，c，－，＊，＋
a=1+3	a=1，3+

http=（smtp+http+telnet）/1024写成什么呢？

http=smtp，http，telnet，+，+，1024，/

要将提问式进行逆波兰变换，首先应在计算机内存里开辟三个工作区：

①算子保留栈。主要作用是重新排列运算符，以便确定运算顺序，它是进行逆波兰转换过程中不可或缺的临时堆栈。

②结果保留区。用于存放经变换处理后的逆波兰表达式。

③检索词表存储区。用于存放提问式中的检索词。此外，还需要给每一个算子赋上一个优先数，以决定它们在处理过程中进入算子保留栈的顺序。

逆波兰表达式的优势在于只用两种简单操作，入栈和出栈就可以完成任何普通表达式的运算。其运算方式如下：

如果当前字符为变量或者为数字，则压栈，如果是运算符，则将栈顶两个元素弹出作相应运算，结果再入栈，最后当表达式扫描完后，栈里的就是结果。

顺序表达式转换为逆波兰表达式一般算法如下：

①构造一个运算符栈，此运算符在栈内遵循越往栈顶优先级越高的原则。

②读入一个用中缀表示的简单算术表达式，在该简单算术表达式的右端多加上了优先级最低的特殊符号“#”。

③从左至右扫描该算术表达式，从第一个字符开始判断，如果该字符是数字，则分析到该数字串的结束并将该数字串直接输出。

④如果不是数字，该字符则是运算符，此时需比较优先关系。

⑤重复上述操作，直至扫描完整个简单算术表达式，确定所有字符都得到正确处理。

3.4.2 检索指令表的生成

逻辑提问式的逆波兰表达式不能直接用于检索，还需要将其转换成一组检索指令才能进行检索操作。转换工作是直接针对逆波兰表达式进行的，通过逐行扫描逆波兰输出表，根据其具体内容实现从逆波兰表到检索指令表的转换。

操作指令表由四列元素组成：第一列为操作码，指定本行操作类型，如输入操作、运算操作、转储操作等；以后三列为操作数属性，根据操作码来决定三个操作数之间的关系。

若操作码为“0”，则表示该逻辑提问式检索结束，需根据第 7 工作区的内容（命中结果）到主文档中调出命中记录，显示或打印给用户。同时，转储操作结束，将最后一行的操作码置为 0，表示终止操作。

若操作码为“1”，应进行查找和输入操作。若为检索词，操作码置 1，第一操作数存放从逆波兰输出表中取出的检索词地址，第三操作数放置在放该检索词记录号集合的工作区代号。

若操作码为“2”，说明应进行转储操作。若为结束行，将操作码置 2，表示转储操作，把检索运算结果送第 7 工作区。

若操作码大于“2”，表示需进行逻辑运算操作，运算结果存放到第三操作数指定的工作区中。若为运算符，操作码为“3”“4”“5”，分别代表运算符“+”“*”“-”，第一、二操作数指定的两个工作区的记录号集合根据操作码进行相关运算，其结果送第三操作数指定的工作区。

3.5 检索技术扩展

目前最成熟的检索技术就是布尔检索，因此，检索技术的扩展更多的也是围绕着它来进行的。具体而言，不外乎词义扩展和加权检索。

3.5.1 扩展布尔检索

所谓查询扩展，就是在用户输入查询的基础上，依照一定的规则加入一些相关的词，从而得到比用户的查询长很多的新的查询，然后再用这个新的查询来进行检索。查询扩展最主要的目的就是提高查全率，即避免相关文档被漏掉。

1. 根据词义的扩展

即向查询中加入与查询词义相关的词，比如同义词、概念蕴含的词等。通常这需要一个词典，词典可以是人工编制的，从中可以查出每个词的同义词。这里的同义词可以是同一事物的不同名称，比如“计算机”与“电脑”，或特定的指代关系，如“首都”与“北京”，甚至公认的简称，如“中国”与“中华人民共和国”。更进一步，词典中还应该给出词之间的概念蕴含关系，如“艺术”包括“绘画”“音乐”“电影”“戏曲”等。

2. 根据统计信息的扩展

通过研究，人们发现有时意义上没有明显关系但在实际中经常被人们连用的词也会对检索带来帮助。例如，“改革”和“开放”这两个词并不是同义词，但它们经常被连在一起使用，这就表示它们之间有比较密切的联系。一般来说，这将给检索带来好处。而这种联系可以通过对大量的语料库进行统计得到。

3. 根据相关反馈的扩展

相关反馈是一种提高检索精确度的方法，其基本思想是：根据初始查询检索出相应的结果；然后从结果中选出一部分相似性比较高的文档，从理论上说，这些选出的文档的主要特征项应能很好地表示查询内容；再根据这些文档选取一些特征项，修改初始查询，然后对新生成的查询重新进行检索，并给出最终结果。

从最初的结果集合中选取相关文档的方法可以有手工选取和自动获取两种。手工选取相关文档就是让用户自己来选择究竟哪些文档是他们想要的，这样得到的文档显然是非常满足用户需求的。但这对用户来说非常不方便。自动获取相似性高的文档的方法则基于这样一个假设：把结果文档集按照相似性程度递减地排序后，排在前面的就是相关的文档。于是，可以设计使系统自动地选取一定的文档及其一定的特征项。

在向量空间模型中，相关反馈可以分为增加新的查询项、删除部分查询项和修改已有的查询项权值三种情况。在概率模型中，相关反馈只是通过重新评价查询项权值来进行，而没有增加新的查询项的含义。

3.5.2 加权检索

加权检索是某些检索系统中提供的一种定量检索技术，是一种判断检索词或字符串在满足检索逻辑后对信息命中与影响程度的度量，是对相关性的一种检测。加权检索的侧重点不在于判定检索词或字符串是不是在数据库中存在、与别的检索词或字符串是什么关系，而是在于判定检索词或字符串在满足检索逻辑后对文献命中与否的影响程度。其侧重点不在于是否检索到某篇文献，而是对检索出的文献与需求的相关度作评判。

加权检索的基本方法是：在每个提问词后面给定一个数值表示其重要程度，这个数值称为权，在检索时，先查找这些检索词在数据库记录中是否存在，然后计算存在的检索词的权值总和。权值之和达到或超过预先给定的阈值，该记录即为命中记录。

运用加权检索可以命中核心概念文献，因此它是一种缩小检索范围提高查准率的有效方法。但并不是所有系统都能提供加权检索的，而能提供加权检索的系统，对权的定义、加权方式、权值计算和检索结果的判定等方面，又有不同的技术规范。

如检索词 A、B、C 分别对应的权值是 5、3、2，如果我们设定阈值为 6，则根据检索要求，只有包含有“A、B、C”“A、B”“A、C”的三组信息被命中可以检出。

加权检索把量化思想引入定性检索之中，是改善和提高检索效果的一种重要手段。分标引加权和检索加权。

1. 检索词加权检索

检索加权是指检索者在给出检索词的同时，并为每个检索词赋予权值，以区分每个检索词在检索中的重要程度。

检索词加权检索具体的实现方法为：在每个检索词后面给定一个数值，表示其重要性程度，这个数值称为权值。

在检索时，先查找这些检索词在数据库记录中是否存在，然后计算存在的检索词的权值之和。只有当数据库记录的权值之和达到或超过预先给定的阈值时，该记录才算命中。加权检索只需接触检索词，不需编制提问逻辑式。

通过加权，明确了各检索词的重要程度，使检索更有针对性，并且能依据权值的大小，对命中记录的重要性进行排序。

2. 词频加权检索

词频加权检索是根据检索词在记录中出现的频次来计算命中记录的权和，依据命中记录权和数从大到小排列，最后由阈值控制输出命中结果。

与检索词加权检索不同的是，词的权值是由数据库记录中的词频决定，不是由检索者指定，不需人工干预，减轻了检索者的负担。

词频加权检索方法应建立在对全文数据库和文摘数据库基础之上，否则词频加权将失去意义。

简单词频加权检索：指检索时累计检索词在记录中出现的次数来决定记录的权值，然后累计该记录每个检索词权值之和来决定该记录是否为命中记录。

相对词频加权检索：是将每一个检索词在本文中频率和在整个数据库中的频率综合考虑，进行加权检索的方法。

相对词频加权可采用两种统计方式：

文内频率＝指定词在文本中的频次/该文献词汇总频次

文外频率＝指定词在文本中的频次/该词汇在整个数据库中总频次

3. 标引加权检索

标引加权检索是指在对文献进行标引时，根据每个标引词在文献中的重要程度不同，为它们赋予不同的权值，检索时通过对检索词的标引权值相加来筛选命中记录。

标引加权检索的具体实现原则和过程为：在进行标引加权时，对反映文献主要内容的标引词给予高权值，反映文献次要内容的标引词给予较低的权值；检索时，只需给出检索词和检索阈值，对满足检索阈值的检索结果按其权值之和从大到小输出。

3.6 检索可视化

可视化问题的提出最早源于科学计算领域，称为“科学计算可视化”（Visualization in Scientific Computing），而目前广泛使用的是“信息可视化”（Information Visualization，InfoVis 或 IV）。对检索领域而言，其可视化更关注的是与用户相关的方面，主要是提问式构造以及检索结果的可视化研究。

通过信息检索的可视化处理可以将人们的认知负担转变为感知任务，可以将复杂的信息空间转变为可视化导航，还可帮助用户从检索结果中抽取信息。

3.6.1 原始信息的可视化

原始信息是指尚未收录在信息检索系统中的信息，即信息的原始状态。包括信息资源的各种类型，如文本、图像、图形、声频、视频、动画等。原始信息提供的可视化即对原始信息本身的可视化。从信息资源的特征出发，可分为：一维信息、二维信息、三维信息、多维信息、时间序列信息、层次信息和网状信息可视化 7 种类型。

一维信息是简单的线性信息，典型如文本等，其可视化是否有用取决于信息量的大小以及用户依据源信息所完成的工作。二维信息是指包括两个主要属性的信息，同样的，三维和多维都是指属性的个数。股票趋势是典型的二维信息可视化，3D 动画是三维信息可视化的典型代表，多维信息可视化更多地是需要降维处理的。根据时间顺序图形化显示事物是一种普遍使用的、很有效的信息可视化方法。而对层次信息可视化的研究主要集中在寻求高效简洁的层次信息可视化结构方面。网状信息指的是由各种节点组成的网状，其相互联系，传递着信息，在网状信息可视化时，不仅包括信息节点本身所含信息内容的可视化，还要求信息节点之间联系的可视化。

3.6.2 提问式构造可视化

提问式构造可视化的目的在于通过检索界面或检索接口，利用检索词的语义扩展技术（例如，同义扩展、蕴涵扩展、外延扩展、语义相关联想等）及可视化技术，对检索词及其逻辑关系进行形象、直观的显示和表达。帮助用户更准确地构造出即符合自身真实需求又遵循系统检索语法规则的提问式，以减轻用户在人机交互过程中的认知负担。

提问式的构造和表达有命令语言、菜单选择、表格填充、直接操纵、自然语言等多种方式。

3.6.3 检索结果可视化

1. 检索结果可视化的类型

按数据存储类型的不同，数据库可分为文献数据库、数值数据库、多媒体数据库等。而检索结果的输出类型不外乎文本、音频、视频或者是三者的结合。

（1）文献数据库检索结果的可视化

直接对检索结果进行可视化分析与转换就形成了文献数据库检索结果的可视化。在大数据量的情况下，效果会更好。

对目录型文献数据库，其检索结果的可视化可以在原有检索系统的基础上添加可视化接口。全文数据库复杂一些，通常需要借助于图符库、词库、索引库等。

（2）事实与数值数据库检索结果的可视化

对事实数据库，其检索结果的可视化与文献数据库相似。数值数据库主要存储的是数值，对它的可视化是建立在统计分析的基础上。

(3) 多媒体数据库检索结果的可视化

对于音频信息，可以通过文本转为可视化的形式，将听觉转为视觉。实际上，音频信息的可视化主要还应归于文本信息的可视化。

视频信息可视化主要是指视频信息组织的可视化和视频信息检索结果的可视化。

视频组织可视化是指在标引阶段和检索结果提供阶段采用视频信息的关键帧。它改进了传统的对视频数据的顺序查找方式，达到了视频信息的快速定位和部分析取，同时，也改善了传统的基于主题词的视频信息检索。

视频信息检索结果的可视化，主要是要求提供给用户的不仅仅是关键词的描述，还有关键帧，用户通过浏览关键帧来确定检索结果是否符合需要。为了实现这样的目标，就必须先将视频数据进行可视化组织，包括标引、分类等。

2. 检索结果可视化的主要方法

(1) 基于分类的文档簇法

要在一个有限的显示空间中将所有的检索结果显示出来，目前采用的主要策略是构造文档簇。其主要思想是找出具有相同词的文档，并把包含共同词最多的文档放在同一簇中。为方便用户找到所需要的信息，可以为每个簇给出一个标题，这个标题可以根据簇中文档的主要内容给出。这里，簇只是完成了文档归类的任务，我们还需要对簇进行排列以揭示簇之间的逻辑关系。排列时，把簇做为节点，可排成层次结构，也可排成网状结构。

(2) 基于超链接法

充分利用文档间的超链接将检索结果文档之间的关系可视化是最直接、最省力的办法。超链接不仅指明文档的逻辑结构，且具有和用户交互的能力。

但这种结构也有缺陷。例如，其描述文档间的交叉链接关系较强，对层次链接关系描述较弱，这样会降低连贯性。另外，这种超链结构只能部分地反映出内容之间的联系。

(3) 基于语义内容法

目前这种方法还只是局限于用关键词来表征文档语义内容，对文档的操作也可以转化为对关键词的操作。

3.7 并行检索

在互联网大容量的信息检索中，传统的顺序技术会遇到检索速度下降的困难，而并行信息检索能够突破顺序检索的局限，大大加快检索的处理速度。因此，并行检索技术是提高信息检索系统的响应时间的一种有效途径。

3.7.1 并行检索过程

一般检索过程如图3-3所示。

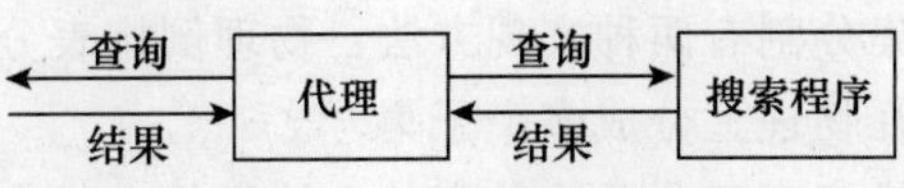

图3-3 一般检索过程

1. 多任务(multitasking)并行

多任务并行检索如图 3-4 所示。它利用 MIMD(多指令流多数据流,N 个处理器,N 个数据流,每个处理器处理自己的操作)结构对多个查询的处理并行化,即每个处理器处理不同的查询,每个查询的处理之间相互独立,互不干扰,最多只对共享内存内的部分代码或者公有数据实行共享。这种方法也称为任务级的并行检索,它可以同时处理多个查询请求,从而提高检索的吞吐量。对于单条查询而言,检索时间并没减少。多任务并行的方式非常容易扩展,复制一个搜索引擎即可。

2. 单查询内部并行

单查询内部并行如图 3-5 所示。即对单个查询的计算量进行分割,分成多个子任务,并分配到多个处理器上的搜索进程上去执行。这种检索也称为进程级并行检索。

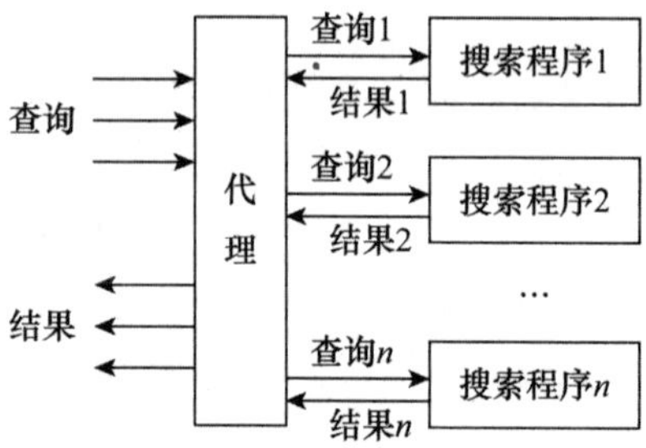

图 3-4 多任务并行检索过程

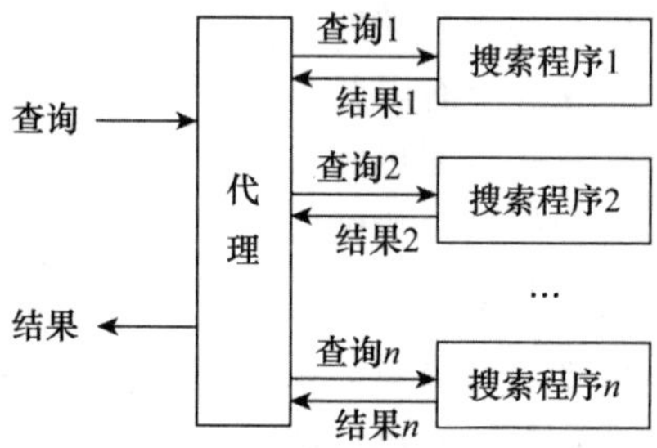

图 3-5 单查询内部并行过程

将单个查询分成多个子任务的方法通常有两种:一种称为数据集分割,它是事先将数据集分割成多个子集合,用同一查询式分别查询多个子集合数据,然后将每个子集合上的结果合并成最终结果;另一种称为查询项分割,它是将查询分解成多个子查询,对每个子查询分别查询数据集,得到部分结果,并将部分结果合并成最终结果。

相对而言,这种单查询内部并行,处理上复杂一些,但是能提高单条查询检索的速度。

3.7.2 索引文档处理

检索系统通常采用倒排表索引结构,可直接从关键词映射到所在文档。

1. 基于倒排表的分割处理

用户输入查询,代理将所需词典词条和所有倒排表放入共享内存,每个处理器负责访问各自的文档信息,进行相似度计算,最后将结果汇总。由于多个处理器对索引的访问都是“读”操作,所以没有访问冲突问题。每个处理器返回结果都在自己的文档子集中,所以也没有“写”冲突。

使用倒排表进行数据集分割有两种实现方法:物理倒排表分割方法和逻辑倒排表分割方法。这两者的数据集都在物理上分成多个子集合。

物理文档分割。把倒排表真正分开为分离的文档子集,每个子集对应一个处理器检索过程。但每个处理器进行检索时，需要用到全局统计信息（如 IDF）以便获得全局一致的相似度计算值。而如果一开始就进行文档分割，然后分别建立索引，则缺乏全局信息。对此，可以在索引建立阶段即将全局统计信息随同每个文档子集一起保存。通过代理先搜集每个文档子集的统计信息，计算成全局统计信息，然后将查询和全局信息一起发给每个搜索进程。

逻辑文档分割与物理文档分割相比，前者不需要通讯过程，整体性能可能好一些，但是灵活性和可扩充性不如物理分割。

物理倒排表分割和逻辑倒排表分割的不同之处在于，前者不仅将数据集分割，而且将倒排索引表也同时进行分割，每个数据子集拥有自己独立的索引倒排结构。对于逻辑倒排表分割，倒排索引表物理上并不进行分割，而是增加一个处理机分配表，整张倒排索引表则被多个处理器共享使用。

2. SIMD 机器上的倒排检索

SIMD（单指令流多数据流，N 个处理器，N 个数据流，但是多个处理器执行相同的操作）机器也称阵列处理机，是由大量相同的互连的 PE（处理单元）对分配来的数据并行执行同一指令所规定的操作。由主文档建立倒排索引可利用 CU（控制部件）执行建库程序而完成。

对提问编辑与变换后形成的检索指令表，因其中某些广义检索指令基本上属于向量类指令，故需“播送”给各个 PE，由它们并行地执行该指令规定的操作，而对其中的标量指令则由 CU 自己执行。

3. MIMD 机器上的倒排检索

MIMD 机器即多处理机系统，它既可以是 n 台处理机共享一个主存的紧耦合多处理机，也可以是不共享同一主存的松耦合多处理机，能够实现作业、任务、指令、数组各级全面并行。在此硬件环境下，倒排索引及主文档可以分割存放，如倒排索引分放在内存各部分，主文档分放在并行辅存中，以便在检索时由各台处理机同时查找数据。

4. 并行顺排检索

假若由 p 台处理机构成多处理机系统，处理由 n 个提问构成的批量提问检索，则相应有两种处理方案。

第一种，先将 p 个提问依次读入 p 台处理机，各自变换为提问展开表，得到前 p 个提问的检索结果后，接着读入 p＋1～2p 个提问，直至所有提问处理完毕。

第二种，将 n 个提问同时读入每一台处理机中，p 台处理机各自将每个提问展开，再将与其有逻辑联系的每篇文献编制成检索标识表，经重复变换和比较，每台处理机获得部分检索结果，最后将 p 组结果组合起来。

3.8 分布式检索

集中式检索系统有着很多的局限性：其一，网络信息量呈指数增长，集中式的检索方法不能适应信息急剧增长的需要；其二，虽然搜索引擎都在努力地增加对网络信息的覆盖率，但要想覆盖整个网络上的信息几乎是不可能的；最后，检索系统之间通常没有分工协作，各自独立搜索和处理信息，造成了大量的重复工作和严重的带宽浪费，有时甚至能造成网络阻塞。为了适应网络规模的日益扩大，有必要采用分布式处理技术解决网络中大量信息的检索问题。

3.8.1 概述

分布式信息检索是指在分布式的环境中，利用分布式计算和移动代理等技术从大量的、异构的信息资源中检索出对于用户有用的信息的过程。它是信息检索的一种类型，是针对网络环境下信息分布式存储而产生的一种检索形式。分布式信息检索将更大范围分布的异构数据联合起来，形成一个逻辑整体，为用户提供强大的信息检索能力。常见的有跨库、跨服务器检索。

分布文档集包括文本、多媒体等多种格式数据，后台可能存在无格式、半格式和格式数据。

分布式检索的目标就是按照一定的信息描述，标识和检索分布文档集。根据用户的查询请求，分布式检索工具将之转换为每个数据集合的对应查询并选择部分数据子集合进行检索，检索结果进行合并输出。

1. 分布式检索流程

在分布式信息检索系统中，主要的检索任务是针对给定的检索请求，选择多个相对较独立的资源数据库进行检索，最后将结果进行融合处理后返回给用户。

当收到用户检索请求后，检索请求经过检索请求预处理模块处理（如进行分类、资源节点的选择以及自然语言的处理等操作），然后发送给较相关的资源节点。为了能选择合适的资源节点，检索中心服务器需要存储资源节点中资源的描述信息。至于如何获取资源的描述信息，这里可以分两种情况：当处于协同环境时，资源节点会通过相关的协议来共享其自身的资源描述信息，如文档中相关词语的词频信息，资源的分类情况，也可能是数据库中的资源数量信息；当处于非协同环境时，可能由于安全性或者竞争关系的考虑，部分资源提供者不愿意共享相关的信息，这时可以通过对查询进行训练的方法来构建资源提供者的资源描述信息，这些描述信息为资源节点的选择以及搜索资源的分配提供了重要的依据。这些被选择的资源节点通过对请求进行信息检索后将结果返回给检索中心服务器，检索中心服务器再对所有结果进行整理融合，最后返回给用户。

2. 分布式检索的查询协议

查询协议是指用来传输查询请求与查询结果的通信约定。在分布式检索中多台计算机彼此协作，共同完成检索、分析索引数据库维护工作。

（1）Z39.50 协议

Z39.50 协议是一种在客户服务器环境下计算机之间进行数据库检索与查询的通信协议。它是一种基于 ISO/OSI 参考模型的应用层协议，是一种信息检索标准。

Z39.50 协议由一系列应用协议数据单元（APDU）的定义组成，核心部分是定义了 8 种操作类型。即创建、查询、提交、删除、扫描、排序、资源报告和扩展服务。其中和实际检索效果最密切相关的是查询和提交操作。

Z39.50 的工作过程如下：

客户端向服务器端发出创建连接的请求，服务器端做出回应，创建连接成功；用户在客户端输入检索条件，由客户端将检索表达式转为逆波兰表达式并进一步将其转换成符合 Z39.50 要求的标准格式，依据基本编码规则（BER）进行编码，形成 APDU 位串，然后作为检索请求发往服务器端的检索系统。

服务器端检索系统接收 APDU 并对其解码，转换成自身的检索命令，再执行该命令，并从后台数据库中找到满足检索条件的记录，将所有满足条件的记录的标识组成结果集返回到客户端；客户端发出显示某个记录内容的请求，并给定其在结果集中的编号，服务器端找到对应的记录标识，将记录返回到客户端；客户端发出终止连接的请求，服务器端做出响应，连接结束。

（2）STARTS 协议

STARTS（Stanford Proposal for Internet Meta Searching）协议是斯坦福大学为查询产品和服务提供商而开发的一种搜索层协议，主要应用于分布式异构查询。

STARTS 协议可以支持分布式信息检索，也可以解决分布式检索系统存在的一些算法问题，如综合各异构数据库的查询结果。

3. 检索步骤

①源选择。选择合适的文档集，用于搜索。

②查询分发。将查询分发到这些文档集上。

③并行搜索。对文档集并行执行查询。

④结果合并。合并从各文档集返回的检索结果，从而形成最终查询结果。

4. 分布式检索与并行检索的比较

分布式检索通过网络协议来通信，而并行检索有时采用共享内存的方式通信。

分布式检索只选择部分搜索服务器进行检索，有数据分割和选择问题，而并行检索通常采用广播方式。

分布式检索的各搜索服务器之间通信开销大，因此通信较少，而且通常采用文档分割的方式。而并行检索各搜索进程之间可以有较频繁的通信，可以采用文档分割或标引词分割方式。

分布式检索面向异构数据，要考虑检索协议问题。

3.8.2 分布式检索系统的结构

由于不同的信息资源具有不同的数据库结构，因此在分布式环境下对于异构数据库的检索和访问并不简单。解决分布式信息检索的技术很多，如用于分布式数据库设计与实现的分布式对象组件模型（DCOM）和公共对象请求代理构架（CORBA），用于解决分布式环境中数据库之间异构问题的 Z39.50 协议、P2P 网络结构技术等。而代理技术同样也可实现分布式信息的检索。

1. 基于 Java/CORBA 的架构

Java/CORBA 的架构是组件技术的一种类型。

组件技术是面向对象技术的最新发展，它具有开放性、集成性、灵活性、模块性、可管理性、安全性和透明性等特点。

组件技术为分布式异构环境中的多组织域信息处理服务之间的互联提供了技术支持，以此为基础可以有效地实现分布式系统中的公共服务系统、基础组件、组装框架、数据表达规范、数据传输协议及服务器定位等关键技术。

CORBA 的核心是 ORB（Object Request Broker），ORB 实现了对象间透明发出请求和接收响应的基本机制，可以将 ORB 看作是对象间的“通信总线”。请求者可以指定服务的提供者或交给 ORB 决定。所有的客户请求均遵守一种标准的格式，因而增强了模块性并降低了模块间的耦合。

CORBA 有坚实的标准和规范作为后盾，适合于大规模混合式的网络分布系统，适合于企业应用。

Java 计算的本质就是利用分布在网络中的各类对象共同完成相应的任务。

Java 和 CORBA 两种技术的紧密结合，使其成为 Object Web 技术的主要形态。首先 Java 提供了一个结构紧凑的分布计算模型和构件互操作的方法。CORBA 可以扩展 Java 在网络、语言、组件边界和操作系统中的各种应用；Java 还是一个跨平台的对象系统，允许 CORBA 对象在主机、网络计算机和蜂窝电话等应用上运行。

采用 CORBA 可以将网络对象连接在一起，并与计算环境中的数据库、遗留系统、其他语言编写的对象和应用相互集成。CORBA 与 Java 的基础结构具有互补性。

2. 分布式信息检索的文档集分割

分布式信息检索系统，其管理方式有分开管理和集中管理之分。在文档集分割上，两种方式也有所不同。

分开管理的检索系统。每个搜索服务被独立管理，此时文档集分割不受自己控制。不同检索系统可能各有侧重。

集中管理下的检索系统，可以有以下三种方法：

方法 1：在所有搜索服务器上复制文档集。适合于文档集合比较小的情况，但是需要高可靠性和强查询处理能力。这种情况下，可以通过多任务方式实现搜索服务。

方法 2：将文档在所有搜索服务器上进行随机分布。查询发给所有搜索服务器，然后进行结果汇总。

方法 3：对文档集进行语义分割。只将查询选择性地发给一些文档子集，然后将结果进行合并。

3.8.3 分布式信息检索模式

包括基于元搜索引擎的分布式信息检索、基于 Z39.50 协议的分布式信息检索、基于

XML 的分布式信息检索和基于 Web 服务的分布式信息检索。

1. 基于 Z39.50 的分布式信息检索

根据 ANSI/NISO Z39.50－1995（ISO 23950）的定义，该协议是计算机系统之间相互联系的一系列标准，它独立于任何特定类型的信息或特定类型的数据库系统。

Z39.50 作为一个分布式环境下计算机系统之间进行通信的标准协议，实现了异构机型、异种操作平台的异质数据源之间的相互操作，大大降低了异种数据库之间查询的复杂程度。

2. 基于 Web 服务的分布式信息检索

Web 服务是一种可独立的、模块化的 Web 应用，它允许在 Web 站点上放置可编程的元素，能进行基于 Web 的分布式计算和处理。

位于服务器端的 Web 服务具有从数据库中检索数据的功能，同时还具有自描述功能，能够向用户提供调用参数、返回参数、端口地址等接口信息，方便用户调用。因此，可以利用 Web 服务来实现分布式信息检索。

3. 基于元搜索引擎的分布式信息检索

元搜索引擎被称为搜索引擎的搜索引擎，它自己并不收集网站或网页信息，通常也没有自己的资源库和 Robot。当用户查询一个关键词时，它把用户的查询请求转换成其他搜索引擎能够接受的命令格式，并行地访问多个搜索引擎来查询这个关键词，然后将返回的结果进行合并、排序等处理后，作为自己的结果返回给用户。

4. 基于 XML 的分布式信息检索

基于 XML 的分布式信息检索的基本思路是：每个对外提供数据检索服务的信息组织，可根据所属行业和数据的性质，选定某个已成为标准或被共同遵守的 DTD 作为与外界进行数据交换的格式，然后针对自身数据库的特点编制检索程序，检索出的记录按选定的 DTD 生成 XML 文档，并以 XMLHTTP 协议格式返回给用户。

3.8.4 分布式检索资源选择

分布式信息检索是在分布式的环境中进行的，这里的分布式环境指的是信息资源在物理上分布于不同的地点，在数据库结构上具有异构性，但是这些分散和异构的信息资源在逻辑上是一个整体，从而构成一个分布式检索系统。在资源选择上，有以下方法。

1. 信息库检索推理网络方法

信息库检索推理网络方法（Collection Retrieval Inference network，简称 CORI）把每个信息库都看成是一篇巨大的文献，信息库等级排列的方法与传统信息检索系统中的文献等级排列的方法相似。

对于信息库 i 和给定的提问式 Q，CORI 中对信息库得分的计算公式为：

$$S_i = (\sum_{j=1}^{m} S(t_j \mid C_i))/m$$

$s\ (t_j \mid C_i)$：提问式 Q 中由词 t_j 决定信息库的得分。

m：提问式 Q 中提问词的数量。

$s\ (t_j \mid C_i)$ 需满足下列公式：

$$S(t_j \mid C_i) = defB + \frac{(1-defB)*(df_i - \log[\,|C|+0.5)/cf_j])}{df_i + K*\log(|C|+1.0)}$$

其中：$K=k*((1-b)+b*lc_i/avlc)$

2. 基于文献排行榜的信息库选择方法

基于文献排行榜的信息库选择方法特点是不用计算信息库的得分情况。

在这一方法中，检索代理用提问式 Q 在所有的信息库中检索，将每个信息库中排列靠前的文献反馈给代理，代理再计算反馈回来的每篇文献的得分情况，并将文献按得分由高到低进行等级排列，把与排在前 n 个的文献匹配的信息库选择出来。

文献得分计算公式：

$$score(D,Q) = (C_1 * nb_q) + (C_2 * dis\_ind(D,Q)) + nb_{occ}/C_3$$

两个提问词的距离函数：

$$dis_{ind(D,Q)} = \sum{}^{?} dis(k,l)$$

3. 数据集选择

（1）朴素法

朴素法是一种简单的数据集选择方法，它不用判断成员搜索引擎对检索的有用性和有效性，直接将用户的查询请求发送给所有采用的成员搜索引擎进行检索。

（2）粗略法

粗略法是一种提供每一个成员搜索引擎描述信息的数据集选择方法。在这类方法中，每一个搜索引擎的描述信息通常是以固定格式人工添加的。当用户提出一个查询式时，系统会将查询式与每个成员搜索引擎的描述信息进行匹配运算，并决定该搜索引擎的相关度。

（3）定性的方法

这类方法有的采用很粗略的信息来代表每个数据集的内容，数据集描述信息相对来说比较容易获取，更新容易而且占用很少存储空间，文档中单元词的频次信息计算也非常简单。不过过于简短的信息描述会遗漏潜在有用的数据集。

有的采用详细信息来描述数据集代表，涉及到在此数据集里每个文件中出现的每个术语。如果处理得当使用这种方法可探测到每个潜在有用的文件。

（4）定量的方法

定量方法评价数据集与查询之间的相似程度要更加具体和明确，可以为用户提供更多的有用信息。

衡量标准是：成员搜索引擎数据集中对于每个查询的潜在有用文档数量。一个成员搜索引擎数据集中与给定查询最为相似的文档的全局相似度。

(5) 基于学习的方法

这种方法根据以往的查询经验来预测数据集对于新查询的有用程度。

静态学习方法使用训练查询，每个成员搜索引擎关于训练查询的检索经验可以在使用前得到。

动态学习方法使用真正的用户查询，检索经验可以被逐步积累并持续更新。

混合学习方法是静态学习方法和动态学习方法相结合的方法。它通过训练查询得到初始经验，通过真实查询不断更新知识。

以上各数据集选择方法的比较见表3-7。

表3-7 数据集选择方法的比较

	朴素法	粗略法	定性法	定量法	基于学习
准确性	最差	较差	一般	较好	不确定
可扩展性	最高	较高	差	差	差
可维护性	不需要	不需要	需要	需要	高

3.8.5 异构数据库检索

异构数据库系统是相关的多个数据库系统的集合，可以实现数据的共享和透明访问，每个数据库系统在加入异构数据库系统之前本身就已经存在，拥有自己的DBMS。异构数据库的各个组成部分具有自身的自治性，实现数据共享的同时，每个数据库系统仍保有自己的应用特性、完整性控制和安全性控制。

1. 异构数据库特点

(1) 异构性

异构性主要体现在计算机体系结构、操作系统、DMBS本身、语义等方面。异构数据库系统的异构性主要由两方面产生：

①数据库管理系统（DBMS）的异构：由于组成系统的各数据库系统可以不同，因此形成了DBMS的异构，这种异构实质上可分为三个方面：一是结构不同，二是数据存储种类异构，三是关系表达异构。

②数据遗漏及冲突：不同的应用对数据对象的不同侧面要求不同，很可能在某领域内非常必需的数据在另一环境中却可以被忽略，或者实际上是另一种数据，所以数据遗漏和冲突是在所难免的。

(2) 分布性

异构数据库系统的各个异构数据库分布在不同的位置，系统通过网络建立其之间的连接。系统的数据保存在各个异构数据库之中，这些数据可以以各种不相同的方式保存，没有严格的逻辑要求。每一个独立的数据库系统只是整个异构数据库系统中的一个网络节点。

(3) 独立性

包括数据的逻辑独立性和物理独立性。

(4) 自主性

体现在拥有对自身系统内各种资源的使用权利，包括设计、执行、修改等，同时拥有与其他系统的交互权利，包括加入、退出、通讯和提供服务等。

2. 异构数据库跨库检索过程

①运用元搜索引擎。

②通过数据库接口软件与不同的数据库直接连接。

③不同数据库间的格式转换。

④建立索引库。

⑤利用 SFX 实现数据库的无缝连接。

⑥用户构造并提交检索式。

⑦检索查询。

⑧返回结果的加工策略。

3. 异构数据库跨库检索技术

①开放式数据库互连 ODBC。基于 C 语言的开放数据库互连技术，是用于访问数据库的统一界面标准，主要针对客户端/服务器结构的数据库。

②Java 数据库连接 JDBC。JDBC 保持了 ODBC 独立于特定数据库的基本特性，继承了 Java 语言的所有特点。

③分布式构件对象模型 DCOM。它通过选择提供服务接口在不同主机的进程间实现函数级功能调用，使得位于不同主机的客户/服务对象如同运行在同一服务进程一样。

4. 异构数据集成

实现数据集成主要有虚拟视图法和物化法，虚拟视图法主要有两种体系结构：联邦数据库系统和中间件系统，物化集中方法即数据仓库法。

(1) 虚拟视图法

代表模式是中间件模式。该模式的主要部分便是中间件和包装器。这里中间件主要是接受用户的数据请求以及接收最终结果传递给用户。它主要与元数据库进行信息交互，获取数据源描述信息以及映射规则等，并将用户查询分解为局部数据源的子查询，同时尽可能的实现信息优化查询，最后将子查询发送到各个数据的包装器。包装器将这些子查询翻译成符合每个数据元模型和模式的查询，并把结果返回给中间件。最终由中间件将所有数据结果返回给用户。

①联邦数据库（Federation DataBase System，FDBS）。是多数据库系统的一种特殊形式，是多个互相协作的自治数据库的集合。它将单元数据库系统按不同程度进行集成，对该系统整体提供控制和协同操作的软件叫做联邦数据库管理系统（FDBMS），一个单元数据库可以加入若干个联邦系统，每个单元数据库系统的 DBMS 可以是集中式的，也可以是分布式的，或者是另外一个 FDBMS。

②中间件。是一种软件组件，支持虚拟数据库。在中间件中，数据仍然保存在原来的各个异构数据源中，中间件不存储任何自己的数据。中间件位于异构数据源系统和应用程序之间，向下协调各数据源系统，向上为访问集成数据的应用提供统一数据模式和访问的通用接口。

（2）物化法

代表方法是数据仓库法。数据仓库能够在各种异构数据源的基础上建立统一的中央数据仓库，将分布在企业网络中的不同站点的数据集成到一起。用户可以通过数据仓库的统一的数据接口进行联机分析处理（OLAP)、数据挖掘、决策支持等操作。

这两种数据集成方法都存在自己的优缺点，分别适用于不同的应用场景。数据仓库法的优点是既可用于数据集成，又适用于决策支持查询。由于数据物理集中在一个位置，查询和分析效率很高。存在的问题是数据更新不及时与重复存储。虚拟视图法不需要重复存储大量数据，并能保证查询到最新的数据，比较适合于高度自治、更新变化快的异构信息源集成。存在的问题是数据源分布在不同的地方，数据查询效率较慢，对决策支持较差。

3.9 P2P信息检索

对等网络（Peer-to-Peer，P2P)，中文译名为对等互联或者点对点技术，不同于传统模式，它抛开了应用服务器的束缚，每个节点既可以享用其他节点提供的数据或服务，又可以向其他节点提供数据和服务。所有成员都可以以一种对等的方式共享这些节点的存储空间、处理器计算能力、网络带宽等资源。P2P具有自组织性、可伸缩性、可靠性等优点，极大的技术优势和简单的实现技术使得P2P技术具有广阔的应用前景，广泛应用于数据共享、CPU周期共享、即时通信、协同工作组件等各个领域。

3.9.1 P2P信息检索

P2P信息检索通过分布式存储和处理能力为大范围的Web文件搜索提供可能，目前基于传统的搜索技术最出色的全文搜索Google只能搜索到20％～30％的网络资源，而一个设计良好的P2P搜索效率将远超过这一数字。另外，传统式的搜索引擎对于数据的更新缓慢，不能满足用户实时性要求。受网络爬虫采集信息能力的限制，传统的搜索引擎很难进行深度采集深层次的网页信息。

1. P2P信息检索的特点

相对于传统搜索引擎，P2P信息检索具有以下特点。

分布式：网络中的数据以分布式大规模存在，P2P结构的分布式特性适应了这种搜索需求。

可扩展性：目前大规模网络搜索系统的可扩展性都面临着挑战，P2P系统可以将大量的节点连接起来进行资源的管理和服务，在大规模网络中引入P2P系统的各种先进技术和方法，可以提高系统的处理能力。

鲁棒性：P2P信息搜索不会出现传统集中式搜索引擎的单点失效、瓶颈效应的问题。

低成本：在 P2P 网络中存在大量的边缘网络节点，可以充分利用这些节点的闲置资源来提供服务，可以有效的降低成本，而一些自组织的节点，也可以降低系统的管理和维护的成本。

可以挖掘深层网页：P2P 的检索使信息的提供者可以作为一个节点加入 P2P 网络，主动贡献信息提供服务，使得可以搜索更加丰富的信息。

个性化搜索：P2P 信息检索可以更加容易的利用用户协作、分析节点兴趣偏好和地理位置等特点，来更好的推进个性化搜索，从而更好的满足用户需求。

2. P2P 信息检索研究内容

对于 P2P 信息搜索的研究主要可分为搜索效率研究与表达方式研究两个方向。

搜索效率：是考虑在给定表达方式的条件下，缩短搜索时间，降低搜索消耗（包括节点内存和网络带宽）。该类研究的关键环节是解决空间开销与时间开销的折衷问题。

表达方式：研究的目的是丰富搜索功能，达到 Web 信息检索甚至数据库检索的水平，这方面的研究题目包括关键词搜索和复杂形式的键码查询等。

上述两个研究思路直接关系着搜索的性能，并决定了 P2P 系统的搜索问题其他方面的研究。搜索的性能包括查询响应时间、查询结果质量。而搜索效率和查询结果质量也存在折衷问题。如何在大规模动态环境下保证 P2P 搜索的性能也是 P2P 信息检索的关键。P2P 系统搜索问题其他方面的研究还包括负载平衡、可扩展性、可用性、安全性等技术。

3. P2P 信息检索的分类

P2P 网络的体系结构决定 P2P 的信息搜索机制，从而决定 P2P 信息搜索的性能。通常，可将 P2P 网络分为以下四类：集中式 P2P 网络、非结构化 P2P 网络、结构化 P2P 网络和混合式 P2P 网络。不同类的 P2P 网络呈现出不同的搜索机制。

集中式 P2P 网络的搜索。这是 C/S 和 P2P 两种模式的混合，反映了 P2P 工作模式从 C/S 到 P2P 的过渡，代表是 Napster。这种查找方式的优点是查找效率较高且易于管理，但集中式目录服务器容易成为单点失效和性能瓶颈，系统的稳定性和可用性不高。

非结构化 P2P 网络的搜索，是以分布、松散的结构来组织的网络。网络中不再有集中服务器的存在。Gnutella 是最简单最具代表性的。这类网络的采用的是“洪泛”方法发布请求、搜寻资源，具有较高的稳定性。但大部分情况下效率较低，定位稀疏资源困难，系统的扩展性差。

结构化 P2P 网络的搜索。结构化 P2P 网络对文档在系统中的存放位置有严格的控制并且节点之间的关系比较紧凑。结构化 P2P 网络是建立在分布式哈希表（DHT）之上。

目前的结构化 P2P 网络包括 Chord、Pastry、Tapestry、Kademlia 等。结构化 P2P 网络的技术特点是自组织、可扩展、负载均衡以及较好的容错性。和非结构化 P2P 网络主要用于文件共享领域不同，结构化 P2P 网络的这些优良特性使得它可以应用在对可靠性和扩展性要求比较高的场合。

混合式 P2P 网络的搜索。混合式 P2P 网络是由集中式拓扑和非结构化拓扑结合而成的，混合式 P2P 网络最简单最具代表性的是 KaZaA。

混合式 P2P 网络的搜索易于管理，而且搜索性能及可扩展性都有提高，但是网络高度依赖超级节点，易受攻击，容错性不高。

从上面的几种 P2P 信息搜索的介绍可以看出，不同拓扑结构的 P2P 网络具有不同的搜索机制并表现出各自的优缺点。目前，对于大规模 Web 范围的 P2P 信息检索主要采用的是非结构化和结构化两种结构。非结构化 P2P 稳定性强，易维护，且支持复杂查询，但是搜索效率低，可扩展性差。结构化 P2P 定位资源效率高，扩展性好，比较适合大规模 Web 范围的 P2P 信息检索，需要解决的就是维护开销等问题。

3.9.2 P2P 信息检索的关键技术

P2P 信息检索的关键技术，包括数据的放置、索引的划分、数据的定位查找、数据集合的选择、结果的排序、网页的收集。

1. 数据的放置

数据的放置即设计有效的数据分配和存储机制，为数据的查找提供方便，将数据分配到网络中各点存放，针对不同的 P2P 网络结构所采用的策略也不相同。

非结构化 P2P 网络对数据的存储没有限定，每个节点可以根据自己的兴趣和偏好任意存储数据，非结构化 P2P 的数据具有和语义密切相关的分布特性。其特点是访问度高的热点文件在 P2P 网络中广泛分布，而对于一些冷门文件的查找则非常困难。另外，非结构化 P2P 的节点还表现出对数据的兴趣偏好，相近的兴趣节点存储的数据表现出相同的特征，目前有很多基于数据分布的语义搜索的研究，能够有效提高非结构化 P2P 的搜索性能。

结构化 P2P 对数据位置的存放往往进行了严格的限制，路由的收敛性决定了可以快速的定位到所需数据。结构化 P2P 无法决定存储或不存储哪些数据，数据的存储完全是由系统决定的，每个节点和数据被赋予由散列函数产生的标识，由数据标识在标识空间的映射来决定数据存放的确切位置。经过散列函数生成均匀分布的数据标识，分布在均匀分布的节点标识上，可以一定程度上实现负载均衡。采用这种的方法来存储数据，文件被分布在网络中无关的节点上。因此，传统的结构化 P2P 共享系统的文件存储位置是由系统限制的，共享大都仅限于文件水平的粗粒度，用户只能通过文件的标识符进行查找。然而对于规模巨大的 P2P 文件共享，如 Web 文档搜索，要实现把所有的文件按照 DHT 机制进行存放是十分困难的，因此，结构化 P2P 引入了索引的机制，采用结构化 P2P 的 DHT 机制来划分索引，即通过 DHT 机制对文件的索引进行存放，而文件的存放往往可以是任意的。如大规模 Web 的基于 P2P 的搜索，可采用结构化 P2P 拓扑结构，但 Web 上的文档往往可以在各节点上自主存放，只要通过 DHT 机制对系统的索引进行划分存放即可。

2. 数据的定位查找

数据的定位查找是 P2P 信息检索的关键，设计出高效的路由查找算法可以很好的提高 P2P 搜索系统的性能。所谓路由是当提交一个查询请求时，请求消息在到达目标节点之前是如何在连接的节点间转发传送的。P2P 的路由算法和 P2P 的拓扑结构密切相关，不同的拓扑结构表现了不同的路由算法，根据相应的拓扑结构主要的路由方式分为三种：集中目录式、洪泛式和DHT机制。

（1）集中式目录

这是集中式P2P拓扑结构所采用的路由算法，设置一个集中目录器，所有的数据的位置信息都存储在这个目录中，当查询时，首先请求消息被发送到中心目录服务器。在中心目录中查到匹配文件的索引，从中得到目标节点的地址，请求节点根据索引中文件对应目标节点地址直接跟相应用户建立连接并进行文件下载。这种路由方法简单、高效且支持模糊查询，但是容易出现单点失效和可扩展性等问题。

（2）洪泛式

洪泛式的路由机制通常是非结构化P2P网络所采用的路由算法，洪泛式搜索又称为盲目搜索或随机搜索，这种搜索方法没有集中式的管理，当用户发送查找请求时，该节点向所有与之相连的邻居节点发送查询消息，相应的搜索方法有广度优先算法和深度优先算法。另外，为了减少路由开销，在请求中赋予了TTL值，它随着请求转发而递减，TTL＝0时路由终止。这种算法简单、方便，不需要系统信息的支持，但是搜索效率低，定位稀疏资源困难，且不可扩展。为此，很多研究努力寻找系统信息来指导查询转发过程从而更快的到达目标节点，来提高搜索效率。如改进的宽度优先算法、语义覆盖网、路由索引等。

（3）分布式哈希表

分布式哈希表是结构化P2P系统的核心机制，它是基于一致性哈希函数，提供对于任何一个节点，数据对象在覆盖网中的位置映射。这是结构化网络的根本，它保证在结构化网络中快速准确的定位到相应的节点或数据对象。基于DHT的路由算法和覆盖网的拓扑结构、路由协议密切相关，每个节点都维护一个路由表，当收到查询时，查找路由表找到离目标最近的邻居并把查询转发给它。典型的基于DHT的路由算法有Chord、CAN、Tapestry、Pastry。

3. 索引的划分

（1）两种索引的划分

在大规模的信息检索中，为了提高检索效率，都广泛的采用了索引技术，目前信息检索领域索引技术有多种，如倒排索引、后缀数组、签名文件，但是最广泛采用的索引技术为倒排索引。

大规模搜索应用数据集巨大，超过任何节点的存储和处理能力，这时就需要分布式索引，分布式索引的关键就是采用合理的方式对索引划分，而对于基于P2P的大规模信息检索目前采用索引的划分方式有两种：基于文件的分割和基于关键词的分割，也称为水平分割和垂直分割或本地索引和全局索引。

基于文件的分割是索引中的每个关键词都存储一个包含这个关键词的文件标识列表。基于文件的分割使得文件索引在各节点负载均衡，但查询时需要将请求转发到每个节点，增加了查询开销，扩展性差。往往非结构化P2P网络会采用这种划分方式。

基于关键词的分割是将系统的每个关键词对应到节点，文件集的索引按照关键词分成多个部分，每个节点存储一部分索引，即每个节点存储和维护相应关键词相关的文件索引。当查询时根据请求关键词转发到负责相应关键词的节点上，在该节点上查找包含该关键词的文件的索引。结构化 P2P 往往就采用这种索引划分，因此，路由通常采用 DHT 查找机制来实现。由于请求关键词数目是一定的，需要寻找的目标节点数也就是一定的，又由于基于关键词分割的索引划分处理查询请求只要少数节点参与，所以系统可以处理多个查询，吞吐率较高。但是，多关键词查询时系统中传输的倒排列表及相应操作占用大量带宽。因此，减少索引传输的通信量的技术也不断被提出。

(2) 数据集的选择

信息检索领域，在采用索引划分后的关键问题就是如何引导请求消息选择最优的文件子集即数据集来进行查询，一般表现为对节点的选择，在基于关键词分割的索引划分中，结构化 P2P 网络一般采用基于关键词的 DHT 机制来实现数据集的选择，有较高的效率；而在基于文件分割的索引划分中，数据集被分割成多个子集存储在各个节点上，系统中没有全局索引来实现定位，采用洪泛式效率则明显较低。因此，非结构化 P2P 网络在查询过程中对数据集的选择就很重要。它一般是通过考虑数据集对查询贡献的大小、数据集与查询的关联性、系统负载状况和用户对质量的要求来选择数据集。数据集选择一定程度上减少了查询的范围，减少了查询开销，但数据集选择算法要对每个查询进行处理，也会带来一些额外的开销。

4. 结果的排序

信息检索领域，不但在索引构造时可能采用相关的排序机制，而且为了减轻用户浏览的压力，查询结果也需要进行排序。结果的排序通常是根据查询与文件之间的相关性对查询的结果进行排序；而在 Web 信息搜索中，对查询结果的排序另外还有基于链接关系的网页重要性对结果进行排序。而这些都可以引入到大规模的 P2P 信息检索中。

对于根据文件与查询的相关度来进行结果的排序所采用相关度的计算模式主要有向量空间模型、布尔模型、概率模型。这些模型也可以扩展到 P2P 搜索中。

Web 信息搜索中基于链接关系的网页重要性排序中的链接关系重要性评价算法有 Page Rank 和 HITS。这两种算法引入到大规模 P2P 搜索中同样会出现全局信息需求和集中式计算的问题，在 P2P 搜索中采用的 Page Rank 算法一般都采用近似计算，如采用异步迭代和增量式计算来实现 Page Rank 算法。

5. 数据的收集

P2P 信息检索的前提是系统中有一定的数据资源，P2P 系统中的共享数据来源于系统内部或系统外部。系统内部主要是主动推送的方式发布数据，系统外部的数据来源是指通过网页抓取等某些被动的方式获得，对于大规模的 Web 中构建 P2P 搜索就需要通过网络爬虫抓取许多 Web 文件。这就要将传统信息检索的网络爬虫技术引入到 P2P 搜索中。而网络爬虫技术是在高度耦合的机群或集中式环境中实现的，它是由一个中心调度器来进行各节点任务调度分配和收集，不适合分布式的 P2P 环境。为此，研究者也提出了大量研究，如提出基于 DHT 技术的分布式网络爬虫，抓取网页的各节点采用 DHT 机制来进行任务分配，另外，也有人提出一种在 P2P 系统中耦合度较低的网络爬虫技术。

第4章 全文检索与文本处理

全文检索乃至Web检索是目前最常见的信息检索，也是搜索引擎的技术基础，更是文本检索的实际应用，它在信息检索的发展过程中，有着承上启下的作用。

4.1 全文检索

全文检索（Full-Text Retrieval）是指以全文本信息作为检索对象，建立全文数据库，计算机索引程序通过扫描文章中的每一个词，对每一个词建立一个索引，指明该词在文章中出现的次数和位置，当用户查询时，检索程序就根据事先建立的索引进行查找，并将查找的结果反馈给用户。这个过程类似于通过字典中的检索字表查字的过程。

4.1.1 全文检索含义与特点

全文检索不仅具有布尔逻辑检索功能外，还具有文本检索功能，并允许用户以自然语言检索，直接获得原文中的有关章节和段句，应用很广。

1. 发展过程

全文检索最早出现于20世纪50年代。1959年，美国匹兹堡大学卫生法律中心建成的法律情报检索系统是世界上第一个全文检索系统。1973年，美国米德公司面向公众查询的，收录大量以法律、新闻、商业经济、政府出版物等内容为主的大型全文数据库Lexis的投入使用，标志着全文检索的诞生。20世纪80年代以来，英文全文检索发展得较为迅速，如今已成为国外文字型信息检索的主流。

我国全文检索技术的研究起步于20世纪80年代末，但发展速度较快。武汉大学陈光祚教授较早开展全文检索技术的研究，主持开发了“湖北省地方志全文检索系统”，并倡导用后控词表来改进全文检索技术的检索效果。在20世纪80年代中期，先后有经济日报全文数据库、人民日报全文数据库等几个全文数据库投入使用。从20世纪80年代末至90年代初开始，我国逐渐在对国外全文数据库进行研究的基础上结合汉字处理的特点，开始了独立开发全文数据库的探索。汉字激光照排技术的发明和广泛使用，为全面开发全文数据库奠定了技术基础。至此我国全文数据库进入大规模研制时期，如清华大学编辑制作的《中国学术期刊（光盘版）》就是这一时期投入使用的质量较高的全文检索数据库。

国内自主开发的中文全文信息软件系统中，如易宝北信公司的 TRS、中国科技信息研究所的 Quick IMS、浙江经济信息中心的天宇（CGRS）以及南辰电脑公司的南辰多媒体全文检索系统等都已经成为业界的知名产品，并分别占有了一定的市场份额。

2. 全文检索的研究内容

全文检索主要研究对整个文档信息的组织、存储和表示，即根据用户的查询要求，从信息数据库中检索出相关信息资料。

全文检索的中心环节是文件内容表达、信息查询的获得以及相关信息的匹配。一个好的全文信息检索系统不仅要求将输出信息进行相关性排列，还应该能够根据用户的意图、兴趣和特点自适应并智能化地调整匹配机制，获得用户满意的检索输出。

按检索对象来区分，全文检索可分为基于文本和基于 Web 两种类型。

全文检索的关键是文档的索引，即如何将源文档中所有基本元素的信息以适当的形式记录到索引库中。在中文文档中，“基本元素”可以是单个汉字，也可以是词或词组。根据索引库中索引的元素不同，可以将全文检索分为基于字表的全文检索和基于词表的全文检索两种类型。

3. 全文检索优缺点

与其他的检索系统相比，全文检索系统具有以下的优势：

①查全率高于一般的计算机检索系统。如关键字索引检索系统，它们只对一条信息中具有检索意义的语词进行标引，它的标引深度总是有限的，无法满足人们对信息查全率的高要求；而全文检索系统可以对文本中的每个字、词进行标引，其标引的深度达到了极限。

②全文检索系统能实现计算机自动标引。主题词索引法和关键词索引法是采用人工赋词标引的方法，这些方法需要标引人员手工对各种信息进行加工处理，给出检索标识，所以效率低，标引质量由于手工的参与，带有很大的局限性。而全文检索系统可采用计算机自动抽取文本中的字、词进行标引，从而大大加快了标引的速度。

③检索界面友好。基于 WWW 的全文检索系统，一方面，通过采用成熟的数据库技术，提供了灵活的信息处理机制；另一方面，通过使用 Web 技术，可以向用户提供美观、大方、通俗、易用的用户检索界面，整个检索过程对用户是透明化的，用户所要关注的是自己所输入的检索词，并在检索过程中，还能够给用户相对应的一系列支持，如相近检索词等，使用户不需要拥有很多检索的知识，就可以进行信息的检索。

④全文检索系统提供多种检索功能。全文检索系统除提供一般的“AND”“OR”“NOT”逻辑检索功能外，还能具备位置逻辑检索、字符串检索、截词检索等多种检索功能。

⑤全文检索系统更加灵活。全文检索技术将在原始文献的标题和正文中的每一个有意义的词都作为检索入口，允许对原始文献中的任何章节、段落、句子、词或字进行检索，提供了极高的标引深度。它允许用户利用自然语言进行检索，增大了用户的自由度。

虽然全文检索技术在 Web 搜索引擎中取得了辉煌的成绩，但仍存在不足，主要有：

①对同一页面的重复检索。即同一检索词检索出的多条检索结果可能是同一个地址。一种情况是标题、页面内容及 URL 地址完全相同，但目前已经比较少见；另一种是目前最常见的，虽然在 URL 上略有区别，但实际上指向的地址却是同一站点的同一页面内容。

②查准率还有待提高。由于全文检索技术的全词匹配和语词本身的特点，会导致查准率不高。例如，某个用户想检索我国长江流域的一些资料，以“长江”作为检索词，“长江日报”或是“长江大学”也会被检索引擎认为是检索结果，从而降低了查准率。造成查准率低的另一原因则是由网页的制作者造成的，由于有的检索引擎允许 Web 页面制作者自定义关键词及摘要，这样就导致关键词和摘要缺乏一定的规范性，从而直接导致查准率不高。另外，由于各检索引擎的索引工作由程序自动根据 Web 页面中的关键词的词频及关键词的位置等因素确定索引关键词，因此，一些 Web 页面制作者为了提高自己的 Web 页面的命中率以及和大量热门关键词的相关度，通过复制网站或网页的内容并分配以不同域名和服务器，以此欺骗搜索引擎对同一站点或同一页面进行多次索引，从而进一步导致查准率降低。

③数据更新已成为检索不容忽视的问题。在庞大的 Web 空间，每天都有大量的网站和网页的变动，一个好的检索工具必须及时对这些网站和网页的变动进行新陈代谢，剔除过时的网页和网站，否则就会导致大量的无效地址和错误链接，直接影响到搜索的结果和质量。对于错误的链接，一方面要提高数据库更新速度，另一方面应该由广大的网络用户进行测试和信息反馈。

④检索结果过多。大部分检索引擎都在强调将更多的站点呈现给用户，随着 Web 资源的不断增多，一个检索词可以带出几百个网站和成千上万的网页。而用户在使用这种全文检索系统时，通常只会点击检索结果中的前面几页，而很少注意后面的链接，长久下去，就会造成很多排在检索结果后面的站点或页面得不到有效的利用。显然，质量良好的站点应该优先呈现给用户。一方面可以通过第三方，将质量好的站点优先推荐给用户。另一方面，建立先进的数学分析模型，除了对网页的链接数进行分析以外，还要判断这些链接的质量，同时分析网站的结构和客户的点击行为，以及准确识别大量的针对搜索引擎的“作弊”行为，建立合理的算法，对这些网站和网页进行智能化排序。

4.1.2 系统功能

一个完整的全文检索系统应该包含多个功能模块，系统的整体工作模块如图 4-1 所示。

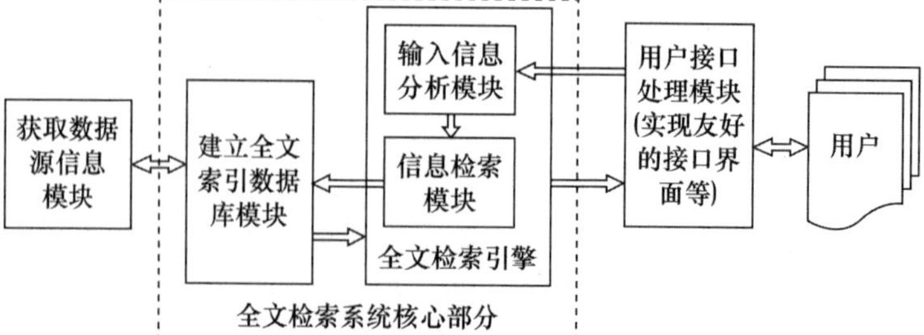

图 4-1　系统工作模块结构图

汉字全文检索系统主要包括两方面的核心技术，一个是如何建立和维护全文检索的索引数据库，另一个是如何提供快速有效的检索机制。其中索引数据库是一个全文检索系统实现的基础，它的体系结构和组织方式直接决定了检索算法和检索效率。

以词为单位进行索引要使用切分词典，适用特定领域中内容相对固定的文档的全文检索。其优点是对于大规模应用，索引库可以组织得比较小，检索的处理速度也比较快，而且还容易实现同义词、反义词的概念检索。但是如果内容涉及的领域较广时它却存在许多弊端。作为计算机信息检索的处理对象，中文文字与西文相比，其基本语义单位汉语词之间没有明显的间隔，汉语词的集合与汉字的集合构成一种交叉关系，一个词可能就是一个字，也可能由两个或多个字组成。词与词之间无间隔，实词和虚词之间也无间隔，而人们阅读中对词的识别过程，主要依靠自身的知识与智力将其切分、分离出来，但这对于计算机处理却是非常困难的。

为绕开词与词间的切分问题，人们把汉字文本的检索放在单字一级的基点上。单汉字法吸收了西文自动抽词标引的思想，把一个单汉字看成一个西文单词而作为标引词，检索时先匹配单字，再进行词组重组。单汉字法可以节约人工标引的大量工作，避免标引的主观性和标引的不一致性。还可以用来对文献内容进行统计、分析和研究。

全文检索系统的基本功能可以从系统设计与检索两方面看。

（1）从系统设计角度看

①全文本的处理功能很重要，包括：全文本的标引、抽词、排序及索引编制。

②设置二级检索机制，其中第一级满足作为标引词的检索，查找模式为布尔检索；第二级检索为二次检索，其对象可以是未经标引的词或字符串，采用顺序扫描方式，找出与输入词匹配的段落或记录。

③具备二级词表机制，即关键词表与后控词表。前者利用文本中已有标识，通过加注标引，提取关键词的词表形式显示出来；后者由专家事先准备，由系统自动捕捉，在自然语言标引的同时备有后控词表机制，满足族性检索要求。

④多级输出方式，即屏幕显示、打印机打印、机读形式数据的套录，甚至可以配备格式化语言供用户控制输出格式等。

（2）从检索角度看

①内容与外表特征组合检索，即满足某一外部特征或某一内容特征的单独检索，也可以是两种特征的组合检索，还可以进行外部特征和内容特征各自之间或更多组合的检索。

②全文分类专题检索和二次检索，即用户可以在某一分类专题表中选择专题号进行检索，凡被赋予该号的文献均被命中输出；还可以在专题检索基础上进行二次检索，即由用户通过输入的某一关键词，利用在专题检索中获得的有限文献集合内直接进行文中的扫描匹配检索。

③全文关键词单汉字检索，即当用户需要检索的关键词未在标引短句库和后控词表中出现时，可以通过全文关键词单汉字检索，将所包含关键词的文献检索出来。

④位置限定检索，即包括同句、同段、同篇位置的限定检索。

⑤后控词表检索，是指具备后控关键词智能检索及后控关键词分类检索的功能。

4.1.3 全文检索算法

全文检索效率、质量的高低与检索算法的设计密切相关，科学的算法设计可以大大提高检索的速度、查全率和查准率，并且在查全率和查准率之间找到一个很好的平衡点。

1. 简单匹配全文检索

简单匹配全文检索是早期全文检索研究的一种尝试，早期处于实验阶段的单机全文检索系统基本上都是采用的这种算法。网络兴起以后，与全文检索密切结合，而且 Internet 上的许多搜索引擎都是使用简单匹配全文检索技术，如新浪、搜狐、163 等使用的是百度的搜索引擎。最初该搜索引擎对检索结果的处理仅仅是简单匹配，比如输入“民法”，含有“人民法院”的网页也被命中，往往是查全率达到了，查准率却很低，出现大量垃圾信息。随着全文检索技术的不断发展，百度的搜索技术也得到了很大程度的改进，现在的百度支持相关检索、并行检索，可以使用逻辑减剔除无关网页等。比如检索有关“巴西”的网页信息，含“古巴西部”字样的网页同样会命中，为了剔除该无关信息，可以构造检索式：巴西－古巴西部。

（1）算法描述

简单匹配全文检索，是检索词串与全文直接进行匹配的一种算法，具体如下：

①检索词串 S 的首字符 S［1］与全文库逐字匹配，匹配成功则记录检索词 S［1］在全文中的位置 P［j］，并转到②，反之则返回检索失败。

②取检索词的下一个字符 S［i］继续与全文库中的位置为 P［j］＋2 的字符匹配，匹配成功则重复②，直到 S 遍历一次，转到④；反之，转到③。

③取检索词首字符 S［1］与全文从位置 P［j］＋I＊2 开始匹配，匹配成功则记录 S［1］在全文中的位置 P［j］并返回②；反之返回检索失败。

④遍历全文一次，当全文中有连续的字串与之匹配，返回检索成功；否则返回检索失败。

⑤编写检索结果文档。

（2）简单匹配全文检索的优点

①简单匹配全文检索算法描述简单。由于避开了汉语分词这一障碍，使算法描述的复杂度大大下降。

②程序实现容易。使用 Delphi6.0、Visual Basic6.0 等，借助三重循环就可以实现一个简单匹配全文检索系统，可以说正是算法的简单才使程序实现变得容易。

③简化了用户操作。用户只需要输入有实际检索意义的词，通过与全文的匹配给出检索结果，从而大大简化了用户的操作步骤。

④简单匹配全文检索系统便于维护。对检索系统的维护工作，包括导入新的全文，删除过时的、废弃不用的全文等工作，通过导入，将其他格式的全文信息转换成文本格式进行处理。

（3）简单匹配全文检索的缺憾

①查全率难以控制。由于采用原文匹配，对于同一概念的检索词原文可能有不同的表

达方式，比如，输入检索词“计算机”，检索有关计算机的相关文献，如果原文用的是“电脑”，则该篇文献即使非常符合检索要求也不会被命中。

②查准率难以控制。原文直接匹配往往会导致误组配问题，比如，检索词为“巴西”，但可能会出现含有“古巴西北部”的文献记录。

③检索效率低下。由于没有对原文献的存储结构进行优化，每一次检索都要将原文献读入内存，检索词与原文献进行匹配，系统的开销特别巨大。当处理的文献量激增时，系统的响应时间也慢的让人无法忍受。

2. 单汉字索引全文检索

鉴于无标引全文检索算法的种种弊端，人们又提出了单汉字索引全文检索算法。目前，该算法在中小型全文检索系统中得到了很好的实现。

通常单汉字与全文库中的文献记录有二维对应关系，如表 4－1 所示。

其中：Ci 代表字，作为检索词的入口；＃Ri 代表文献记录号，用来唯一标识一篇文献并按一定顺序（升序或降序）排列组成；Pij 代表地址集合，由于一个字在不同的文献中有不同的位置，因此地址集合应包括文献记录号和 Ci 在该篇文献中的起始位置。

全文数据库的一般结构为：文献记录号、作者、题名、刊名、分类号、出版日期、文摘、机构、全文文本。

进行单汉字索引时，在一篇文献中 Ci 可能出现在全文文本字段以外的其他字段上，比如，刊名、文摘等，因此 Pij 中还应包括字段代号。

表 4－1　单汉字与全文库中文献记录的对应关系

	C1	C2	…	Cn
＃R1	P11	P12	…	P1n
＃R2	P12	P22	…	P2n
…	…	…	…	…
＃Rm	Pm1	Pm2	…	Pmn

设 D 是检索范围内的所有文章的集合，则全文检索可以表述为：

给定任何一个含有通配符的字串 S 为检索条件，以 D 中满足 S 的文章为输出结果，若一篇文章中至少有一个与 D 匹配的字符串，则称该文章是满足的。

（1）算法描述

①检索词串 S 的长度为 m，取 S 的首字符 S［1］与单字索引库匹配，匹配成功记录 P1j 地址集合 D1，转入步骤②，匹配失败返回检索失败。

②取检索词串的下一个字符 S［i］继续与单字索引库匹配，匹配成功记录 Pij 地址集合 Di，反之返回检索失败。

③重复步骤②，直到检索词串 S 中的每一个字都遍历一次。

④对 D1 到 Dm 进行集合运算，相同文献记录号的归为一个集合 Rk。

⑤对集合 Rk 进行位置运算，测试检索字串在同一文献中的起始位置的连续性，若连

续则记录文献记录号，反之，不予记录。

⑥编写检索结果文档。

（2）单汉字索引全文检索算法的优点

①单汉字索引全文检索无需切分词语，节约了文献结构优化的时间。

②计算机自动化处理的程度极高。

③该算法适用的学科领域比较宽广。

（3）单汉字索引全文检索算法的缺点

①查准率低。由于没有专门的词典保证，存在错误匹配现象，故此检准率得不到保证，目前主要是通过位置检索来控制。

②查全率难以控制。由于汉语的复杂性，文献当中会出现许多的同义词、相关词，而单汉字索引使用的是单字完全匹配，这就会出现由于检索词的表达方式不同导致漏检。

③难以对检索结果进行缩检和扩检，这是单汉字索引全文检索算法的一个瓶颈。

④降低了检索速度。大部分汉语词由两个至三个单汉字组成。每进行一次检索，除了少数一字词外，一般都需要对两个、三个甚至更多个汉字进行交运算，将文献记录号相同的归为一个集合，再将其组合成词，进行匹配运算。这种处理技术显然耗时较多，降低了系统的检索速度。

⑤检索者智力负担较重。在单汉字系统中，没有一个统一的参照标准。用户无法借助于主题词典、检索词表等工具来选取检索词，构造检索策略，而只能凭空构想出所需采用的检索词。因此，要想比较完整地查找出某一主题文献，必须构造出能表达该主题概念的所有语词，这无疑加重了检索者的智力负担。

⑥无实际含义的虚字和分辨力极低的汉字占了较多的单字索引库的空间。这个问题已随着近些年提出的停用词表技术的采用而有所改善。

3. 单汉字后控词表全文检索

单纯的单汉字索引全文检索，查全率和查准率都低，主要是缺少后控词表对检索结果加以控制。后控词表就是将检索词的同义词和相关词、上下位词收集起来编成词表，用以辅助检索。用户只要输入已知的检索词，通过后控词表可以反映出同义词、相关词、上下位词等，从而可以提高查全率和查准率。

（1）单汉字后控词表全文检索算法

①用检索词与后控词表匹配，系统会利用后控词表自动把同义词、相关词、上位词和下位词纳入检索式，并用逻辑“或”“与”彼此连接在一起，进行扩检和缩检，从而提高查全率。设经过后控词表处理后的检索词串由 n 个检索词构成。

②设检索词串 S1 的长度为 m1，取 S1 的首字符 S1［1］与单字索引库匹配，匹配成功记录 P1j 地址集合 D11，转入③，匹配失败返回检索失败。

③检索词串的下一个字符 S1［i］继续与单字索引库匹配，匹配成功记录地址集合 D1i，反之返回检索失败。

④重复③，直到检索词串 S1 中的每一个字都遍历一次，转到⑤。

⑤取检索词串 S2，长度为 m2。重复步骤②～④，直至遍历完整个检索词串，转

到⑥。

⑥对 D11 到 D1m1，D21 到 D2m2……Dn1 到 Dnmn 分别进行集合运算，同一文献记录号的归为一个集合分别为 R1k，R2k……Rnk，转到⑦。

⑦对集合 R1k，R2k……Rnk 分别进行位置运算，测试检索字串在同一文献中的起始位置的连续性，若连续则记录文献记录号，反之，不予记录，转到⑧。

⑧对位置运算后的结果进行关系运算，按照检索式中各检索词之间的逻辑关系执行。

⑨写检索结果文档。

（2）单汉字后控词表全文检索的特性

单汉字后控词表很好地解决了文献中的隐含概念难以表达和处理的问题。隐含的概念是指标引文献中没有直接出现的，但却是检索者常用来检索的关键词。例如，一篇关于“脚踏车”的文献在全文中并未出现此词，如果用该词检索，本应能命中文献，而由于单汉字标引只“忠实”于标引文献，对隐含主题无能为力，此文献实际不能被命中。因此，检索系统的查全率受到影响。

单汉字后控词表具有完善的扩检和缩检功能。单汉字检索系统一般而言仅能通过添加和减少检索词的字符个数来实现扩检和缩检，这对于一个完善的检索系统而言是远远不够的，而且有些检索词根本不能通过增减字来完成扩缩检。例如，检索词“苹果电脑”，如从字面上实现扩检的话，很容易错误地得出其上位词为“苹果”和“电脑”，而其真正的上位词应为“苹果牌电脑”和“电脑”。

当然单汉字后控词表全文检索也有其不足之处，问题就在于高效率的后控词表的建立。如果没有高质量的后控词表与单汉字检索系统相匹配，那么该种算法的优势就得不到体现。

4.1.4 全文检索索引数据库

全文检索索引库是一个全文检索系统的基础，它以特定的结构存储了数据资源的全文信息，从而为全文检索引擎提供可检索的数据对象，因此，它的体系结构和数据组织方式直接决定了检索引擎的检索算法和检索效率。

1. 数据库的结构

索引数据库一般由一个变长的主文件和一个在索引文件控制下的倒排文件组成。索引文件和倒排文件在物理上是分开的，逻辑上也可组合成为倒排索引文件。检索时，由索引文件指向倒排文件，倒排文件指向主文件。

索引数据库的体系结构设计与全文检索中把检索点放在词一级还是单字一级息息相关。这就涉到文献内容的标引问题，采用不同的标引方式，相应的索引库的结构与数据组织方式也不同。目前较实用的方法有词典切分法、单汉字标引法和一些特殊处理的方法。

词典切分法以词为单位进行索引，适用于大规模应用，索引库可以组织得比较小，检索的处理速度也比较快，而且还容易实现同义词、反义词的概念检索。但对于中文文献来说，切分会比较麻烦。单汉字标引法以中文单个汉字为单位进行索引。由于系统能自动识别每个汉字和其他符号分别作索引，不需进行额外的标引工作，从而大大提高了建库的效率。另外在单汉字标引检索系统中，全文中的任何信息都能被检索出来，避免了人工标引的主观武断性和标引深度不足的问题。但汉字自身的特点使得单汉字标引检索系统有倒排文件很大，建立索引时间长，检索速度慢，误检率高，同义词、相关词无法控制等缺点。

基于这两种标引方式，全文检索索引数据库的结构可以分为以下两种主要方式。

（1）以词为单位的倒排索引结构

典型的基于词的倒排索引结构包含两部分，如图 4－2 所示：

①中文词组成向量（称之为词汇表），它包含了词的基本信息和词索引在索引文件中的偏移量。

②对于词汇表中的每一个词，都有一个它出现过的文档列表，包含了出现文档编号和在此文档中该词的词频和出现位置序列。

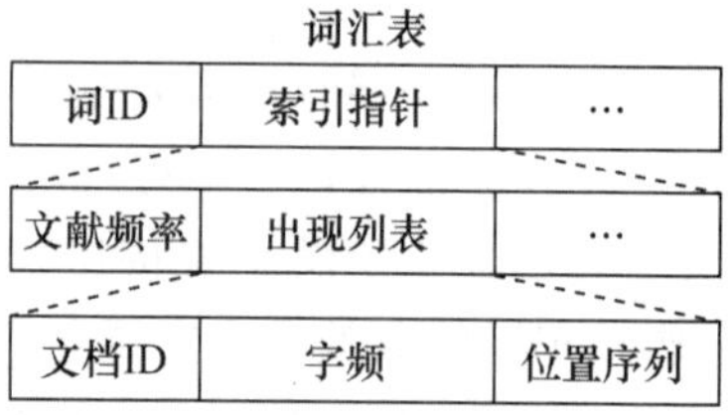

图 4－2　词索引结构

除了词汇表外，基于词表的检索系统一般还要建立同义词表、反义词表、关联词表等多个辅助词表，用于进行同义词、反义词等的概念检索。

（2）以字为单位的倒排索引结构

索引库的主要部分是每个汉字的字表信息，索引库中的字表结构见图 4－3 所示。其中字符 i 对应的字表记录了该字符的源文档中的所有出现位置 Fix，出现位置通常用字符相对于文档头的偏移字节数表示。建立字表索引时，需要扫描整个源文档，对所出现的每一个有效字符，计算其在文档中的出现位置并将该位置值加入到对应的字表中。

…	…
阿	P11　P12　P13
阿	P21　P22　P23
…	…
网	Pi1　Pi2　Pi3　Pim
…	…
络	Pj1　Pj2　Pj3　Pjn
…	…

图 4－3　字索引结构

当然，采用特殊标引方法或采用了特殊技术的全文检索系统的索引数据库机构与以上叙述有所不同，但大体来说，索引数据库的组织方式仍然是以上述两种索引结构为基础。

2. 数据添加与维护

设计好全文数据库的结构与数据组织方式后，就可以向索引数据库添加数据了。全文检索索引数据库的生成包括数据准备、文本处理和数据加载三个步骤。

（1）数据准备

数据准备是指对计划加载到全文数据库中的数据进行收集、整理、归类等预先处理的过程。加载到全文数据库中的数据可以从多种途径获得。数据收集起来之后，要进行一些简单的分类。一般是按照数据内容进行分类，同一类内容加载到同一库中，这样便于查找。

（2）文本处理

①规范格式。当格式多种多样时，应加以整理，使文献的格式规范化。如标题与正文之间空几行、段落开始行缩进几个字、英文用什么字体等等。

②批式标引。这是在建立全文数据库之前，特别是数据加载之前，对非单字索引的正

文，利用文字处理软件和专用自动标引软件对数据进行的标引。其效率较高。

③建立标引词表。具体有几种途径：第一，由系统建立者在浏览文本后赋词编制；第二，由编者在计算机上对文本中的词加上特殊符号后，由专用软件对其进行搜集、合并、排序、去重而成；第三，在批式标引基础上增加属性标引。

（3）数据加载

数据准备好以后，便可以加载（拷入、输入）到数据库文件中去了。加载数据有单篇方式或批量方式。

数据库建立以后，需要经常对数据库的内容进行索引、更新、追加和清理，以保证数据库的实用性、有效性和时新性。对全文数据库的维护通常包括：全文数据库的结构定义内容、全文数据库的数据内容、全文系统中所用词表（字表）、存储空间的利用统计及调整。

3. 索引生成算法

以词索引全文检索系统为例，系统建立索引的算法流程如下：

①对文档进行自动分词，对结果排序，合并相同词的信息。

②定位词在词表中的位置，如果是以前未出现过的词，就在词汇表的末尾分配一个固定大小的基本空间，对于低频词来说太大的基本空间将造成浪费，所以需要分配合适大小的基本空间。

③如果这个词以前出现过，将文档的读写指针定位到这个词的索引区的末尾。

④写入每个词的索引信息到索引区。

⑤对于文档中的每个词，重复步骤②～④，直到把所有词的索引信息写入索引区中。

对于批处理方式加载数据的系统，可以将词索引信息先写到一个临时文件当中，当将所有文件的信息处理完毕后，再统一将临时文件中的索引信息写入词汇表索引区去，也可以动态地将内存区域作为临时文件进行处理，相关算法如下（临时文件的结构见图 4－4）：

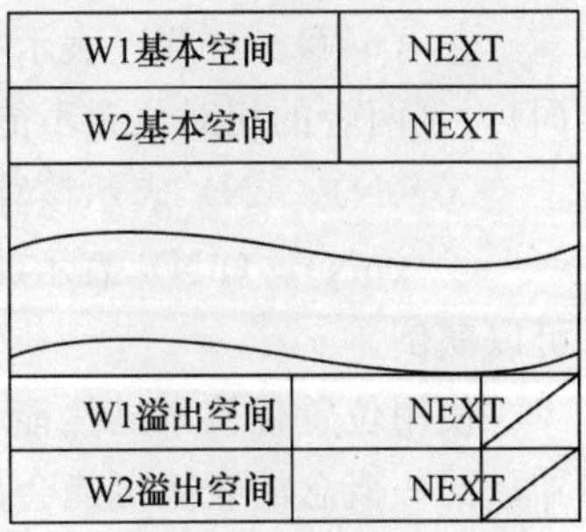

图 4－4　临时文件结构

①对文档进行自动分词，对结果排序，合并相同词的信息。

②定位词在词表中的位置，得到词索引区在临时文件中的偏移量，如果是以前未出现过的词，就在临时文件的末尾分配一个固定大小的基本空间，对于低频词来说太大的基本空间将造成浪费，所以需要分配合适大小的基本空间。

③如果这个词以前出现过，将文档的读写指针定位到临时文件中这个词的索引区的末尾。

④写入每个词的索引信息到临时文件。如果此时分配给该词的空间用完，则在临时文件末尾给其分配新的溢出空间，出现次数越多的词分配的溢出空间也越大。索引写完后，将该词上一索引区的向前指针更新为新分配空间在临时文档中的偏移量。

⑤对于文档中的每个词，重复步骤②～④，对于每篇文档重复步骤①～⑤。

⑥所有文档处理完后，对于每个词，将分散在临时文档中的索引信息合并在一起，然后按照图 4-2 的格式写入最终的倒排文档。

以字为单位的全文检索系统的索引生成算法与词索引全文检索系统基本相同，不同之处在于字索引全文检索系统索引生成时不需要进行分词操作。

4.1.5 全文检索实现技术

全文检索是以全文本信息为主要检索对象，允许用户以布尔逻辑立法和自然语言根据资料内容而不是外在特征来实现检索。它的实现通常是用检索词对由全文产生的词（字）索引文档的匹配。

西文的全文检索多数采用位置检索技术，这样可以提高全文检索的查准率。中文全文检索系统并不注重词相互间的位置检索，只是简单地把布尔逻辑检索引入全文检索。

1. 位置检索

位置检索可要求检索词以用户所规定的相对位置出现。位置检索的有四种类型：记录级、字段或段落级、子字段或自然句级和词位置级。

例如，使两个（或多个）检索词相连（可以此表示词组）或相邻，或同在一个字段或子字段中等，从而使检索出的文献更确切地符合用户要求，提高查准率。

常用的位置逻辑算符有（W）与（nW）、（N）与（nN）。不同的检索系统其位置算符的表示方法不尽相同。

①（W）。（W）表示该算符两侧的检索词相邻，且两者之间只允许有一个空格或标点符号，不允许有任何字母或词，顺序不能颠倒。（W）也可以简写为（）。

②（nW）。（nW）表示在此算符两侧的检索词之间最多允许间隔 n 个词（实词或虚词），且两者的相对位置不能颠倒。

③（N）。（N）表示该算符两侧的检索词相邻，但两者的相对位置可以颠倒。

④（nN）。（nN）表示此算符两侧的检索词之间允许间隔最多 n 个词，且两者的顺序可以颠倒。

使用位置位检索显然能使检索结果更为准确，但由于人们使用语言词汇的角度有差异，同一概念的表达可能会出现不同的形式，为提高查全率，可采用子字段检索技术。子字段包括文摘字段中的一个句子或标题字段的副标题等。子字段检索使用的位置逻辑算符是“S”。在两词之间使用“S”，表示两词必须同时出现在记录的同一子字段中，不限制它们在此子段中的相对次序，中间插入词的数量也不限。对子字段的检索结果进一步扩大，可采用同字段检索技术。同字段检索中使用的位置逻辑算符是“F”。在两词之间使用“F”，表示两词必须同时出现在同一个字段中，词序可以变化。

以上位置逻辑算符在检索提问式中可连用，使用顺序为（W）→（S）→（F），查准率高的顺序为 W>S>F。

2. 截词检索

截词检索，亦称部分一致检索或模糊检索，是一种计算机被检索主题词字符串与文献被标引词字符串部分匹配的智能型检索技术。

文献检索以效率为中心，截词检索就是为提高文献检索效率而发展的一种检索技术。

截词检索分为后截词检索（前方一致），前截词检索（后方一致），中截词检索（前后方一致），以及前后截词检索（中间一致）四种基本类型。

3. 限制检索

限制检索是通过限制检索范围，达到优化检索结果的方法。限制检索的方式有多种，例如进行字段检索、使用限制符、采用限制检索命令等。

字段检索是把检索词限定在某些字段中，如果记录的相应字段中含有输入的检索词则为命中记录，否则检不中。

使用限制符，即用表示语种、文献类型、出版国家、出版年代等的字段标识符来限制检索范围。

还可以使用范围符号和使用限制指令。限制指令可以分为：一般限制指令和全限制指令，它是在输入检索式之前向系统发出的，它把检索的全过程限制在某些指定的字段内。

4. 后处理技术

全文检索系统可以采取前处理和后处理的方法进行自我完善。后处理技术有信息过滤、排序算法的优化、相关反馈机制的引入和文本聚类技术等。

①信息过滤技术的应用。从本质上来说，检索技术和过滤技术都是用来帮助用户寻找感兴趣的相关信息的，二者有着极为密切的联系。但从应用背景上来分析，过滤技术通常应用于用户端，针对特定用户相对稳定、长期的查询需求，在检索的基础上实施过滤处理，从而满足用户的个性化信息需求。

②排序算法的优化。通过优化结果排序算法并树立其权威性，可以显著缓解用户对检索结果筛选的重负。在具体实践中，搜索引擎 Google 所使用的 Page Rank 技术就是基于网页链接结构的挖掘来实现对其检索结果的排序操作的。

③相关反馈技术的应用。相关反馈机制的建立是提高人机交互系统智能化水平的重要途径。通过相关反馈机制的引入，不仅可以大大改善人机接口的友好性，而且可以对用户的查询请求不断进行修正并逐步求精，从而提高检索的查准率。研究人员对特征项的加权处理、查询的修改与扩展等问题也提出了很多非常有效的解决方案。

5. 词汇控制技术

（1）句法控制技术

①动态聚类控制。在检索结果返回的基础上，对检索结果自动分析聚类进行等级展示。

②结合范畴检索控制。包括结合特定检索频道、资源类型的检索以及结合分类范畴检索等。

③加权检索。依据匹配频率、词汇位置、链接数 t 等因素，通过计算权值进行排序显示。

④逻辑组配。布尔逻辑组配，包括使用逻辑运算符等；条件限定组配，如语言、时间、范畴等限定条件的组配。

⑤二次检索。以检出的资源集为对象进行的再检索。

（2）词汇规范和选择控制技术

①对于检索用词的形式进行规定，如将用户输入的语句进行拆分处理，利用拆分的词组进行检索，也可以通过短语来检索等。

②对于检索用词的范围给予限定，如：对于没有实际意义的通用词不予以采用（例如Google搜索引擎），或者单个符号、单个字符等进行组配检索。

③同义词控制，使用已经编制好的同义词表来进行检索。

④自然语言检索控制，在排除禁用词基础上，使用句子中的关键词进行检索。

（3）结构化处理控制技术

①相关匹配控制，根据用户提供的检索内容，分析其字面含义，利用创建的常用检索词集，对用户检索的内容进行相关词的合理扩展引导，比如用户输入“黄金周”，那么就会提示“五一黄金周”“十一黄金周”等扩展词。

②等级显示控制，使用人工编制的分类表、等级词表等。

（4）其他技术

①过滤检索，根据检索词出现的规律剔除无用的、非法的部分。

②对象匹配，例如用户提供关键字、主题名称、摘要等检索词，那么就需要利用这些检索词找到与其匹配的对象。

③相似资源检索，以检出资源中关键词的词集为依据进行检索操作。

4.1.6 全文检索技术指标

全文检索的主要技术指标包括：查全率、查准率、索引的膨胀系数和检索速度。

1. 查准率和查全率

查准率和查全率是目前衡量检索效果的相对合理的指标。两者合起来，即表示检索效率。详见1.4.3。

2. 索引的膨胀系数

索引的膨胀系数是指针对全文所建的索引文件大小与全文文件大小之比，例如，没有为全文创建索引的全文检察系统，其膨胀系数为0；若索引文件与全文文件一样大，其膨胀系数等于1。

索引膨胀系数＝索引文件的大小/全文数据库的大小

索引文件的膨胀取决于索引的结构，为了满足全文检索的各种匹配需要，全文索引需要以最小的标引单位作为索引关键字，英语一般为单词，中文则为单汉字。

3. 检索速度

检索速度取决于匹配算法，匹配算法又与索引的组织结构密切相关，一个优秀的全文检索算法，在百兆级的数据库中，检索速度应该能够在一两秒内反应。

检索的匹配算法一般是根据索引结构而研制的。如没有索引的全文检索算法，只能是从头到尾顺序匹配，就像在 Word 文件中进行字串查找和替换一样，虽然它的膨胀系数为零，其在磁盘中的匹配速度是不能令人满意的。

4.1.7 链接锚点动态生成

超文本中信息节点通常在创建超文本文件时预设链接标记，以保证浏览时的跳跃阅读。然而，对于大容量的文本信息或已建立好的全文数据库创建超链，不但其工作量巨大，而且对以后全文中发生变化的链接（锚点）进行修改也极其困难，因此这种预制链接锚点的做法在全文检索系统中是不现实的。而动态的自动生成全文信息中的链接锚点就是对全文检索技术的补充。

1. 动态生成文本链接锚点

所谓动态生成文本链接锚点，是指在检索过程中，系统自动为检索结果建立链接锚点，使检索者在阅读检索结果时，能够通过链接锚点实现跳跃式阅读。因此，锚点生成强调“动态”才更有实际意义。锚点的动态生成应体现在两个方面：一是即时性，即只对检索结果临时生成链接锚点；二是可变性，即随着锚点词库中内容的增加，文本中即时生成的链接锚点也将相应增多。

(1) 全文数据库与锚点词库

每一篇文献都存在许多知识点，读者在阅读全文遇到这类词时，会希望能够即时获得详细解释信息。因此，在全文检索系统中解决这类问题成为新型检索系统的新研究方向。

全文数据库存放的是文献全文信息，如何在全文中动态设置链接锚点，主要解决锚点源的问题。可以将一些重要的知识点建立知识库。在输出检索结果时，将这些知识点创建为锚点，与锚点词库的相关信息建立链接，获得即时阅读详细知识的途径。锚点词库由三个字段组成：知识词、图文标记、详细说明。如果知识词的说明信息是文字，则说明信息放置在“详细说明”字段中。若知识词的说明信息为图形，则“图文标记”字段为真，“详细说明”字段存放的是该图形文件的文件名。

(2) 全文链接锚点的自动生成

锚点的具体生成步骤如下：

第一，将锚点知识词典中的知识词字段的内容装入内存，形成有序数组。

第二，用检索的结果信息去匹配知识词字段数组，匹配算法采用正向最长的原则。

第三，匹配成功将其词段标记成超链锚点以及记入点击该锚点需执行的调用（url）。

第四，每处理完一段文本，即将该文本连同标记好的锚点同时输出。

这样生成的全文信息使用户能够及时获得一些专用名词（锚点词）的知识，给阅读提供极大的方便。

2. 锚点信息的激活

动态锚点生成以后，人们所看到的检索结果将是一个带有锚点的全文或文本信息。用户点击这些锚点词后，系统可以激活“锚点词检索程序”，将被点击的锚点词作为检索词对锚点词库进行检索，所获得的锚点词解释信息显示在一个新的浏览窗口中。锚点词解释信息输出时，依然可采用对全文结果的处理方法对它们进行动态锚点的生成，这样可以确保在任何文本信息输出时，均能获得其中语词的解释信息。

3. 锚点词的全文检索

在阅读检索出的全文信息时，有时读者要求能够直接、快速阅读包含某些关键词的段落。但这一方式确实能大大提高阅读效率和阅读的针对性。在自动生成锚点的过程中，可以通过在阅读界面设计一个窗口，用于列出全文中出现的锚点词。通过点击锚点词列表窗口中的词汇，阅读光标可直接跳跃到全文中第一个拥有该词的段落，光标所在段落即为当前阅读段落，然后还可以顺序阅读出现在其他位置上的该锚点词段落，这有点类似于word软件中的“查找”命令。

锚点词列表窗口中信息的产生是在对检索结果创建锚点时记录下来的，不必专门处理。为了扩大锚点词窗口中的信息量，可针对不同的数据库增加一些关键词。

4.2 文本分类

所谓“文本分类”是指在给定的分类体系下，根据文本的内容确定文本所属类别的过程。由于事先已存在关于这些文本信息的可以使用的分类表，所以，文本的分类处理常被研究人员看作是一种“有监督的学习”，它的特点可以概括为“先有类（表）后有文档”。

4.2.1 文本分类概述

通常，文本分类根据一个已经被标注（即分好类）的训练文档集合，找到文档特征和文档类别之间的关系模型，然后利用这种学习得到的关系模式对新的文档进行类别判断。

文本分类需要解决获取训练文档集合、建立文档表示模型、文档特征抽取（或选择）、选择或涉及分类模型、性能评测模型等五个问题。

文本分类主要应用于垃圾邮件的判定、新闻出版的分栏、词性的标注以及词义排歧等方面。

站在文本的角度，我们可以分别从类别数目和是否兼类来探讨。

从类别数目来分，文本分类可以分为2类问题和多类问题。2类问题类别体系由两个互补类构成，一篇文本属于或不属于某一类；多类问题的类别体系由三个或者以上的类别构成，一篇文本可以属于某一个或者多个类别，通常可以通过拆分成多个2类问题来实现，也有直接面对多类问题的分类方法。

从是否兼类看分，文本分类可分为单标签和多标签问题。单标签问题是指一个文本只属于一个类；而多标签问题是指一个文本可以属于多类，即出现兼类现象。

分类体系的构建标准可以是按照语义（如：政治、经济、军事…），也可以是按照其他标准（如：垃圾vs非垃圾；游戏网站vs非游戏网站），完全取决于目标应用的需求。

分类体系一般由人工构造，可以是层次结构。如Reuters语料分类体系、中图分类、Yahoo分类目录。

对于计算机而言，分类体系就是一棵目录树，训练样例文本就是最后的叶子节点。而且对于计算机处理而言，只需要训练样例文本及其对应类别信息，整个过程通常并不会考虑类别标签的意义。也就是说几篇文档合在一起表示某个类别。

1. 文本分类方法

（1）人工方法和自动方法

人工方法：人工总结规则。它的优点是结果容易理解，缺点是费时费力，难以保证一致性和准确性，专家有时候凭空想象，没有基于真实语料的分布。

典型方法是人们曾经通过知识工程的方法建立专家系统（20 世纪 80 年代末期）用于分类。

自动方法（机器学习）：从训练语料中学习规则。这种文本分类主要采用向量空间模型，每个文档都可以看成为一个大的单词组合，文档可以表示为整个文档集合中的单词组成的向量空间的一个点。该模型的关键技术：特征选择、特征权重估算和文本分类器。该方法优点是快速，准确率相对高，来源于真实文本，可信度高。缺点是结果可能不易理解。

（2）规则方法和统计方法

规则方法通过得到某些规则来指导分类，而这些规则往往是人可以理解的。统计方法通过计算得到一些数学表达式来指导分类。这两种方法没有本质的区别，都是想得到某种规律性的东西来指导分类，统计方法得到的数学表达式可以认为是某种隐式规则。

在目前的文本分类当中，统计方法占据了主流地位。

①词匹配法。词匹配法又可分为简单词匹配法和基于同义词的词匹配法两种。简单词匹配法是最简单、最直观的文本分类算法，它根据文档和类名中共同出现的词来决定文档属于哪些类。很显然，这种算法的分类规则过于简单，分类效果也很有限。基于同义词的词匹配法是对简单词匹配法的改进，它先定义一张同义词表，然后根据文档和类名以及类的描述中共同出现的词（含同义词）决定文档属于哪些类。这种分类算法扩大了词的匹配范围，在性能上要优于简单词匹配法。不过，这种算法的分类规则仍然很机械，而且同义词表的构成是静态的，对文档的上下文不敏感，无法正确处理文档中其具体含义依赖于上下文的词，分类的准确度也很低。

②基于知识工程的方法。基于知识工程的文本分类方法，需要知识工程师编制大量的推理规则，这些规则通常面向具体的领域，当处理不同领域的分类问题时，需要不同领域的专家制定不同的推理规则，而分类的质量严重依赖于推理规则的质量。因此，在实际的分类系统中较少使用。

③统计学习法。统计学习法和简单的词匹配在分类机制上有着本质的不同，它的基本思路是先搜集一些与待分类文档同处于一个领域的文档作为训练集，并由专家进行人工分类，保证分类的准确性，然后分析这些已分好类的文档，从中挖掘关键词和类之间的联系，最后再利用这些学到的知识对文档分类，而不是机械地按词进行匹配。这种基于统计的经验学习法由于具有较好的理论基础、简单的实现机制，以及较好的文档分类质量等优点。目前实用的分类系统基本上都是采用这种分类方法。

自动分类方法包括规则方法和统计方法。其中决策树方法是规则方法，回归方法、KNN 方法、多重神经网络方法、支持向量机 SVM、基于投票的方法是统计方法。

2. 文本分类过程

文本分类的一般过程如下：首先对文本进行预处理，将文本用一定的模型表示，再进行特征提取；然后构造并训练文本分类器；最后使用文本分类器对待分类文本进行分类。

文本分类是一种典型的有教师的机器学习问题，从工作周期角度看，一般分为训练和测试两个阶段。

（1）训练阶段

即从训练样本中学习分类的规律。

①定义类别集合 $C=\{c_1，\cdots，c_i，\cdots，cm\}$，这些类别可以是层次式的，也可以是并列式的。

②给出训练文档集合 $S=\{s_1，\cdots，s_j，\cdots，s_n\}$，每个训练文档 s_j 被标上所属的类别标识 c_i。

③统计 S 中所有文档的特征矢量 $V(s_j)$，确定代表 C 中每个类别的特征矢量 $V(c_i)$。

（2）测试阶段

根据学习到的规律对新来的文本进行类别判定

①对于测试文档集合 $T=\{d_1，\cdots，d_k，\cdots，d_r\}$ 中的每个待分类文档 d_k，计算其特征矢量 $V(d_k)$ 与每个 $V(c_i)$ 之间的相似度 $sim(d_k，c_i)$。

②选取相似度最大的一个类别 $arg\ \max\limits_{c_i \in C} \mathrm{sim}(d_k,c_i)$ 作为 d_k 的类别。

不管是训练还是测试，都要先分析出文本的某些特征（feature，也称为标引项 term)，然后把文本变成这些特征的某种适宜处理的表示形式，通常都采用向量表示形式或者直接使用某些统计量。

在这个过程中，首先要预处理并对标记项进行频率统计，然后进行数据清洗。预处理包括去掉 html 一些 tag 标记，禁用词去除、词根还原，（中文）分词、词性标注、短语识别……等。标引项频率统计包括 TFi、j（特征 i 在文档 j 中出现次数)、标引项频率、DFi（所有文档集合中出现特征 i 的文档数目)、文档频率。数据清洗是指去掉不合适的噪声文档或文档内垃圾数据。

文本表示包括向量空间模型、降维技术、特征选择和特征重构。

3. 自动分类

自动分类技术的研究始于 20 世纪 50 年代末，IBM 公司的 H. P. Luhn 在这一领域进行了开创性的研究。1960 年，Maron 在 Journal of ACM 上发表了有关自动分类的第一篇论文，随后许多著名的情报学家都在这一领域进行了卓有成效的研究。相对于国外的情况，我国开展自动分类的研究起步稍晚一些。80 年代中期开始，我国的一些大学、图书馆和文献工作单位开展了档案、文献或图书的辅助或自动分类研究，并陆续研制出一批计算机辅助分类系统和自动分类系统，这些系统主要集中在中文处理领域。

4.2.2 特征提取方法

文本自动分类的实现一般是基于统计或机器学习方法的，其中一个最关键的问题是特征抽取。只有选择并保留尽可能少且和文档类别概念密切相关的特征项，才能在降低向量空间维数的同时，简化计算，获得理想的分类效果。

特征提取的步骤：建立文本的原始向量空间，构造特征评估函数，使用评估函数对每个词项进行评分，选取评分最高的N个词项作为文本特征。显然，对于这种方法，评估函数的质量直接影响着文本特征选取的效果。

1. 影响因素

影响特征提取的具体因素有以下几方面：

①词频。即词项在文本中的出现频率。大多数研究结果表明：文本内容中的低频词往往具有代表性，常常被做为关键特征词项。词频作为特征提取中应当考虑的重要因素之一，在各类特征选取方法中都不同的应用。

②词性。是应用于语言和文法规则学科中的词分类方法，如：名词、动词、形容词、副词、助动词等。文本分类中，能体现文本性质的往往是文本中的实词，如名词、动词、形容词等。实词中，又以名词和动词对文本特征的表现力最强，所以在构造评估函数时可以适当提高文本中名词和动词的权重。

③文档频。指文本集中包含词项t的文本数。文档频高的特征词，说明词项在文本集中分布平均，对文本类别的区分能力较差，文档频低的特征词更能代表文本的不同类别。

④标题。题是文章中心内容的高度概括。标题的识别有助于准确地把握文章的主题。

⑤词项位置。有些研究认为词语在文本中的位置越靠前，其作为关键词的可能性越大。因此，有必要提高处于特殊位置的词项评估值，特别是文本的首句和末句。互联网上的文本多数是HTML结构，Web文本结构中不同位置的单词，其区别文本类别的能力是不同的，所以在词项权值中应该体现出位置信息。

⑥句法结构。句法结构和句子的重要性之间有一定联系。陈述句对文本内容的代表性较强，而疑问句、感叹句等则缺乏内容代表性。而通常“总”“综上所述”等一些概括性语义后的句子，就包含了文本的中心内容。

⑦词语长度。语言学中，词的长度越短，其词义越泛，比如：汉语中，词的长度越长往往表达着更加具体的概念，而短的词常常表示相对抽象的概念。

⑧词语的分布偏差。词语的分布偏差考虑的是词语在文章中的分布情况。通常，均匀分布的词汇一般为比较重要的词汇。

⑨词语直径。是指词项在文本中首次出现的位置和末次出现的位置之间的距离。根据经验，如果某个词项在文本开头和结尾同时出现，那该词项就是一个重要的特征词汇。

2. 特征提取方法

假设文档向量中各特征项之间是相互独立的，如何从特征项集合中优选出对分类处理最重要的若干特征项，成为许多研究人员研究与实验的重要课题。在这个过程中，研究人员提出了多种用于特征抽取的评分函数。通过特征评分函数，可以计算出各个特征项的评分值，然后按评分值大小排序，即可选取若干分值最靠前的特征项。

目前，常用的特征评分函数主要有：

（1）信息收益或信息增量

信息收益主要是根据特征项在文档中出现与否来计算它为分类预测所贡献的信息比特数。一般它可以定义为某一特征项在文档中出现前后的信息熵之差。某个特征项的信息增益值越大，贡献越大，对分类也越重要。信息增益方法的不足之处在于它考虑了特征未发生的情况，特别是在类分布和特征值分布高度不平衡的情况下，绝大多数类都是负类。绝大多数特征都不出现。此时的函数值由不出现的特征决定。因此，信息增益的效果就会大大降低。

（2）互信息

在统计学上，互信息用于表征两个变量之间的相关性。互信息是信息论中的一种衡量两个事件集合之间的相关性的信息度量。

（3）X^2－统计量（CHI）

与互信息类似，X^2－统计量也是用于表征两个变量之间的相关性。X^2－统计量的值越高，表明特征和类别之间的相关性越强。

（4）文档频率 DF

特征项的文档频率是指在训练语料中出现该特征项的文档数。DF 方法基于如下假设：DF 值低于某个阈值的特征项是低频词，它们不含或含有较少的类别信息。将这样的特征项从原始特征空间中移除。能够降低特征空间的维数，提高分类的精度。DF 方法形式简单，缺点也很明显；低频词可能包含更多有用的信息，而高频词可能包含较少的信息。

除上述方法外，在特征抽取过程中，还有词汇熵、词实力、交叉熵等不同的特征评价方法。

4.2.3 文本分类算法

目前，已研究出多种具有一定效率的自动分类算法，下面的算法是最常用的。

1. KNN 法

KNN 法（K-Nearest Neighbor）即 K 最近邻法，最初由 Cover 和 Hart 于 1968 年提出的，是一个理论上比较成熟的方法。该方法的思路非常简单直观：如果一个样本在特征空间中的 k 个最相似（即特征空间中最邻近）的样本中的大多数属于某一个类别，则该样本也属于这个类别。该方法在定类决策上只依据最邻近的一个或者几个样本的类别来决定待分样本所属的类别。

KNN 方法虽然从原理上也依赖于极限定理，但在类别决策时，只与极少量的相邻样本有关。因此，采用这种方法可以较好地避免样本的不平衡问题。另外，由于 KNN 方法主要靠周围有限的邻近的样本，而不是靠判别类域的方法来确定所属类别的，因此对于类域的交叉或重叠较多的待分样本集来说，KNN 方法较其他方法更为适合。

该方法的不足之处是计算量较大，因为对每一个待分类的文本都要计算它到全体已知样本的距离，才能求得它的 K 个最近邻点。目前常用的解决方法是事先对已知样本点进行剪辑，事先去除对分类作用不大的样本。另外还有一种 Reverse KNN 法，能降低 KNN 算法的计算复杂度，提高分类的效率。

该算法比较适用于样本容量比较大的类域的自动分类，而那些样本容量较小的类域采用这种算法比较容易产生误分。

2. 线性模型

其代表算法为 SVM 法，即支持向量机法，由 Vapnik 等人于 1995 年提出，具有相对优良的性能指标。该方法是建立在统计学习理论基础上的机器学习方法。通过学习算法，SVM 可以自动寻找出那些对分类有较好区分能力的支持向量，由此构造出的分类器可以最大化类与类的间隔，因而有较好的适应能力和较高的分准率。该方法只需要由各类域的边界样本的类别来决定最后的分类结果。

SVM 法对小样本情况下的自动分类有着较好的分类结果。

3. VSM 法

VSM 法即向量空间模型法，由 Salton 等人于 20 世纪 60 年代末提出。这是最早也是最出名的信息检索方面的数学模型。其基本思想是将文档表示为加权的特征向量：$D=D(T_1, W_1; T_2, W_2 \cdots\cdots T_n, W_n)$，然后通过计算文本相似度的方法来确定待分样本的类别。当文本被表示为空间向量模型的时候，文本的相似度就可以借助特征向量之间的内积来表示。

在实际应用中，VSM 法一般事先依据语料库中的训练样本和分类体系建立类别向量空间。当需要对一篇待分样本进行分类的时候，只需要计算待分样本和每一个类别向量的相似度即内积，然后选取相似度最大的类别作为该待分样本所对应的类别。

由于 VSM 法中需要事先计算类别的空间向量，而该空间向量的建立又很大程度的依赖于该类别向量中所包含的特征项。根据研究发现，类别中所包含的非零特征项越多，其包含的每个特征项对于类别的表达能力越弱。因此，VSM 法相对其他分类方法而言，更适合于专业文献的分类。

4. 概率模型

典型的算法是朴素贝叶斯算法，即 Bayes 法。这是一种在已知先验概率与类条件概率的情况下的模式分类方法，待分样本的分类结果取决于各类域中样本的全体。

设训练样本集分为 M 类，记为 $C=\{c_1, \cdots, c_i, \cdots c_M\}$，每类的先验概率为 $P(c_i)$，$i=1, 2, \cdots, M$。当样本集非常大时，可以认为 $P(c_i)=c_i$ 类样本数/总样本数。对于一个待分样本 X，其归于 c_j 类的类条件概率是 $P(X/c_i)$，则根据 Bayes 定理，可得到 c_j

类的后验概率 $P(c_i/X)$：

$$P(c_i/x)=P(x/c_i)\cdot P(c_i)/P(x) \quad \text{(式 1-1)}$$

若 $P(c_i/X)=\mathrm{Max}jP(c_j/X), i=1,2,\cdots,M, j=1,2,\cdots,M$，则有 $x\in c_i$ （式 1-2）

式（1-2）是最大后验概率判决准则，将式（1-1）代入式（1-2），则有：

若 $P(x/c_i)P(ci)=\mathrm{Max}j[P(x/c_j)P(c_j)]$，$i=1, 2, \cdots, M$，$j=1, 2, \cdots, M$，则 $x\in c_i$

这就是常用到的 Bayes 分类判决准则。经过长期的研究，Bayes 分类方法在理论上论证得比较充分，在应用上也是非常广泛的。

Bayes 方法的薄弱环节在于实际情况下，类别总体的概率分布和各类样本的概率分布函数（或密度函数）常常是不知道的。为了获得它们，就要求样本足够大。另外，Bayes 法要求表达文本的主题词相互独立，这样的条件在实际文本中一般很难满足，因此该方法往往在效果上难以达到理论上的最大值。

5. 非线性模型

非线性模型包括层次模型和网络模型。

层次模型的代表算法就是决策树，它以从上到下的递归方式构造——树型结构，从具有最大信息增益的属性开始，对测试属性的每个已知的值都创建一个分支，直到需要分类的样本测试完所有的属性。

网络模型的典型代表是神经网络，它是一组相互连接的输入/输出单元，其中输入单元代表词条，输出单元代表文本的归属值，单元之间的连接有相应的权值，在训练阶段，通过算法调整权值，使测试文本能够根据调整的权值正确地学习。

6. 组合模型

它的原理是选用若干个不同的分类算法，综合这些算法分类的结果进行整体分析和判断。例如，决策委员会方法，其基本思想是整合众多专家的知识来进行最佳的决策。实验证明，一定数量的独立专家判断经过适当合并，其结果比他们其中任何一位专家做出的判断要好。用在文本分类中，选用若干不同的分类器判断一个文本的类别，然后对判断结果进行适当合并，合并结果应当是比较正确的。

7. 特征依赖性算法

为了表达上下文语义关系，要建立语义网络，它是对人工分类过程的一种模拟，在已有语义词典及大量训练集的基础上，应用机器学习与数据挖掘等技术进行知识获取，最终形成若干个概念推理网，即语义网络。

对要分类的文本可以激活相应的网络，同时传播推理以决定其类别归属。

4.2.4 文本分类评测指标

文本分类一直到研究中，所以其评测标准也只是相对而言。

1. 宏观平均

宏观平均（Macro-averaging）指标的计算方法是：首先计算各个类的分全、分准等评测指标，然后将它们取平均值从而得到该分类器整体关于全部类别的分全率和分准率。

假设用 MR、MP 表示宏观分全率和宏观分准率，则它们的计算公式分别为

$$MR = \sum_{j=1}^{n} R_j / n \qquad MP = \sum_{j=1}^{n} P_j / n$$

2. 微观平均

微观平均（Micro-averaging）指标的计算方法是：首先计算全部类别的＃TP、＃FP、＃FN、＃TN，再通过这些指标值来计算分类器的微观平均值。假设用 mR 表示微观分全率，用 mP 表示微观分准率，则有：

mR＝＃TP/（＃TP＋＃FN）

mP＝＃TP/（＃TP＋＃FP）

3. 平衡点

平衡点（Break-even point）经常被用来作为评测分类器分类效果的指标。

文本分类研究的实验表明，在分类器的分全率和分准率之间通常有比较密切的影响和联系，为了获得高的分全率，往往会牺牲一定的分准率，反之亦然。这种关系非常类似于信息检索中查全率和查准率之间的互逆关系。

当要在分类器的分全和分准之间进行权衡时，可以通过把分全率和分准率调整成某一相同值的做法，获得分类器的平衡点值。

4. F 测度值

F 测度值方法（F-measure）是将分全率和分准率综合起来的另外一个常用指标。其通用的计算公式可以表示为

$$F_\beta = (\beta^2 + 1)^* \, pricision * recall / (\beta^{2\,*} \, pricision + recall)$$

β 是一个调整分全率和分准率重要程度的参数。

当 $\beta=1$ 时，分全率和分准率同等重要。

当 $\beta<1$ 时，分全率比分准率重要。

当 $\beta>1$ 时，分准率比分全率重要。

4.2.5 文本分类系统的实现

文本分类系统主要由词典生成模块、训练模块和分类模块组成。其流程如图 4－5 所示。

词典生成模块通过对文本中单个汉字的字频信息以及相临汉字的共现信息进行统计，产生分词词表。训练模块首先对训练文本进行预处理，然后进行特征选择和参数训练，最后生成文本分类器。分类模块通过对待分类文本的预处理及特征选择后，由文本分类器自

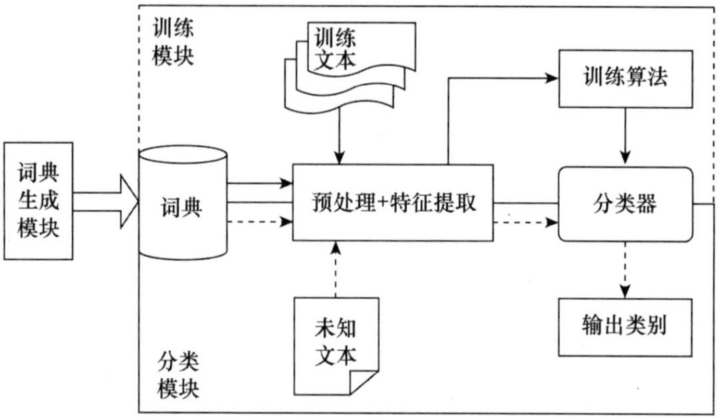

图 4-5 中文文本分类系统流程

动对文本进行分类。

4.3 聚类技术

聚类是指根据“物以类聚”的原理，将本身没有类别的样本聚集成不同的组，并且对每一个这样的组进行描述。聚类是一个无导的学习过程，是指根据样本之间的某种距离在无监督条件下的聚簇过程。

聚类检索的出现，为文献检索尤其是计算机化的信息检索开辟了一个新的天地。文献自动聚类检索能够兼有主题检索系统和分类检索系统的优点，同时具备族性检索和特性检索的功能。大规模文档聚类是解决海量文本中数据理解和信息挖掘的有效解决手段之一。

4.3.1 文本聚类含义与应用

聚类技术是信息检索领域的一个重要方面，利用它可以缩减搜索空间，加快检索速度，提高查询精度，因而受到了人们的广泛关注。

1. 文本聚类的含义

文本聚类是在没有学习的条件下对文本集合进行组织或划分的过程，基本思想是要将相似的文本划分到同一个类中。文本聚类技术能够用来发现大规模文本集合的分类体系，以及为文本集合提供一个概括视图。

文本聚类可以揭示文档集的内在结构，是一种无指导的文档分类，也是一种无指导的机器学习问题。它的目标是把一个文档集分成若干称为集簇（cluster）的子集，每个集簇中的成员之间具有较大的相似性，而集簇之间的文档具有较小的相似性。文本聚类将文档依据其内容进行聚类，它不仅可用于有效地组织文档，而且还可形成分类模板用于指导文档分类。

文档聚类主要是依据著名的聚类假设：同类的文档相似度较大，而不同类的文档相似度较小。作为一种无监督的机器学习方法，聚类由于不需要训练过程，以及不需要预先对文档手工标注类别，因此具有一定的灵活性和较高的自动化处理能力，已经成为对文本信息进行有效地组织、摘要和导航的重要手段，为越来越多的研究人员所关注。

2. 聚类检索的含义

聚类检索是一种基于聚类技术的智能检索。它是在对文献信息进行自动标引的基础上，构造文献信息的形式化表示——文献向量，然后通过一定的聚类方法，计算出文献与文献之间的相似度，并把相似度较高的文献集中在一起，形成一个个文献类，用户利用这些聚类核团开展检索，一旦检索到聚类中的某一条信息，则可通过这条信息把聚类中的其他文献信息全部检索出来。

根据不同的聚类水平的要求，可以形成不同聚类层次的类目体系。在这样的类目体系中，主题相近、内容相关的文献便聚在一起，而相异的则被区分开。利用聚类方法可以把大量的文档划分成用户可迅速理解的簇，从而使用户可以更快地把握大量文档中所包含的内容，加快分析速度并辅助决策。

聚类技术可以加快检索过程，推进个性化信息推送过程，还可对检索结果的组织有一定的帮助作用。

3. 聚类检索与分类检索、主题检索的区别

分类检索需要有事先定义的分类目录，通常是将文献按学科或按事物性质划分为不同的类目，然后用户按照类目进行检索。

主题检索利用自然词汇或规范性词汇作为检索标识将同一主题内容的文献信息检索出来，是一种特性检索。

聚类检索是按主题方式标引文献，按类的思想组织文献，使主题和分类属性有机融合。聚类检索的出现，为文献检索尤其是计算机化的信息检索开辟了一个新的研究方向。

4. 文本聚类的应用

文本聚类主要应用于：

①作为多文档自动文摘等自然语言处理应用的预处理步骤，比较典型的例子是哥伦比亚大学开发的多文档文摘系统 Newsblaster。Newsblaster 将每天发生的重要新闻文本进行聚类处理，并对同主题文档进行冗余消除、信息融合、文本生成等处理，从而生成一篇简明扼要的摘要文档。

②对搜索引擎返回的结果进行聚类，使用户迅速定位到所需要的信息。用户只需关注比较有希望的主题。另外这种方法也可以为用户二次检索提供线索。

③对用户感兴趣的文档聚类，从而发现用户的兴趣模式并用于信息过滤和信息主动推荐等服务。

④聚类技术还可以用来改善文本分类的结果，如俄亥俄州立大学的 Y. C. Fang、S. Parthasarathy 和 F. Schwartz 等人的工作。

⑤数字图书馆服务。通过 SOM 神经网络等方法，可以将高维空间的文档拓扑有序地映射到二维空间，使得聚类结果可视化和便于理解，如 SOMlib 系统。

⑥文档集合的自动整理。如 Scatter/Gathe 是一个基于聚类的文档浏览系统。而微软

的 JiRong Wen 等人则利用聚类技术对用户提出的查询记录进行聚类，并利用结果更新搜索引擎网站的 FAQ。

4.3.2 聚类过程

1. 聚类的步骤

在实际应用聚类分析中，根据有无领域知识参与将整个过程分解为三个环节，每个步骤都有其明确的任务，这样对于整个聚类分析的过程就会有更清晰的认识（详见图 4-6）。

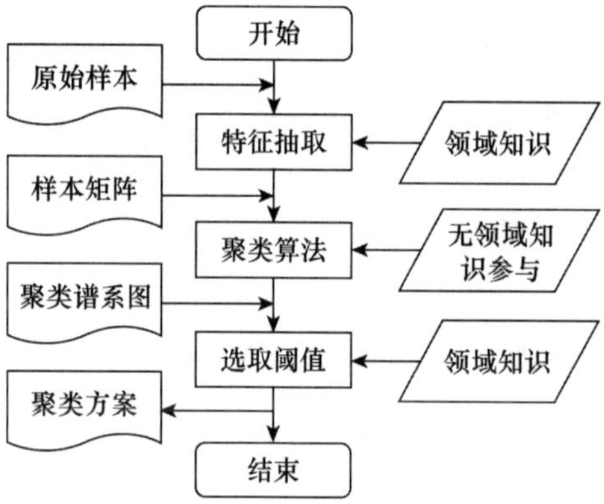

图 4-6 文本聚类三步曲

第一步是特征抽取，主要是针对原始样本进行基本的特征抽取；

第二步是针对得到的样本矩阵，通过聚类算法，获得聚类谱系图；

第三步是选取合适的分类阈值。

在整个聚类过程中，特征抽取和选取阈值均需要相关领域知识的参与。

2. 检出结果的重新排序

在聚类技术分析的基础上，根据已有的检索结果序列，有必要对其结果进行重新排序，将更好地匹配用户查询式的检索结果显示在前，以节省用户的时间，提高检索效率。

一种方法是根据用户查询与每个页面的主题关键词集的“距离”进行二次排序，可以采用最直观的线性相加进行计算，这两个集合之间的关系也可以表示为一个矩阵，以便更好地利用词间相关性来重排查询结果列表，提高检索系统的查准率。

按常理，我们知道一篇文献的题目中如果出现了检索词，则这篇文献的中心内容肯定是与这个检索词相关的；如果检索词出现在文摘或者关键词中，相关度稍次之；而该检索词在某篇文章中出现次数的多少虽然也具有相当的参照性，但相比较而言并不如前两点更重要。所以可以构造公式以获得检出相关度的大小，并以此重新排序，可以在一定程度上代表检索到的文献满足用户需求的程度的大小。

基于倒排文档方法和聚类分析，国外有学者构建了 Re-ranking 模型，对全文检索系统的检出结果进行重新排序。其使用的是基于文档相似度的层次聚类法，步骤如下：

第一步，检索，基于倒排文档检出文献；

第二步，分析，依照第一步检出文档的特征并计算查询聚类的相似度进行分类；

最后，按照第一步和第二步的相似度，计算出文档新的相似度：

$$SIM_{combined} = \alpha SIM_{inverted\text{-}file} + \beta SIM_{cluster\text{-}analysis}$$

这里的 α、β 是用来调整每一步的相似度的权重。依据这个结合的相似度，将文档降序排列，完成了重新排序过程。

4.3.3 聚类模型

目前聚类模型主要有三种，分别为基于文本的模型、基于链接的模型和基于文本一链接的模型。

(1) 基于文本的模型

既将每个网页看成文本，然后用文本聚类的方法将网页聚类。代表的模型有向量空间模型。

(2) 基于链接的模型

以 co-citation 模型和 bibliographic coupling 模型为代表。co-citation 模型是 H. Samll 在 1973 年首次提出，广泛应用于研究科学文献之间引证关系，通过计算两篇文章的共同引用的文献数来衡量两篇文献的相似度。应用到网页聚类里也就是说两个网页的共同父节点数越多，这两个网页越相似。bibliographic coupling 模型是指：当两篇文章共同引用一个文章，那么这两篇文章被称为相似的。应用到网页聚类就是说网页内容相近的两个网页趋向引用同一网页。

(3) 基于文本一链接的聚类模型

分为基于相似度、基于统计模型和基于谱聚类三个方法。

基于相似度方法是考虑超文本的内容和超文本的链接结构两个方面来定义相似度的方法。基于统计模型方法是将统计的方法和数据的关系结合起来的一类算法，它关注数据的联合概率分布。基于谱聚类算法的思想是将聚类问题看成一个无向图的多路径划分问题。

4.3.4 文献相似度

我们可以定义一些用于划分类别的计量指标来度量聚类（或分类）对象之间的接近与相似程度。常用的聚类/分类统计指标主要有距离和相似系数。

1. 距离与相似系数

(1) 距离

对于有 m 个特征属性的文档来说，n 个文档可以视为 m^- 维空间中的 n 个点，可以用点间距离度量文档间的接近距离。常用 d_{ij} 表示第 i 篇文档与第 j 篇文档间的距离。

作为点间距离应满足以下条件：

- 非负性：对于所有的 i，j 恒有 $d_{ij} \geqslant 0$。
- 对称性：对于所有的 i，j 恒有 $d_{ij} = d_{ji}$。
- 满足三角不等式：对于所有的 i，j，k 恒有 $d_{ij} \leqslant d_{ik} + d_{kj}$。

两篇文档间的距离在 0 到∞之间，且距离越小，两篇文档越相似。

最常用的距离计算公式是：

$$d_{ij}(q)=\sqrt[q]{\sum_{k=1}^{m}|w_{ik}-w_{jk}|^{q}}(q>0)$$

这个公式也叫明氏距离公式，公式中的 W_{ik}、W_{jk} 分别表示第 i、j 篇文档向量的第 k 个分量的值（下同）。当 q 分别取 1、2 和∞时，明氏距离分别对应于绝对值距离、欧氏距离和切比雪夫距离，即：

$$d_{ij}(1)=\sum_{k=1}^{m}|w_{ik}-w_{jk}| \qquad \text{（绝对值距离）}$$

$$d_{ij}(2)=\sqrt{\sum_{k=1}^{m}|w_{ik}-w_{jk}|^{2}} \qquad \text{（欧氏距离）}$$

$$d_{ij}(\infty)=\max|w_{ik}-w_{jk}| \qquad \text{（切比雪夫距离）}$$

（2）相似系数

我们还可以用相似系数度量 m^{-} 维空间中的两个向量之间的相似程度。设 $sim(i, j)$ 表示第 i 个向量与第 j 个向量的相似系数，则应满足：

- 绝对值不大于 1，对于所有的 i，j，恒有 $|sim(i, j)|\leqslant 1$。
- 对称性，对于所有的 i，j，恒有 $sim(i, j)=sim(j, i)$。

两个对象间的相似系数有多种定义形式，常见的有：

①弦系数（Cosine coefficient）

$$sim(i,j)=\frac{\sum_{k=1}^{m}w_{ik}w_{jk}}{\sqrt{\sum_{k=1}^{m}w_{ik}^{2}}\cdot\sqrt{\sum_{k=1}^{m}w_{jk}^{2}}}$$

②重叠系数（Overlap coefficient）

$$sim(i,j)=\frac{\sum_{k=1}^{m}w_{ik}w_{jk}}{\min(\sum_{k=1}^{m}w_{ik},\sum_{k=1}^{m}w_{jk})}$$

③可俾系数（Jaccard coefficient）

$$sim(i,j)=\frac{\sum_{k=1}^{m}w_{ik}w_{jk}}{\sum_{k=1}^{m}w_{ik}+\sum_{k=1}^{m}w_{jk}-\sum_{k=1}^{m}w_{ik}w_{jk}}$$

在上述测度方式中，“距离”指标属于相异性测度方式，而“相似系数”指标属于相似性测度方式。两种测度方式具有一个共同点：都涉及把两个相比较对象向量的分量值组合起来，但是，怎样组合并无普遍有效的方法。因此，对于具体情况，应做适当选择。

在文本自动分析和处理过程中，文档集合中的任意两篇文档之间的距离或相似系数可以构成 $n\times n$ 的系数矩阵（这里 n 为文档数）。系数矩阵比较全面地反映了各文档间的接近与相似程度，是进行聚类处理和分析所依据的基础。显然，由距离与相似系数的对称性可知，这些系数矩阵也是对称的。

2. 文档类间距离与相似系数

文档类间距离与相似系数主要用于文档的聚类处理中，用于描述两个类之间的关联或相似程度。在实际应用中，有多种定义形式。

设有两个类 G_a 与 G_b，它们分别有 m 和 n 个元素，它们的重心分别为 X_a 与 X_b。又设

元素 $g_i \in G_a$，元素 $g_j \in G_b$，这两个元素间的距离记为 d_{ij}，类 G_a 与 G_b 之间的距离记为 D（a，b），则类间距离的不同定义方法分别有以下几种。

（1）最短距离法

最短距离法定义两类中最靠近的两个元素间的距离为类间距离，即类 G_a 与 G_b 之间的距离为：

$$Ds(a,b) = \min\{d_{ij} \mid g_i \in G_a, g_j \in G_b\}$$

（2）最长距离法

最长距离法定义两类中最远的两个元素间的距离为类间距离，即类 G_a 与 G_b 之间的距离为：

$$D_l(a,b) = \max\{d_{ij} \mid g_i \in G_a, g_j \in G_b\}$$

（3）重心法

重心法定义两类的两个重心间的距离为类间距离，即类 G_a 与 G_b 之间的距离为：

$$D_c(a,b) = dx_a x_b$$

（4）类平均法

$$D_G(a,b) = \sum\nolimits_{i=1}^{m} \sum\nolimits_{j=1}^{n} d_{ij} / (m * n)$$

类平均法将两类中任意两个元素间距离的平均值定义为类间距离，即：

$$(g_i \in G_a, g_j \in G_b)$$

（5）离差平方和法

用前面类直径的第二个定义得到两类 G_a 和 G_b 的直径分别为 D_a 和 D_b，合并后的新类 $G_{a+b} = G_a \cup G_b$，其直径为 D_{a+b}，则可以定义类间距离的平方为：

$$D_w^{\ 2}(a,b) = D_{a+b} - D_a - D_b$$

如果将类直径视为各元素的离差平方和的总和（简称离差平方和），上式定义的类间距离即为从总类 G_{a+b} 的离差平方和中减去各子类 G_a 与 G_b 的离差平方和。

$D_W^{\ 2}$（a，b）$= m * n * D_C^{\ 2}$（a，b）/（$m+n$）可以证明，如果用欧氏距离作为元素间距离，则有：

这表明离差平方和定义的类间距离 D_w（a，b）与重心法定义的类间距离 D_c（a，b）只差一个常数因子，且该因子与两个类的元素个数有关。

3. 基于提问式的文献相似度

前面提到的相似度测量方法中，没有考虑到用户的提问式，仅仅考虑的是文献内在属性间的联系。因此，运用这些方法测量的相似度一般是不会改变的。但面对用户各种各样的检索提问式所获得的检索结果，要想获得更高的查准率，在相似度的测量中，Anastasios Tombros 和 van Rijsbergen 提出了基于提问式的文献相似度的测量方法。即文献的相似度随着提问式的改变而改变。这种方法的提出提高了基于聚类的信息检索系统的工作效率。

基于提问式的文献相似度的计算公式如下：

$$Sim(d_i, d_j \mid q) = f(sim(d_i, d_j), sim(d_i, d_j, q)) \tag{4-1}$$

$$\frac{\sum_{k=1}^{man(m,l)} c_k \times q_k}{\sqrt{\sum_{k=1}^{m} c_k^2 \times \sum_{k=1}^{l} q_k^2}}$$

其中 $sim\ (d_i,\ d_j)$ 是用前面提到的方法计算出的文献相似度，$sim\ (d_i,\ d_j,\ q)$ 是 d_i，d_j 以及提问式 q 三者之间的相似度。

$$sim(d_i,d_j,q) = \tag{4-2}$$

在公式（4－2）中，$q=\ (q_1,\ q_2,\ \cdots,\ q_l)$ 代表长度为 L 的提问式向量。d_i 和 d_j 分别代表文献 i 向量和文献 j 向量，$C=d_i \cap d_j=\ \{c_1,\ c_2,\ \cdots,\ c_k,\ \cdots,\ c_m\}$ 是长度为 m 的关键词向量，而 c_k $(i=1,\ \cdots,\ m)$ 代表在文献 i 和文献 j 共同出现的关键词，其值 $C_k=(d_{io}+d_{jp})\ /2$，即是此关键词在向量 d_i 和向量 d_j 中权重的均值。

将 $sim\ (d_i,\ d_j)$ 用前面提到的余弦系数代替，则公式（4－1）可转化为以下形式：

$$\frac{\sum_{k=1}^{n} d_{ik} \times d_{jk}}{\sqrt{\sum_{k=1}^{n} d_{ik}^2 \sum_{k=1}^{n} d_{jk}^2}} \frac{\sum^{\max(m,l)} c_k \times q_k}{\sqrt{\sum_{k=1}^{m} c_k^2 \sum_{k=1}^{l} q_k^2}}$$

$$Sim(d_i,d_j \mid q) = \tag{4-3}$$

根据公式（4－3），我们知道文献的相似度会随着提问式的不同而呈动态变化，文献同提问式之间的共现词语数量越多，文献相似度越高。

对于公式（4－3），当两个文献中共现的词语没有在提问式中出现时，$sim\ (d_i,\ d_j,\ q)\ =0$，则 $sim\ (d_i,\ d_j \mid q)\ =0$。这会导致一些拥有大量共现词语的文献相似度为0。同前面提到的文献相似度的结果出现了差异。

对于公式（4－2），它与公式（4－3）相同的一点就是当文献同提问式没有共现词语时，值为0。所不同的是，它的计算只考虑到在提问式中也使用到的共现词语，这种方法也可以当作基于提问式的文献相似度测量方法的一种。

两种方法所共有的特点：

①$0 \leqslant sim\ (d_i,\ d_j \mid q) \leqslant 1$，$0 \leqslant sim\ (d_i,\ d_j,\ q) \leqslant 1$。

②$sim\ (d_i,\ d_j)\ =1$，同理 $sim\ (d_j,\ d_i)\ =1$。

③对称性：$sim\ (d_i,\ d_j \mid q)\ =sim\ (d_j,\ d_i \mid q)$。

4.3.5 聚类方法

根据文本聚类的结果不同，聚类算法大体可以划分为以下几类：平面划分方法、层次方法、基于密度的方法、基于网格的方法和基于模型的方法，其中最主要的是层次聚类法和平面聚类法两种类型。

1. 层次聚类法

层次聚类法把类别看作是有层次的，即随着类别层次的变化，类别中的对象也相应发生变化。

层次聚类结果形成一棵类别树，每个类结点还包含若干子结点，兄弟结点是对其父结点的划分，因此该方法允许在不同的粒度上对数据进行分类。

按照类别树的生成方式，可将层次聚类法分为两种，一种是融合方法（自底向上法），另一种是分裂方法（自顶向下法）。

融合方法从每个单个对象出发，先将一个对象看成单独一类，然后反复合并两个或多个合适的类别。

分裂方法则恰恰相反，从整个集合出发看成一类，然后反复将结点分裂出新的子结点。层次聚类法循环进行直至满足停止条件。

算法流程如下：

①将所有的点各自单独形成一个簇。

②从现有所有的簇中选择最近（或者最相似的两个簇），进行合并。

③如果只剩下一个簇或者达到终止条件（比如达到需要的簇的数目），聚类结束，否则返回步骤二。

④重复上述步骤，直至剩下一个簇为止。

层次聚类对文档集合 D 中的每一个文档进行了多次遍历，其结果实质上构造出了一个生成树，其中包含了聚类的动态过程和层次信息。

层次聚类方法是最为常用的聚类方法，因为它能够产生层次化的嵌套聚类，所以有很高的准确度。另外，在层次聚类过程中最大相似度呈递减趋势，因此必须确定适当的相似度阈值，保证同一个聚类中文档的紧密相关。

2. 平面划分法

平面划分法主要基于这样的假设：类的中心可以代表整个类，并且一般由该类包含对象的平均值来描述。图中的“聚类中心”（或称“凝聚点”）可以认为是类的重心。刚开始时，在参加聚类的文档集合中选若干有代表性的文档作为凝聚点，相当于把这些文档单独成类，然后按照一定的原则使其他文档向凝聚点聚集，即合并到已有的类中，实现文档的初始聚类处理。之后，再判断初始聚类结果是否合理，如果不合理，就进行修改，然后再次聚类，直到对聚类结果满意为止。

在这样的聚类处理过程中，各文档仅限于与“凝聚点”进行比较，这种局部分析策略使聚类处理的工作量大大减少，因此，算法的执行时间与问题规模呈线性时间复杂度的关系，可以在较短时间完成。在这一点上，与采用全局性策略的等级聚类法相比，平面划分法具有明显的优越性。

平面划分法将文档集合水平地分割为若干个簇，而不是生成层次化的嵌套簇。对于给定的文档集合 $D=\{d_1, \cdots, d_i, \cdots, d_n\}$，具体过程如下：

①确定要生成的簇的数目 k。

②按照某种原则生成 k 个聚类中心作为聚类的种子 $S=\{s1, \cdots, sj, \cdots, sk\}$。

③对 D 中的每个文档 di，依次计算它与各个种子 sj 的相似度 $sim(di, sj)$。

④选取具有最大相似度的种子 $arg \max\limits_{s_j \in S} sim(C_i, S_j)$，将 d_i 归入以 s_j 为聚类中心的簇 c_j，从而得到 D 的一个聚类 $C=\{c_1, \cdots, c_k\}$。

⑤重复步骤②、③、④若干次，以得到较为稳定的聚类结果。

平面划分法与层次凝聚法的区别在于，它将文档集合水平地分割为若干个聚类，而不是生成层次化的嵌套聚类。平面划分法的运行速度较快，但是必须事先确定 k 的取值，且种子选取的好坏对聚类结果有较大影响。

3. 分割聚类算法

分割聚类算法将数据集分成若干子集。由于在计算上不可能搜索全部可能子集空间，因此往往采用一定迭代优化的启发式方法，这就意味着反复在 K 类之间重新定位每类的类别中心，以及重新分配每类中的对象。

与层次聚类不同的是这类算法反复调整聚类结果来进行聚类优化。

典型的算法有 K-means 方法。

k-means 算法是一种典型的基于划分的方法。其基本原理是首先选择 k 个文档作为初始的聚类点，然后根据簇中对象的平均值，将每个文档（重新）赋给最类似的簇，并更新簇的平均值，然后重复这一过程，直到簇的划分不再发生变化。其中 L 为迭代次数，n 为文档个数，k 为类别个数。

global k-means 算法对初始聚点的选择提出了新的方案，而不是随机选择聚点。比较有效的方法还有基于最小最大原则的方法和基于密度的方法。

4. 基于密度的聚类算法

这种算法认为，类别是向任意方向按相同密度扩张的连通区域。因此基于密度的聚类算法可以发现任意形状的类别，同时此算法对噪声有自然的抵制作用。

主要思想是只要临近区域的密度（样本的数目）超过某个阈值则继续聚类。即对于给定簇中的每个样本，在一个给定范围的区域中必须至少包含某个数目的样本。包括基于高密度连接区域的 DBSCAN 聚类方法，通过对象排序识别聚类结构的 OPTICS 聚类方法，基于密度分布函数的 DENCLUE 聚类方法。其缺点是也要求用户对初值的设定，而不同的初值会影响聚类的质量；不能处理高纬度的数据。

这种算法主要需要考虑数据空间的密度、连通性与边界区。

其中典型的基于密度的算法是 DBSCAN 算法。

DBSCAN 算法的基本思想是：对于一个类中的每一对象，在其给定半径（用 R 表示）的领域中包含的对象数目不小于某一给定的最小数目，即在 DBSCAN 中，一个类被认为是密度大于一个给定的阈值的一组对象的集合，能够被其中的任意一个核心对象所确定。

DBSCAN 执行时，先从数据集 W 中找到任意一个对象 q，并查找 W 中关于 E 和 $Min\ Pts$ 的从 q 密度到达的所有对象。

如果 q 是核心对象，也就是说，半径为 E 的 q 的邻域中包含的对象数不少于 $Min\ Pts$，则根据算法可以找到一个关于参数€ 和 $Min\ Pts$ 的类。

如果 q 是一个边界点，即半径为 R 的 q 的邻域包含的对象数小于 $Min\ Pts$，则没有对象从 q 密度到达，q 被暂时标注为噪声点。然后，DBSCAN 处理数据集 W 中的下一个对象。

5. 网格聚类算法

网格聚类算法是利用划分空间进行聚类的方法。网格聚类算法把对数据的分割转换成对空间的分割。本质上，它经过了如下的转换过程：数据→网格数据→空间分割→数据分割。

数据分割是通过数据点之间的关系导致空间的分割而产生的，但是空间分割则是基于输入数据累加的空间小超立方体（网格）。一个分段区域就是空间中的一个划分的小的超立方体，每一个分段区域就称为一个单元。

突出的优点就是处理速度快，通常与目标数据库中记录的个数无关的，而只与数据空间的单元有关。

代表算法有：基于网格的多分辨率方法，在网格单元中收集统计信息的STING算法、综合了基于密度和基于网格方法的聚类算法，对于大型数据库中的高维数据的聚类非常有效的CLIQUE算法，通过小波变换来转换原始的特征空间能很好的处理高维数据和大数据集的数据表格的WAVE－CLUSTER算法。

6. 基于模型的聚类算法

基于模型的方法首先是基于这样一个假定：目标数据集是由一系列的概率分布所决定的。那么，可以在空间中寻找诸如密度分布函数这样的模型来实现聚类。统计的方案和神经网络的方案是近些年两种不同的尝试方向。

基于模型的聚类算法试图优化给定的数据和某些数学模型之间的适应性。

这类算法主要分为两类：统计学方法和神经网络方法。自组织特征映射（Self-Organizing feature Map，SOM）是一种利用了人工神经网络技术的聚类方法。该方法由T. Kohonen首先提出。

用SOM方法进行文本聚类的原理：

①首先对输出层各个神经元所代表的权值向量赋小的随机数，并归一化处理。神经元的向量维数与输入文档向量的维数相同。

②从训练集中随机选取文档向量，作为SOM网络的输入。

③计算输入文档向量与各神经元向量的相似度，相似度最大的神经元将获胜。

④获胜神经元及其邻域内的神经元调整权值。

SOMS的优点为：可以实时学习，具有稳定性，无须外界给出评价函数，能够识别向量空间中最又意义的特征，抗噪音能力强。不足之处为：当网络的连接过多，节点数目庞大时，其计算量大；需要较长的学习时间；网络连接权向量初值的选取对网络收敛性影响很大。

Chameleon（变色龙）方法是一个在层次聚类中采用动态模型的层次聚类算法。它将互连性和近似性都大的簇合并，可以发现高质量的任意形状的簇。但k-最近邻居图中k值和最小二等分、用户指定方式中阈值的选取仍是个难题。在最坏情况下，高维数据的处理代价可能需要O（n2）的时间，效率仍然不够。

4.3.6 聚类的评测与指标

文本聚类一般采用无监督的学习方法实现，没有训练文档集合，也不能事先确定聚成的类会是什么样子。

目前，通常选择人工已经分好类或者做好标记的文档集合作为测试集合，聚类结束后，将聚类结果与已有的人工分类结果进行比较。

常用的有：文档关联评测及其指标和恢复人工分类能力的评测及其指标。

所谓文档关联，是指属于同一个类别的任意两个文档之间所形成的“文档对”关系。这里，同一类别既可以是聚类操作得到的类别，也可以是人工分类所得到的类别。

基于文档关联的聚类评测方法，考察的基本对象就是“文档对”。

常用的指标有：聚类错误率、聚类全面率和聚类准确率。

恢复人工分类能力的评测方法主要考察在给定人工分类的情况下，聚类算法能够重新构造人工分类的能力。具体的考察指标主要有：重合率、纯度、熵值。

4.4 文本过滤

当前，信息资源呈现了爆炸式的增长，“信息过剩”“信息过载”的现象非常常见。在这种情况下，信息过滤的出现，可以适当地减轻用户的心理负担和认知压力。

信息过滤包括对文本、音频、视频及图像等多种信息形式的过滤处理，但目前研究以及用的最多的还是针对文本信息的过滤。

4.4.1 文本过滤概述

1. 文本过滤的含义

目前关于文本过滤的定义非常多，综合起来，其主要观点不外乎以下几点：

①过滤对象主要是动态的文本信息流。

②过滤的目的在于满足特定用户的信息需求。

③过滤依据是文本信息与特定用户信息需求之间的相关性。

④过滤要求正反两面，一方面从文本信息流中选取用户感兴趣的相关信息，另一方面是从中剔除用户不感兴趣的信息。

综上，我们对“文本过滤”给出如下定义：文本过滤是根据一定的标准和要求从文本信息流中选取用户需要的信息或者剔除用户不需要信息的过程。

在目前的网络环境下，文本过滤的作用和意义主要体现在以下几方面。

①提高用户获取信息的效率，减轻用户的认知负担。

②可以把用户需要的信息主动推荐给用户，进而实现个性化的信息服务。

③可以直到类似“把关人“的作用，对网络信息的流向、流量和流速等进行合理控制，避免网络拥塞现象的出现。

④可以有效屏蔽或过滤掉不良信息、垃圾信息等，净化信息空间，保护用户不受不良

信息的侵扰。

2. 文本过滤的类型

标准和角度的不同，文本过滤的类型也不相同。最常见的分类是基于内容和过滤和协同过滤。协同过滤的具体内容见 9.4.3。

根据过滤操作位置的不同，文本过滤可分为服务器过滤和客户端过滤。或者，根据用户模板所在的位置，可以分为上游过滤和下游过滤。上游过滤是指将用户需求模板存放在服务器或代理端上，并在将信息下载到客户端之前完成过滤；下游过滤是指将用户需求模板存放在客户端，信息下载到客户端后再进行过滤。通常，上游过滤既支持基于内容的过滤，也支持协同过滤，而下游过滤只能实现基于内容的过滤。

根据过滤系统的作用来划分，文本过滤系统可分为推荐系统、阻挡系统和一般过滤系统。根据过滤的不同，可以分为 Web 网页过滤、E-mail 过滤、FTP 过滤、BBS 过滤和 Blog 过滤。根据网络环境下过滤实现方式的不同，可以分为基于专门过滤软件的文本过滤、基于浏览器分级审查系统和专门过滤引擎的文本过滤、基于防火墙的文本过滤、基于硬件的文本过滤等。

3. 与文本检索的比较

文本过滤与文本检索的关系类似于硬币的正反面。下面，我们分别从相同点和不同点探讨一下两者的联系与区别。

通常，文本检索的目的在于：使用户从经过专门化组织整理的文本信息集合中快速获得满足需要的相关信息。它涉及到文本信息的特征揭示、组织存储、查找匹配和传递利用等一系列过程，包括其中的技术和方法。显然，文本检索更重视静态信息的特征揭示与用户查询需求的匹配问题，而对于动态信息及用户需求的变化则明显重视不够。

在文本过滤中，信息对象有被分发的需求，对于不断动态到来的文本流，或者通过与用户需求模板进行相似度计算，或者综合分析相似用户群对某一信息的评价而给予预测，向特定用户发送、推荐需要的相关信息。

综上所述，文本检索与文本过滤相同点如下。

①目的相同。两者都是根据用户的信息需求，从文档集合中获取相关信息，以满足用户的信息需求。在文本检索中，描述用户需求的是检索提问式，而在文本过滤中则是用户需求模板。

②基本原理相同。两者都是基于一种相似度计算和比较的匹配机制来进行的，只是在检索系统中，必须先进行诸如采集、标引等一系列预处理，而过滤系统一般不对文本集合进行预处理。

文本检索的很多方法，如用户需求的描述与表示等都可以应用于文本过滤。

③效率评价指标基本相同。文本中的重要指标是“查全率”和“查准率”，而文本过滤中广泛使用的是“滤全率”和“滤准率”，除了文字上的差别外，其余的基本相同。

文本过滤与文本检索的不同点见表 4-2。

表 4－2 文本过滤与文本检索的区别

	文本过滤	文本检索
用户	一个或一组	一个
需求时限	用户长期的信息需求，需保存和维护	用户一次性（或随机）的信息需求，不必保存与维护
需求描述	用户需求模板	检索表达式
处理对象	动态的、半结构化（或非结构化）的文本数据	相对静态的、结构化文本数据
预处理	对信息记录不做预处理，过滤时自动分析	预处理。预先对信息记录进行标引和组织，并存储在数据库中
处理结果	输出需要的信息，同时剔除不需要的信息，带有即时性	输出相关信息，并带有回溯性

4.4.2 基于内容的文本过滤

基于内容的文本过滤是信息过滤中的最基本方法之一，它采用了与文本检索相似的技术处理思想。继承了文本检索领域大量的适用技术，过滤算法相对成熟、有效，过滤成本较低，商业化比较好。

首先，根据用户的需求与兴趣，为每个用户建立需求模板，并依据向量空间模板的要求，将其表示为用户向量的形式。然后，针对文本集合中的文本进行分词、标引、词频统计、加权处理等，生成文本向量。在进行过滤时，主要通过计算用户向量主文本向量之间的相似度进行判断，并最终主动将相似度高的文本发送给该用户模板的注册用户。进一步的，用户在接收到返回的文本信息后，可以对其进行评价，系统收集并利用这样的反馈信息，对用户需求模板进行修改和维护。

基于内容的文本过滤系统结构如图 4－7 所示，其主要任务如下。

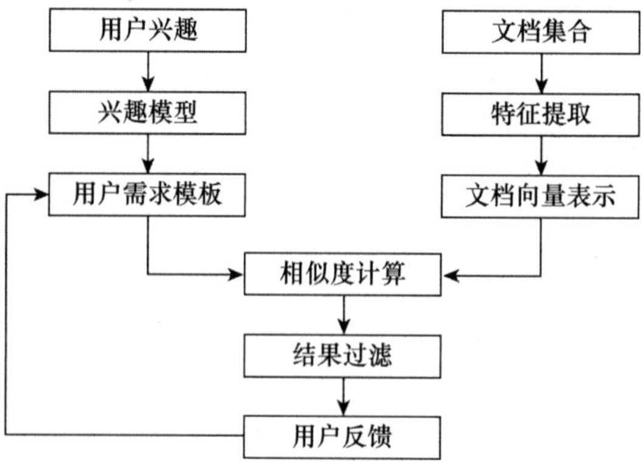

图 4－7 内容的文本过滤系统结构

（1）用户需求模板的表示与建立

基于内容的过滤系统一般假设每个用户是相互独立操作的，过滤的结果仅仅依赖于用户需求模板与文本的匹配程度，因此，用户模板的建立与表示就显得非常的重要。

用户的需求模板是由用户的需求信息和兴趣偏好构成的。一般可以通过显性的或隐性的方法来得到。显性方法很简单，是由用户直接给出可以表达自己兴趣的特征词相应的权值，并以此作为过滤的依据。另外，也可以根据用户填写的兴趣表单，提供的示例阅读文献等来分析获取。而隐性方法一般是通过跟踪、记录用户的信息行为来学习并形成兴趣模板的。

至于用户需求模板的表示，通常是采用加权向量的形式来完成的。在加权过程中，应保证具有高区分度的兴趣特征能被赋予较大的权值。

（2）相似度计算

判断文本信息是否是用户感兴趣的，通常由文本向量和需求模板之间的相似度来计算。文本检索领域的一些相似度计算与比较方法也可以直接用于文本过滤处理中。

（3）用户需求模板的维护与更新

文本过滤系统中的用户需求是需要长期保存的，同时，还要不断地更新维护，而对反馈机制的高度重视，使这种更新和维护变得更有效率。

用户有时是很难准确表达自己的信息需求的，尤其是在需求模板建立之初。但有意思的是，用户可以准确地判定出得到的信息是否符合要求，这使得用户需求模板的更新维护变得非常必要，而反馈可看作是更新的一个途径。与此同时，用户的信息需求和兴趣不可能长时间的保持不变，而系统为提高过滤质量也不断地产生更新的需求，这些更增加了用户需求模板更新维护的必要性。

目前，建立用户需求模板的更新维护机制的主要方法是基于用户反馈信息的各种机器学习技术。一种比较简单的做法是：如果用户对一条返回的文本信息感兴趣，则该条信息中出现的特征词在用户需求模板中的权值会成倍增加，反之，则成倍减少。

第5章 搜索引擎

搜索引擎技术涉及系统技术、网络技术、多媒体技术、语言处理技术、人工智能技术等，新的搜索引擎技术不断涌现，搜索引擎的表现形式也呈多样化。本章首先从总体上对搜索引擎进行介绍，然后按其系统构成，分别从搜索器、检索器、网页排序技术等几个方面对搜索引擎进行介绍。同时，也将对搜索引擎智能化等问题进行介绍。

5.1 搜索引擎概述

搜索引擎其实也是一个网站，只不过该网站专门为你提供信息“检索”服务，它使用特有的程序把互联网上的信息归类，以帮助人们在浩如烟海的信息海洋中搜寻到自己所需要的信息。

5.1.1 搜索引擎的产生与发展

真正意义上的搜索引擎（search engine），通常指的是收集了互联网上几千万到几十亿个网页并对网页中的每一个词（即关键词）进行索引，建立索引数据库的全文搜索引擎。当用户查找某个关键词的时候，所有在页面内容中包含了该关键词的网页都将作为搜索结果被搜出来。在采用复杂的算法进行排序后，这些结果将按照与搜索关键词的相关度高低，依次进行排列输出。

1. 搜索引擎的发展过程

在互联网发展初期，网站相对较少，信息查找比较容易。然而伴随互联网爆炸性的发展，普通网络用户想找到所需的资料简直如同大海捞针，这时为满足大众信息检索需求的专业搜索网站便应运而生了。

现代意义上的搜索引擎的祖先，是1990年由蒙特利尔大学学生Alan Emtage发明的Archie。虽然当时World Wide Web还未出现，但网络中文件传输还是相当频繁的，而且由于大量的文件散布在各个分散的FTP主机中，查询起来非常不便，因此Alan Emtage想到了开发一个以文件名查找文件的系统，于是便有了Archie。

Archie工作原理与现在的搜索引擎已经很接近，它依靠脚本程序自动搜索网上的文件，然后对有关信息进行索引，供使用者以一定的表达式查询。由于Archie深受用户欢迎，受其启发，美国内华达System Computing Services大学于1993年开发了另一个与之非常相似的搜索工具，不过此时的搜索工具除了检索文件外，已能检索网页。

当时，“机器人”一词在编程者中十分流行。电脑“机器人”（Computer Robot）是指某个能以人类无法达到的速度不间断地执行某项任务的软件程序。由于专门用于检索信息的“机器人”程序象爬虫一样在网络间爬来爬去，因此，搜索引擎的“机器人”程序就被称为“爬虫”程序。

世界上第一个用于监测互联网发展规模的“机器人”程序是 Matthew Gray 开发的 World Wide Web Wanderer。刚开始它只用来统计互联网上的服务器数量，后来则发展为能够检索网站域名。

与 Wanderer 相对应，Martin Koster 于 1993 年 10 月创建了 ALIWEB，它是 Archie 的 HTTP 版本。ALIWEB 不使用“机器人”程序，而是靠网站主动提交信息来建立自己的链接索引，类似于现在我们熟知的 Yahoo。

随着互联网的迅速发展，使得检索所有新出现的网页变得越来越困难，因此，在 Matthew Gray 的 Wanderer 基础上，一些编程者将传统的爬虫程序工作原理作了些改进。其设想是，既然所有网页都可能有连向其他网站的链接，那么从跟踪一个网站的链接开始，就有可能检索整个互联网。到 1993 年底，一些基于此原理的搜索引擎开始纷纷涌现，其中以 Jump Station、The World Wide Web Worm（Goto 的前身，也就是今天 Overture），和 Repository-Based Software Engineering（RBSE）spider 最负盛名。

然而 Jump Station 和 WWW Worm 只是以搜索工具在数据库中找到匹配信息的先后次序排列搜索结果，因此毫无信息关联度可言。而 RBSE 是第一个在搜索结果排列中引入关键字串匹配程度概念的引擎。

最早现代意义上的搜索引擎出现于 1994 年 7 月。当时 Michael Mauldin 将 John Leavitt 的爬虫程序接入到其索引程序中，创建了大家现在熟知的 Lycos。同年 4 月，斯坦福大学的两名博士生 David Filo 和美籍华人杨致远共同创办了超级目录索引 Yahoo，并成功地使搜索引擎的概念深入人心。从此搜索引擎进入了高速发展时期。

随着互联网规模的急剧膨胀，现在搜索引擎之间开始出现了分工协作，并有了专业的搜索引擎技术和搜索数据库服务提供商。如 Inktomi（已被 Yahoo 收购），它本身并不是直接面向用户的搜索引擎，但向包括 Overture（原 GoTo，已被 Yahoo 收购）、Look Smart、MSN、HotBot 等在内的其他搜索引擎提供全文网页搜索服务。因此从这个意义上说，它们是搜索引擎的搜索引擎。

第一代现代意义上的搜索引擎出现于 1994 年，典型代表是超级目录索引 Yahoo。第二代搜索引擎的产品有 Inktomi、Askjeeves、Google 等，与第一代相比，第二代搜索引擎在搜索速度、针对多种语言信息的扩展等方面有所改进，在以自然语言为查询语言方面也做了一些探索。在这一代的产品里，大量地应用了人工智能方面的技术。

目前的搜索引擎产品大多属于第三代。

2. 搜索引擎的含义

关于搜索引擎，通常可以从广义和狭义上去理解。

从狭义的角度来说，搜索引擎由信息收集软件、索引数据库和查询接口三部分组成。

信息收集软件从一个已知的文档集中读取信息，并检查这些文档的链接指针，找出新的信息空间，然后取回这些新空间中的文档，将它们加入到索引数据库。查询接口通过索引数据库为用户的查询请求提供服务。即搜索引擎指的是基于某种技术在整个网上自动执行网页全文搜索的网上指南工具。

从广义的角度上讲，搜索引擎是互联网上的一类网站，这类网站与一般的网站不同的是它是提供查询、搜索的网站，或称查询站点、导航站点，即互联网上具有检索功能的网页。从这点上说，搜索引擎分为以下两种。

一种是分类目录型的检索，它将互联网上的信息资源，如网址、描述主题、字顺或时间顺序汇总整理，形成图书馆目录一样的分类树型结构目录，用户通过逐级浏览这些目录来找寻自己需要的网址或相关内容。

另一种是基于关键词的检索，这种方式用户可以用逻辑组合方式输入各种关键词，搜索引擎计算机根据这些关键词寻找用户所需资源的地址，然后根据一定的顺序反馈给用户包含此关键字词信息的所有网址和指向这些网址的链接。

总之，搜索引擎是以一定的策略在互联网中搜集、发现信息，对信息进行理解、提取、组织和处理，并为用户提供检索服务，从而起到信息导航的目的。

搜索引擎的原理，可以看作四步：从互联网上抓取网页→建立索引数据库→在索引数据库中搜索排序→对搜索结果处理排序。

3. 搜索引擎与全文检索

搜索引擎的技术基础是全文检索技术，从 20 世纪 60 年代，国外就开始了全文检索技术的研究，其核心为文本信息的索引和检索。随着互联网信息的发展，搜索引擎在全文检索技术上逐渐发展起来，并得到广泛的应用，但搜索引擎还是不同于全文检索。搜索引擎和常规意义上的全文检索之间的主要区别如表 5 - 1 所示。

表 5 - 1　搜索引擎与全文检索的区别

	搜索引擎	全文检索
数据量	大	小
内容相关性	相关	不相关
安全性	无	高
个性化和智能化	快速发展	可以走的更远

4. 搜索引擎的分类

按照检索机制分类，可以分为检索型、目录型和混合型。按照检索内容分类，可以分为综合型（通用型）、专题型和特定型。按照检索工具数量分类，可以分为单独型、集合型（元搜索引擎）。按照检索资源的类型分类，可以分为 Web 型、非 Web 型。

目前搜索引擎技术可分为通用搜索技术、垂直搜索技术、站内搜索技术和桌面搜索技术。通用搜索技术主要有网络综合搜索引擎和网络主题资源搜索引擎，Google 和百度是其主要代表。垂直搜索技术是对某个行业的专业搜索技术，即对网页库中某类专门的信息进行一次整合，定向分字段抽取出行业相关信息后再进行适当的方式返回给用户。站内搜索技术是基于数据库的搜索，如 ITPUB 网站提供的站内搜索软件。桌面搜索技术方便用户快速地查找本地计算机上的相关数据信息，如 Window 自带的搜索系统和 Everything 等搜索软件。上述 4 种搜索引擎技术中前 3 种技术相当成熟，但是不能用于桌面搜索。

本章主要研究通用搜索引擎问题。

根据所使用的技术，目前通用搜索引擎大致可以分目录式搜索引擎、机器人搜索引擎和元搜索引擎。

（1）机器人搜索引擎

基于 Robot 的搜索引擎利用一个称为 Robot（也叫作 Spider、Web Crawler 或 Web Wanderer）的程序自动访问 Web 站点，提取站点上的网页，并根据网页中的链接进一步提取其他网页，或转移到其他站点上。Robot 搜集的网页被加入到搜索引擎的数据库中，供用户查询使用。事实上，现在很多搜索站点都同时提供有目录和基于 Robot 的搜索服务，以便尽可能地为用户提供全面的查询结果。

机器人搜索引擎也叫“全文搜索引擎”，从搜索结果来源的角度，它又可细分为两种，一种是拥有自己的检索程序），俗称“爬虫”程序或“机器人”程序，并自建网页数据库，搜索结果直接从自身的数据库中调用；另一种则是租用其他引擎的数据库，并按自定的格式排列搜索结果，如 Lycos 引擎。

（2）目录式搜索引擎

目录式搜索引擎的数据库是依靠专职编辑或志愿人员建立起来的，这些编辑人员在访问了某个 Web 站点后撰写一段对该站点的描述，并根据站点的内容和性质将其归为一个预先分好的类别，把站点的 URL 和描述放在这个类别中，当用户查询某个关键词时，搜索软件只在这些描述中进行搜索。很多目录也接受用户提交的网站和描述，当目录的编辑人员认可该网站及描述后，就会将之添加到合适的类别中。

目录的用户界面基本上都是分级结构，首页提供了最基本的几个大类的入口，用户可以一级一级地向下访问，直至找到自己感兴趣的类别。另外，用户也可以利用目录提供的搜索功能直接查找一个关键词，不过，由于目录式搜索引擎只在已保存的站点的描述中进行搜索，因此站点本身的动态变化不会反映到搜索结果中来，这也是目录式搜索引擎与基于 Robot 的搜索引擎之间的一大区别。

由于目录式搜索引擎是依靠人工来评价一个网站的内容，因此用户从目录搜索得到的结果往往比从基于 Robot 的搜索引擎得到的结果更具参考价值，但它需要有一支由各学科人才组成的维护队伍，故成本较高，也存在信息涵盖量不大、更新能力有限的缺点。

（3）元搜索引擎

元搜索引擎本身并没有存放网页信息的数据库，当用户查询一个关键词时，它把用户的查询请求转换成其他搜索引擎能够接受的命令格式，并行地访问数个搜索引擎来查询这个关键词，并把这些搜索引擎返回的结果经过处理后再返回给用户。

严格意义上来讲，元搜索引擎只能算是一种搜索引擎代理，而不是真正的搜索引擎。

多数元搜索引擎在处理其他搜索引擎的返回结果时，只提取出每个搜索引擎的结果中前面的 1～50 条，并将这些条目合并在一起返回给用户，因此最后结果的数量可能会远少于直接在一个搜索引擎上进行查找所得到的数里。

元搜索引擎实现起来比较简单，但是它也有一定的局限性，例如多数元搜索引擎都只能访问少数几个搜索引擎，并且通常不支持这些搜索引擎的高级搜索功能，在处理逻辑查询时也常常会出现错误。

在这几个检索工具中，目录式搜索引擎虽有成本高、信息量少的缺点，但它的信息准确这一优点是另二者所无法比拟的，故在一定的领域的一定的时间内，它仍会被使用；机器人搜索引擎是当前各种搜索引擎的主流。但随着网络信息量的不断增加，单一的搜索引擎已经难已满足其要求，结合目录式搜索引擎、机器人搜索引擎的优势，以元搜索引擎核心的多层代理搜索引擎是搜索引擎的发展方向。

（4）集成搜索引擎

集成搜索引擎是通过网络技术，在一个网页上链接很多个独立搜索引擎，检索时需要点选或指定搜索引擎，一次检索输入，多个搜索引擎同时查询，搜索结果由各搜索引擎分别以不同页面显示。

这种搜索引擎引没有自建数据库，不能控制和优化检索结果，只是利用网站链接技术形成搜索引擎集合，并不是真正意义上的搜索引擎。集成搜索引擎可随时对所链接的搜索引擎进行增删调整和及时更新。

（5）智能搜索引擎

以一定的知识库技术为基础，具有很高的自然语言能力与知识处理能力，能够分析和理解用户以自然形式出现的知识或概念的查询提问，实现了自然语言的检索，表现出很强的智能化与个性化特色。智能搜索引擎把信息检索从关键词层面提高到了知识层面。

搜索引擎的其他分类方法还有：按照自动化程度分为人工与自动引擎，按照是否具有智能功能分为智能与非智能引擎，按照搜索内容分为文本搜索引擎、语音搜索引擎、图形搜索引擎、视频搜索引擎等。

5. 搜索引擎的特点

①信息服务的综合性。由于采用了知识库导航，搜索引擎将面貌一新，给用户提供更全面更综合的信息服务，在这里，信息检索只是信息服务的一部分。

②信息服务的智能性。有综合知识库作为背景，信息检索和导航服务将更智能。

③信息服务的个性化。Internet（知识库）可以存放与具体用户相关的知识（用户的专业兴趣、购买力等），搜索引擎将利用这些知识来为用户提供个性化的信息服务。

④具有支持 Agent 的能力。由于 Web 服务器端有综合性知识库，为智能 Agent 的活动提供了基础。例如，活动在客户端的 Agent 可对用户正在浏览的网页进行主动观察，分析内容，根据服务器端的知识库来推荐内容相近的其他网页供用户参考。

⑤具有与电子商务灵活结合的能力。

5.1.2 搜索引擎的构成

搜索引擎在执行用户的查询时并不真正地搜索互联网上的每一个网页，它搜索的实际上是预先整理好的网页索引数据库。对一个普通的搜索引擎而言，一般由搜索器、索引器、检索器和用户接口等四个部分组成。如图 5-1 所示。

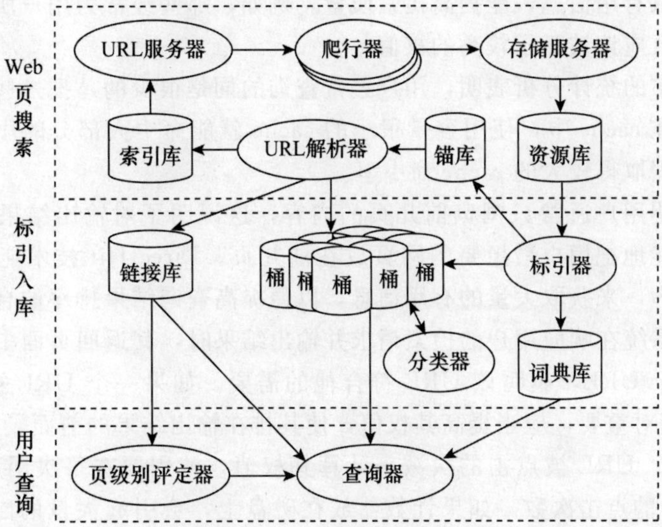

图 5-1　搜索引擎系统结构

1. 搜索引擎的组成

①搜索器的功能是在互联网中漫游，以便发现和搜集信息。它常常是一个日夜不停地运行的计算机程序。它要尽可能多、尽可能快地搜集各种类型的新信息和定期更新已经搜集过的旧信息，以保证用户及时得到最新信息和避免死链接、无效链接。

②索引器的功能是理解搜索器所搜索的信息，从中抽取出索引项，用于表示文档以及生成文档库的索引表。

③检索器的功能是根据用户输入的查询关键字在索引库中快速检出文档，进行文档与查询的相关度评价，对将要输出的结果进行排序，并实现某种用户相关性反馈机制。

④用户接口的作用是接收用户输入的查询字段、显示查询结果、提供用户相关性反馈机制。主要的目的是方便用户使用搜索引擎，高效率、多方式地从搜索引擎中得到有效、及时的信息。

用户接口的设计和实现使用人机交互的理论和方法，以充分适应人类的思维习惯。用户输入接口可以分为简单接口和复杂接口两种。

简单接口只提供用户输入查询串的文本框，复杂接口可以让用户对查询进行限制，如逻辑运算（与、或、非、+、-）、相近关系（相邻、NEAR）、域名范围、出现位置（如标题、内容）、信息时间、长度等。

⑤结果的存放。内存索引比基于文件的 I/O 有数量级的速度提升，首次索引检索后，并不把所有结果的具体内容读取出来，而只将所有结果中匹配度最高的头 100 条结果的 ID 放到结果集缓存中并返回。对于一般的检索应用头 100 条已经可以满足 90%以上的检索需求。

如果首批缓存结果数用完后还要读取更后面的结果时，搜索会再次检索并生成一个比上次的搜索缓存数大1倍的缓存，并再重新向后抓取。

⑥日志模块用于跟踪用户行为，以提高搜索引擎的服务质量。跟踪用户对检索结果的后继行为，来获取有用信息，能提高检索质量。例如，那些经常为用户所选择且花了大量时间去浏览的网页应该被赋予较高的权值。

用户查询分布的统计分析表明，用户经常查询的词是很少的，把这些查询次数较高的词的查询结果放在 cache 中，使用容量很小的 cache 就能命中大部分的用户查询，这样就可以用较小的空间取得较大的 cache 命中率。

统计分析表明用户通常只浏览前几页的内容，这说明了对输出结果进行排序的重要性，即应当尽可能地把用户最想要的网页放在前几页。DirectHit 技术能够跟踪用户对检索结果的后继行为，来获取大量的有用信息，以便提高查询结果排序的合理性。目前几乎所有的搜索引擎系统在响应用户的检索请求并输出结果时，其返回页面中都包含了摘要信息，用户点击一个 URL，表明该 URL 符合他的需要。如果一个 URL 被很多用户点击，则表明该 URL 相对重要，应当提高其权值，使其排在输出结果的前面。

为了根据一个 URL 被点击的次数来计算其权值，就用要在每次用户点击某个 URL 时，修改该 URL 的点击次数。如果计数器放在磁盘上，会引起大量的磁盘 I/O，严重影响系统性能。用户点击 URL 的局部性可以使用热点击 cache，即在内存中开辟一个区间，将用户点击过的 URL 放到里面，该 URL 若再次被点击，其点击次数和权值的修改都可以在内存中完成。这样，能够大大提高用户查询的响应速度。

搜索引擎的实现可以采用集中式体系结构和分布式体系结构，如图 5-2 所示。两种方法各有千秋。但当系统规模达到一定程度（如网页数达到亿级）时，必然要采用某种分布式方法，以提高系统性能。搜索引擎的各个组成部分，除了用户接口之外，都可以进行分布。搜索器可以在多台机器上相互合作、相互分工进行信息发现，以提高信息发现和更新速度；索引器可以将索引分布在不同的机器上，以减小索引对机器的要求；检索器可以在不同的机器上进行文档的并行检索，以提高检索的速度和性能。

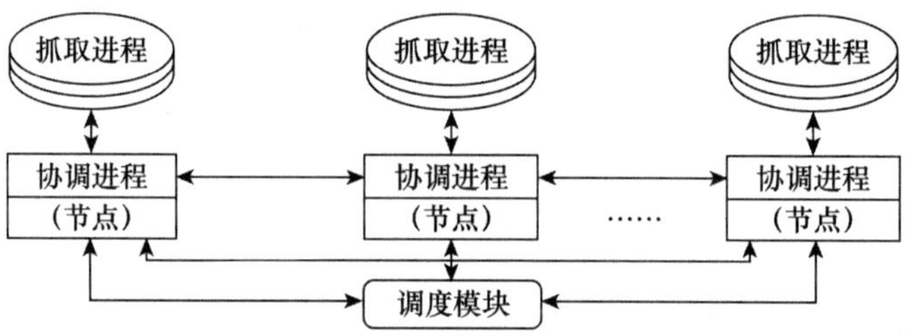

图 5-2　分布式体系结构

2. 搜索引擎工作过程

搜索引擎的工作过程是由两个方面组成，一是搜索引擎自己查找网页的过程，另一个方面是用户使用搜索引擎查找信息的过程。

一般地，WWW 搜索引擎执行步骤为：

①Robot 从起始 URL 列表中取出 URL 并从网上读取其内容。

②从每一个文档中提取某些信息并放入索引数据库中。

③从文档中提取指向其他文档的 URL，并加入到 URL 列表中。

④重复上述 3 个步骤，直到再没有新的 URL 发现或超出了某些限制（时间或磁盘空间）。

⑤给索引数据库加上查询接口，向网上用户发布。

搜索的处理过程是对用户的搜索请求进行满足的过程，用户输入搜索关键字，搜索服务器对应关键词字典，把搜索关键词转化为 wordID，然后在标引库中得到 docID 列表，对 docID 列表进行扫描和 wordID 的匹配，提取满足条件的网页，然后计算网页和关键词的相关度，根据相关度的数值返回前 k 篇结果（不同的搜索引擎每页的搜索结果数不同）给用户。如果用户查看的第二页或者第多少页，重新进行搜索，把排序结果中在第 k+1 到 2＊k 的网页组织返回给用户。其处理流程如图 5－3 所示。

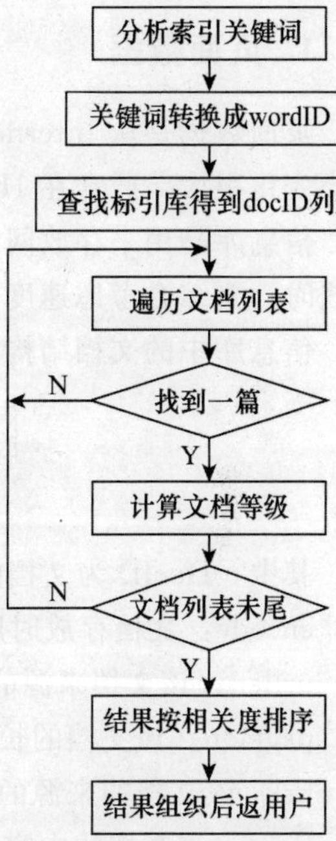

图 5－3　搜索引擎检索流程

5.1.3　搜索引擎的主要指标

搜索引擎的主要指标有响应时间、召回率、准确率、受欢迎程度、建立索引的方法和相关度等。搜索引擎的技术指标决定了搜索引擎的评价指标。

所谓召回率是指一次搜索结果集合中符合用户要求的数目与和用户查询相关的总数之比。

所谓准确率是指一次搜索结果集合中符合用户要求的数目与该次搜索结果总数之比。搜索引擎的准确率是个复杂的概念，一方面表示搜索引擎对搜索结果的排序能力，另一方面却体现了搜索引擎对垃圾网页的抗干扰能力。

对搜索结果的排序能力主要取决于搜索引擎采用的排序算法的优劣。互联网中大多数网页是比较正式的，但是有些人为了赢利，通过非法途径欺骗搜索引擎使得自己有较高的排名，从而使得使用该搜索引擎的用户获得无用的信息。

搜索引擎的受欢迎程度体现了用户对搜索引擎的偏爱程度。知名度高、性能稳定和搜索质量好的搜索引擎备受青睐。

搜索引擎的受欢迎程度将随着它的知名度和服务水平的变化而动态改变。搜索引擎的服务水平跟它所采集的信息量、信息的新鲜度、搜索的响应速度和查询的精度紧密关联。

随着各种新的搜索技术的出现，智能化、高精度、支持图像检索的搜索引擎将越来越受欢迎。

相关度是用户查询与搜索结果之间相似度的一种度量。具体见 1.4.2

5.2　搜索引擎数据结构

搜索引擎的结构是可以根据具体的需求、具体的硬件来确定的，这就可以出现很多选择。每种数据结构都有其特有的性能指标，最适合的才是最好的。

5.2.1 搜索引擎的数据

从搜索引擎的体系结构分析中可以看出，搜索引擎中主要有页面数据、索引数据和URL数据等三类典型的数据，其存储可以用数据库或自建文件来实现。

1. 页面数据

页面数据是从Internet中采集。这类数据的特点是，数目非常多，通常以亿为单位；大小变化很大，通常在1K到100K之间变化；更新周期通常以天为单位。

信息库是用来存放网络爬虫抓取的网页。通常都是压缩后进行存放。在选择具体压缩算法时，要综合考虑速度和压缩率的关系，通常是折中选择。

信息库中的文档结构如图5-4所示。

DocID	encode	urllen	pagelen	url	Page

图5-4 信息库数据结构

其中，DocID为文档的唯一标识；

encode：文档存放时所采用的编码方式；

urllen：该文档来源的URL地址的长度；

pagelen：该文档的长度；

url：该文档的来源的URL；

Page：该文档的内容。

对于页面数据，在具体存储时有两种方式。

(1) 使用数据库方式存储页面数据

由于页面数据本身的非结构化，需要对其进行结构化分析及转换以适合数据库存储。在转换过程中应满足以下基本需求。

①无损性。转换过程不能丢失或放弃原页面数据的正文信息和描述信息。

②可还原性。当需要时，可以从数据库中还原出原来的页面数据。

③还应该保存页面数据的原始位置信息等。

使用这种方式可以借助DBMS的分布式功能，搜索引擎实现页面数据的操作非常简单，不需要了解数据的具体存储实现。但同时也使数据存取功能不能得到很好的优化。DBMS对页面数据统一对待，存放位置并没有考虑页面间的聚集性，搜索引擎在获取页面时以随机方式进行，不能得到优化。同时页面数据的Cache由DBMS自动管理，搜索引擎也不能进行控制。

(2) 使用自建文件方式存储页面数据

存储页面数据最直接的一种方式是使用操作系统提供的文件接口进行存储。

2. 索引数据

索引管理器通过对页面数据进行分析、索引产生索引数据。这类数据的特点是：相对于页面数据，数目相对小；大小变化非常大，可能在几字节到几十兆字节间变化；更新周期期与页面数据类似。

为方便信息的查找，文本索引需要按照一定的效率来保存每个文档的信息。在每个索引条目中，包含了当前文本的状态、一个指向信息库的指针、一个文本的检查值和一些统计信息。如果文本已经被取回，则该条目还包含指向一个可变长度文件的指针，该文件包含文本的 URL 和标题；反之，该指针只指向一个 URLlist。

另外，还有一个用来将 URL 转换成 DocID 的对照文件。该文件包含了 URL 校验值和它相应的 DocID。

由于倒排索引的相对简单，大多数搜索引擎都使用此种文件格式。对倒排索引的存储既可以使用文件方式实现，也可以使用数据库存储实现。倒排索引的具体内容见后面。

3. URL 数据

这类数据的特点是：数目也非常大，通常以亿为单位，但小于页面数据；大小变化不大，通常在 50 字节左右；更新非常快。

在进行网页采集时需要对 URL 数据进行频繁的操作。同样也可以使用数据库方式及自实现方式存储。与页面数据不同的是，URL 数据在大小上比网页数据小很多（平均 50 字节）。

4. 词典

不同搜索引擎采用的词典是不一样的。在 Google 中，词典大约占 256M 内存。该词典包含大约 14000000 个词。Google 的词典由两部分组成：一部分是通过空格做分隔的词表，另一部分是由指针组成的散列表。

5. 采样表

在 Google 中，文档中的每个词对应着一个采样，采样包含该词在该文档中的位置、字体和大小写信息。在前向索引和后向索引中，采样表是其主要的存储内容，因此，需要对其进行高效的编码。现有的方法有：简单编码法、紧凑编码法和霍夫曼编码法。

在紧凑编码法中，每个采样战胜两个字节。采用分为特定采样和普通采样。特定采样包括出现在 URL、标题、锚点文本和 Meta 标记中的采样，其他采样统称为普通采样。在特定采样中，包含一个写位、字体位设为 7 表示该采样为特定采样，采样类型用 4 位表示，用 8 位表示其在文档的位置。在普通采样中，包含 1 个大小写位、3 个字体大小位和用 12 位表示的文档位置。

6. 正排索引

正排索引也称为“前向索引”。它是创建倒排索引的基础，是文档到词的索引。正排索引如图 5－5 所示。

Lid	WocdId	次数	位置
Doc1	WocdI	m	位置1,…位置m
		n	位置1,…位置m
	…		
	WocdN		
	NULL		
Doc2	…	…	…
	NULL		

图 5－5　正排索引

其中：

①LocalID 字段（表中简称“Lid”）：表示一个文档的局部编号。

②WordID 字段：表示文档分词后的编号，也可称为“索引词编号”。

③次数字段：表示某个索引词在文档中出现的次数。

④位置字段：表示某个索引词在文档中出现的位置，即相对于正文的偏移量。是可变长字段。

由于一篇文章中的某些词可能出现多次，而且位置不同，而全文检索的本质要求是把这些位置标识出来，因此位置中的每个命中都表示索引词在文档的某个位置中出现了一次，这个序列为单调递增序列。

在正排索引中 LocalID 采用升序序列编号（假定编号采用自增 1 的方式递增），这为下面的计算创造条件。进行倒排索引的转化时，由于正排索引中 Lid 天然的有序性，因此在正排索引转化为倒排索引的创建过程中，自然可以保证倒排索引中每个词汇对应的文档编号也是有序的。位置是变长的，因此需要次数这个字段标记其长度，这样才能读出全部的正排索引数据。

本质上说，正排索引以文档编号为视角看待索引词，也就是通过文档编号去找索引词。虽然正排索引不能满足全文检索的需要，但是正排索引为创建倒排索引创造了有利条件，是计算倒排索引的不可缺少的一环。

7. 倒排索引

倒排索引是一种以关键字和文档编号结合，并以关键字作为主键的索引结构。

（1）倒排索引构成

倒排索引分为两个部分。

第一部分：由不同索引词组成的索引表，称为“词典”。其中保存了各种词汇，以及这些词汇的一些统计信息（例如出现频率 nDocs）。

第二部分：由每个索引词出现过的文档集合，以及命中位置等信息构成，也称为“记录表”或“记录列表”。如图 5－6 所示。

左边的表结构（词典）记录索引词 ID 号、匹配该索引词的文档数量，并匹配文档在记录文件内的偏移量，通过这个偏移量就可以读取记录文件对应区域的信息。右边的表结构（记录表）记录文档编号（DocID）、索引词在该文档的命中个数，以及命中域的位置。

注意到这种按照索引词组织文档的方式，在索引词 WordID 一边，其 ID 号不会重复；而在 DocID 一边，由于每个文档都可能包含多个索引词，DocID 的重复非常普遍，因此对

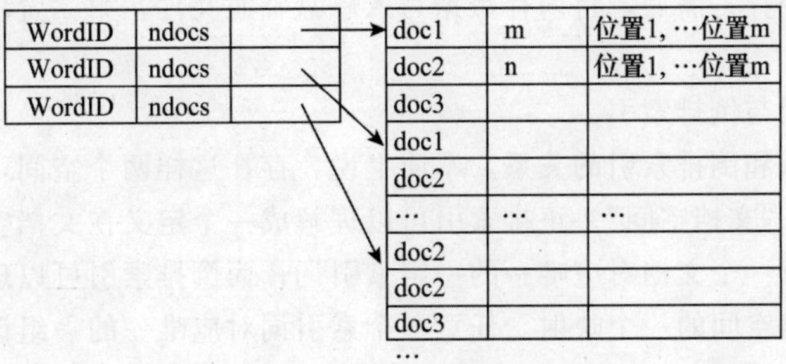

图 5-6　倒排索引

DocID 就需要进行大规模的压缩。

在倒排索引中，存放 DocID 顺序的策略大致有如下 3 种。

①按照 DocID 升序存放。这有助于在多关键词查询中，得到相同的 DocID。并且能够对 DocID 进行压缩编码，同时降低磁盘 I/O 的开销。

②按照索引词在文档中出现次数降序存放。按照索引词 ID 在文档中出现的次数降序排序，因为索引词出现次数多的文档与查询关键词的相关性越好。

③记录表分块存放，块内按 DocID 升序存放，块间按 Page Rank 值降序存放。对于③来说，一方面照顾到了①的索引压缩功能；另一方面照顾了重要的文档在检索过程中优先被检索的需要，而且防止了②中由网页设计者作弊可能带来的麻烦。有些网页设计者在网页中正文，锚文本中堆砌大量经常被查询的重要关键词，因此方案 2 在设计上不可避免的缺陷容易被利用。当然 Page Rank 算法也会被作弊者利用，然而 Page Rank 的作弊较为困难，所以方案 3 是较为理想的解决方案。

(2) 倒排索引建立方法

①两遍文档遍历法。在第一遍扫描文档集合时，该方法并没有立即开始建立索引，而是收集一些全局的统计信息。比如文档集合包含的文档个数 N，文档集合内所包含的不同单词个数 M，每个单词在多少个文档中出现过的信息 DF。每一项记载某个文档的文档 ID 和单词在该文档对应的出现次数 TF。

第一遍扫描的主要目的是获得一些统计信息，并根据统计信息分配内存等资源，同时建立好了单词相对应倒排列表在内存中的位置信息，即主要做些资源准备工作。

在第二遍扫描的时候，开始真正建立每个单词的倒排列表信息，即对于某个单词来说，获得包含这个单词的每个文档的文档 ID，以及这个单词在文档中的出现次数 TF，这样就可以不断填充第一遍扫描所分配的内存空间。

②排序法。在建立索引的过程中，始终在内存中分配固定大小的内存，用来存放词典信息和索引的中间结果，当分配的内存被消耗光的时候，把中间结果写入磁盘，清空内存里中间结果所占内存，以用作下一轮存放索引中间结果的存储区。

③归并法。对此做出了改进，即每次将内存中数据写入磁盘时，包括词典在内的所有中间结果信息都被写入磁盘，这样内存所有内容都可以被清空，后续建立索引可以使用全部的定额内存。

"归并法"的整体流程和排序法大致相同，也是分为两个大的阶段，首先在内存里维护中间结果，当内存占满后，将内存数据写入磁盘临时文件，第二阶段对临时文件进行归并形成最终索引。

（3）正排索引与倒排索引

关于正排索引和倒排索引的关系。本质上说，存在这样两个空间，一个称为“索引词空间”，一个称为“文档空间”。正排索引可以理解成一个定义在文档空间到索引词组空间的一个映射，任意一个文档对应唯一的一组索引词；而倒排索引可以理解成一个定义在索引词空间到文档组空间的一个映射。任意一个索引词对应唯一的一组该索引词其命中的文档。因此从文档到正排索引，进而从正排索引到倒排索引就是理顺这种关系的过程。使得给出一个索引词，就能通过倒排索引能够找到其命中的文档，以及位置信息。

5.2.2 数据存储结构

数据的存储是根据需要来决定的，其基本的存储结构有顺序存储、链接存储、索引存储和散列存储。

1. 顺序存储

所谓顺序存储是将物理位置上进行连续的存储。顺序存储的数据都是相邻且连续存放的，因此扫描速度很高。与此同时，其随机存取效率很低，因此，顺序存储方法适合于一些相对固定的不易发生改变的数据。

2. 链接存储

链接存储的数据节点之间是用指标进行连接的，所以，它不要求数据在物理位置上连续存放。与顺序存储相比，它不需要事先开辟一整块存储空间，因此，可以提高存储空间的利用率，但扫描效率要比顺序存储低。

3. 索引存储

一个索引表由若干索引项组成，索引项的一般形式是关键字、地址。在实际应用中，需要按关键字建立索引，这种索引称为倒排索引，带有倒排索引的文件叫做倒排索引文件，又称为倒排文件。

4. 散列存储

散列存储的基本思想是：由节点的关键码值决定节点的存储地址。散列技术除了可以用于查找外，还可以用于存储。

散列文件是利用散列存储方式组织的文件，亦称直接存取文件。即根据文件中关键字的特点，设计一个散列函数和处理冲突的方法，将记录散列到存储设备上。

散列文件的优点是：文件随机存放，记录不需进行排序；插入、删除方便；存取速度快；不需要索引区，节省存储空间。

散列文件的缺点是：不能进行顺序存取，只能按关键字随机存取，且询问方式限于简单询问，并且在经过多次插入、删除后，也可能造成文件结构不合理，需要重新组织文件。

以上介绍的四种存储方式，可以单独使用，也可以组合使用。在选择时，主要考虑运算方便及算法的时间要求

5.3 搜索功能

搜索引擎的信息采集机制按照人工程度划分，可分为人工采集和自动采集；按照信息时新性，可分为定期搜集和增量搜集两种。

5.3.1 网络爬虫概述

搜索器的主要作用是大量抓取网页，它主要由网络爬虫（以下简称 Robot）来实现。Robot 作为一个程序，可以用 C、Perl、Java 等语言来编写，可以运行在 Unix、Solaris、Windows、OS2 和 MAC 等平台上。Robot 设计是否合理将直接影响它访问 Web 的效率及搜索数据库的质量。另外，在设计 Robot 时还必须考虑它对网络和被访问站点的影响。Robot 还应遵守一些协议，以便被访问站点的管理员能够确定哪些内容能被访问，哪些不能。

1. 网络爬虫分类

应用的不同，爬虫系统也会有所不同，通常，可以将爬虫系统分为以下类型：

①批量型爬虫。批量型爬虫有着明确的抓取范围和目标，达到目标后，爬虫会停止抓取过程。

②增量型爬虫。此类爬虫与批量型爬虫不同，它会保持持续不断的抓取，对于已经抓取到的网页，也会定期更新。通用的商业搜索引擎的爬虫基本上都属于此类。

③垂直型爬虫。这类爬虫关注特定主题内容或者特定行业的页面，所以，垂直搜索网站或者垂直行业更需要这种类型的爬虫。

除了上面所说的三种类型的爬虫外，还有暗网爬虫和分布式爬虫。

所谓的暗网，是指常规的爬虫按常规方式很难抓取到的网页，例如机票或者图书，必须输入查询后才能显示出相关结果。针对这些暗网数据所专门研发的爬虫就是暗网爬虫。

而对于商业搜索引擎而言，分布式爬虫是其必然的架构，按分工差异，具体的又可分为主从式分布爬虫和对等式的分布爬虫。

2. 网络爬虫的评价

关于网络爬虫的评价，站在不同的角度，评价标准也不尽相同。下面我们分别从开发者和用户的角度来探讨一下。

从开发者的角度看，网络爬虫应该具备以下几个特性。

①高性能。常见的评价指标是爬虫每秒能够下载的网页数量。想要提高爬虫的性能，在设计时需要注意程序访问磁盘的方式方法，以及相应的数据结构。

②可扩展性。更多地是指在分布式条件下，能够很容易地增加抓取服务器和爬虫

数量。

③健壮性。爬虫的健壮性更多地是指：第一，对各种异常情况能够正确处理；第二，出现问题爬虫重启后，可以恢复之前抓取的内容及数据结构，而不是从头做起。

④友好性。主要针对抓取对象。包括：保护网站的部分私密性，减少被抓取网站的网络负载。

从用度体验的角度考虑，爬虫应具备的特性：抓取网页覆盖率、抓取网页时新性以及抓取网页重要性。

3. 爬虫的结构

通用网络爬虫系统的结构主要分为链接分析模块、页面采集模块、页面分析模块、链接过滤模块、原始页面数据库、URL 队列、初始种子 URL 集合。

①链接分析模块：它主要是分析超链接的所用的是何种协议，获取主机名或 IP 地址和它在服务器上的完整路径，供页面采集模块与 Web 服务器建立通信连接。

②页面采集模块：它主要是下载 Web 上的信息资源，主要作用是通过各种 Web 协议编写协议请求，利用 socket 网络通信首先从应用服务器请求获取网页主体部分，然后将采集到的页面交由后续模块做进一步处理。

③页面分析模块：主要是将页面采集模块采集到的页面进行分析和处理，提取网页文档中的链接，并对其进行相应的处理，主要是将 URL 规范化。

④链接过滤模块：它主要功能是过滤那些不符合 URL 规范的超链接，并且维护和处理未访问的 URL 集合、已访问的 URL 集合、不能访问的 URL 集合。

⑤原始页面数据库：它主要是存放已经爬下来的原始文档，以备预处理阶段建立索引使用，为检索操作提供资源。

⑥URL 队列：用来存放采集到的页面经过分析后抽取出来的新的 URL。首先将提供的 URL 种子放入 URL 队列；然后网络爬虫系统分析下载的页面获取新的 URL，将未访问的 URL 放入未访问 URL 集合，再不断选择优先级高的 URL 放入 URL 队列，直至 URL 队列为空或者采集策略满足停止条件，爬虫停止采集。

⑦初始 URL：提供 URL 种子，爬虫初始期最先访问的 URL。最初提供的这些种子 URL 都是很权威的、质量高的综合性网站的导航页，从这些种子开始能获得很好的搜索宽度。

5.3.2 Robot 执行过程

本节以 Google 的 Robot 技术为例详细介绍搜索引擎的 Robot 技术。

1. 工作过程

为了管理海量的网页数据，Google 采用了分布式的系统结构，同时运行许多 Robot 程序（一般为 3 个），每个 Robot 程序一次开放大约 300 个连接。由于 Robot 的主要瓶颈是 DNS 的查找，每个 Robot 程序都为自己保留了 DNS 缓冲区，因此在爬行网页之前无须每次都做 DNS 查找。Robot 站点爬行流程如图 5-7 所示。

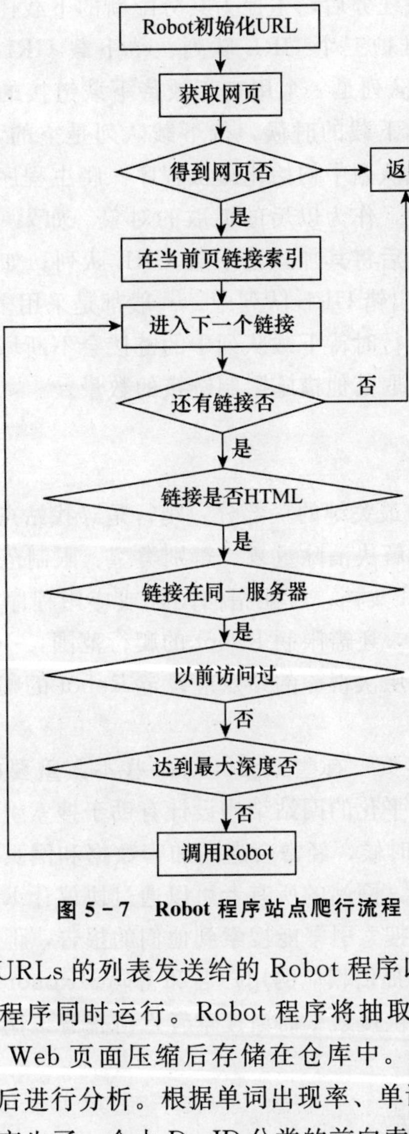

图 5－7　Robot 程序站点爬行流程

首先 URL 服务器把 URLs 的列表发送给的 Robot 程序以便供其抽取。为了提高爬行速度，几个分布式 Robot 程序同时运行。Robot 程序将抽取的 Web 页面或文档传送给压缩服务器，压缩服务器把 Web 页面压缩后存储在仓库中。索引器读取压缩过的 Web 页面，并对它们解压缩，然后进行分析。根据单词出现率、单词位置以及字体大小和字母大小写等单词性能，索引器产生了一个由 DocID 分类的前向索引文件。DocID 是分配给每个 Web 页面的 ID 号。除此之外，索引器也分析出每个 Web 页面包含的所有链接，并存储所包含的重要信息，这些信息包括链接信源和信宿，以及一个锚文件中链接的锚文本。

URL 分解器从锚文件中读取 URL，并把相对的 URL 转换成绝对的 URL。它还抽取出锚文本并把它放入与锚指向的 DocID 有关的前向索引文件中。URL 分解器也产生一个链接数据库，该数据库包含每个链接所连接的文档对，然后对链接数据库中所有文档的页面计算排序级别（Page Ranks）。

网页获取流程如下：

①主控程序初始化各种配置。

②主控程序启动各种线程。

③主控为各个线程分配下载任务。

④当线程完成自己的下载任务后，主控为其分配新的下载任务。

传统的网络爬虫一般都维护三个 URL 队列：待下载 URL 队列、已经下载 URL 队列、出错 URL 队列。待下载队列是一个用来存放待下载链接的数据结构，爬虫从这些链接中选取链接进行访问。最初下载的时候，待下载队列是空的，把选取的种子 URL（一个或多个链接）加入到待下载队列中初始化爬虫程序。爬虫程序运行后，网页中的链接不断被解析并插入待下载队列中，作为以后的抓取的对象。如果一个 URL 已经成功下载则将其从待下载队列中删除，然后将其加入已下载 URL 队列；如果下载的过程中遇到过期的死链就将该 URL 放入下载出错 URL 队列中。一般都是采用多线程下载，一个线程负责下载一个网页。网络爬虫在爬行时待下载队列中的链接会不断增多，会影响查找下一个链接的速度，必须进行优化或采取其他措施限制链接的数量。

2. Robot 站点爬行

站点爬行是 Robot 技术中最关键的一部分。爬行是寻找站点上所有用户可以访问的网页的过程。在爬行过程中需要解决消除重复、辨别类型、限制范围、限制深度等问题。

有时链接指向的不是 html 文档，可能指向图片或应用程序。这就要求 Robot 具有不同类型不同处理的要求。另外，还需限制 Robot 的爬行范围，一般 Robot 只处理指向同一服务器的链接。对于某些信息层次很深的站点应设定 Robot 的爬行深度，以便 Robot 能自动结束对此站点的爬行。

由于不可能抓取所有的网页，有些 Robot 对一些不太重要的网站，设置了访问的层数。对于网站设计者来说，扁平化的网站结构设计有助于搜索引擎抓取其更多的网页。

Robot 在访问网站网页的时候，经常会遇到加密数据和网页权限的问题，有些网页是需要会员权限才能访问。当然，网站的所有者可以通过协议让 Robot 不去抓取，但对于一些出售报告的网站，他们希望搜索引擎能搜索到他们的报告，但又不能完全免费的让搜索者查看，这样就需要给 Robot 提供相应的用户名和密码。Robot 可以通过所给的权限对这些网页进行网页抓取，从而提供搜索。而当搜索者点击查看该网页的时候，同样需要搜索者提供相应的权限验证。

5.3.3 Robots 协议

网络爬虫需要抓取网页，不同于一般的访问，如果控制不好，则会引起网站服务器负担过重。有多种方法可以让网站和网络爬虫进行交流。一方面让网站管理员了解网络爬虫都来自哪儿，做了些什么，另一方面也告诉网络爬虫哪些网页不应该抓取，哪些网页应该更新。

每个网络爬虫都有自己的名字，在抓取网页的时候，都会向网站标明自己的身份。网络爬虫在抓取网页的时候会发送一个请求，这个请求中就有一个字段为 User-agent，用于标识此网络爬虫的身份。例如 Google 网络爬虫的标识为 Google Bot，百度网络爬虫的标识为 Bai Du Spider，Yahoo 网络爬虫的标识为 Inktomi Slurp。如果网站管理员发现某个爬虫有问题，就通过其标识来和其所有者联系。

网络爬虫进入一个网站，一般会访问一个特殊的文本文件 Robots. txt，这个文件一般放在网站服务器的根目录下。网站管理员可以通过 Robots. txt 来定义哪些目录网络爬虫不能访问，或者哪些目录对于某些特定的网络爬虫不能访问。Robots 的基本语法如下：

①User-agent 定义搜索引擎。一般情况下，网站里面都是：User-agent：*，这里*的意思是所有，表示定义所有的搜索引擎。

②Disallow 禁止抓取。

③Allow 允许抓取。

④$结束符。例：Disallow：. php$这句话的意思是，屏蔽所有的以 . php 结尾的文件，不管前面有多长的 URL，如 abc/aa/bb//index. php 也是屏蔽的。

⑤*通配符符号0或多个任意字符。例：Disallow：*？*这里的意思是屏蔽所有带"?"文件，也是屏蔽所有的动态 URL。

为了方便大家更好地理解，下面分别说明 Robots. txt 写法和作用。

首先建立一个空白的文本文档，命名为 robots. txt 放在网站的根目录下即可。

①允许所有搜索引擎访问网站的所有部分

robots. txt 写法如下：

User-agent：*

Disallow：

或者

User-agent：*

Allow：/

②我们禁止所有搜索引擎访问网站的所有部分

robots. txt 写法如下：

User-agent：*

Disallow：/

③禁止某一搜索引擎，如百度索引我们的网站

robots. txt 写法如下：

User-agent：百度 spider

Disallow：/

④禁止除 Google 外的一切搜索引擎索引我们的网站

robots. txt 写法如下：

User-agent：Googlebot

Disallow：

User-agent：*

Disallow：/

⑤禁止爬虫访问某个目录，比如禁止 admin、css、images 等目录被索引

robots. txt 写法如下：

User-agent：*

Disallow：/css/

Disallow：/admin/

Disallow：/images/

⑥允许爬虫访问我们网站的某个目录中的某些特定网址

robots. txt 写法如下：

User-agent： *

Allow：/css/my

Allow：/admin/html

Allow：/images/index

Disallow：/css/

Disallow：/admin/

Disallow：/images/

⑦禁止 Google 搜索引擎抓取我们网站上的所有图片

robots. txt 写法如下：

User-agent：Googlebot

Disallow：. JPG $

Disallow：. jpeg $

Disallow：. gif $

Disallow：. png $

Disallow：. bmp $

⑧仅仅允许百度抓取网站上的“JPG”格式文件

robots. txt 写法如下：

User-agent：百度 spider

Allow：. JPG $

Disallow：. jpeg $

Disallow：. gif $

Disallow：. png $

Disallow：. bmp $

当然，Robots. txt 只是一个协议，如果网络爬虫的设计者不遵循这个协议，网站管理员也无法阻止网络爬虫对于某些页面的访问，但一般的网络爬虫都会遵循这些协议，而且网站管理员还可以通过其他方式来拒绝网络爬虫对某些网页的抓取。

网络爬虫在下载网页的时候，会去识别网页的 HTML 代码，在其代码的部分，会有 META 标识。通过这些标识，可以告诉网络爬虫本网页是否需要被抓取，还可以告诉网络爬虫本网页中的链接是否需要被继续跟踪。

现在一般的网站都希望搜索引擎能更全面的抓取自己网站的网页，因为这样可以让更多的访问者能通过搜索引擎找到此网站。为了让本网站的网页更全面被抓取到，网站管理员可以建立一个网站地图，即 Site Map。许多网络爬虫会把 sitemap. htm 文件作为一个网站网页爬取的入口，网站管理员可以把网站内部所有网页的链接放在这个文件里面，那么网络爬虫可以很方便的把整个网站抓取下来，避免遗漏某些网页，也会减小对网站服务器的负担。

5.3.4 网页抓取策略

Robot 采取的抓取策略主要包括：深度优先和广度优先的基本抓取策略，以及不重复抓取策略、网页抓取优先策略、网页重访策略和网页抓取提速策略。

1. 基本抓取策略

Robot 使用深度优先和广度优先两种基本的搜索策略，以 URL 列表存取的方式决定搜索策略（如图 5-8 所示）：

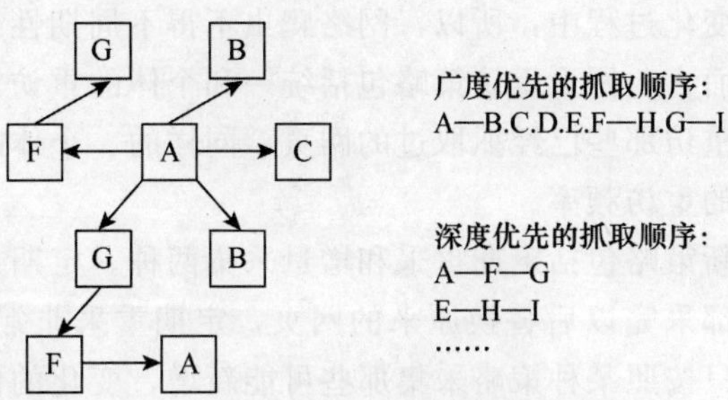

图 5-8 Robot 搜索策略

①先进先出，则形成广度优先搜索。当起始列表包含有大量的 Web 服务器地址时，广度优先搜索将产生一个很好的初始结果，但很难深入到服务器中去。

②先进后出，则形成深度优先搜索。这样能产生较好的网页分布，更容易发现网页的结构，即找到最大数目的交叉引用。

2. 不重复抓取策略

要使对网页的抓取不重复，关键在于让爬虫记住爬行的历史。通常，爬虫是用散列表来记录历史的，每一条记录是否被抓取，其信息都会存放在散列表的某一个槽位上。如果某一个网页在过去已经被抓取，则其对应的槽位的值会置 1，反之置 0。散列函数决定具体映射到那一个槽位上。

散列表实际上就是简单的顺序表，也就是数组。从实际角度出发，这个数组要足够大，并且尽可能全部放到内存中。这种情况，在数据量小的情况下问题不大，但如果数据量比较大的情况下，可以采用 Bitmap 结构，用 Bloom filter 算法（布隆过滤器）来解决。

在实际使用时，都是同时使用多个爬虫同时抓取的，整个抓取也是采用分布式的方式完成的。

3. 网页抓取优先策略

在网页抓取时，应该优先抓取重要的网页，以保证在有限的资源中尽可能地照顾那些重要的网页。网页的重要性通常由链接欢迎度、链接重要度和平均链接深度来决定。

①链接欢迎度 IB（P）主要是由反向链接的数目和质量决定的。即一个网页指向它的链接越多，那么其他网页对其认可度就越高，这个网页被访问的机会就越大，其重要性也越高。

②链接重要度 IL（P）是关于一个 URL 字符串的函数，仅仅考察字符串本身，它主要通过一些模式，如认为包含“.com”“HOME”的 URL 重要度高，以及包含较少斜杠的 URL 重要度高等。

③平均链接深度 ID（P）表示在一个种子站点集合中，每个种子站点如果存在一条链路到达该网页，那么平均链接深度就是该网页的一个重要性指标，因为距离种子站点越近说明被访问的机会越多，重要性也越高。

4. 网页重访（更新）策略

网页总是在不断的变化过程中，所以，网络爬虫不得不周期性地刷新，重新访问那些已经抓取的网页。总体而言，网页重访策略包括统一和个体的重访策略。统一的重访是指网络爬虫用同样的频率重访那些已经抓取过的网页，同样的，个体的重访策略是指根据个体页面的情况制定具体的重访频率。

具体而言，网页更新策略包括定期重采和增量采集两种。定期重采是指一段时间以后重新采集所有网页，全部采完以后替换原来的网页，定期重采非常简单，但是浪费带宽，周期也长。而增量采集只按照某种策略采集那些可能新增、变化的网页，并删除那些已经不存在的网页，增量采集可以节省带宽，网页更新周期相对较短，但是系统的复杂性增大。

经常被用到的更新策略更多的是：历史参考策略、用户体验策略以及聚类抽样策略。

①历史参考策略是最直观的一种更新策略，它建立于如下假设之上：过去频繁更新的网页，那么将来也会频繁更新，所以为了预估某个网页何时进行更新，可以通过参考其历史更新情况来做出决定。

这种方法往往根据每个网页过去的变动情况，利用模型预测将来何时内容会再次发生变化，以此来指导爬虫的抓取过程。但是不同方法侧重不尽相同，比如有的研究将一个网页划分成不同的区域，抓取策略应该忽略掉广告栏或者导航栏这种不重要区域的频繁变化，而集中在主题内容的变化探测和建模上。

②用户体验策略。用户提交查询后，搜索结果可能成千上万，而用户没有耐心查看排在后面的搜索结果。用户体验策略就是利用搜索引擎用户的这个特点来设计更新策略。

这种更新策略以用户体验为核心，即使本地搜索的网页内容是过时的，但是如果不影响用户体验，那么晚些更新这些过时网页也未尝不可。所以判断一个网页何时更新为好，取决于这个网页的内容变化所带来搜索质量的变化，影响越大的网页，则应该越快更新。

用户体验策略保存网页的多个历史版本，并根据过去每次内容变化对搜索质量的影响，得出一个平均值，以此作为判断爬虫重抓该网页时机的参考依据，对于影响越厉害的网页，则越优先调度重新抓取。

③聚类抽样策略。历史参考策略和用户体验策略严重依赖网页的历史更新信息。但是在现实中，为每个网页保存其历史信息，搜索系统会大量增加额外负担。从另外一个角度考虑，如果是首次抓取到的网页，因为没有历史信息，所以也就无法按照这两种思路去预估其更新周期。聚类抽样策略即时为了解决上述缺点而提出的。

聚类抽样策略认为网页具有一些属性，根据这些属性可以预测其更新周期，具有相似属性的网页，其更新周期也是类似的。于是，可以根据这些属性将网页归类，同一类别内的网页具有相同的更新频率。为了计算某个类别的更新周期，只需对类别内网页进行采样，以这些被采样网页的更新周期作为类别内所有其他网页的更新周期。与之前叙述的两种方法相比较，这种策略一方面无须为每个网页保存历史信息；另一方面，对于新网页，即使没有历史信息，也可以根据其所属类别来对其进行更新。

聚类抽样策略，首先根据网页所表现出的特征，将其聚类成不同的类别，每个类别内的网页具有相似的更新周期。从类别中抽取一部分最优代表性的网页（一般抽取最靠近类中心的那些网页），对这些网页计算其更新周期，那么这个更新周期适用于类别内的所有网页，之后即可根据网页所述类别来决定其更新频率。

在相关人员的研究中，将能够体现网页更新周期的属性特征划分为两大类：静态特征和动态特征。静态特征包括：页面的内容、图片数量、页面大小、链接深度、Page Rank 值等十几种；而动态特征则体现了静态特征随着时间的变化情况，比如图片数量的变化情况、入链出链的变化情况等。根据这两类特征，即可对网页进行聚类。

但不同算法在细节处有差异，比如有些研究直接省略聚类这个步骤，而是以网站作为聚类单位，即假设属于同一个网站的网页具有相同的更新周期，对网站内页面进行抽样，计算其更新频率，之后网站内所有网页以这个更新周期为准。这个假设虽显粗糙，因为很明显同一网站内网页更新频率差异很大，但是可以省掉聚类这个步骤，在计算效率方面会更可行些。

相关实验表明，聚类抽样策略效果好于前述两种更新策略，但是对以亿计的网页进行聚类，其难度也是非常巨大的。

5. 网页抓取提速策略

要提高网页抓取的速度，我们可以提高抓取单个网页的速度，这种方式在目前的技术条件下已经没有提高的余地。我们也可以通过减少不必要的抓取任务来提高网页抓取速度，但在目前情况下，实现的难度太大。实际上，提高网页抓取速度最可行的就是增加同时工作的爬虫数量。

在多个爬虫抓取的情况下，就必须分工明确，一个网页只能由一个爬虫抓取，这可以通过 Web 主机的 IP 地址或网页的域名来进行分工，以保证不出现多个爬虫同时抓取同一网页的情况出现。

在具体措施上，可以采取本地 DNS 解析、多机分布式并行（包括局域网联接多机进行采集并行和广域网分布式采集）、单机多程序并行（包括多进程并行和多线程并行）等措施。

5.3.5 网页内容提取

搜索引擎建立网页索引，处理的对象是文本文件。对于网络爬虫来说，抓取下来网页包括各种格式，如 HTML、图片、doc、pdf、多媒体、动态网页及其他格式等。这些文件抓取下来后，需要把其中的文本信息提取出来。这些文档信息的准确提取，一方面对搜索引擎的搜索准确性有重要作用，另一方面对于网络爬虫正确跟踪其他链接有一定影响。

对于 doc、pdf 等由专业厂商提供的软件生成的文档，厂商都会提供相应的文本提取接口。网络爬虫只需要调用这些接口插件，就可以轻松的提取文档中的文本信息和文件其他相关的信息。HTML 有一套自己的语法，通过不同的命令标识符来表示不同的字体、颜色、位置等版式，提取文本信息时需要把这些标识符都过滤掉。在识别这些信息的时候，需要同步记录许多版式信息，例如文字的字体大小、是否是标题、是否是加粗显示、是否是页面的关键词等，这些信息有助于计算单词在网页中的重要程度。同时，对于HTML网页来说，除了标题和正文以外，会有许多广告链接以及公共的频道链接，需要过滤这些无用的链接。过滤这些无效链接需要统计大量的网页结构规律，抽取一些共性，统一过滤；对于一些重要而结果特殊的网站，还需要个别处理。这就需要网络爬虫的设计有一定的扩展性。

对于多媒体、图片等文件，一般是通过链接的锚文本（即链接文本）和相关的文件注释来判断这些文件的内容。例如有一个链接文字为“张曼玉照片”，其链接指向一张 bmp 格式的图片，那么网络爬虫就知道这张图片的内容是“张曼玉的照片”。这样，在搜索“张曼玉”和“照片”的时候都能让搜索引擎找到这张图片。另外，许多多媒体文件中有文件属性，考虑这些属性也可以更好的了解文件的内容。

动态网页一直是网络爬虫面临的难题。所谓动态网页，是相对于静态网页而言，是由程序自动生成的页面，这样的好处是可以快速统一更改网页风格，也可以减少网页所占服务器的空间，但同样给网络爬虫的抓取带来一些麻烦。由于开发语言不断的增多，动态网页的类型也越来越多，如：asp、jsp、php 等。这些类型的网页对于网络爬虫来说，可能还稍微容易一些。网络爬虫比较难于处理的是一些脚本语言（如 VBScript 和 JavaScript）生成的网页，如果要完善地处理好这些网页，网络爬虫需要有自己的脚本解释程序。对于许多数据是放在数据库的网站，需要通过本网站的数据库搜索才能获得信息，这些给网络爬虫的抓取带来很大的困难。对于这类网站，如果网站设计者希望这些数据能被搜索引擎搜索，则需要提供一种可以遍历整个数据库内容的方法。

对于网页内容的提取，一直是网络爬虫重要的技术。整个系统一般采用插件的形式，通过一个插件管理服务程序，遇到不同格式的网页采用不同的插件处理。这种方式的好处在于扩充性好，以后每发现一种新的类型，就可以把其处理方式做成一个插件补充到插件管理服务程序之中。

5.4 索引功能

索引器的功能是理解收集器所搜索的信息，从中抽取出索引项，用于表示文档以及生成文档库的索引表，使检索者能够快速地检索到所需信息。

建立索引需要进行以下处理：信息语词切分和语词词法分析、进行词性标注及相关的自然语言处理、建立检索项索引。

建立一个高效检索系统的关键是建立一个类似于科技索引一样的反向索引机制，将数据源（比如多篇文章）排序顺序存储的同时，有另外一个排好序的关键词列表，用于存储关键词与文章映射关系。检索过程就是把模糊查询变成多个可以利用索引的精确查询的逻辑组合的过程，从而大大提高了多关键词查询的效率。

5.4.1 索引器的功能

索引器有以下几个功能。

①将数据源中的数据都通过全文索引一一建立反向索引。

②通过词元进行匹配，通过语言分析接口的实现，可以实现对中文等非英语的支持。

③通过匹配度算法，将匹配程度（相似度）比较高的结果排在前面。

④通过排序的算法，将最匹配度最高的前 100 条结果输出，结果集是缓冲式的小批量读取的。

⑤通过不同的语言分析接口实现，可以方便的定制出符合应用需要的索引规则（包括对中文的支持）。

大部分的搜索引擎都是用 B 树结构来维护索引，索引的更新会导致大量的 IO 操作，在实现中，可以采取以下改进：不是维护一个索引文件，而是在扩展索引的时候不断创建新的索引文件，然后定期的把这些新的小索引文件合并到原先的大索引中（针对不同的更新策略，批次的大小可以调整），这样在不影响检索的效率的前提下，提高了索引的效率。

5.4.2 索引的建立

索引表一般使用某种形式的倒排表，即由索引项查找相应的文档。索引表也记录索引项在文档中出现的位置，以便检索器计算索引项之间的相邻或接近关系。索引器可以使用集中式索引算法或分布式索引算法。当数据量很大时，必须实现即时索引，否则跟不上信息急剧增加的速度。索引算法对索引器的性能（如大规模峰值查询时的响应速度）有很大的影响。一个搜索引擎的有效性在很大程度上取决于索引的质量。

索引项分内容索引项和客观索引项两种。客观索引是与文档的语意内容没有关联的信息，诸如更新时间、链接流行度、长度、URL、作者名、编码等；内容索引项是对文档内容的索引，如关键词以及权重、单字、短语等等。内容索引项由单索引项和短语索引项（或称多索引项）两种组成。

在索引建立之前，需要先对其进行处理，处理的具体方法和技术见文本信息检索中的文本处理章节。

索引程序将 Robot 找到的每个 Web 页面复制一份存在资源数据库中。如果 Web 页面发生改变，则使用最新信息对资源数据库进行更新。

索引数据库建立的策略很大程度上影响了搜索引擎的效率与准确性。在设计一个索引数据库时，要针对实际需要确定索引数据库的数据结构和存储方式。由于搜索引擎系统通常处理的都是海量的信息，因此还要设计一定的压缩策略，对索引库进行有效的压缩，以提高检索的速度。

索引建立的过程

（1）正向索引路径的输入

正向索引路径的建立最好建立在文件中，因为它只是建立索引的中间过程，不需要存入数据中。

路径的格式：相对路径和绝对路径。

（2）建立正向索引

①分词（lucene 分词工具）。

②停用词的去除。

③关键词的提取（出现次数比较多的选为关键词）。

④词频的统计。

⑤正向索引文件的写入（词项：词频）。

（3）根据正向索引建立倒排索引

存储形式是：

词项：（文档名，词频），（文档名，词频）……

索引数据库建立时，一般会给网页中每个关键词赋予一个等级值，表示该网页与关键词之间的符合程度。当用户查询一个关键词时，搜索软件将搜索索引数据库，找出所有与关键词相符合的网页，搜索软件将按照等级值从高到低的顺序把搜索结果送回到用户的浏览器中。

不同的搜索引擎在计算等级值时使用了不同的方法，但它们都以关键词在网页中出现的位置和频率为基本依据，把这些因素综合起来考虑便可得出一个计算等级值的公式。不过，绝大多数搜索引擎都没有只按照上述因素来确定计算公式，它们还加入了一些特殊考虑。

尽管各个搜索引擎都有一套复杂的等级值计算公式，但仅仅依靠一个数值并不能真正反映出网页的质量。事实上，有些网页在设计时就考虑到了索引的特点，故意使用一些技巧让自己得到很高的等级值，以便能排在查询结果的前列，达到提高访问量的目的。

5.4.3 索引的更新

索引的更新一般分两种情况，一种是小批量的索引扩展，一种是大批量的索引重建。在索引过程中，并不是每次新的文档加入进去索引都重新进行一次索引文件的写入操作。而是先在内存中进行索引操作，并根据一定的批量进行文件的写入。这个批次的间隔越大，文件的写入次数越少，但占用内存会很多。反之，占用内存少，但文件 IO 操作频繁，索引速度会很慢。

1. 完全重建策略

当新增文档达到一定数量，将新增文档和原先的老文档进行合并，然后利用前述章节提到的建立索引的方式，对所有文档重新建立索引。新索引建立完成后，老的索引被遗弃释放，之后对用户查询的响应完全由新的索引负责。

2. 原地更新策略

原地更新策略试图改进“再合并策略”的缺点。就是说，在索引更新过程中，如果老索引的倒排列表没有变化，可以不需要读取这些信息，而只对那些倒排列表变化的单词进行处理。即使老索引的倒排列表发生变化，只在其末尾进行追加操作，而不需要读取原先的倒排列表并重写到磁盘另外一个位置。

在索引合并时，不生成新的索引文件，而是直接在原先老的索引文件里进行追加操作，将增量索引里单词的倒排列表项追加到老索引相应位置的末尾。

3. 混合策略

将单词根据其不同性质进行分类，对其索引采取不同的索引更新策略。

根据单词的倒排列表长度进行区分，将单词划分为：

"长倒排列表单词"——原地更新策略

"短倒排列表单词"——再合并策略

因为"原地更新策略"策略能够节省磁盘读写次数。而"短倒排列表单词"读写开销不算太大，所以利用"再合并策略"来处理，充分利用其顺序读写优势。

5.4.4 索引压缩

海量页面数据的出现，使之为其建立的索引通常需要耗费较大的磁盘空间，这时，磁盘的读/写速度就会成为瓶颈，如果利用数据算法进行索引压缩的话，将可有效地减少数据量，包括磁盘占用空间的减少和磁盘读/写数据量的减少，进而加快用户查询的响应速度。

倒排索引主要包括单词词典和单词对应的倒排列表两部分，所以，针对倒排索引的压缩也是对这两部分的压缩，这其中，对倒排列表的压缩又可细分为无损压缩和有损压缩。

对于单词词典的压缩，由于其构成中文档频率信息和倒排列表指针信息相对固定，所以压缩的主要对象是单词本身，由于单词可大可小，在设定空间时就会出现浪费，我们可以将单词连续存放，而在其原来存放位置用指针来替代，这就可以起到压缩的作用了。

单词对应的倒排列表一般记载文档编号、词频信息及单词位置序列这三类信息。因为文档编号及单词位置序列是依次递增的，所以通常的做法是存储其差值，而非原始数据。

一般来说，评价倒排列表压缩算法会考虑3方面的指标：压缩率、压缩速度和解压速度。

所谓压缩率，就是数据压缩前大小和压缩后大小的比例关系。很明显，压缩率越高，就越节省磁盘空间，同时也节省了倒排列表从磁盘读入到内存的时间。

压缩速度是指压缩一定量的数据所花费的时间，相对而言，这个指标不如其他两个指标重要。另外，建立索引的次数相对而言也不算多，所以从几个方面考虑，压缩速度不是一个重要指标。

解压速度在3个指标中是最重要的，其含义是将压缩数据再次恢复为原始数据所花的时间。因为搜索引擎在响应用户查询时，从磁盘读入的是压缩后的数据，需要实时解压以快速响应用户，所以解压速度直接关系到系统的用户体验，其重要性不言而喻。

目前有很多种倒排列表压缩算法可供选择，具体内容不再赘述。

5.5 检索功能

检索器的功能是根据用户输入的查询关键字在索引库中快速检出文档，进行文档与查询的相关度评价，对将要输出的结果进行排序，并实现某种用户相关性反馈机制。

5.5.1 查询处理流程

在用户提交了查询请求后，查询处理的基本流程如下：

①分析查询。主要包括查询预处理和查询词的格式化。查询预处理主要完成以下任务，通常过滤掉助词或者标点符号之类，如中文的“的”，对中文还要做分词处理获取检索组合，单词还要去重；查询词格式化是把词汇转换成 wordID。

②根据查询词从倒排索引库获取匹配的检索结果。这是基于倒排索引的查询处理。即对已生成的倒排索引，处理其中的数据产生查询结果。

③根据特定相关度排序算法进行排序，生成最后搜索结果。这是相关度排序算法，由相关检索理论模型来决定。

搜索引擎的信息查询一般都是遵循一定的理论模型，最常用的主要有布尔模型、向量模型、概率检索模型、语言模型、机器学习模型等。在搜索引擎中，广泛的采用了向量模型。实际的搜索引擎查询实现方法一般采用了向量检索模型和布尔模型相结合的方式。

5.5.2 基于索引的查询处理

查询处理主要是指搜索引擎对用户查询的处理过程，目前比较常见的是一次一文档或一次一单词，以及结构化查询，即跳跃指针。

1. 一次一文档

搜索引擎接收到用户的查询请求后，首先将查询请求分词，然后将单词的倒排列表从磁盘读入内存。所谓的一次一文档，就是以倒排列表中包含的文档为单位每次将其中某个文档与查询的最终相似性得分计算完毕，然后开始计算另外一个文档的最终得分，直到所有文档的得分都计算完毕为止。

因为搜索系统的输出结果往往是限定个数的，比如指定输出 10 个结果，所以在实际实现一次一文档方式时，不必保存所有文档的相关性得分，而只需要在内存中维护一个大小为 K 的优先级别队列，用来保存目前计算过程中得分最高的 k 个文档即可，这样可以节省内存和计算时间，在计算结束时，按照得分大小输出就可以实现搜索目标。

2. 一次一单词

一次一文档可以直观理解为在单词—文档矩阵中，以文档为单位，纵向进行分数累计，之后移动到后续文档接着计算，即计算过程是“先纵向再横向”；而一次一单词则是采取“先横向再纵向”的方式，即首先将某个单词对应的倒排列表中的每个文档 ID 都计算一个部分相似性得分，也就是说，在单词—文档矩阵中首先进行横向移动，在计算完毕某个单词倒排列表中包含的所有文档后，接着计算下一个单词倒排列表中包含的文档 ID，即进行纵向计算，如果发现某个文档 m 已经有了得分，则在原先得分基础上进行累加。当所有单词都处理完毕后，每个文档最终的相似性得分计算结束，之后按照大小排序，输出得分最高的 k 个文档作为搜索结果。

3. 跳跃指针

跳跃指针的基本思想是将一个倒排列表数据化整为零，切分为若干个固定大小的数据块，一个数据块为一组，对于每个数据块，增加元信息来记录关于这个块的一些信息，这样即使面对压缩后的倒排列表，在进行倒排列表合并的时候也有两个好处：一个是无需解压缩所有倒排列表项，只解压部分数据即可；另一个是无需比较任意两个文档 ID，通过这两种方式有效节省了计算资源和存储资源。

5.6 检索结果展示

网页排序所针对的是检索结果，主要是完成以何种方式出现到用户面前的问题。

5.6.1 搜索引擎结果的表示方法

搜索引擎返回结果的组织方式体现了一个搜索引擎的用户友好度，一个理想的结果组织方式应该结构清晰，主题明确，使用户能够快速直观的找到自己感兴趣的信息。目前主要的几种搜索结果表示方式主要有以下几种。

1. 线性列表组织方式

这是百度、Google 等主要搜索引擎所普遍采用的搜索结果表示方式。当用户提交查询时，搜索引擎根据查询内容与 Web 文档的相关度进行排序，得到一个线性列表，其中的每个结果都由标题、摘要、链接地址、更新时间等组成。

这种方式得到的结果都包含了用户的查询词，但结果的具体主题却各不相同，有些结果之间毫不关联。因此，用户如果想找到所需信息，必须修改查询或者不得不花费大量时间在结果列表中逐项浏览。

2. 人工或半自动编辑目录表示法

采用这种方式的搜索引擎一般以人工编辑或者半自动的方式搜集信息，人工形成信息摘要，并建立 Web 分类目录，各类目录下面排列着属于这一类别的信息的名称和链接，用户搜索时就按信息所属类别目录一直查询下去，最终将查到的内容以摘要和地址的方式展现给用户。

这种方式减少了网页错误归类的可能性，但缺点是需要人工介入，维护量大、信息量少、信息更新不及时。

3. 聚类表示法

搜索引擎结果的聚类表示法的基本思想是将传统文本聚类的方法应用到搜索引擎的查

询结果中，实现搜索结果在无指导情况下的自动归类。与线性列表结果相比，该方式实现了对原始结果的主题划分，每个类别都具有一个子主题。与 Web 目录的分类方式不同，聚类是一个自动发现的过程，不需人工干预，因此克服了 Web 目录无法实时更新的不足。聚类后，搜索结果以类别的方式排列，每一类的网页具有相同或类似的主题，用户可以根据类别提示信息进入相应类别进行进一步查询，有效的缩小了用户的查询范围，提高了查询效率，从用户友好度来说有很大改进。

搜索引擎的聚类浏览技术实质上是为了方便用户的浏览，将聚类技术用于信息检索结果的可视化输出。聚类算法和聚类标识是聚类浏览技术的两个重要组成部分。聚类算法决定了搜索结果的组织结构和运行效率，而聚类标识则是帮助用户迅速确认生成的文档类目相关与否的重要信息，是提高可浏览性的基本体现。

聚类浏览技术按照聚类标识分为关键词标识和短语标识。最简单的情况是用关键词来描述聚类文档，更多的方法则采用了关键词短语来进行类目描述，因为关键词短语比词表达的信息更加丰富。根据聚类算法可将聚类浏览技术分为扁平聚类和层次聚类。扁平聚类只对数据进行一层的划分，类目的组成比较粗略，层次聚类自动将产生的类目组织成树形结构以便于用户浏览。

5.6.2 排序算法

目前的搜索排序算法主要分为以页面为中心的排序算法和以查询为中心的排序算法两种。以查询为中心的排序算法的代表是 DirectHit 算法，而传统搜索引擎主要还是采用以页面为中心的排序算法。按照研究内容的不同，以页面为中心的排序算法还可以分为基于网页内容的排序和基于页面链接分析的排序。

基于页面链接分析的排序算法主要包括 Page Rank、HITS、HillTop 等。

1. 基于网页内容排序的算法

基于网页内容的排序算法，主要是使用文本文档加权标引的方法，这种方法来源于传统的信息检索办法，其基本思想就是通过计算网页中与用户查询关键词相匹配的索引项，并按照查询关键词对网页主题内容的表征程度进行结果排序。

基于网页内容的排序算法非常多，其中最主要、使用最为广泛的是基于词频和位置的加权排序算法。有些算法虽然可以获得更好的排序结果，但是往往因为分析处理的过程相当复杂，因此不能满足海量信息搜索响应速度的需要。

基于网页内容的排序算法的基本原理是利用网页中关键词出现的频率和所处的位置信息进行排序，这种方法对网页中所有的词出现的频率，以及出现在网页中不同的位置来给予不同的权重，比如对出现在网页标题、标签、锚文本或者加黑等重要位置的关键词给予更高的权重赋值。

传统搜索引擎系统的排序算法主要来自于信息检索的许多经典算法，比如基于向量空间模型的 TF-IDF 算法。

通过信息检索的权重设置主要考虑查询关键词在页面中出现的位置、出现的频率、是否着重说明等因素，在进行正向索引时根据查询关键词的情况对其进行权重赋值。根据查询关键词在页面中出现位置的不同，将页面进行结构划分，分成以下几类不同的位置：页面标题、正文标题、正文、特殊字体（主要包括加粗、倾斜、下画线、着重符等）、锚文本等。在不同位置出现的同一关键词对表达页面内容的能力是不同的，比如出现在标题中的关键词比出现在正文中的关键词更重要，因为更能准确代表页面的内容信息；字体加大或者加粗的关键词则表示是页面作者需要强调说明的内容，因此比正文里的普通关键词更为重要。根据这种重要性的不同，对页面中每类 HTML 语言标记设定一个反映其重要性的权重。

在实际的应用当中，通过加入页面标记格式权重的方法，可以对传统的基于网页内容排序的算法进行改进。

词频位置加权排序法是搜索引擎结果排序的原始方法，开源搜索引擎 Nutch 就是采用该方法进行检索排序，并得到了普遍应用。其主要思想是：根据查询关键词在网页中出现的次数和位置对网页进行权值计算，关键词根据位置重要性的不同被赋予不同权重系数，然后以该权值来度量网页和查询的相关性，根据权值大小对网页进行排序。

这种算法实现简单，但只看重查询词的权重，而并不关注内容的实际意义。如该方法是在整个网页中计算关键词权重，因此会受导航条和广告栏等噪音信息的干扰；如果在网页中恶意罗列无关内容那么在搜索该内容时，该网页也会因为权值较大而排在前列，但该网页并没有实际有用的内容。随着搜索排序技术的不断提高，这种方法逐渐变成一种辅助的衡量标准。

2. Page Rank

Google 有一个创始人叫 Larry Page，据说 Page Rank 的专利是他申请的，于是依据他的名字就有了 Page Rank。Page Rank 的原理和百度超链分析的原理是一样的。成功搜索引擎的排序技术，就其原理上来说都差不多，那就是链接分析。超链分析和 Page Rank 都属于链接分析。

Page Rank 的原理类似于科技论文中的引用机制：谁的论文被引用次数多，谁就是权威。在互联网上，链接就相当于“引用”，在 B 网页中链接了 A，相当于 B 在谈话时提到了 A，如果在 C、D、E、F 中都链接了 A，那么说明 A 网页是最重要的，A 网页的 Page Rank 值也就最高。

Page Rank 值有一个简单的公式：

$$\text{网页 A 级别} = (1-\text{系数}) + \text{系数} \times \left(\frac{\text{网页 1 级别}}{\text{网页 1 链出个数}} + \frac{\text{网页 2 级别}}{\text{网页 2 链出个数}} + \cdots + \frac{\text{网页 N 级别}}{\text{网页 N 链出个数}}\right)$$

其中：系数为一个大于 0，小于 1 的数。一般设置为 0.85。网页 1、网页 2 至网页 N 表示所有链接指向 A 的网页。

由以上公式可以看出三点：

①链接指向 A 的网页越多，A 的级别越高。即 A 的级别和指向 A 的网页个数成正比，在公式中表示，N 越大，A 的级别越高。

②链接指向 A 的网页，其网页级别越高，A 的级别也越高。即 A 的级别和指向 A 的网页自己的网页级别成正比，在公式中表示，网页 N 级别越高，A 的级别也越高。

③链接指向 A 的网页，其链出的个数越多，A 的级别越低。即 A 的级别和指向 A 的网页自己的网页链出个数成反比，在公式中表示，网页 N 链出个数越多，A 的级别越低。

每个网页有一个 Page Rank 值，这样形成一个巨大的方程组，对这个方程组求解，就能得到每个网页的 Page Rank 值。互联网上有上百亿个网页，那么这个方程组就有上百亿个未知数，这个方程虽然是有解，但计算毕竟太复杂了，不可能把这所有的页面放在一起去求解的。

总之，Page Rank 有效地利用了互联网所拥有的庞大链接构造的特性。从网页 A 导向网页 B 的链接，用 Google 创始人的话讲，是页面 A 对页面 B 的支持投票，Google 根据这个投票数来判断页面的重要性，但 Google 除了看投票数（链接数）以外，对投票者（链接的页面）也进行分析。"重要性"高的页面所投的票的评价会更高，因为接受这个投票页面会被理解为"重要的物品"。

每个网页都会有 Page Rank 值，如果大家想知道自己网站的网页 Page Rank 值是多少，最简单的办法就是下载一个 Google 的免费工具栏（http：//toolbar. Google. com/），每当你打开一个网页，都可以很清楚的看见此网页的 Page Rank 值。当然这个值是一个大概数字。如图 5－9 所示。

图 5－9　Google 工具条

Google 除了用 Page Rank 衡量网页的重要程度以外，还有其他上百种因素来参与排序。其他搜索引擎也是如此，不可能按照某一种规则来进行搜索结果的排序。

自从 Page Rank 算法被提出以来，有很多研究人员对 Page Rank 算法进行了改进，主要的改进算法有：主题敏感的 Page Rank 算法；主要解决 Page Rank 算法偏重旧网页的问题的加速评估的 Page Rank 算法；结合页面链接分析和页面内容的 Page Rank 算法。

3. HITS 算法

HITS（Hypertext Induced Topic Selection）算法的全称是超文本引入主题搜索，是在 1998 年由康奈尔大学的 Jon Kleinberg 博士首先提出的。和 Page Rank 算法不同，HITS 是基于查询的排序算法。其基本思想是：将 Web 网页集中的网页分为权威页和中心页两类，权威页是指和查询主题相关，并且比较权威的网页，这些网页被很多网页链接；中心页是指链接了很多权威页的网页。通常，一个好的权威页会被很多中心页链接，而一个好的中心页也会链接大量的权威页，因此，HITS 算法对权威页和中心页具有一种互相加强的关系。

HITS 算法主要分获取查询结果网页集、对结果集进行扩充、迭代计算网页的权威值和中心值等几个步骤。

4. HillTop 算法

HillTop 同样是一项搜索引擎结果排序的专利，是 Google 的一个工程师 Bharat 在 2001 年获得的专利。Google 的排序规则经常在变化，但变化最大的一次也就是基于 Hill-

Top 算法进行了优化。

其实 HillTop 算法的指导思想和 Page Rank 是一致的，都是通过网页被链接的数量和质量来确定搜索结果的排序权重。但 HillTop 认为只计算来自具有相同主题的相关文档链接对于搜索者的价值会更大，即主题相关网页之间的链接对于权重计算的贡献比主题不相关的链接价值要更高。Bharat 称这种对主题有影响的文档为“专家”文档，从这些专家文档页面到目标文档的链接决定了被链接网页“权重得分”的主要部分。

与 Page Rank 结合 HillTop 算法确定网页与搜索关键词的匹配程度的基本排序过程取代了过份依靠 Page Rank 的值去寻找那些权威页面的方法。这对于两个具有同样主题而且 PR 相近的网页排序过程中，HillTop 算法就显得非常的重要了。HillTop 同时也避免了许多想通过增加许多无效链接来提高网页 Page Rank 值的做弊方法。

5. Direct Hit 排序算法

Direct Hit 是 Ask Jeeves 公司提出的一种动态排序算法。该方法主要依据用户对结果网页的点击行为以及网页被访问的时间来对搜索引擎返回结果进行排序。当用户提交查询请求后，搜索引擎会先返回一些结果，然后用户会根据结果中的网页标题、摘要等信息作出判断并进行一些访问操作，搜索引擎就是根据用户的这些行为对网页进行重新排序。其主要思想是，如果用户访问某网页或者在该网页停留较长时间，则可以认为用户对该网页比较关注，说明该网页内容和查询相关度大。

Direct Hit 算法通过二次调整使检索结果的质量有所提高，但实际上并没有进行重新排序，而是在原有结果的基础上进行信息选取，因此最终的排序质量要受第一次排序的限制，并不能从根本上改进排序算法。目前该算法作为一种辅助排序在很多搜索引擎中得到广泛应用。

6. 基于网页分块的排序算法

由于搜索引擎一般以整个页面作为处理对象来进行结果排序，容易受到页面中噪音信息的干扰，因此提出了基于网页分块的排序算法。该算法首先通过基于视觉的网页分块技术 VIPS（Vision-based Page Segmentation）对网页进行语义分块，然后通过一定的规则对语义块进行净化，最后选择和查询相关度较高的语义块参与检索，从而减少了广告、导航灯噪音信息对排序结果的影响。其中 VIPS 算法分为页面分块、提取分隔条和重组语义块三个步骤，页面分块主要利用 Web 页面的视觉提示信息和 DOM 树，视觉提示信息主要包括边框、页面背景颜色、字体颜色大小、逻辑块之间的距离等。

该算法利用网页分块技术将搜索引擎的检索单位由整张网页降低为语义块，并通过网页净化规则去除了噪音数据，用净化后的网页分块参与检索，有效改善了搜索引擎的查询结果，提高了用户查询信息的速度。

7. 机器学习排序

随着搜索引擎的发展，对于某个网页进行排序需要考虑的因素越来越多，比如网页的 Page Rank 值、查询和文档匹配的单词个数、网页 URL 链接地址长度等，这时，再采用以前人工的方式就比较困难了，此时机器学习的作用即可发挥出来。

与此同时，采用机器学习进行排序的条件已基本具备了。因为对于有监督机器学习来说，首先需要大量的训练数据，在此基础上才可能自动学习排序模型，而单靠人工标注大量的训练数据不太现实。对于搜索引擎来说，尽管无法靠人工来标注大量训练数据，但是用户点击记录是可以当作机器学习方法训练数据的一个替代品。

机器学习排序系统由人工标注训练数据、文档特征抽取、学习分类函数、在实际搜索系统中采用机器学习模型等 4 个步骤组成。

首先，由人工标注训练数据。即对某个查询，人工标出哪些文档是和这个查询相关的，同时标出相关程度，相关程度有时候可以用数值序列来表示。对于某个查询，可能相关文档众多，同时用户查询也五花八门，可以利用用户点击记录来模拟这种人工打分机制。

对于机器学习来说，输入是用户查询和一系列标注好的文档，机器学习系统需要学习打分函数，然后按照打分函数输出搜索结果，但是在其内部，每个文档由若干特征构成的，比较常用的特征包括：查询词在文档中的词频信息、查询词的 IDF 信息、文档长度页的入链数量、网页的出链数量、网页的 Page Rank 值、网页的 URL 深度、查询词的 Proximity 值，即在文档中多大的窗口内可以出现所有查询词。

在确定了特征数量后，即可将文档转换为特征向量，再加上其对应的相关性得分，就形成了一个具体的训练实例。

通过多个调练实例，就可以采用机器学习技术来对系统进行训练，训练的结果往往是一个分类函数或者回归函数，在之后的用户搜索中，就可以用这个分类函数对文档进行打分，形成搜索结果机器学习排序方法分为单文档方法、文档对方法和文档列表方法等 3 种。

①单文档方法。单文档方法的处理对象是单独的一篇文档，将文档转换为特征向量后，机器学习系统根据从训练数据中学习到的分类或者回归函数对文档打分，打分结果即是搜索结果。

②文档对方法。对于搜索系统来说，系统接收到用户查询后，返回相关文档列表，所以问题的关键是确定文档之间的先后顺序关系。单文档方法完全从单个文档的分类得分角度计算，没有考虑文档之间的顺序关系。文档对方法则将重点转向量对文档顺序关系是否合理进行判断。之所以被称为文档对方法，是因为这种机器学习方法的训练过程和训练目标，是判断任意两个文档组成的文档对＜DOC1，DOC2＞是否满足顺序关系。

③文档列表方法。文档列表方法是将每一个查询对应的所有搜索结果列表整体作为一个训练实例，它根据 K 个训练实例训练得到最优评分函数 F，对于一个新的用户查询，函数 F 对每一个文档打分，之后按照得分顺序由高到低排序，就是对应的搜索结果。

5.7 元搜索引擎

所谓元搜索引擎，就是指在统一的用户查询界面与信息反馈的形式下，共享多个搜索引擎的资源库为用户提供信息服务的系统。

5.7.1 概述

通常，元搜索引擎充当的是一个中间代理角色，接受用户的查询请求，将请求翻译成相应搜索引擎的查询语法。在向各个搜索引擎发送查询请求并获得反馈之后，首先进行综合相关度排序，然后将整理抽取之后的查询结果提供给用户。

1. 基本构成

元搜索引擎主要由三部分组成：请求提交代理、检索接口代理、结果显示代理，如图 5-10 所示。

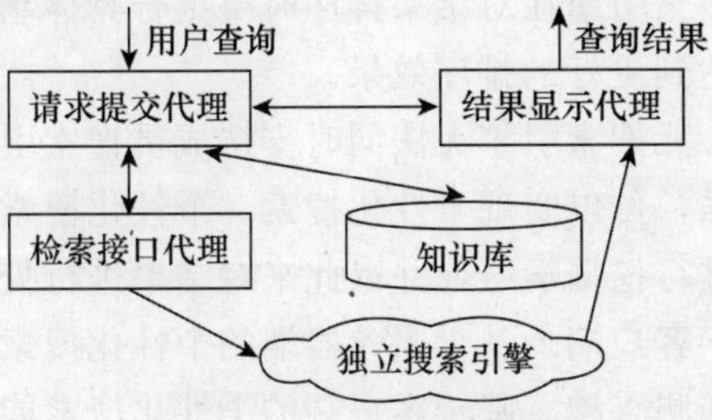

图 5-10 元搜索引擎结构

请求提交代理负责实现用户个性化的检索设置要求，包括调用哪些搜索引擎、检索时间限制、结果数量限制等。它主要进行检索前的设置。在此模块中可以根据需要对成员搜索引擎列表、最长搜索返回时间、选取返回结果的数目等参数进行设置，设置可以是默认参数，可以是用户手动设置，也可以是基于系统对用户查询关键字的分析和系统对其成员搜索引擎的预定义的自动设置。

检索接口代理负责将用户的检索请求"翻译"成满足不同搜索引擎"本地化"要求的格式。它主要进行检索时的设置和处理。此模块负责将用户的检索请求与成员搜索引擎的搜索规则进行组合，并负责将转换后的搜索请求语句发送给成员搜索引擎，在各成员搜索引擎搜索结束后，获取其返回的结果列表。在这个处理过程中，由于不同成员搜索引擎可能具有不同的查询表达方式，因此就需要为不同的成员搜索引擎创建好合适的语句转换规则。

结果显示代理负责所有源搜索引擎检索结果的去重、合并、输出处理等。其中对返回的所有结果集进行消重及合并后的重新排序，则是元搜索引擎最为关键的技术。

2. 元搜索引擎的特点

①查全率较高，但查准率难以控制。元搜索引擎将用户的每次检索请求同时发送给多个成员搜索引擎，也因此能够扩大其查询的覆盖范围，提高查全率。但元搜索引擎返回的结果主要来自其成员搜索引擎结果中排名靠前的记录，在一定程度上默认了成员搜索引擎的查准效果。而当前的搜索引擎对其返回结果的排序并不理想，而且又往往隐藏掉自身的排序规则和搜索结果评分。因此元搜索引擎在为用户提供更加全面和综合结果的同时，难以有效控制各成员搜索引擎的无关输出。

②检索速度难以保证。由于元搜索引擎的检索时间依赖于其成员搜索引擎，因此简单

看来，其检索耗费的时间至少长于返回结果延时最长的搜索引擎。除此之外，元搜索引擎的检索流程中还包括依据检索词选取成员搜索引擎，成员搜索引擎返回结果解析和显示，去除重复结果，结果整合排序等过程，如果没有进行很好地优化，将很难保证搜索时间。在多线程技术，分布式技术用于元搜索引擎后，大大提升了检索速度。

③元搜索引擎对搜索结果的排序不够理想。

目前的搜索引擎都是基于用户检索关键词，以一定的算法对网页进行相关度排序后返回结果的，不同的搜索引擎采用了各不相同的网页相关度排序算法。由于市面上的搜索引擎往往都不公布自己的排序算法，所以元搜索引擎一般只能获得各成员搜索引擎返回结果的位置排序信息，对于更重要的网页中词条的位置和词频统计信息、网页排序值等重要信息则都无法获取。因此元搜索引擎在对结果排序时要结合具体场景，混合使用多种排序策略和改良排序算法，以期达到更好的排序效果。

④出于普适性的需求，元搜索引擎无法同时支持成员搜索引擎的某些高级检索功能。

⑤元搜索的可扩展性强，可以实现个性化搜索。个性化搜索要求搜索引擎构建用户的兴趣模型，对用户的兴趣进行挖掘学习，并以此来对结果进行处理。这样的个性化搜索可以基于服务器端也可以基于客户端。基于服务器端的个性化搜索能够追踪用户以前的查询和访问过的网页，以此来推测兴趣。基于客户端的个性化搜索能追踪用户的浏览特征等更细节的信息，以此来捕获用户兴趣。由于元搜索引擎可以涵盖较多不同种类的成员搜索引擎，包括基于主题的垂直搜索引擎，因此在实现个性化搜索方而当然比传统搜索引擎更加具有优势。

3. 分类

元搜索引擎分为并行处理式和串行处理式两大类。

并行处理式元搜索引擎将用户的查询请求同时转送给它调用链接的多个独立型搜索引擎进行查询处理，串行处理式元搜索引擎将用户的查询请求依次转送给它调用链接的每一个独立型搜索引擎进行查询处理。

按功能划分，元搜索引擎包括多线索式搜索引擎和 All－in－One 式搜索引擎；按运行方式的差异可分为在线搜索引擎和桌面搜索引擎。

①简单元搜索引擎。简单元搜索引擎只是给用户提供一个搜索引擎列表，用户可以选择所用的搜索引擎。

用户输入查询请求，然后直接以 CGI 方式调用对应的搜索引擎。

由于具体搜索引擎是由用户选择的，而且查询请求只能发送给一个搜索引擎，所以请求提交代理和检索接口代理的设计就非常简单，可以直接设计在静态网页中。

②桌面型元搜索引擎。桌面型元搜索引擎以程序的方式提供给用户。它运行在用户的机器上，用户的查询请求直接由用户端分发给它所调用的搜索引擎，然后对返回的搜索结果进行集成后以一定的方式显示。

对桌面型元搜索引擎来说，请求提交代理、检索接口代理和结果显示代理都在客户端。

③基于 Web 的元搜索引擎。基于 Web 的元搜索引擎以 Web 方式为用户提供元搜索服

务。请求提交代理、检索接口代理和结果显示代理都存放在元搜索引擎所在的服务器端。

在这种方式中，用户的元查询请求经过服务器端的请求提交代理和检索接口代理将查询请求分发给它所调用的独立搜索引擎，这些独立搜索引擎返回的搜索结果由服务器端的结果显示代理处理后再返回给用户。

4. 主要技术指标

①选择独立搜索引擎的策略。有些元搜索引擎固定地调用几个独立的搜索引擎，用户不能修改。有些元搜索引擎的高级特性中可以让用户自己选择用哪些搜索引擎。这种方式对于那些对独立搜索引擎比较了解的用户来说是可取的，但那些不了解的用户可能选择不到适合的搜索引擎。元搜索引擎只能选择几个搜索引擎同时进行搜索，因为选择的搜索引擎的个数越多，虽然得到的搜索结果更加全面，但结果集成将花费更多的时间。

②覆盖网络资源的程度。一般的元搜索引擎尽量覆盖多种网络资源。有些元搜索引擎还支持更加专业的搜索，比如 Mp3 搜索、各种专业的论文查找、健康医药查找、第三方技术源搜索等搜索引擎。

③提供丰富的检索选项。用户检索选项包括是否提供高级检索服务，是否可以限定最长检索时间，是否可以设置每个搜索引擎的返回结果的数量，是否可以设置标题的大小和摘要的大小，是否可以提供显示选项等。检索选项越多，用户使用的时候就越灵活。

④搜索结果的处理能力。对独立搜索引擎返回的结果的处理是元搜索引擎的又一个重要技术。它包括结果的处理和结果的显示。有些元搜索引擎提供多种显示结果的方式，如有些元搜索引擎让用户按照时间、按照搜索引擎、按照相关度等来排序。有些元搜索引擎提供了让用户定制搜索结果的聚类方式，如按域名聚类、按主题分类等。

⑤相关度指标。每个搜索引擎开发商为了将最满意的结果放到最前面，于是创造出各种相关度指标体系，从检索词的位置、频率、链接和流刑度等等。虽然没有一种方法是完美的，但是都有创新之处。面对这么多众多的相关度评价指标，按照怎样的方式对从独立搜索引擎返回结果进行一致性的排序是元搜索引擎结果处理部分面临的主要问题。元搜索引擎的结果排序有很多种方法，有根据搜索结果在独立搜索引擎中的位置进行排序的方法，有根据搜索结果简要介绍信息进行排序的方法，还有干脆获取这些网页，然后按照位置频率法对搜索引擎进行一致性排序。

5.7.2 元搜索引擎关键技术

元搜索引擎的核心问题在于如何对用户的搜索请求进行查询转化、如何确定成员搜索引擎的调度策略，以及如何对成员搜索引擎的返回结果进行合并、去重、排序并呈现搜索结果。解决这些问题的主要技术有检索请求查询转化、成员引擎调度策略、以及成员引擎返回结果的排序合成等。

1. 检索请求查询转化

用户在元搜索引擎提供的查询界面输入的查询条件，需要根据不同的成员搜索引擎转化成相对应的查询表达式才可以进行检索。由于不同的成员搜索引擎拥有不同的检索语法和操作符使用规则，因此需要针对每个成员搜索引擎建立相应的查询语句转化机制。在查询语句转化过程中，需要对成员搜索引擎不能处理的检索方式进行排除，并且选择一种合适的方式来匹配。查询转化中另外一个需要考虑的问题是查询语义问题，这主要是由于不同成员搜索引擎支持的功能不同所造成的。例如查询请求中，有些搜索引擎不支持词干提取技术，对于具有不同词缀的单词不能进行相关词映射识别，此时如果直接将元搜索引擎的查询请求分发给相应成员搜索引擎的话，搜索得到的结果将会与用户意愿不完全相符，达不到最佳检索结果。对于这类问题，通常是在查询转化中进行预处理，提前提取单词词干，从而扩充用户的查询请求，达到提高查全率的目的。

2. 成员引擎调度策略

成员搜索引擎的调度策略研究元搜索引擎如何为用户选择合适并贴近用户需求的成员搜索引擎，以较小的资源损耗和时间损耗，帮助用户获得较高查询满意度的技术。通常每调用一个成员搜索引擎，都需要消耗一定的网络带宽及服务器的处理时间，而对于用户来说，并不是每个成员搜索引擎都能为其带来有价值的信息。因此如何选择成员搜索引擎是在元搜索引擎实现的过程中要解决的一个关键问题。现有的成员搜索引擎的调度策略主要有以下几种。

（1）系统默认

用户每次检索时都是由系统选取默认的几个成员搜索引擎，或者是随机选择成员搜索引擎处理查询请求。

（2）用户手动选择

用户每次检索时，在元搜索引擎提供的成员搜索引擎列表中手动选取自己偏好的搜索引擎。

（3）自动优化选择

由系统针对用户的查询请求来为用户选择效果较好的成员搜索引擎。现有的自动优化选择方法有以下三种。

①定性的方法。这种方法是根据一定的评分函数针对给定的查询预测每个成员搜索引擎的结果质量。该方法适用于成员搜索引擎的检索数据库和结果排序相关参数是开放的，容易获取的情况下。

②定量的方法。根据一些比定性方法更准确的衡量标准来衡量成员搜索的有用性。它根据给定查询和成员搜索引擎检索数据库参数，计算成员搜索引擎的搜索结果有用性，相对定性方法而言更加直接和准确。

③基于学习的方法。这种方法中是基于以往的查询经验来评估其成员搜索引擎，依据每个成员搜索引擎与用户查询关键词、或者与用户之间的相关度，在每次查询中自动选取合适的成员搜索引擎，以提升返回结果的质量。

学习方法可以大致划分为三种：一是静态学习方法，系统人员在系统投入使用前预先选择大量的训练查询词，通过分析成员搜索引擎对这些训练查询词所返回的搜索结果，来获得成员引擎检索数据库的统计参数。该方法缺陷在于无法及时跟踪成员搜索引擎数据库的变化来调整调度策略。二是动态学习方法，该方法通过对用户的搜索结果的反馈信息不断学习成员搜索引擎的性能。其缺点是学习的过程需要耗费较长时间，可能对用户的查询性能会有一定影响。三是将前两种方法结合起来使用，也就是通过训练查询词来获得最初的成员搜索引擎选择知识，再通过对用户反馈的结果评价不断更新知识库。

3. 搜索结果排序合成

搜索结果排序合成，就是对各成员引擎返回的搜索结果进行处理的过程，具体包括合并结果集、消重和排序这三个主要步骤。在元搜索引擎的关键技术中，搜索结果的排序合成是最为重要的，它是元搜索引擎的核心所在，也是该领域最受关注的研究热点。其主要作用在于对返回的大量搜索结果进行重新排序，将用户最感兴趣的搜索结果排在靠前位置，方便用户尽快找到更多自己想要的信息，真正在保证查准率的前提下提高查全率。

理论上，没有任何一个搜索引擎可以在任何情况下都获得比其他搜索引擎更有效的结果。但从元搜索引擎的设计原则上看，由于元搜索引擎的输入为所有成员搜索引擎的输出结果集，所以元搜索引擎应当在任何情况下都可以输出不劣于任何一个成员搜索引擎的结果。但在实际应用中，成员搜索引擎的技术细节通常是不公开的，这也为元搜索引擎实现“理想情况”带来难度。也因此，元搜索排序合成在元搜索技术的研究中具有显著的地位。

5.7.3 元搜索引擎排序方法

元搜索引擎排序是指对其调用的多个成员搜索引擎所返回的结果进行收集、去重处理，然后按照一定的算法规则排序，最终将排序结果按一定顺序展现给用户的过程。元搜索引擎中用到的排序技术是排序合成，又被称为数据合成。它是信息检索领域中，根据用户的检索请求，对多个返回的文档列表进行融合，使之成为一个独立的、不重合的有序文档列表的一种技术。

由于调用的成员搜索引擎可以各式各样，其收集的查询结果组成也形式多样，归纳起来其结果主要是由网址（URL）、网页标题、内容摘要、相关度和排序位置等信息组成。因此，元搜索引擎排序可以在利用成员搜索引擎排序的基础上，从网页标题、内容摘要、排序位置等方面着手考虑。总的来说，元搜索引擎的排序算法可以分为两类，分别是位置排序法和相关度排序法。

1. 位置排序法

位置排序法的基本思想是充分利用各种成员搜索引擎返回的结果记录集合中结果记录原来的排序信息。不同的搜索引擎对于相同的查询可能会得到一些相同的检索结果，但是相同的几个搜索结果记录在不同的搜索引擎中返回的次序可能不一样。这类方法包括直接合并法和机械排列法。

①直接合并法。这种结果融合方法是最原始的，它将成员搜索引擎各自返回的查询结果不加选择的直接拼接到一块返回给用户。这种结果的合并方式其实与调用单个搜索引擎差不多，因为根据调查，一般用户只对前面3页的搜索结果感兴趣，这种方式使得放在后面的搜索引擎的搜索结果无形中被忽略掉了。它只是提高了搜索结果的完全度，而不能提高用户的满意度，不能很好的体现元搜索引擎的特点。但是这种方式为用户在结果集中再

次搜索提供了资料保障。

②机械排列法。如果只有文件的原始顺序是已知的，则可以采用间隔排列合成法：首先把每个查询结果中的第1项交叉列出，然后再把各个查询结果中的第2项交叉列出，依此类推。这种方法主要是想把成员搜索引擎按照各自认为的相关度较高的文档列在前面，但是这种方法的缺点很明显，会出现重要文件位置靠后，重复地址和高冗余度等问题。

2. 相关度排序方法

如果可以得到文档的原始相关性分值，那么当这些分值可以直接比较时，则可以采用原始分值合成法：直接依据每个文档的原始相关性分值决定其合成排列次序，但是由于成员搜索引擎的局部相关度计算方法差异很大，原始相关性分值不具备直接的可比性，因此这种方法的效果非常差。目前对全局相关度的计算方法也是各种各样，有的把文档的局部相关度以一定算法转化成全局相关度，有的则是直接重新计算全局相关度。虽然各自的解决方法不同，但是总的来说分为三类：相关度标准化法、相关度调节法和相关度估算法。

①相关度标准化法。有些搜索引擎返回的局部相关度的值在0和1之间，而有的搜索引擎返回的值可能在100和1000之间，如果不进行任何处理，这两种相关度显然是无法进行比较的，检索结果当然也就无法合并。相关度标准化法首先将各种局部相关度都按比例转化到同一个值域范围内，然后再用这些标准化的相关度作为全局相关度进行结果合并。

②相关度调节法。相关度调节法的主旨思想就是通过一定方法来调节返回结果的局部相关度，使其可以当作全局相关度进行比较。

基于文档分值类方法精确到文档级别。它先把所有获取的文档合并成一个结果集，再通过某种算法对文档的分值进行计算，得到的分值可视为与查询关键词之间的“相似度分值”，最后按照分值的大小进行排序，从而得到返回结果列表。

这类方法中，根据其依据的信息，可分为两种：一种是以成员引擎返回的文档相似度分值作为文档的分值基础；而另一种假设获取不到成员引擎文档相似度分值等技术信息，而以返回的文档在列表中的排序位置作为其分值的依据。

在基于文档分值类算法中，Comb系列算法、Borda－Fuse是最具有代表性的两种算法，且是整个排序合成领域中较为经典的算法。其中，Comb系列算法提出以文档的相似度分值或排位信息作为文档的分值基础，首先对相似度分值进行“规范化”，以消除不同引擎在分值上的差异，若没有相似度分值，则以规范化排序位置作为分值，其次通过统计不同引擎对于同一篇文档的推荐分值，从而得出文档的最终分值，最后依据分值进行排序；而Borda算法是以成员引擎为投票人，对文档进行投票，最后所有文档按照得票数进行排序，从这个角度上看，Borda算法中文档的“票数”实质上就是文档的分值。

③相关度估算法。在某些特定情况下，系统有可能计算出返回文档的全局相关度，这就是相关度估算法。

④加权类方法。加权类方法的研究重点通常集中在成员引擎的权重值上，从某种角度上看，它是直接合并类算法与基于文档分值类算法的结合，它既考虑到文档分值的作用，细化到文档粒度，同时也考虑到不同成员搜索引擎在文档推荐中的不同作用。因此，这一

类算法除了有复杂的文档分值计算过程，也会有相应的成员搜索引擎权重值计算。

目前的加权类算法主要通过两种方式计算权重。

一种是通过训练集进行学习，得出各个成员搜索引擎的优劣程度的系数值，在计算文档相关度时，文档的相关度由相似度分值乘上该系数得出。另一种是直接采用成员搜索引擎的精确度作为成员搜索引擎的权重。总体来说，加权类算法通过关注成员引擎的权重，提高了最终文档相关度分值的可靠性，进而提高查准率。并目，第一种加权类算法相比于第二种，不需要预先知道成员搜索引擎的相关技术细节，但缺点是需要大量训练数据。而第二种方法的特点是查准率高，不需要训练集，但缺点是需要知道成员搜索引擎的技术细节，实际中可行性较低。因此，这一类算法在精确度上的提高是以增加技术细节信息或者训练数据集等额外的前提条件为代价的。

3. 几种合并方法的比较

位置排序法只需要结果项在成员搜索引擎中的排名情况，而不需要相关度信息，因此计算简单，但是不精确。在相关度排序方法中，相关度标准化法和相关度调节法由于不需要知道成员搜索引擎相关度计算的具体细节，因此可以很容易地加以实现，并且能够取得较好的效果。其中相关度标准化法将各个搜索引擎地局部相关度强制转换到一个值域中，实现起来最容易，但得到的结果并不是很科学。相关度调节法由于使用了数据库质量等方面地附加信息帮助计算文档的全局相关度，效果要好一些。但是这类方法并没有进行严格系统的证明，因此并不能保证得到的全局相关度的准确性，而且将不同搜索引擎中排名第一的文档都设定为同样的全局相关度也是一种主观的做法。

相关度估算法可以获得更加准确的结果，因此最后的文档列表也会最接近理想状态。但是这类方法要么需要将文档下载到元搜索引擎本地，要么需要额外评价很多查询式的检索情况，所以与真正得到广泛应用还是有一段距离的，需要进一步研究。

5.8 智能化搜索引擎

传统的文本信息检索一般使用召回率、准确率来对检索效果进行量化评价，但是在海量的互联网信息检索上用召回率与准确率来衡量检索效果是否合适？比如，在一些场合，高的召回率返回的成千上万网页对用户实在是一个沉重的负担，在网页爆炸性增长的今天，没有哪一个用户有时间和精力来浏览搜索引擎查到的每一个网页。

5.8.1 智能化搜索引擎原理

目前，智能化搜索引擎方式在形式上采用了“以网对网”的二级映射模式（“关键字-innernet-internet”）代替传统的一级映射模式（“关键字-internet”），这里所说的innernet，就是指知识库。在实现上采用多级智能化搜索代理体系代替现在的单一搜索。理论与实践都表明，这种体系结构能够较好地解决传统搜索引擎所面临的问题。

二级映射模式能够提供比全文检索更为智能化、知识化的服务，其根本原理在于拥有比全文检索更为丰富的知识库（又称为innernet网）和能较好地进行文档相关度排序的多级搜索代理。

1. 智能化搜索引擎的特征

一般而言，智能搜索引擎有 3 个主要的特征：

①网络爬虫的智能化。网络爬虫通过启发式学习采取最有效的搜索策略，选择最佳时机获取从 Internet 上自动收集、整理的信息。

搜索引擎应能在 Internet 或 Intranet 的任何地方工作，能尽可能地挖掘和获得信息。网络爬虫既可收集特定站点的信息，又能遍历整个 Internet，对整个 Internet 进行索引。为了提高搜索速度，智能搜索引擎可以同时启动多个引擎并行工作，将各个引擎的搜索结果整合，作为一个整体存放到数据库中。

此外，智能搜索引擎还应具有跨平台工作和处理多种混合文档结构的能力。譬如既能处理 HTML，又能处理 SGML 和 XML 文档以及其他类型的文档，譬如 Word、WPS 等。

同时，智能搜索引擎还应具有高的召回率和准确率。

最后，智能搜索引擎应该可以支持多语言搜索，允许用户可以用中文输入查询英文或其他语言的信息。

②为特定用户提供相关信息。智能搜索引擎能通过观察用户的行为，了解用户的兴趣爱好，另外能通过不断的训练学习增长智能。通过每次用户对引擎返回的信息进行评价，智能搜索引擎可以根据用户的评价调整自己的行为。智能搜索引擎还能对搜索结果进行合理的解释。智能搜索引擎还应具有主动性，即信息推送能力，可以在任何特定的时候用各种方法与用户取得联系。搜索引擎还可根据用户特定时刻的位置信息，选择恰当的方法与用户通信。

③搜索引擎人机接口的智能化。智能搜索引擎可以通过自然语言和用户交互。它采取诸如语义网络等智能技术，通过汉语分词、句法分析以及统计理论有效地理解用户的请求，甚至能体会出用户的弦外之音，最大程度地了解用户的需求。

2. 智能化搜索引擎的技术

要想真正实现如上所述的智能搜索引擎还有大量的工作要做。一种比较实际的做法是将智能技术跟传统搜索引擎结合，逐步实现智能化。

①汉语分词技术。关键词查询的前提是将查询条件分解成若干关键词，同时一些关键词表示文档。对英文而言，一个单词就是一个词。但中文就没有这么简单，主要问题是中文词与词之间没有界定符，需要人为切分。此外汉语中存在大量的歧义现象，对几个字分词可能有好多种结果。简单的分词往往会歪曲查询的真正含义。因此，可以根据语料库进行总结，获得每个词的出现概率以及词与词的关联信息，就可能有效地排除各种歧义，大幅度提高分词的准确性，从而准确地表述查询请求和文档信息。

②短语识别。用短语描述查询请求的情况很常见。譬如查询条件“北京的气温”，“北京”和“气温”存在一定的关系，但如果不将“北京”和“气温”联合起来作为一个短语查询那么除了选出关于“北京的气温”的文档之外，还将查出有关“北京”和“气温”的文档。因此，短语识别也是智能化引擎所关注的一个技术。

③处理同义词。处理同义词的一种方法是人工构造同义词表。对专用领域的搜索引擎，这种方法是非常有效的。另外一种方法是从语料库中自动取得同义词关系。给出一个查询的关键词，引擎能主动“联想”到与其同义或意思相近的词。

④文档信息压缩。存储文档信息的 Word 矩阵如果不经过压缩处理，将需要巨大的存储容量。采取诸如 SVD 等矩阵分解技术，构造出新的基向量组，从该向量组中挑出若干主要基向量构成新的向量空间，将原来的向量向新的向量空间投影，这样便可以大大减少存储量，有效地提高处理速度。

在搜索过程中经常还会碰到这样的情况，用户本身有时候也不清楚自己究竟需要获取什么信息。因此，让用户对返回的结果进行选择，挑出真正所需，然后根据用户挑出的文档，对查询条件进行修正，进行二次查询是一种非常有效的手段。此外，还有一些其他的人工智能方法，譬如可以将知识库和推理机应用到搜索引擎中等，所有这些都是实现信息时代对搜索引擎智能化挑战的有效手段。

5.8.2 智能化搜索引擎的实现

对于一个智能化的搜索引擎而言，想同时提高召回率与准确率是比较困难的。具体说来，它需要解决好以下几个问题：innernet 网（又称为知识库、词典系统）的建立、对汉语词语进行正确的切分、自动文摘的生成、检索结果的排序和智能化多级智能检索代理的实现。

其中，对汉语进行正确的切分是建立索引数据库的基础，也是建造一个优秀的搜索引擎的基础，而要对汉语进行正确的切分，就需要词典系统的支持。同时，词典系统也是对用户输入的关键字进行正确的语意分析和扩展的工具。对一篇文档，只有在生成能反应其内容的摘要后，才能更好地确定文档与其中的关键字的相关度，而相关度正是进行文档排序的依据。同时，用户也是根据摘要来判断本文档是否就是自己需要的信息。现在，网上的信息是呈几何级数增长，将原来单一的搜索引擎扩展成多级的、智能化的搜索引擎是必然趋势。所以，这五项技术是一个智能化搜索引擎的核心技术，下面就详细地介绍这五个方面的实现。

1. innernet 网的建立

innernet 网，通俗地说，它就是由一个或多个相关的词典组成的反映人的知识网络及相关工具的系统；通过它，搜索引擎就不仅可以对汉语语言进行正确的切分，还可以对用户输入的关键字进行合理的词意分析和扩展，从一定意义上讲，它是人类知识在一定范围（或领域）内的一个缩影。

①词典的建立。词典的建立比较简单，比如，同名词典就是把几个同名词放在一行，各个词之间用空格隔开。实际上，每一行只有第一个词是主题词，也即在查找某一词（如“中国”）的同名词时，只将每一行的第一个词与“中国”进行比较，若找到“中国”一词，那么该词所在行的其他词就是它的同名词。毫无疑问，这样会增加词典的冗余，但是，这种组织方式会大大地提高查找词的速度（这是因为这些是按第一个字的汉语拼音字母的顺序来排序的），并且词典一般是以文本文件的格式存在的，它所占的空间很小。

一般地，同义词典、上位词典、下位词典、派生词典都是按这种方式来组织的。对定义词的词典来说，将词罗列出来就可以了。在建立词典的时候，为了提高查找词的速度，一般对词典按汉语拼音顺序和首字索引结构进行组织。

②词典维护工具。需要三个词典维护工具：词典生成工具、词典导出工具和词典连接工具。词典生成工具，就是根据我们的所定义的源文件（当然，文件格式必须符合预定的规则）生成我们所需要的词典，比如，生成定义词的词典、同义词词典等，一般主要是用于生成用户词典。因系统词典的稳定性很好，在生成好以后，可以在较长的时间内使用。词典导出工具，就是将词典里的内容，按预定的格式导出到指定的源文件中，导出的源文件与生成词典时所定义的源文件是一样的。词典连接工具，就是把我们生成的用户词典连接到相应的系统词典上去，从而使二者成为一个整体。

③语意分析器的建立。简单地说，语意分析器是由一个个词（这些被定义在定义词典里）及对这些词按一定的规则所建立的索引二部分组成。一般搜索引擎是用非完全二叉树结构来组织这些索引，但这样常常会导致大量的 I/O 开销。

从形式上来说，它又是由系统部分、用户部分组成。同理，系统部分用于定义稳定的、适合于各个领域的语意分析。而用户部分用于定义适合一段时间的或适合于某一个领域的语意分析，这两个部分分别与系统词典、用户词典相对应。

在建立索引时，使用的是非完全二叉树结构，也即：左孩子是根结点的子女，右孩子是根结点的兄弟。在这些节点上，存放的是一些类名，类名也可以是用户输入的关键字。每一个类名都在定义词的词典里被定义成为一个词。这些类名是按其第一个字的汉语拼音字母（如：a、b、c 等）的顺序来排序，这样可以在检索的时候使用折半查找的方式来提高检索效率，但当第一个字的汉语拼音字母相同时，就按词的重要性、使用频率及后继字的汉语拼音字母顺序相结合的方式来排序，也就是说，只有在词的重要性、使用频率相同时，才根据后继字的汉语拼音字母顺序排序，若这几者都相同时，则根据录入的先后顺序排序。

最下层的叶子结点存放的是搜索引擎到索引库里进行搜索的关键字，在汉语里，不同字开头的词的数目变化很大，多的可达数百个，少的可能只有一个或者没有，词长度的变化也很大。并且，汉语里，同音异形的现象也很普遍。这就要求在设计词表的数据结构时，除了考虑访问效率外，还必须充分考虑存储利用率。故它的排序规则是：对关键字的首字使用汉语拼音字母排序，然后再使用 Hash 算法，这样，当关键字的首字是同音异形时，它们的地址是不相同的。在此基础上，再结合词的重要性、使用频率及后继字的汉语拼音字母顺序等方式进行排序。

④关键字分析器。借助于语意分析器，可以对用户输入的关键字进行词意分析与扩展。比如，它可以将“科学家”这一关键字扩展成“钱学森”“钱三强”等科学家的名字。当然，有时用户并不需要对输入的关键字进行分析与扩展，故在系统上有一选项用于设置用户是否需要分析关键字。若用户设置为“NO”，那么这个分析器将不会工作。反之，则将对用户输入的关键字进行分析。

下面仍以一个例子来说明关键字分析器是如何工作的，比如：用户输入“中国科学家”这一关键字，分析器将根据词典系统，对这个关键字进行如下分析。

第一步：找出输入关键词中的主关键词，根据定义词的词典，知道这个关键字是名词，并且这个关键字可被切分成“中国/科学家”这两个词，根据汉语语法规则，名词的主关键字一般是最后一个词，前面的词是修饰这个主关键词的。所以，这个关键词中“科学家”是主关键词。当用户输入的关键词只是一个词，那它本身就是主关键字。

第二步：分析修饰词，这一步确定修饰词是否应该抛弃。在这个例子中，由词典可以知道，主关键词“科学家”的词性是名词，修饰词“中国”也是名词，且名词是可以修饰名词的。故这个修饰词是需要的。

第三步：对主关键词作进一步处理。到同名词典、同义词典、派生词典中分别查“科学家”的同名词、同义词、派生词，在这个系统中，“科学家”没有同名词、近义词和派生词。

第四步：对修饰词作进一步处理（若没有修饰词，或修饰词已经被抛弃，则这一步可以省略）。到同名词词典中去查找“中国”的同名词，得到“中华人民共和国”这一词。

第五步：得到语意分析后的词。分析后的词应该包括这几个部分：主关键字、修饰词（修饰词的同名词）＋主关键字、修饰词（修饰词的同名词）＋主关键字的同名词、修饰词（修饰词的同名词）＋主关键字的同义词、修饰词（修饰词的同名词）＋主关键字的派生词。在这里，我们得到的语意分析后的词语是：“科学家”“中国科学家”“中华人民共和国科学家”这三个词。

第六步：语意扩展。这个例子中，不能找“中国科学家”“中华人民共和国科学家”这二个词的路径，因为这个系统中的科学家没有中国的与国外的之分。只找到“科学家”这个词的路径，根据这个路径就可以找到“钱学森”“李四光”等关键字了，最后，将用户输入的关键字也并入其中。这就是分析器对用户输入的关键词分析后的结果。

所以一个 innernet 网就是语意分析器、词典维护工具、关键字分析器这三个部分组成的有机整体。

2. 索引库的建立

在做具体的程序设计时，对汉语的切分是在建立检索项时完成的，亦即，在将网络爬虫搜索回的网页或文档添加到索引库时，才做这一步工作，然后，将切分出的检索项以倒排文件的形式添加到索引库中。

3. 分级检索代理

检索代理系统负责检索请求的获取、分发，并对检索结果进行合并、排序处理。

系统的检索体系根据各个代理的繁忙情况来确定各自的负载，并自动地进行负载调节与检索任务的分配，故它是一种分布式的负载均衡的结构。这样，不仅提高了检索系统的覆盖范围（可以同时检索不同区域、不同类型的资源），也提高了系统的检索性能。把检索代理系统的检索分流到各个资源库的分代理。同时使资源库分布自由，创建、分类、管理也更加简单、容易。系统的可维护性也得到增强。

4. 搜索器的实现

索引库和搜索器是一个搜索引擎最关键的两个功能部件，搜索器与索引库最大的区别是：它对执行速度要求比较高。其实现步骤如下：打开搜索结果集、读取搜索结果并排序、释放系统资源。

关于自动文摘的内容详见 7.3。

5. 检索结果的排序

现在的搜索引擎，几乎都采用多级检索代理结构，在每一个检索代理搜索出自己的结果后，首先根据其主题词相关度大于预先设定的阈值，分成与摘要相关和与摘要无关两个部分，然后再将搜索结果分成两个批次提交到上一级，直至用户界面级。

在用户界面上显示搜索结果时，遵循这样一些原则：

①剔除相同的搜索结果。

②与摘要相关的搜索结果优于与摘要无关的搜索结果。

③当搜索结果的相关度相同时，将用分级代理优先算法来确定其排列顺序。

分级代理优先算法是根据以往的搜索结果被用户命中的概率来决定文档的排列顺序，比如，有三个搜索代理 A、B、C，若代理 A 在以前的搜索中，一共向用户提交了 100 条结果，被用户命中条数是 50，则该代理被用户命中的概率是 0.5；以此类推，若代理 B 被用户命中的概率是 0.32，代理 C 被用户命中的概率是 0.57，则当 A、B、C 各搜索出一条相关度为 15 的记录时，则代理 C 所检索的文档应该排在最前面，其次是代理 A 的，最后是代理 B 的。

由此可以看出，搜索结果的排序是以文档摘要为基准、主题词在文档中出现的频率为辅，同时还参考了以往的被命中的统计结果，从而能够比较准确地将用户最需要的结果排在最前面。

6. Agent 技术的应用

Agent 最初的用意是驻留在固定的计算机上的代理。但随着网络技术的发展，人们产生了让 Agent 在网络中移动并执行、完成某些功能的想法，这就是移动 Agent（MA）的思想。其突出特征就是 Agent 实体的运行不是固定在一台机器上，而是可以在多台机器上。

Agent 能够代表一些用户的兴趣、喜好和需求，自主地采取行动对网上的信息和资料进行收集、过滤和整理，既解决了一定的信息过载问题又解决了用户个性化问题。虽然 Agent 的定义仍然是一个悬而未决的问题，而且 Agent 技术在很多方面存在争议，但是在信息检索领域中，对 Agent 的研究却取得了十分丰富的成果。有关这方面的应用研究项目包括 Maes 等人研究的电子邮件筛选 Agent-Maxism 和 Internet 信息筛选 Agent-Newt，Maxism 和 Newt 都具有学习的功能。Decker、Lesser 等人研制的多 Agent 协同信息搜集系统 MACRON，其 Agent 是半自主的社会 Agent，能够动态响应环境变化，通过各类 Agent有组织的协同工作，从各种可能的异质信息资源中收集信息，以响应一个复杂的询问。CarnegieMellon 大学开发的 WebWatcher、Washington 大学开发的 ShopBot、Stanford 大学开发的 Fab 等，这些信息检索 Agent 是一些智能化的程序，它们能够学习用户的需求，并利用搜索引擎等系统提供的现有服务来检索用户所需信息。

第6章 搜索的延伸与拓展

随着搜索引擎的普及与应用，以垂直搜索为代表的搜索引擎的派生及拓展技术纷纷出现，并投入使用，主要有垂直搜索、移动搜索、博客搜索，以及社会化搜索、桌面搜索和企业搜索等内容。由于很多内容还在研究中，本章只是以探讨的角度来描述相关内容。

6.1 垂直搜索

垂直搜索是针对某一个行业的专业搜索引擎，是搜索引擎的细分和延伸，是对某类专门的信息进行一次整合，它通过定向分字段抽取出需要的数据进行处理后再以某种形式返回给用户。

6.1.1 垂直搜索概述

面对爆炸式增长的互联网信息，通用搜索引擎逐渐地暴露了其局限性，主要表现在以下几个方面。

①针对不同领域、不同行业的不同需求的用户往往具有不同的搜索目的，但通用搜索引擎会以相同的结果返回，这样就造成了返回结果包含大量用户不关心的网页。

②通用搜索引擎的关键在于能将互联网上尽可能多的信息采集过来，实现尽可能大的网络覆盖率。在这种情况下，导致了有限的搜索引擎服务器资源与无限增长的网络数据资源之间的矛盾进一步加深。

③随着互联网内容形式的不断丰富和网络技术的不断发展，图片、音频、视频等多媒体数据的涌现，通用搜索引擎往往对这些信息含量密集且有一定结构的数据无能为力，不能很好地发现和获取。

垂直搜索的产生起源于搜索引擎的细分和延伸的发展格局，即针对不同领域提供更加精确的行业信息搜索服务。它是针对某一特定领域、向该领域信息搜索用户提供搜索服务。是传统搜索引擎的细分和延伸，是对某领域网页资源和结构化资源的深度整合。是为用户提供符合某领域资源搜索用户的全新信息服务方式。

垂直搜索引擎的应用方向很多，比如企业库搜索、供求信息搜索引擎、购物搜索、房产搜索、人才搜索、Mp3 搜索、图片搜索……几乎各行各业各类信息都可以进一步细化成各类的垂直搜索引擎。

1. 垂直搜索的特点

①专业性强，面向特定领域。垂直搜索引擎抓取的数据来源于垂直搜索引擎关注的行业站点，倾向于结构化数据和元数据。

②针对性强，是根据用户兴趣制作的。垂直搜索引擎的目标是帮助用户解决问题，而不只是向通用搜索引擎一样发现信息，这一点是垂直搜索引擎的终极目标。一般来说，使用垂直搜索引擎的用户都是和用户的利益需求密切相关的。

③检索对象多样化。

④垂直搜索引擎的社区化特征。垂直搜索引擎定位于一个行业，服务于一群特定需求的人群，这个特点决定了垂直搜索的社区化行为。人们利用垂直搜索引擎解决问题，分享回馈。所以垂直搜索引擎本质上还是对垂直门户信息提供方式的一次简化性的整合。

2. 垂直搜索的信息来源

垂直搜索的内容主要来源于公开领域，具体有以下几方面。

①行业门户网站自身的资源。垂直搜索是基于行业的，最早采用使用垂直搜索的也是行业门户网站，所以，首先从本身进行数据采集，这是显而易见的。

②以开放接口方式让行业用户提供的资源。单纯地从自身进行数据采集显然是不够的，因此，应该充分利用门户网站的优势，让行业用户按相应的格式提供数据，这需要开放数据接口等。

③普通用户发布的资源。这也是数据的来源之一，可以是主动抓取的，也可以是用户提供的。

(4) 抓取行业用户的资源。

3. 与通用搜索的区别

垂直搜索引擎和普通的网页搜索引擎的最大区别是对网页信息进行了结构化信息抽取，也就是将网页的非结构化数据抽取成特定的结构化信息数据，好比网页搜索是以网页为最小单位，基于视觉的网页块分析是以网页块为最小单位，而垂直搜索是以结构化数据为最小单位。然后将这些数据存储到数据库，进行进一步的加工处理，如：去重、分类等，最后分词、索引再以搜索的方式满足用户的需求。垂直搜索引擎与通用搜索引擎的比较具体如表 6-1 所示。

整个过程中，数据由非结构化数据抽取成结构化数据，经过深度加工处理后以非结构化的方式和结构化的方式返回给用户。

只有在基于结构化的数据和全文信息相结合的情况下，垂直搜索才能为用户提供更加到位、更有价值的服务。整个结构化信息提取贯穿从网页解析到网页加工处理的过程。同时面对上述要求，垂直搜索还能够按需提供智能化处理功能，比如自动分类、自动聚类、自动标引、自动排重、文本挖掘等。

表 6－1　垂直搜索引擎与通用搜索引擎的比较

比较内容		通用搜索引擎	垂直搜索引擎
信息采集	主题划分	没有分类体系或分类系统较粗糙	有严格的主题分类体系
	采集范围	所有领域	特定领域
	采集方式	被动方式为主	被动方式和主动方式相结合
	采集深度	要求不高	要求高
	爬行器	爬行器不分主题，根据控制策略随机分配爬行任务	爬行器面向主题爬行，爬行器之间以主题为中心合作
	动态网页采集的优先级	低	高
	结构化数据库信息采集	要求不高	要求高
	用户	面向所有用户	面向特定专业的用户群体
信息加工	网页元数据提取	要求不高	要求高
	结构化信息提取	要求不高	要求高
	排重、分类	要求不高	要求高
	自动分类	早期搜索引擎没有分类，现代通用搜索引擎提供简单的分类	按照主题分类体系进行严格分类
	索引	索引中不包含主题	在实用索引中，包含有按主题分类建立的索引
	数据标引与存储	对资源进行全文索引，没有“元数据”提取工作	给定 Web 资源，按某个标准或规范，将资源的标引项提取出来按“元数据”标准存储
	数据存储	每个分布节点不分主题，根据存储效率分配数据	每个分布节点是一个主题或子主题
信息检索	检索方式	非结构化信息为主	结构化信息和非结构化信息相结合
	结果排序	Page Rank 算法	需求多样化

资料来源：史培中．垂直搜索关键技术研究与设计［D］．郑州：郑州轻工业学院，2009-06。

6.1.2　垂直搜索关键技术

垂直搜索技术主要分为两个层次：模板级和网页库级。模板级是针对网页进行模板设定或者自动生成模板的方式抽取数据，对网页的采集也是针对性的采集，适合规模比较小、信息源少且稳定的需求，优点是快速实施、成本低、灵活性强，缺点是后期维护成本高，信息源和信息量小。网页库级就是在信息源数量上、数据容量上、检索容量上、稳定性可靠性上都是网页库搜索引擎级别的要求，和模板方式最大的区别是对具体网页不依赖，可针对任意正常的网页进行信息采集信息抽取。这就导致这种方式数据容量上和模板方式有质的区别，但是其灵活性差、成本高。当然模板方式和网页库级的方式不是对立的，这两者对于垂直搜索引擎来说是相互补充的。在此，我们主要研究网页库级别垂直搜索引擎技术。

垂直搜索大致需要信息采集技术、网页信息抽取技术、信息的处理技术、语意相关性分析、分词技术和索引技术等。

1. 信息采集技术

垂直搜索引擎 Robot 和网页库的 Robot 相比更加专业，并可定制化。可定向性的采集和垂直搜索范围相关的网页，忽略不相关的网页和不必要的网页，选择内容相关的以及适合做进一步处理的网页深度优先采集，对页面有选择的调整更新频率。通常对发现的链接进行预测，只有那些预测值符合对应阀值的链接才进行访问。对于通过预测的网页，为了确保最终提取的网页是主题相关的，系统对提取的网页内容进行主题判别操作，以保证最终得到的页面是专业相关的页面。采集可通过人工设定网址和网页分析 URL 方式共同进行。

垂直搜索对信息的更新有着特别的要求，根据这些特点可以从以下几点考虑：信息源的稳定性、抓取的成本问题、对用户体验改善程度。根据以上几点制定一种比较好的策略，做到恰到好处。策略上可以评估网站/网页更新的系数、网站/网页的重要系数、用户点击系数（或曝光系数）、网站稳定系数，根据这些系数来确定对这些网站/网页更新的频率。再由于新信息和更新了的信息显示页面前面或者首页，所以对网页进行很好的分级可以以低成本很好地解决更新问题，系数比较低的网页一月更新一次，中等的几天到一天一次、高的几小时到几分钟一次。类似搜索引擎的大库、周库、日库、小时库。

2. 结构化信息抽取技术

将网页中的非结构化数据按照一定的需求抽取成结构化数据。有两种方式，简单的就是模板方式，另外就是不依赖网页的 Web 结构化信息抽取方式，这两种方式可以互取长处，以最简单最有效的办法满足需求。垂直搜索引擎和通用搜索引擎最大的区别就是对网页信息结构化抽取后再对结构化数据进行深度的处理，提供专业的搜索服务。所以 Web 结构化信息抽取的技术水平是决定垂直搜索引擎质量的重要技术指标。

3. 索引技术

索引技术对于垂直搜索非常关键，一个网页库级的搜索引擎必须要支持分布索引、分层建库、分布检索、灵活的更新、灵活的权值调整、灵活的索引和灵活的升级扩展、高可靠性、稳定性和低冗余性。还需要支持各种技术的扩展，如偏移量计算等。

4. 网页分块技术

用网页解析工具虽然可以区分 HTML 网页中的标记和有实际意义的内容，从而抽取有用信息，但网页通常是由导航、正文内容、广告、相关链接、版本声明等多种信息组成的。多种信息分布在网页的不同区域，包含着不同的语义（主题），或者说与预定主题的相关程度不同。因此，在对网页内容分析时，应该从语义的角度对不同的信息进行区分，抽取主题相关信息，过滤噪音信息。网页中主题相关的信息或者同一类信息（例如：广告），通常都聚集在某个特定的区域，这个区域被称为块。相应的，将网页划分成多个块的过程，就叫做网页分块。显然，从网页具有多主题性的特征考虑，将块而不是网页当作信息检索的最小单位才更加合适。

当前主要有以下三种网页分块方法：

①固定长度的网页分块是用一个固定大小的窗口对网页中除了 HTML 标记和属性的内容进行分割。它的优点是简单、鲁棒性强并且能有效的改善检索的性能，尤其是对于那些长度较长或者固定长度的文档。它的主要缺点是在分块过程中没有考虑语义信息。

②基于 DOM 的网页分块通常基于 HTML 标记来进行网页分割。DOM（Document Object Model）就是以面向对象方式描述的文档模型。DOM 定义了表示和修改文档所需的对象及其行为和属性。DOM 为每个 Web 网页提供了一个层次分明的结构，这个结构中不仅包含了网页内容，还描述了网页布局。对网页中具有不同作用的 HTML 标记进行分析提取，就可以达到网页分块的目的。

③基于视觉的网页分块是基于网页中的可视化信息对网页进行分块的。可视化信息指的是对网页的外观会产生影响的 HTML 标记或属性，像＜Table＞、＜P＞等标记除了组织网页内容，还可以决定网页的外观。VIPS 算法模拟了用户通过视觉来感知网页布局结构的方式。它将网页抽象成一棵 DOM 树，树的叶子结点被定义为一个基本对象，语义块则是一个基本对象或多个基本对象的组合，通过迭代的方式从 DOM 树中抽取所有符合预定义连贯度的语义块，并检测出这些块之间的分隔条（并不是真正存在于网页上的分隔条，而是虚拟的），最后将语义块作为结点，根据语义块之间的分隔条来构造一棵语义树，语义树的每个结点都是一个语义单位，包含了一定的语义。VIPS 算法虽能对页面进行语义分割，但过程复杂且不通用。

5. 其他技术

①简单的语法分析。简单的语法分析在搜索引擎中非常重要，可以通过简单的语法分析来改善数据的质量，低成本的获得某类信息，改善排序，寻找需要的内容。

②信息处理技术。信息处理包括的范围比较广，主要包括：重复识别、重复识别、聚类、比较、分析、语料分析等，根据需要，相关的技术就非常多。

③数据挖掘。找出您的信息的关联性对于垂直搜索来说非常重要，可以在这些相关性上为用户提供更细致的服务。

④分词技术。面向搜索的分词技术，建立和行业相关的词库。注意这是面向搜索的分词，不是面向识别和准确的分词。

⑤技术评估。垂直搜索的技术评估应从全面性、更新性、准确性、功能性等几方面来判断。

6.1.3 垂直搜索系统

垂直搜索引擎系统基本工作流程具体如下：

第一步，主题初始化模块设置主题关键词和主题种子站点并存放在数据库中，为网页采集模块的运行作必要的准备；

第二步，网页采集模块从数据库中读取主题种子站点 URL 加入等待队列；

第三步，网页采集模块当等待队列非空时取 URL 加入运行队列，否则停止；

第四步，网页采集模块判断 URL 是否满足 REP（Robots Exclusion Protocol，网络机器人排斥协议），满足时继续，否则转到第三步；

第五步，网页采集模块利用 HTTP 协议下载相应网页；

第六步，网页采集模块对已下载的网页进行 HTML 解析和 URL 过滤；

第七步，网页过滤模块对网页文本进行中文分词处理；

第八步，网页过滤模块对网页进行主题相关度分析；

第九步，网页过滤模块将与主题相关度较高的网页保存到主题网页数据库，并将其中经过过滤的 URL 加入 URL 队列；与主题相关度较低的网页以及其包含的 URL 被直接剔除；

第十步，网页采集模块从 URL 等待队列中取出 URL 加入运行队列继续工作，循环到第三步，直至等待队列为空，并且当前已经没有网页正在处理时，系统将停止工作。

1. 构建原则

构建垂直搜索系统应遵循以下五条原则。

①选择一个好的垂直搜索方向。对于搜索引擎来说，除了选择的这个行业有垂直搜索的需求外，这个行业的数据属性最好不要和 Yahoo、Google 和百度等通用搜索的抓取方向重叠。搜索引擎对动态 URL 数据不敏感也是众所周知的，这些都是可以作为垂直搜索引擎的切入点。

②垂直搜索倾向于结构化数据。这个特点区别于 Yahoo、Google 等通用搜索引擎，这是垂直搜索引擎的立足点。而垂直搜索引擎是根植于某一个行业，这是通用搜索引擎不具备的。

③垂直搜索的搜索结果相关性要高于通用搜索，贴近用户搜索意图，搜索结果要及时。

④垂直搜索的社区化特征。垂直搜索定位于一个行业，服务于一群特定需求的人群，这个特点决定了垂直搜索的社区化行为。利用垂直搜索解决问题，分享回馈，能够提供一个让用户进行交互的平台。

⑤系统的可扩展性和可维护性。对于一个软件系统而言，根据用户的反馈信息，进一步扩展和完善系统的功能，这是必须的，也是软件得以生存的保障。

2. 系统构成

垂直搜索系统主要有主题种子初始化模块、网络爬虫模块、信息过滤模块、中文分词与索引模块和用户接口模块等组成。

①主题种子初始化模块。主题种子初始化模块设置主题词库和 URL 种子站点并存放在数据库中，为网络爬虫运行做必要的准备。

②网络爬虫模块。网络爬虫包含功能：

第一，遵守 REP，即网络爬虫排斥协议 REP 协议。

第二，网页下载，网络爬虫向 Web 服务器发送 HTTP 请求，把遵守 REP 的 HTML 网页下载到本地，以备进一步分析或建立索引。

第三，解析 HTML，HTML 格式的网页文件中包含有大量的标记信息，需要根据 HTML 标记提取网页中的关键信息，如标题、作者、更新时间、URL、正文等，并过滤掉无用信息，保留纯文本格式文件，以便后续处理。其中提取出来的 URL 还必须交给网络爬虫进行下一次爬行。

第四，URL 过滤，URL 可以是不同 Web 协议和域名系统的组合。常用的 Web 协议有 HTTP、FTP、HTTPS 等。由于本系统仅利用 HTTP 协议采集网页，所以必须过滤掉所有的非 HTTP 协议的 URL。

③信息过滤模块。为了保证网络机器人采集的网页能够尽量向预设的主题靠拢，必须对已网页采集的网页或 URL 链接进行分析过滤，将主题相关度较低的网页或 URL 链接剔除。具体说来，信息过滤模块包含页面与主题的相关度判定和 URL 与主题的相关度判定等功能。

页面与主题的相关度判定。预设一个相关度阈值，当主题相关度小于该阈值则判定网页不相关，去除该网页，否则下载该网页，并对其建立索引。对于阈值的选择，其初值可以稍微小一点，采用机器学习的方法不断迭代更新该闽值，直到其收敛。

URL 与主题的相关度判定。垂直搜索引擎的网络机器人在采集 Web 信息时是面向主题的，为了有效地提高信息提取的准确率和效率，系统需要对采集的 URL 进行 URL 与主题的相关性判定，也可以叫做链接过滤或链接预测。

④中文分词与索引模块。包括中文分词和索引两个部分。索引模块的任务就是要建立倒排索引。

⑤用户接口模块。在操作系统环境上架构一个 Web 服务器，并在其上部署索引数据库和中文分词模块，当用户提交检索要求后，首先对其进行中文分词，然后根据中文分词的结果在索引数据库中检索匹配项，并排序匹配结果，以列表的方式反馈给用户。

3. 典型系统

随着 Web 技术的迅速发展和用户对某领域信息搜索服务的需求急剧上升，垂直搜索引擎从其产生开始就得到了飞速发展。在国外这方面的研究中最具代表性系统及特点如下。

①微软垂直搜索引擎（Vertical Search）。微软搜索引擎技术是一种面向垂直对象的搜索技术。它的基本思想是：将用户的搜索限定于自己感兴趣的领域内。当用户提交搜索请求后，搜索引擎响应后会向用户反馈搜索结果，但它不再是表现为一个个独立的 Web 页面，而是将各个 Web 页面中的相关信息按照用户提出的搜索需求集合成一个个完整项目。

②EIsevier 的 Scirus 系统。Scirus 系统（科学搜索引擎）是一种专门为搜索相关较高的科学信息而设计的搜索引擎，它曾在 2001 年荣获《搜索引擎观察》“最佳专业搜索引擎奖”。就目前来说，它是互联网上最全面、综合性最强的科技文献门户网站之一。

③Berkeley 的 Focused Project。Focused Project 系统是由一个名叫 S. Charkrabarti 的印度裔科学家带头研究开发的。基本思想是：由两个程序来指导爬行器的运行，一个程序是分类器，它用来计算下载文档与预定主题的相关度；另一个程序是净化器，它则用来确定那些指向很多相关资源的页面。

④Citeseer 系统。CiteSeer 是 NEC 研究院的一个非常有名的、针对计算机科学领域内的论文提供检索服务的系统。该系统的核心是 ACI（Automatically Citation Index），最重要的是它可以自动地对互联网上的电子文件进行索引并分类。

⑤美国国家科学数字图书馆的 CBP 项目。CBP 项目（Collection Building Program）旨在为科学、数学、工程和技术创建大规模的在线数字图书馆，试图在某一主题资源上实现资源的自动建设。

从国内的研究状况来看，自 2007 年 4 月起，国内互联网中的垂直搜索研究领域已经是风生水起，并相继出现了以下几种较为有名的垂直搜索引擎：以搜职为代表的招聘搜索（www. globehr. com）、以视频搜索为代表的娱乐搜索（www. openv. tv）、以去哪儿为代表的旅游搜索（www. qunar. com）、以酷讯为代表的生活搜索（www. kooxoo. com）、以奇虎为代表的论坛搜索（www. qihoo. com）。

6.1.4 主题搜索

主题爬虫可以用于通用搜索引擎，也可以用于垂直搜索引擎。但更多地还是用于垂直搜索引擎，所以，我们把这部分内容放在此。

1. 主题的描述

由于主题描述是主题爬行的前提条件，所以主题的表示方式、描述详略以及描述精度都直接决定了主题相关性的计算，最终影响着主题爬行的整体性能。目前，主题表示模型主要包括主题查询字符串和向量空间模型两种。

主题查询字符串是由相互间隔的一个或多个可以描述主题的关键词组成的查询字符串，主要出现在早期的主题爬行研究中。向量空间模型是由 Salton 等人提出的应用于信息过滤、信息提取、索引以及评估相关性的代数模型，具体可见 2. 1. 1 节。

现有的获取主题特征集的方法主要有以下几种。

①基于特征选择的方法，就是收集与主题相关的网页集作为训练集，将训练集中的网页预处理后，利用文本分类中的特征选择方法来提取特征集。常用的特征选择方法有：特征频度、信息增益、互信息、χ^2统计、期望交叉熵等。这种确定主题向量空间的方法存在一定的缺点，一方面是由于训练集中的网页只是 Web 的一个局部，所以从中提取的特征集也只是真实主题特征集的一部分，不能完整的描述主题；另一方面，被提取的特征词之间并不是完全正交的，通常存在着上下位关系，而它们却稀疏的分布在主题向量空间中，从而降低了对主题的描述性。

②基于知识库的方法，即从已有知识库的概念层次体系（通常为树状）或者是知识网络中提取主题相关的特征集。由于知识库中的概念层次体系所含的概念和知识网络中所描述的知识都更加全面、更加细化，并且概念之间或知识之间还根据它们在现实中的语义关

系被组织成了一个体系结构，这样就可以在主题爬行时根据概念或知识的层次体系引入语义分析，而不单单局限于词语之间的机械式匹配。

对基于特征选择的方法来讲，主题特征词的权重计算与文本分类中的特征加权方法类似，主要有以下几种。

①TF 权重（Term Frequency），也称为词频权重，TF 权重的核心思想是特征词在主题相关网页中的出现频率正比于它对主题描述的作用，出现频率越高则该特征词对主题描述越重要。

②IDF 权重（Inverse Document Frequency），也称为逆文档频率权重。IDF 权重的核心思想是：那些只在少部分主题相关网页中出现的特征词反而比在大多数相关网页中都出现的特征词更重要。

③TF-IDF 权重，是 TF 权重和 IDF 权重的组合。

目前对主题的描述主要有四种方法：基于特征词集（关键词集）的主题描述、基于义素的主题描述、隐含的主题描述和基于上下位关系的主题描述。

①基于特征词集的主题描述是用一组相互独立的特征词来描述主题。这些主题特征词通常是从 Web 的一个局部的相关网页集中基于特征选择的方法获得的，因此这种主题描述方法并不能完整的描述主题。同时，它忽视了特征词之间存在的语义关系，单纯地通过词语的匹配对特征词加权，导致主题向量的维数过高，特征词分布过于稀疏，降低了对主题的描述性，尤其在对网页文本信息中的锚文本这类短文本进行主题相关性判断时，由于这些文本中所含的特征词很少，映射到主题向量空间时，语义分布就更加稀疏，所以即使它们与主题相关，得到的主题相关分数依然很低。另外，主题向量的维数过高，也使得计算主题相关性的时间过长，提高了时间复杂度。

②基于义素的主题描述是将主题特征词进一步分解为更小的语义构成成分——义素，用主题特征义素集合来描述主题，但它的前提条件是必须找到一个可以将概念分解成义素，并且提供义素之间语义关系的知识库。

③隐含的主题描述是根据主题爬行策略将主题隐含在爬行过程中，例如将主题隐含在通过对训练集学习所获得的判断主题相关性的分类器中，或者是在结合网络拓扑结构的主题爬行策略中所特有的，将与主题相关的目标网页抽象为主题，即将主题隐含在目标网页中。这种主题描述被自然地融合在了主题爬行策略中，只适用于特定的情况。

④基于上下位关系的主题描述则是从树状的概念层次体系中提取和主题概念具有上下位关系的概念集合来描述主题，这种方法克服了基于特征词的主题描述中未考虑特征词间语义关系和特征词分布过于稀疏的问题，但它和基于义素的主题描述类似，需要一个含有概念层次体系的背景知识库。常用的背景知识库包括 WordNet、ODP、本体等，但它们却或多或少存在着构建复杂、词汇量有限、更新不及时、观点片面、语种约束等各种缺点。

2. 主题页面分布特性及过滤

页面在互联网上的分布看似无序，但与同一主题相关的页面的分布却是有迹可循的，主题页面主要有以下特征。

①Hub 特性。美国康奈尔大学的 Jon M.Kleinberg 发现，Web 上的页面中有一些

Hub 页面，这些页面上的链接所指向的页面主题大多相同，并提出权威页面，即多个该主题页面均指向的页面。好的 Hub 页面指向多个权威页面，同时这些权威页面的权威程度也影响这个 Hub 页面的质量。

②Sibling/Linkage Locality 特性。在上面的 Hub 特性基础上，人们又提出了 Sibling/Linkage Locality 特性这一概念，即如果两个页面之间有链接（单向或者双向），那么这 2 个页面很有可能是同一主题。事实上，Sibling/Linkage Locality 特性源于 Hub 特性，它更多从页面设计者角度考虑，一般而言，页面设计者会将其他主题相关页面的超链接设计在本页面中。

③站点主题特性。在研究中发现，每个站点都有一个或几个主题，相同主题的页面在内部链接成“团”，团之间关联较少。网站设计者希望表达某一个或者几个主题，在建立站点时，会把相关的内容以互相链接的方式紧密关联在一起。

④Tunnel 特性。网页中团之间关联较少，但有时经过一些链接后也能到达，这些链接指向的页面很有可能是与主题无关的，这种链接页面与主题无关但可以连接主题团的现象即为“隧道现象”（Tunnel），会影响采集质量，从而进一步影响查询结果的覆盖率和准确度。

综上所述，主题页面在 Web 中的分布特性为我们进行主题采集提供了理论依据，Hub 特性说明了相同或者相似主题页面会有一个中心汇聚点，Sibling/LinkageLocality 特性进一步说明了主题页面会互相关联，站点主题特性则说明了主题成团，Tunnel 特征说明了主题团之间的连接有时并不那么紧密。这四大特性，可以为网络爬虫的采集工作提供指导和约束，以快速地获取与主题网页集合。

垂直搜索引擎需要对抓取的网页信息进行是否与主题相关的过滤，剔除与主题无关的网页。对主题网页的过滤一般有对链接的过滤和对内容的过滤两种。

①基于链接的页面过滤。基于链接的页面过滤可以在主题爬虫中进行，当对网页信息进行解析时，新发现的 URL 是否加入到待抓取队列中，可在此进行初步的过滤。Web 上同类网页的 URL 一般会有一些规律，比如新闻网页的 URL 会包含 news，天气网页会包含 weather 等，利用这些规律，可以对主题网页做初步的过滤。

②基于内容的页面过滤。当网页信息被下载到本地后，系统需要对网页的信息进行主题相关度的计算，以判别该网页是否与主题相关，丢弃相关度低于某一阈值的网页。主题相关度的计算方法有布尔模型、向量空间模型、全文本扫描、概率模型等，以前两种方式较为常见。

3. 主题爬虫功能

主题爬虫的设计是以普通爬虫为基础，对其进行功能上的扩充，主题爬虫包括采集模块、链接分析模块和相关度分析模块三部分。

①采集模块：该模块是任何爬虫都不可或缺的通用模块，该模块负责协调超链接分析模块和页面相关度分析模块的工作。首先，爬虫采集模块从待爬行 URL 队列中取出链接相关度较高的 URL，将该 URL 相应的网页采集到本地，然后，将该页面交由页面相关度分析模块处理。在整个爬行过程中，爬行的次序和爬行策略都有链接分析模块提供。

②链接分析模块：该模块是主题爬虫的核心模块，计算从主题相关页面解析出来的URL与主题的相关度，并提供相关的爬行策略用以指导爬虫的爬行过程。URL的链接评价分析得分越高，爬行的优先级就越高。反之，若通过一定的分析评价策略，发现某链接与主题无关，则将该URL及其所有隐含的子链接一并去除。因此，链接分析模块所用的策略的好坏直接影响着爬虫的爬行效率及爬行质量。

③相关度分析模块：该模块主要特点是引入了文本分类的思想。在爬虫爬行之初，页面相关度分析模块根据用户输入的关键字和初始文本信息进行比较。当一个被认为是主题相关的页面爬行下来之后，该页面就被送入页面相关度分析模块，计算其主题相关度值，若该值大于或等于给定的某阈值，则该页面就被存入页面库，否则丢弃。

4. 主题相关性判定

在主题爬虫系统中，最核心的问题就是选择利用何种策略来判定从页面分析中得到的URL与主题的相关度，以及抓取下来的页面与主题的相关度。目前，判别主题相关度的计算方法有两大类：基于链接结构分析的判别和基于内容评价的判别。具体的计算模型主要有向量空间模型、布尔模型、贝叶斯方法等，但主要使用向量空间模型。

基于链接结构的判别策略，是通过对Web页面之间相互作用关系的分析来确定链接的重要性，进而决定链接访问顺序的方法。通常认为有较多入链或者出链的页面具有较高的价值。Page Rank和HITS是其中具有代表性的算法。

基于内容评价的判别策略，主要是根据主题（如关键词、主题相关文档）与链接文本的相似度来评价链接价值的高低，并以此决定其搜索策略。链接文本是指链接周围的说明文字和链接URL上的文字信息。基于内容评价的搜索算法根据语义相似度的高低决定链接的访问顺序。

目前主题相关性判别算法主要有以下几种。

①基于元数据的判别。HTML规范从2.0版本开始引入<Meta>标签。Meta标签用于在页面中标注元数据。元数据能够表示该网页的主题特征。故可以根据Meta标签的内容来判定网页与主题的相关性。这种方法还可以根据Anchor信息、页面的标题、页面的摘要等对其进行主题相关性判定。主要目的是力图在没有对页面内容语义信息进行理解的前提下对页面进行判定，这是一种低开销的办法，但有一定的局跟性和不确定性。

②基于链接标签数据的判别。大量的统计结果表明，链接所指向的页面往往与该链接的链接文本（Anchor TExt），链接标题（Anchor Title）具有一定的相关性，故可以通过对链接文本链接标题中是否包含主题关键字来计算相关性。

③基于链接结构分析的判别。这种判别方法源于对Web信息结构的一种假设，即被超链接连接的两个页面A与B比随机抽取的两个页面有更大概率的内容相关性。这种假设的正确性被多项研究所证明，它也是某些将内容分析与链接分析相结合的算法如行为扩散算法（spreading activity，SA算法）的理论基础。利用这个假设，检索算法有理由把与相关网页在链接关系上相近的网页同样排认定为比较相关。

④基于页面内容的语义判定。对页面主题相关性判定最准确方法还是要从页面内容进行语义判定，这种方法准确但是系统开销较大，对一个垂直搜索引擎来说，对页面内容的

语义判定是非常必要的。他能够保证系统最终数据的主题相关性。当前，对页面语义的判定主要有全文本扫描、布尔逻辑模型和空间向量模型几种方法。

5. 主题搜索类型

主题搜索是指利用某种技术或工具，在 Web 上发现并获取与某个主题相关的资源的过程，主题搜索主要有手工搜索方式、半自动方式、通用爬行器方式、主题爬行器方式和元搜索方式等形式。

6.2 移动搜索

随着智能手机的飞速发展，建立在其基础上的搜索也取得了长足的发展，但限于种种原因，其发展并不完整和全面。在搜索领域，更多地是将电脑的技术移植过来。

6.2.1 移动搜索概述

移动搜索打破了空间、网路以及硬件的局限性，让搜索真正移动起来，满足了用户随时随地的搜索服务需求。移动搜索为移动增值业务的发展提供了一个良好的发展契机和发展方向，也以其便利实用的服务改变和丰富人们的工作和生活。

1. 移动搜索含义

移动搜索是以移动终端为工具，基于移动网络的搜索技术总称，用户可以通过 SMS、WAP 等接入方式进行搜索，获取 WAP 及互联网信息内容、移动增值服务内容及本地信息等用户需要的信息及服务。用户可以通过搜索结果选择并直接定制相关移动增值服务。

在处理信息资源的程序方面，移动搜索与互联网搜索引擎具有一定的相似性，包括信息搜集、信息处理和用户信息查询三个阶段。但更重要的是不同点，移动搜索更加强调对用户需求的确切回答，具有准确性和个性化特点，而不是像互联网那样仅仅提供的一些链接。移动搜索提供的是个性化的信息服务，而网络搜索提供的是信息检索功能。

2. 移动搜索类型

移动搜索是基于移动通讯网络的网络搜索形式。移动搜索引擎系统通过移动通信网络与互联网的对接，将包含用户所需信息的互联网中的网页内容转换为移动终端所能接收的信息，并针对移动用户的需求特点提供个性化服务。

根据搜索实现方式的不同，移动搜索可以分为短信搜索、WAP 搜索、IVR 搜索。

①短信搜索。短信搜索对于网络及终端的要求不高，一般 2G 网络就足以胜任。手机用户输入自然查询语句或是关键词，发短信到指定的号码，十几秒后就可以得到准确的查询信息。按照短信内容的提示，就可以翻看下页信息。国外的 Google，国内的中国连线、明复等，都已经推出了短信搜索业务。

②WAP 搜索。WAP 搜索则需要移动网络能承载基于 WAP 协议的数据业务，若需要同多媒体应用相结合，则还需要智能手机终端的支持。用户搜索 WAP 网站内容或是通过

WAP 平台，连接到搜索引擎上进行移动搜索。

WAP 又可以分为 WAP 内网搜索和 WAP 外网搜索两种。WAP 内网搜索，就是通过俗称“网络爬虫”的搜索引擎搜索器，它们日夜不停的在搜索 WAP 网站，不断访问页面、然后按超链接跳转、发现新页面时，对页面的信息进行判断，提取网页快照；事实上从根本上说，站内搜索充当了“本站使用助手”的角色，属于 WAP 网站一种增值业务。这种方式相当于只对站内数据库的搜索，明显有别于互联网搜索。WAP 外网搜索，也就是基于手机的 Internet 搜索，可以搜索 Internet 所有内容的模式。WAP 外网搜索也可以说是互联网搜索的全面移动化。

③IVR 搜索。互动式语音应答接入方式的移动搜索。

移动搜索根据搜索的内容不同，可以分为站点搜索和垂直搜索。

①站点搜索。主要是对 WAP 站点及内容的搜索，它具有信息量大的特点，但它的准确度相对比较低。站点搜索如同传统的互联网搜索引擎一样，移动搜索用户通过编辑短信或者接入 WAP 输入关键词的方式进行搜索，搜索引擎根据这些关键词搜寻用户所需的资源站点，然后根据一定的规则反馈给用户，包括此关键词信息的所有站点和指向这些站点的连接。这种站点搜索在行业内被看作是一种由互联网搜索引擎延伸到手机平台的无线搜索模式，目前技术上比较成熟。

②垂直搜索。垂直搜索模式能够使用户更加快速的找到自己需要的内容或是服务，所以它的准确性较高，搜索效率较高。垂直搜索最初应用于互联网搜索，是基于用户对于易用、简单和效率的需求上而产生的一种搜索模式。现在被应用到移动搜索中。由于目前手机搜索用户若是使用 WAP 服务需要向移动运营商支付流量费，所以对于在手机上进行的垂直搜索效率的需求明显高于使用互联网搜索的用户。

根据移动搜索用户活动特点，移动搜索提供手机本地搜索与手机互联网搜索两种不同的服务。

①手机本地搜索服务。手机本地搜索服务包括公共信息服务、购物（商城）、地图搜索和手机黄页搜索服务。这些本地搜索服务是以移动搜索引擎为核心应用，可以延伸出比价搜索、位置搜索等应用于不同的手机本地服务中。

②手机互联网搜索服务。指的是 WAP 搜索和互联网搜索两种。手机用户无论处于本地或是漫游状态，都可以通过手机随时搜索来自免费的 WAP 网站和互联网网站的信息内容。

3. 移动搜索优缺点

移动搜索有不少优势，主要表现在：

①移动搜索使用便捷。相对互联网搜索，移动搜索无需上网设备，只需一部随身携带的手机就可以免费搜索需要的信息，可以满足突发、紧急、特殊查询的需求，能够为用户尤其是商旅人士提供一个快速有用的答案而不用他们亲自花时间去搜索。

②移动搜索目标用户群广泛。移动终端的普及率远远超过电脑。移动搜索拥有更广泛的用户群体。

③移动搜索效率更高。移动搜索加入人工智能技术，剔除 Flash、广告、垃圾链接，

有效地减少了用户烦琐翻页的麻烦。

④移动搜索为用户量体裁衣，提供个性化服务。移动搜索通过特有的技术将互联网上分散的信息聚合在一起，根据用户的性格、地理位置、行为方式、兴趣爱好的不同提供分类信息搜索服务以满足不同的用户需求，并能实现适时在线更新，其搜索的内容和过程具有更强的人性化色彩。

移动搜索业务也存在一些劣势：

①用户消费习惯尚需培养，人们对移动搜索还比较陌生，很多人仅仅把手机当作一种语音通信的工具，用户消费习惯的培养还需要一定过程。

②移动搜索业务在中国的发展短时间内还将面临着网络速度慢、终端屏幕小、操作不便等实际困难，这些在一定程度上会影响用户对移动搜索的情感和偏好。

4. 移动搜索与互联网搜索的比较

移动搜索与网络搜索的比较见表 6-2。

表 6-2　移动搜索与互联网搜索的比较

分类	互联网搜索	移动搜索
搜索方式	目录检索、关键词检索	关键词检索、自然语言检索
搜索需求	准确性、海量性、快速性	准确性、便捷性、个性化
搜索渠道	搜索引擎、搜索栏、浏览器地址栏	WAP 搜索引擎、短信、IVR
搜索内容	五花八门	WAP 站点及内容、移动增值服务信息
搜索终端	计算机	手机、PDA
搜索限制	存在网络接入限制	无
搜索目的	搜索需要的内容或站点	搜索需要的内容、定制需要的信息
搜索费用	免费	流量费、服务定制费、部分搜索服务需要单独付费
计费体系	无成熟计费体系	可计量的移动计费体系
广告投放	多而杂	少而精
流量大小	流量大、速度快	流量限制，搜索内容必须精确实用
用户统计	非实名搜索	实名搜索

6.2.2　移动搜索系统框架

广义上，移动搜索实质上是信息资源管理活动的一种形式，是一种满足信息用户需求的一种途径。其结构框架具体可从业务需求、业务系统结构和业务支持实体三个方面来理解。

业务需求，即用户信息需求，是移动搜索展开的起始点，整个结构框架都是围绕业务需求展开。由于用户的信息需求具有准确性和个性化等特点，因此，需要相应的搜索引擎具备语义分析、智能分析和行为分析等多种功能。

业务支持实体是为网络信息移动搜索的运行提供技术和设备支持的运营商。便携式设备终端厂商主要是为用户提供移动搜索的设备层服务。而整个具体业务搜索过程的实现是依靠服务提供商借助通信和计算机技术实现。

业务系统结构。主要包括设备层与接入层、综合管理平台层（主要负责用户接入和搜索引擎的接入等综合业务管理）、搜索引擎层、内容整合平台层等。

移动搜索与互联网搜索引擎的技术相类似，主要分为网页搜索、预处理和查询服务三个过程，但在具体机理方面又有一些特殊之处。

从系统角度看，移动搜索的基本结构包括用户接入、检索器、本地缓存、过滤器、元搜索引擎、索引器、显示处理器以及分词词库、规则库和文档索引库。

用户接口。用户接口负责接收用户的查询输入，并返回结果给用户。移动搜索引擎既可接受用户输入的事先分割好的关键词，也可以接受自然语言，经过和检索器相连的分词词库进行切分后，得到独立的关键词进行检索。用户接口不仅完成接受用户输入查询条件的功能，而且在返回结果时与用户进行交互，以确定用户所需的具体内容。由于受到手机屏幕显示内容非常有限的限制，系统不可能在用户查询关键词后就立即返回具体的结果信息（这点和搜索引擎形式是类似的），而只能通过先给出包含信息梗概的方式从中做出选择，进一步确定要查看的具体内容。这点在移动搜索中通过事先约定的某种操作规则来完成。

检索器。检索器主要完成用户查询请求的响应，并进行判断。如果用户的查询可以在移动搜索的本地缓存中得到满足，则直接由本地缓存调用文档索引库中的数据返还给显示处理器；如果不能，则将用户的请求转交元搜索引擎，由元搜索引擎给出响应。此外，检索器还根据一定的排序算法和类别描述将查询结果分类返回给用户。

本地缓存。本地缓存是移动搜索模型中实现存储和调度的重要一环，其主要功能是根据分词词库中的规则确定用户查询的关键词，统计各查询关键词的检索频率，然后根据用户查询请求，调用文档索引库中缓存的数据，或者向元搜索引擎模块提交本地缓存以一定的时间间隔统计的高频查询关键词（查询频率高于某一阈值的关键词），元搜索引擎根据收到的关键词进行元搜索。

元搜索引擎。元搜索引擎即是将用户的查询请求同时发送给精选的多个独立的搜索引擎，然后通过对这些搜索引擎返回的结果集进行汇集、筛选、删除等优化处理后，以统一的格式集中显示。元搜索引擎模块负责响应本地缓存提交的查询请求，这种查询可能是本地缓存模块在一定的时间阈值提交的高频查询词，也可能是本地缓存因无法满足查询请求而转发的用户实时查询请求。元搜索引擎中包含强大的概念检索功能，可以通过概念检索查询近义或包含关系的所有网页。

过滤器。过滤器负责对网页的内容进行分析处理，精简网页内容，清理无关信息，提取有效地正文和关键词。

索引器。索引器对过滤后的网页信息逐一分析，进行网页切分，将每一篇网页转化为一组词的集合，然后将网页到索引词的映射转化为索引到网页的映射，抽取出索引项，形成表示文档以及生成文档库的索引表，建立索引数据库。索引器应定期更新索引数据库。

显示处理器。显示处理器负责将需要输出的相关网页信息进行处理，转换成适合手机显示的信息。如果移动终端不支持HTML标记语言，将网页内容进行HTML格式到WML格式的语法转换。

数据库。主要涉及分词词库、规则库、文档索引库等。分词词库中包含了大量的中文词语，通过对用户查询请求进行分词、词性标注、句法分析等基础性处理，识别出用户查询的关键词；规则库中保存了系统支持搜索引擎的搜索规则；文档索引库中存有相关的高频关键词的网页快照和用户即时查询需要输出的网页信息。

6.2.3 移动视觉搜索

2009年，斯坦福大学Griod等最早提出移动视觉搜索（MVS），并将其定义为："利用移动终端获取真实世界中实体对象的图像或视频，并将其作为检索项，通过移动互联网搜索视觉对象关联信息的一种交互式信息检索方式"。同时，对MVS的基本流程进行了描述。首先，通过各类移动智能终端获取视觉对象资源，进行视觉对象的特征和描述符的提取；然后，将描述符与存储在视觉对象知识库中的描述符进行对比、匹配和识别；最后，返回匹配度最高的一个或一组搜索结果。

1. 主要研究方法

对MVS研究大多采用实证与理论相结合的研究方法，围绕MVS的系统设计、视觉特征提取、视觉对象匹配、标准化、MVS模型、搜索技术及搜索结果评价等方面展开，相关的研究方法主要有以下几种。

①模拟仿真法。MVS作为一种应用性较强的技术，模拟仿真是验证MVS系统设计、技术实现及搜索结果的最有效手段，该方法贯穿于MVS原型系统的设计、实施、改进、评价、反馈的始终，是国内外学者开展MVS研究最为重要的研究方法之一。该方法首先依据MVS原型系统的设计方案、业务需求或主要特征，设计了一个满足某种特定任务或MVS服务需求的物理模型或数学模型，然后通过所构建的模型支撑MVS原型系统的研发，并进一步进行计算机仿真实验，从而对设计的MVS应用系统、MVS算法效率、MVS检索效果及MVS系统性能等进行验证。

②比较分析法。不同的MVS服务在系统设计、技术实现及服务模式等方面存在着很多共性，但依据服务需求、业务特征、待搜索对象主体特征及所属应用领域的不同，也会有所不同。因此，选择最为合适的系统、方案、算法等就需要进行无数次的修改与比较，这使得比较分析法也成为MVS研究的一个重要方法。

③文献研究法。MVS研究是信息检索领域的新兴研究课题，相关文献相对较少，怎样充分利用文献研究法，获取第一手研究资料，从而全面、正确地了解MVS理论与应用研究的基本情况、研究进展及发展趋势，是当前MVS研究的重要手段之一。

④跨学科研究法。跨学科研究也被称为"交叉研究法"，是指通过多学科的理论、方法和成果从整体上对某个课题进行综合研究的方法。从已有的MVS研究成果来看，运用该方法的研究成果有很多，涉及的学科有心理学、艺术学、计算机科学、数学及语言学等。

⑤实地调查法。视觉对象知识库是MVS系统的重要组成部分，也是MVS理论与应

用研究不可或缺的内容，而视觉对象数据集作为视觉对象知识库的重要部分，视觉资料的搜集、整理、组织及管理需要充分运用实地调查法来实现。目前，MVS 研究领域较为著名的 Stanford MVS 数据集中所拥有的视觉对象很大一部分都是通过该方法获取的。

2. 架构

MVS 分为三种基本架构：标准架构、本地化架构和混合架构。

①标准架构。通过移动智能终端获取视觉对象后，在本地进行压缩编码，将待搜索视觉对象通过无线网络传输至远程服务器端，在远程服务器上完成视觉对象分析和匹配过程，再将搜索结果返回至移动智能终端。

②本地化架构。根据移动用户历史行为及搜索需求，自动在移动智能终端本地缓存中建立临时视觉对象知识库，当移动智能终端获取视觉对象后，首先在本地缓存中进行搜索，当无法在本地搜索出用户感兴趣的对象时，再将搜索请求通过无线网络发送至远程服务器，由远程服务器端完成视觉对象的匹配过程，再将搜索结果返回至移动智能终端。

③混合架构。前两者的综合运用，通过移动智能获取视觉对象后，在移动智能终端提取视觉对象局部特征，将局部特征数据编码后，通过无线网络传输至服务器，由服务器根据传递过来的局部特征数据进行匹配，再将搜索结果返回至移动智能终端。

三者各有优缺点，针对实际情况的不同，效果各不相同。第三种架构是目前研究中采用较多的方案。

3. 关键技术

依据基本架构和流程可以看出，该领域研究涉及多方面的内容，有些问题已经得到一定程度的解决，但有些问题的研究尚处于初级阶段。

①描述符处理技术。视觉对象的描述是计算机视觉领域的一个基本问题。视觉对象描述符处理技术主要包含三个关键技术：视觉对象特征表示、特征提取、描述符压缩问题。在带宽有限的移动互联网环境中，发送一张视觉对象的描述符信息，无疑会比传输一整张视觉对象的速度更快。视觉对象特征表示是 MVS 的关键环节，而采用的技术是局部特征描述符，其中尺度不变特征变化（Scale Invariant Feature Transform，SIFT）是较常用的一种表示方法。通过这种方法，尽管待搜索视觉对象的尺度、角度发生了较大扭曲，但通过对待搜索视觉对象与参考视觉对象的局部特征提取，进行最近邻比较分析，以及一致性校验，可以判断出两个对象是否匹配。

此外，移动视觉对象匹配与搜索，除了依赖局部特征描述符之外，还依赖局部特征的位置坐标信息。需要对进行匹配的视觉对象对的位置信息进行几何一致性校验，就需要对局部特征描述符位置进行位置坐标编码，因此视觉对象局部特征的位置坐标压缩是关键环节之一。

②视觉对象对匹配技术。视觉对象对匹配首先需要对待搜索视觉对象与参考视觉对象的内容进行分析，判断两者所描述的场景、内容或外观等是否相同，经过计算后，若匹配，则输出视觉对象局部特征的位置信息。

③视觉对象检索流程。MVS 的目标是从大规模视觉对象数据集中快速精确地搜索、

发现和获取与待搜索视觉对象相同或相关的信息。如果仅仅考虑搜索结果的精确度，忽视搜索时间、便捷性等因素，则可以将待搜索视觉对象与视觉对象知识库中的所有资源逐一对比、分析，再根据相似度排序，将排序结果返回。但这种方式显然是不正确的。视觉对象搜索流程与视觉对象对匹配过程是相关联的，也分为两个步骤，但方向却是相反的。首先，将待搜索视觉对象的全局特征与视觉对象知识库中预先计算好的参考视觉对象全局特征进行逐一对比，返回最优的视觉对象集合及其相关信息一览表。然后，将返回的搜索结果进行几何一致性校验，依据校验结果，对候选视觉对象及相关信息重新排序，将满足几何一致性约束的视觉对象及相关信息调至前列，从而实现性能与效率之间的有机平衡。

④视觉对象知识库建设。移动视觉对象知识库（或称为数据库、数据）的建设，可以使用户能快速便捷地将通过移动智能终端获取的现实世界中的真实对象与信息世界的移动视觉对象相关联，从而精确地获取移动互联网中的视觉对象及其关联信息，为用户提供新型的 MVS 服务。因此，构建怎样的移动视觉对象知识库，如何有效地管理、分析及利用与现实世界相对应的移动视觉对象知识库也是一个挑战性课题。

6.3 博客搜索

博客是一个人与人之间深度交流的模式，博客空间是个人在电子虚拟世界的代言，博客已经成为一种潮流、时尚。博客改变着人们的交流方式和情感体验和表达的形态，改变着人们聚散的方式。

6.3.1 博客搜索过程

博客（Weblog）源自英文词组 Web Log，通常简称为 Blog，一般由单个作者在其上以非正式的日记式的文章公开发表他们的思想，评论或日常琐事。博客站点的内容更新频率通常比一般网站更高，其具体内容通常为博客作者个人知识的映射。

1. 博客特点

除这些基本特点外，一个典型的博客站点一般具有以下一些不同于一般网站的特点：

①包含一系列标注了发布日期的文章，它们通常由一个固定的作者编写。

②文章一般按反时间顺序排列，较新发布的文章位置更靠前，每篇文章都拥有唯一固定的超链接地址，以方便其他网页引用。

③采用固定的网页模版发布文章，页面结构比较规范。

④在网站首页设置固定的信息栏以显示文章存档和友情链接等信息。在文章结尾处提供评论机制以鼓励读者反馈，提供引用通告机制供其他博客站点就本站文章做进一步讨论。

⑤通过 RSS 内容聚合机向其他内容网站提交本站的文章更新信息。

2. 博客搜索过程

博客搜索不同于传统的文本检索，传统的文本检索只涉及文本的客观内容，即事实，甚至有些只是对文本标题及摘要的检索，而不涉及到文本中作者所表达观点的判断。博客搜索是一种主观性较强的检索，它的查询主要是一些命名实体（比如人名、地点、某个组织等），也可以是某个概念（比如一件产品、一个具体事件等）。也就是说博客搜索的目标是揭示公众对某一事物的态度，而不仅仅是对事实的发现。

博客搜索主要分两个阶段完成。

第一个阶段，首先从资料库检索出与主题相关的尽可能多的文档（当然其中也可能包含一些与主题并不真正相关的文档）。在这个过程中被检索文档可以被分成三类：不用判断的、不相关的和相关的，分别用－1、0、1来表示。不用判断是说待检索文档来自不受欢迎的URL或文档具有不受欢迎的标题；不相关是指文档被检测到了，但其被判别为不包含与检索主题相关的内容；相关是指被检测到的文档包含了与检索主题相关的信息。

第二阶段的工作是对有第一阶段检索到的相关文档进行观点分类。这一阶段又可以将文档分为三类：当文档中表现出的观点或态度明显反应作者的消极或不满或反对时，就将此文档归为第一类，用2标记；当文档中包含了作者的客观评价时，即既指出了作者认同的一面，又表达了作者对此不赞同的一面，将此文档归为第二类，用3标记：当文档体现出作者对查询主题的明确赞同或支持态度时，将此类文档归为第三类，用4标记. 当此过程标记完成（即观点分类）后，将结果集返回即可。

3. 微博搜索

微博（Microblog），即微型博客，Wiki上给出的定义是“微博是一种允许用户及时更新简短文本（通常少于140字）并可以公开发布的微型博客形式”。截止到今日，网络中已有多个微博平台，例如，Twitter、新浪微博、腾讯微博、网易微博等。微博成为了近年来发展最快的热门互联网应用之一。

微博检索属于信息检索领域，更进一步说属于文本检索的范畴，是近年来检索领域的研究热点之一。面向微博的检索在文档集和查询两方面都表现出与传统文本检索的差异：

微博文档：微博相对于传统文本具有很多自己的特性，包括不超过140个字的文字长度的限制、具有特殊意义的标签“#”和“@”、用户信息、链接信息等。这些特性带给微博不同于普通网页的特征，如何正确使用这些特征，使之有利于检索效果的提高，是微博检索面临的挑战之一。

微博文档具有多种不同的特征，为了更好地理解微博特性，可以定义三个类别来划分微博的特征，分别为：内容属性、用户属性、结果属性（或称为链接属性）。内容属性仅仅只是微博文本内容包含的特性，如hashtag、url以及短文本等；用户属性是指微博作者包含的特性，如作者的关注数和粉丝数等；结构属性，也可称为链接属性，是指以微博为统计单位用于表示微博之间的关系的特征，如，微博hashtag信息等。

6.3.2 博客检索系统

博客搜索系统本身的属性决定了其系统运作的特点。如前所述，博客搜索的过程可以分解成相关性检索和相关文档观点分类这两步来完成。一方面，相关性检索是任何一个检索系统都不可回避的问题，它是几乎所有更进一步操作的基础。有时候为了提升系统的相关性检索的平均精确率，需要对初次的检索结果进行后处理，比如重排序、二次检索等。另一方面观点分类有必要，也必须建立在相关性检索的基础上，试想如果没有相关性检索过滤掉绝大部份无关的信息的过程，盲目地对所有文档进行观点分类的效果可想而知，恐怕仅仅在时间上也无法满足实用性的需要。

1. 系统框架结构

系统的总体结构可以分为两部分：观点分类前的所有处理和观点分类。观点分类以前的处理比较杂，大体上包括数据集的处理和主题检索。数据集的处理又可分为数据集的预处理和倒排索引的建立。总体上可细分为四个部分：数据集的预处理、建立倒排索引、主题检索和观点分类。数据集的预处理主要完成与查询无关数据的去除和数据集的合并，为建立索引提供数据；建立倒排索引的过程就是为第一阶段生成的数据建立索引，并为下一步主题检索做准备；主题检索主要完成相关性查询，并为下一阶段观点分类提供输入数据；观点分类在最后一个阶段完成。主题搜索和分类将单独说明。

总之，一个典型的博客搜索引擎大致由博客文章抓取、博客文章预处理、文本检索引擎、用户界面等主要功能模块组成。

2. 博客文章抓取

博客文章抓取模块从博客空间中采集一系列博客文章，并将它们存入博客文章数据库中。它可以借助开源的网页抓取工具来实现。

3. 博客数据预处理

预处理模块对数据库中的文章做出一些预处理和特征提取工作，并用全局排序器计算出所有博客文章的全局序值。若有必要，可利用标注工具对每篇文章进行标注，以备搜索结果评估之用。

最初的数据集是由静态链接、资源和主页构成的，以该初始数据集为基础进行降噪处理，将无用信息进行剔除，留下有用的信息。从搜索引擎的角度看，这些多余的内容绝大多数都是噪声，对页面的排序会起负面的作用。搜索引擎中使用的页面表示的主要组件是基于词频统计的，页面中存在大量的与主要话题无关的词就成为一个问题。因此，出现了用于对网页中的内容块进行检测的技术，同时忽略页面上的其他内容或者在索引时降低其他内容的重要性。经过去噪然后形成一个经过初次加工过的数据集，接下来就是对这个数据集进行倒排索引，这样能够方便以后对数据集的处理和查询。

数据集的内容主要有三个来源：置顶博客、垃圾博客和其他博客。由于博客系统具有内容聚合的特征，都提供 RSS 的方式订阅博客信息，因此，可以通过对 RSS 订阅采集的方式实现对博客系统的采集；由于 RSS 订阅信息不包括评论信息、点击数、阅读数等一系列重要的博客附属信息，因此需要对 RSS 采集器采集后的 RSS 数据进行分析，根据一定的规则抽取出博文对应的评论数据、点击数、评论数等各种信息的 URL 地址，然后通过专门的附属信息下载工具下载。

对下载后的博客数据进行预处理的流程如下：

第一步，统一数据编码。由于不同的博客系统可能采用不同的文字编码，因此，在进行各种操作之前首先应对采集后的博客数据进行统一编码处理。

第二步，对博客正文和评论进行去除噪音数据操作。去除噪音数据是指去除博客数据中的无用信息，包括HTML标签、Javascript脚本代码、与网页内容无关的提示信息（网站声明，注册信息等）、大量存在的图片等。去除噪音数据以后，我们可以得到仅包含文本数据的正文和评论。

第三步，对中文数据进行分词处理。对于英文文本及类似语种的文本来说，这些语种通常采用空格或标点将词隔开，所以词的获取变得非常简单。但是对于中文文本，除了标点符号之外，词语之间没有明显的分隔符，因此需要专门的分词工具。分词后得到的是一系列的词和该词在文章中对应的词性。

第四步，特征选择。在一般的文本分类中，数据预处理时会将一些在文本中出现频率高但是含义虚泛的词作为停用词不加入特征中；例如中文中的“他、的、但是”等。但在正常的博客文章中，不论是记录个人日志还是评论性质的文章，都会经常使用一些口语化的词汇；相反，垃圾博客为了欺骗搜索引擎，会在正文中到处充斥着大量的名词，尤其是和特定行业、领域相关的专用名词或者是搜索引擎中的热门关键词，很少会出现介词、形容词甚至是动词，因此，不能对分词后的博客数据做简单的停词处理。

4. 文本检索引擎

此模块由索引器、检索器和查询相关排序器等多个子模块构成，索引器负责对博客文章的文本内容建立全文索引，检索器负责提供关键词检索接口，查询相关排序使研究者可以借此操控文本搜索引擎，将用户界面和结果评价模块更好地整合起来。

倒排索引源于实际应用中需要根据属性的值来查找记录。这种索引表中的每一项都包括一个属性值和具有该属性值的各记录的地址。由于不是由记录来确定属性值，而是由属性值来确定记录的位置，因而称为倒排索引。

倒排索引通过索引项组织。通常认为单词是文档的一部分，但是如果转换这个想法，认为文档是附着在单词上的，这样的索引就被称作倒排了。和传统图书类似，索引项经常也是按照字母序排列。但是这不是必须的，因为经常可以使用哈希表来查找它们。每个索引项有其自身的倒排列表，它们含有和该项相关的数据。在图书的索引中，相关数据是页码列表。在搜索引擎中，数据可能是文档列表或者单词所在位置的列表。列表的每个项被称作记录，记录中，指向特定文档或者位置的部分被称作指针。文档集中每个文档被赋予一个唯一的编号，这样可以有效地存储文档指针。

我们所使用图书中的索引可以存储位置信息之外更多的信息。对于重要的单词，经常使用粗体标识其中一个页码，以指明此页包含关于该项的定义或者展开的讨论。倒排文件也能有扩展信息，此时记录能够包括除了位置之外的其他一系列信息。通过在每个记录中存储适当的信息，能够有效计算在上一部分看到的特征函数。

最后，习惯上，图书索引的页码按照升序打印，以便最小的页码最先出现。传统地倒排表也使用相同的方式存储。这些排序文档列表以文档编号排列。这使得某些种类的查询处理更加有效，同时也提高了倒排表压缩率。然而，有些倒排文件也可以以其他顺序排列。

有关停止词的组成。停止词由无实际意义的词，如标准停止词表中的词；非字母的词，如数字等；长度大于 25 和长度小于 3 的词及单个字符重复出现超过 3 次的词等组成。以连字符连接的词在去除停止词之前被分割成各个部分，只取首字母的缩写词被保留下来作为索引项。

5. 用户界面

此模块负责将系统的各个组成部分用可视化的界面整合起来，令研究者可以更连贯地完成文章预处理、建立索引和全局排序等处理过程。另一方面，为了让研究者可以直接观察搜索排序的实际效果，此模块还提供与通用搜索引擎类似的关键词检索界面，它负责将查询关键词提交给文本检索系统，并返回与关键词相匹配的经过优化排序的含文章列表和内容摘要。

6.3.3 相关文档观点分类

按目前网络的发达程度，人们对事件或者产品的分析，已经越来越依赖于网络，所以说，相关文档观点就在互联网上占有了很大的市场，同是也受到了用户和企业的重视。

1. 相关文档观点含义

相关文档观点也可称为意见挖掘，也就是说将这些人们评价过的文档进行相关文档观点的分析，在最早的相关文档观点是人们对带有感情因素的观点进行分析，例如“好”“坏”这两个词，分别表示的是两种不同的感情色彩，然后对这样的不同感情色彩的词进行归类、分析、处理等，但是现在随着词汇量的增大和新增词汇的扩充，开发研究人员已经开始从意思简单的相关词汇分析转向了对复杂相关词汇的分析研究，同时也包括对整篇文档的分析。依照需要分析文档的不同，可以划为基于产品相关文档观点分析和基于新闻相关文档观点。前者处理的文档主要是对互联网上的产品进行相关文档观点评价，比如“华为手机的性能良好”，在这个文档的观点所评价的对象是“华为手机的性能”，观点就是“良好”，那么对于新闻相关文档就比如“他对伊春空难事件表示沉痛的哀悼”，那么对于这个文档“伊春空难事件”的观点就是“表示了沉痛的哀悼”。

相关文档观点分析牵涉到了很多其他相关技术的发展。目前对于相关文档观点分类可以根据层次分成 3 类：相关文档观点的抽取、相关文档观点的分类及相关文档观点的检索和归纳。

2. 观点分类的一般方法

博客搜索中，相关文档观点分类，也称为观点标识，是指根据被检索文本按其所体现的作者对文本中所描述的事物的观点和看法将其划分到相应的类别中，是博客搜索与其他检索本质上不同的地方。

目前用于博客搜索观点分类的方法主要有三类：基于词典的方法、基于文本分类的方法和浅层语言学方法，下面分别介绍。

（1）基于词典的方法

基于词典的方法不同于传统文本分类中的词匹配法，它更多地考虑了词的语义信息，本质上是基于统计的方法。在这种方法中，需要先建立一个或多个词典，包括词及其语义倾向值。在基于词典的文档观点分类方法中，被检索文档中所有词的语义倾向值的加权和是文档观点分类的依据。具体说来有以下三点。

①意见词典，它基于这样一种假设：人们总是习惯使用一定的词来表达自己的观点，这些词组成了所有词的一个子集。

②意见词的搭配，这是一个基于上下文的观点分类依据，人们表达观点的方式有一定的规律，即习惯表达方式。

③意见词的语态学特征，人们表达强烈感情时易使用词素特征以示强调。

词典的建立可以手工编纂，亦可以使用程序自动生成。由于词典建立规则的复杂性，目前手工建立的词典在应用性能上优于应用程序自动抽取建立的词典。根据词在被检索文档中的出现频率及其语义倾向值的加权和来排序被检索文档，也就是说词典方法是基于词频的。在排序的过程中亦可结合查询语句中出现的有语义倾向值的词组中词之间的距离信息（根据其在文档中的相隔距离来给与不同的加权值，如②所述习惯表达方式）。这些信息在检索结果的重排序及文档观点分类的过程中都很有用。

（2）基于文本分类的方法。这里所说的文本分类方法主要是指文本自动分类技术。目前，主要的文本自动分类算法可以分为词匹配法、基于知识工程和统计学习三种方法。具体内容详见 4.2 节。

（3）基于浅层语言学的方法。这种方法利用文本中代词或形容词等出现的频率来进行观点分类。同样，基于浅层语言学的方法仍然需要建立词表，并引入了词性标注技术。但它在本质上是对简单词匹配法的改进，这就在无形中限定了它的分类效果。当然，它可以作为其他分类方法的补充以提高分类系统的性能。

3. 观点分类的依据

观点分类的依据总体上说也可以分为三类：一个带有明显观点倾向的文本总会使用一些特定的词来表达自己的观点，这些词构成了一个集合，利用这些词来分类文本，可以是基于词的匹配的方法，也可以是基于词的统计分布的方法；其二是词的搭配，我们在表达观点时总是习惯使用一些惯用词的搭配或说成固定搭配，利用这个特征来进行文本分类，可以利用检索系统的模糊匹配功能或是使用模式分类技术；第三是基于词的语态学特征，即我们在强烈表达某一观点时，总是喜欢使用一些不规则的词来表达，以示强调，我们称其为词的语态学特征，这个特征的利用与第一类类似。

6.3.4 垃圾博客及其过滤

随着博客空间的急速增长，垃圾博客迅猛地蔓延到博客空间的各个角落；而大量垃圾博客的存在，严重影响了信息检索的准确性，从而使得用户体验变得越来越差。因此，如何精确的判断垃圾博客成为信息检索领域的亟待解决的难题之一。另外，在信息安全领域，博客内容倾向性分析成为新的研究热点之一，但大量垃圾博客的存在将严重影响倾向性分析的结果，大大降低其正确性和可信性。因此，必须对博客进行垃圾过滤，以便进行进一步的分析和检索。

1. 垃圾博客的含义

垃圾博客就是为了获得某些关键字在搜索引擎上排名的上升，而在免费注册的博客中采用大量的复制文章，建立垃圾链接等欺骗搜索引擎和用户的手段，以及发布广告信息的形式来达到获利目的的博客。

垃圾博客的产生通常都含有商业目的，动机主要包括以下两点：提升垃圾博客所包含链接在搜索引擎中的排名，从而提高网站的知名度和用户对网站的点击率；发布大量广告信息来提高广告信息的点击量或者误导用户信从广告信息提升广告产品的销量。

2. 垃圾博客的特点

Kolari 等（2006）根据垃圾博客生成形式和表现形式将垃圾博客分为以下几类：关键字填充、内容拼接、内容剽窃、偷换链接、页面重定向等，其中最常见的是内容垃圾。垃圾博客的主要数据特征如下。

①链接工厂特征。博客页面堆砌大量无意义的富含关键字的复制博客或指向某网站的链接，目的是提升被链接网站的链接广度，最终达到提升搜索引擎排名的效果。

②广告博客特征。在博客中放置大量的广告信息或其他网站联盟广告，利用当前热门关键字进行内容复制来欺骗搜索引擎，增加被搜索的机率，以欺骗用户点击广告，牟取广告费。

为了提高垃圾博客分类和过滤的准确性，我们还可以采用垃圾博客的统计特征，即基于博客内容的统计特征、博客正文结构的统计特征、基于正文词性的特征和基于链接的特征。

3. 垃圾博客的过滤

目前针对垃圾博客过滤的方法主要都基于分类的思想，即利用分类器天然的鉴别能力，对垃圾博客进行鉴别区分。但是，现有的垃圾博客过滤方法大都采用 SVM、Bayes、决策树等单一的分类器对垃圾博客进行过滤。但由于目前垃圾博客的特征稀疏、垃圾博客的样本高度不均衡以及实时性要求高等原因，垃圾博客过滤并不容易。

6.4 社会化搜索

网络世界是非常社会化的环境，包含形式多样的用户交互。用户彼此之间也可以通过多种形式进行各种在线交互。这种社会互动为搜索系统提供了全新而独特的数据资源，同时也出现了各种隐私问题。在社会化信息丰富的环境中，大量用户的海量交互信息有助于以新颖、有趣的方式增强用户体验，但也与前面的只考虑文档特征或网络的链接结构的搜索方式有了很大的不同。

6.4.1 社会化搜索含义

社会化搜索正在迅速成为互联网上关键的搜索模式之一。它处理特定社会环境内的搜索。宽泛地理解社会化搜索，任何具有相关活动的应用都可以包含进来，诸如定义用户的兴趣、描述文件、用户间的交互以及搜索结果的显示加工等。与标准的搜索模式形成鲜明对比的是，在社会化搜索中，用户充当了更活跃的角色。

社会化搜索是指搜索者不仅能得到各种本地信息，还能与他所信赖的社会关系交流并对信息进行推荐和评价。即社会化搜索是在本地信息搜索的结果中，可以看到他人对于同一搜索结果的评论与评价，而用户可以区分这些写作评论的人的身份，显然，来自于认识的人的评论会更真实更有帮助。

社会化搜索是通过分析网络用户搜索行为，形成具有共同兴趣类型的群体，再通过分析群体中每个用户的兴趣及历史收藏，为用户在以后搜索中提供更精确的检索结果。社会化搜索引擎一般通过添加元数据搜索、资源收藏和群体圈子来达到全民知识共享。

社会化搜索具有以下几个特点：

①网络用户可以参与，并影响到搜索结果。社会化搜索不再只注重速度和数量，而是通过 Tag 和 RSS 对内容进行筛选和分类。在这个过程中，用户既是搜索引擎内容的使用者，又是创造者，用户个人的体验和感觉成为影响搜索引擎效果的关键因素。

用户可以对搜索到的结果进行自由评价，也可以看到其他用户对所搜索到的结果的评价。社会化搜索充分发挥了用户之间、用户与搜索引擎之间的互动性，达到对“微内容”的搜索，更好地满足了用户的搜索需求。

由于采用的是“公众的判断”，这也就意味着网页被一个或多个用户所认可和赞同，并且信息有价值，值得与他人分享。这种技术同仅仅由计算机算法来分析网页相比，更具有进步性。与此同时，结果更流行更通用。因为社会化搜索引擎得到的都是被用户集体关注的最新而且评论/反馈最多的信息。

②相关性更强。因为网页的相关度是由用户来确定的，而不是由创造网页内容的作者或对网页进行链接的网站管理员来决定的，每个结果都是经过用户选择的。

③网页之间的链接可以通过好友关系结构来实现。网页之间的链接通过好友关系结构来实现，主题的重要程度通过用户的兴趣与关注度来确定，从而建立有别于传统算法排序的社会化排序。Page Rank 主要是基于网站管理员们对链接的重要性评定，而社会化排序则主要是依靠社区用户的判断来进行的。

当前，实现社会化搜索的平台与工具可以分为四类：一是专业的社会化搜索引擎，如谷歌的 Social Searcher；二是在线问答社区，如知乎、百度知道；三是社会化标注系统，如 CiteULike；第四类则是社会化媒体，包括 Facebook、Twitter、人人网以及新浪微博等。

6.4.2 社会化标签

对于网络上的资源，每个用户自由选择词语对其进行标注，当多个用户对每个资源对象进行标注时，标签就具有了社会性，这种行为模式就称之为社会化标签（social tag—

ging)。社会化标签包括三个主要对象：用户、资源和标签。

用户标注标签的动机、目的可以归结为以下五种情况：

第一，自我表达。通过标签来体现用户对资源的观点看法。

第二，对信息资源的组织。添加标签实现对信息资源更有效、更方便的分类和整理。

第三，对知识的学习。标签能够帮助用户加深对被标注信息资源特点的理解。

第四，资源的发现。标签能够帮助用户更容易搜索到自己所需的资源。

第五，决策支持。可通过分析标签来判断被标注的资源是否是用户所需要的。

1. 社会化标签的特点

社会化标签有其自身的特点，主要表现在以下几个方面。

①个性化。标签不是关键词，更多的是用户根据自己的理解，使用自己熟悉的语言对资源进行标注。因此，它不一定是正常结构的词语，有很强的个人色彩。

②多样性。由于标签的产生不受任何限制，对于同一资源，不同的用户可能会贴上不同的标签，即使是同一用户，在不同的时间也可能对同一资源贴上不同的标签。这就使得标签具有多样性，与此同时，基于标签的检索也变得更加困难。

③非术语性。标签是用户在不受任何约束条件下产生的，它并不受叙词表、主题词表等的限制，因此标签不限制于专业术语，相反，更多的是普通的自然语言。有时，还可能非常口语化或网络化。

④共享性。贴标签的目的一方面是为了用户日后的查询检索，但另一方面更是为了向其他用户推荐，与其他用户共享信息资源，从而提高资源的利用率。

2. 社会化标签的类型

根据用户对网络信息资源进行标注是否受权限限制可以将社会化标签分为广义社会化标签和狭义社会化标签两类。根据每一个资源上所添加标签的聚合方式，社会化标签又可分为集合（Set）模型的社会化标签和袋子（Bag）模型的社会化标签。

广义社会化标签也称为自由标签，即任意的用户都可以不受任何限制地对任意网络信息资源自由地添加任意标签。在这样的系统中，任何一个用户都可以对自己感兴趣的多个资源进行标注，而对于任一资源则往往会有大量用户对其进行标注。由于用户往往具有不同的知识背景和兴趣偏好，大量用户通过对资源的协同标注，碰撞、激发、聚合，形成对资源的多维度描述。

狭义社会化标签是指基于授权的社会化标签，即用户需要得到资源发布者的许可才能对其他用户发布的资源进行标注。在这样的系统中，每个资源标注的标签往往较少，而每个标签关联的资源却往往相对较多，一般只需要单个标签就可以较为准确地检索到相关的资源。

所谓集合模型的社会化标签是指不允许任何用户为资源添加重复的标签，对于每个资源，系统呈现给用户的是添加在该资源上的标签的集合。而袋子模型的社会化标签则允许不同的用户对同一网络信息资源添加相同的标签。

按照标签的资源对象对标签进行分类，主要可以分为以下 5 种。

①文档标签。这类标签主要是给文档进行标签的标注，如对博客博文贴标签。

②图片标签。这类标签主要是给照片、图片加标签，典型的有 Flickr 网站。

③视频、电影标签。这类标签主要是对网络上的视频、电影等进行标签标注。如国内的优酷网、土豆网等都是较大型的视频网站，用户可以对相关视频贴标签。另外一些电影网站也允许用户对影片贴标签，如时光网。

④个人标签。这是指用户对自己添加的个性化标签，一般微博网站的用户可以对自己贴个人标签，比如新浪微博、腾讯微博用户都可以添加自己感兴趣的标签，并且可以根据标签找到其他具有相同标签的用户。

⑤网页标签。这类标签是指对相关网页链接进行标注。

按标签的使用，标签可以分为以下五种类型：

①基于内容的标签。这类标签描述项目的内容。用户阅读某一信息之后针对信息内容添加的社会化标签就称为内容标签。绝大多数用户添加的社会化标签都是基于内容的标签，用于定义用户思维逻辑与信息资源之间的关系。

②基于上下文的标签。这类标签描述一个项目的上下文。也称其为情境。情境也可称为环境，基于情境的社会化标签用于描述标签被添加或者被保存时的环境和社会条件，包括标签的添加时间、地点等因素。

③属性标签。为了记录和说明某一信息资源属性而添加的标签被称为属性标签，这类项目隐含项目的属性。这里的属性包括如信息来源、文章作者、发布时间等。除此之外，属性标签还可以用来表征信息资源的质量和特点，比如荒唐、搞笑、毫无意义等词。

④主观标签。这类标签主观地描述一个项目。是指受个人情绪表达所驱动，用于描述用户情感和主观情绪而添加关键词，可以帮助用户确定信息的质量和特征。尤其是在信息推荐过程中，用户可以根据别人添加的情感评论标签选择自己感兴趣的标签进行信息浏览和阅读。

⑤事实标签：针对信息资源的内容、特征、属性等添加的关键词被称为事实标签，所有内容标签、情感标签、属性标签等都是事实标签。这类标签可以帮助用户更快捷地查找到其他相关资源，是信息导航和信息推荐的重要手段之一。

3. 标签存在的问题及解决

标签本质上是文本关键词，这些关键词用来描述文本或非文本项目。因此，标签可以为无法表示为文本的项目提供一种文本维度，如视频、音频等。在实际应用过程中，标签还存在着很多问题。

第一个问题，标签是非常稀疏的表示方式，尤其是对复杂的项目。由于搜索更多的是采用布尔检索模型，所以，如果采用“与”操作，可以提高查准率，但会降低查全率；而“或”操作正相反。我们需要高的查准率和查全率，但代价会很大，所以，通常我们会选择放弃。

第二个问题是标签本身有噪声。如前所述，标签是可以提供关于项目的有用信息并提高搜索质量的。但由于标签是用户所创建，所以，这些标签很可能是偏离主题的、不适当的、描写错误或者是垃圾信息。解决的办法是给予适当的奖励，一是奖励其提交高质量的标签，二是奖励其报告不恰当的标签或垃圾标签。

第三个问题是指定集合中的很多项目未被标注，这会使其变得不可见。解决的办法是尽可能自动地预测缺失标签并使用预测的标签以提高查全率。

①推测缺失的标签。在集合中的项目都是文本的情况下，可以依靠项目的文本表示来推测标签。例如，对出现在文本中的每个词项计算权值，然后选择几个权值最高的词项作为预测的标签。

另外，标签推测问题也可视为分类问题，简单的分类方法是可以应用在各种文本或非文本项目上，通过文本特征是可以获得高的准确率和查全率的。对于非文本，是要从项目中获取有用的特征。

在上面介绍的方法中，在为项目选择标签时，是不考虑已经指派的标签的，这会使指派给某项目的标签虽然相关但非常冗余。因此，选择既相关又不冗余的标签就变得非常重要，这称为新颖性问题。

②浏览和标签云。如前所述，标签可以用来搜索协作标注的项目集合，也可以用来帮助用户在一个项目集合中浏览、探索及发现新的项目。可以采取几种不同的方式利用标签帮助浏览。例如，当用户正在关注特定的项目时，这个项目的所有标签都会被显示。这时，用户可能会点击其中一个标签，接着一组被标注有该标签的项目集合呈现给用户。用户可能不断重复这一过程，不断地选择一个项目，点击其中一个标签。这使得用户可以通过一个相关标签链来浏览项目集合中的项目。这种浏览行为是非常有针对性的，并且不会使用户浏览集合中很大一部分项目。

如果要将整个集合的全局视图提供给用户，可以让其看最流行的标签。这些标签可能是整个站点或者某个特别的群组，或者是某类项目中最流行的标签。标签的流行度可以通过许多不同的方法进行度量，但最常用的方法是，计算标签指派给某些项目的次数。显示流行度的标签可以使用户以其中一个标签为起点浏览和探索项目集合。

对于浏览，最重要的是以一种形象的且有意义的方式将一组标签显示给用户。最简单的方法是按照字母序列或流行度的排序，以列表或表格的方式进行显示。这其中应用最广泛的是标签云（tag cloud)。在一片标签云中，标签尺寸与它的流行度或重要性成正比。

6.4.3 基于标签的搜索

用户产生的标签是大量的并且大多数是随意的，这就使得用户要检索到有用的信息变得愈来愈难。

1. 标签抽取

对于标签的生成研究主要可以归结为两大类型。

①基于内容的方法。这类标签生成主要是直接根据文档内容抽取词项作为候选标签，以此实现标签抽取工作，其中比较典型的是直接从博文中抽取词语实现标签抽取，进而在此基础上实现标签的推荐、博文的聚类等。基于内容的标签抽取大多数研究者都是通过计算 TF-IDF 值实现的。

②基于协同的方法。基于协同的方法主要是利用标签——对象——用户之间的网络关

系进行标签抽取进而实现标签推荐。

基于内容的标签抽取直接从标注对象中抽取标签，基于协同的标签推荐依据标签的社会化属性可得到标注对象中隐含的信息，因此将这两种方法结合起来进行标签的生成，可以达到优势互补的作用，从而实现标注资源的全面和深度揭示。

2. 标签聚类

对于同一个主题往往会有不同的标签表示，这导致了同义标签问题。如何识别同义标签以及如何将相似度较高的标签聚集成簇，这就是标签聚类。标签的聚类主要涉及三部分——即标签的特征提取、相似度计算以及聚类的具体算法。

①特征提取。标签的特征提取通常用到的是 Poter 算法，Poter 算法的主要目的是提取英文单词词根，从而可以将词根相同的不同单词聚集起来。特征提取的另一个常用方法则是基于 TF－IDF，其中 TF 是指词频，IDF 指逆文档频率。

②相似度计算。最常用的标签相似度的计算是基于标签的共现，通常认为两个标签的共现频率高则表明这两个标签之间具有一定的关联。

③聚类算法。标签聚类最典型是 K. means 和 AP 聚类算法。K. means 是 1967 年由 Mac Queen 提出，该算法是依据对象之间的距离进行聚类；AP 则是 Frey 2007 年在 Science 杂志上提出的一种新的聚类算法，它是根据 N 个数据点之间的相似度进行聚类。其他的聚类算法还包括层次聚类算法、基于 SOM 的聚类算法。

3. 基于社会化标签的搜索算法

利用社会化标签形式化描述的信息，很多学者开展了基于社会化标签的搜索算法的研究。何佳等人将这些算法分成按个性化与否进行了区分。

（1）非个性化搜索算法

对于非个性化的搜索算法，目前主要有以下几类。

①根据标签的次数的排序算法。这种排序算法主要有简单的方法、共现法和自适应方法。

简单的方法就是 Nave 方法，其主要的思想是对某个资源，根据其被标注的标签的次数进行简单的排序。但是 Nave 方法没有考虑到标签之间的关系。

共现法则考虑到了标签之间的共现关系，其基本思想是：对于某一资源，如果一个标签出现的同时，另外一个标签页总是同时出现，则意味着这两个标签存在一定的内在联系，则它们的同时出现能够更好地反映资源的内容。所以，在共现法中，所有成组出现的标签被表示成无向图，同现的标签之间以边相连，并通过共现的次数来增加边的权重，最后权重最高的 n 条边所对应的标签被用来对资源进行标注。

自适应法的基本思想是在共现法的基础上，将标签的时效性加进来，在增加新产生的边的权重的同时会降低原有边的权重。

②结合社会化标签对 Page Rank 算法进行改进的算法。基于标签次数的排序方法虽然简单，但是该方法没有有效地考虑到资源、用户、标签之间的关系。在实际中，资源、用户、标签三者之间是互增强关系，被高素质用户用高质量的标签标注的资源具有更高价

值，而用高质量的标签标注高价值资源的用户也具有更高的素质，被高素质的用户用来标注高价值资源的标签通常具有更高的质量。

③结合社会化标签对 HITS 算法进行改进的算法。HITS 算法认为，被高中心值资源指向的资源具有高权威值，而指向高权威值资源的资源将获得高中心值。而实际上，专家级的用户更加倾向于对高质量的资源进行标注，高质量的资源通常由专家级的用户标注。因此，一些学者考虑用户水平的不同，对传统的 HITS 算法的改进，利用社会化标签来支持专家搜索。

④考虑标签语义的搜索算法。前面的搜索方法都没有考虑到标签之间的语义相似性和多义性。因此，如何考虑这些标签之间的语义相似性来对查询的结果进行排序是另一个重要的研究内容。

非个性化的搜索算法的不足之处是没有考虑到用户的兴趣模型，因此不能根据用户的兴趣和特点为用户推荐用户感兴趣的资源。

（2）个性化的搜索算法

目前，主流的个性化搜索算法主要有以下两类。

①基于主题的个性化搜索算法。其基本思想是利用社会化标签挖掘出用户的主题兴趣模型，即一组标签术语及其权重的集合，然后利用用户的主题兴趣模型对资源进行重新排序。

②基于社交网络的个性化算法。基于主题的个性化搜索算法考虑到了用户感兴趣的主题，但是没有考虑到用户的整个社交网络关系。结合社交网络，许多学者提出了基于社交网络的个性化算法。这类算法考虑了用户的社交网络关系，从各种关系的角度为用户提供个性化的搜索，是未来个性化搜索未来的发展趋势。

6.4.4 社区搜索

所谓在线社区，是处于在线环境中进行交互且具有共同的目的、特性或兴趣的实体数组。这种定义与传统社区的定义基本相同，实际上，传统社区和在线社区也是非常相似的。都有许多相同的社会形态。两者的差异在于，在线社区可以由用户、组织、网页或任何有意义的在线实体构成。

通常，一个用户可以有许多方式参与到社区中来，例如，可以把相关内容发布到微博、新闻组或论坛中，也可以发布到微信中，甚至可以到电商网站购买共同感兴趣的商品。但用户在社区的身份是隐式的。另外，用户很可能有多种爱好和兴趣，因此，可能是多个在线社区的成员。

还有一些在线社区不仅仅包括人，如一组关于相同主题的网页就形成了一个在线社区，这常被称为网页社区。这些页面由于具有相同的特点而形成社区。网页社区与由人构成的社区具有很多相同的特点。

1. 社区种类

社区包括论坛、博客、百科、问答、收藏、掘客等种类。这 6 种社区在各自的方向上都具有改善搜索的功能，根据用户创造价值的特点，它们可被分为两大类：论坛、博客、百科和问答属于内容创造型社区，信息几乎全部来自用户，在交流中碰撞出思想的火花；收藏和掘客则是评价型社区，材料是已有的网络内容，用户以收集或评分的方式进行投票，得票多少、人气高低反映了大众的判断，据此打上价值的动态标签。

2. 社区发现

在线社区有两个特性，一是具有共同特性的实体；二是彼此之间交互。由于定义的模糊，通用的、发现每一种类的在线社区的算法很难设计出来，但用于特定性质、具体类型社区的算法还是被开发出来了。

用于社区发现的算法多数以一组实体作为输入，如用户或网页，描述这些实体的信息以及这些实体交互或相互关联的细节。这可以用图表示。图中，实体作为节点，实体之间的交互（或关系）为边。图可以是有向图也可以是无向图。有向图中的边具有方向，箭头用来标识边的起点和终点，它适用于描述实体间的非对称或因果关系。无向图的边没有方向，它适用于表示对称关系或简单表明两个实体之间具有某种联系。在此基础上，从图中发现社区的标准是很容易的。标准有两个，一是这组实体（节点）之间按照某种相似度度量必须彼此相似。二是这组实体间的交互多于与其他实体的交互。这些特征是与上面所说的在线社区的相对应的。

目前，可以用于社区发现的算法主要有层次聚类算法、基于物理模型优化的算法、综合主题模型和链接分析的算法。层次聚类算法是很有代表性的社区发现算法，其算法思想来源于社会科学中的分级聚类的思想，根据形成方式的不同可以分为自底向上的凝聚算法和自项向下的分裂算法。

GN 算法是典型的自顶向下分裂算法，其基本思想是：把整个复杂网络看成是一个社区，计算各个节点之间的“距离”；这里的“距离”可以是简单的几何意义上两点之间的距离，也可以使某种形式的两点间的相似性；然后再按照距离从低至高排序，依次删除距离小于某个设定值的点，直到网络中所有的节点都被处理过。

3. 协同搜索

协同搜索是一组具有相同搜索目的的用户共同搜索。其用处也是非常广泛的。根据搜索参与者彼此之间所处的位置，有两种协作搜索方式：所有的搜索参与者处于同一地点，是同位协作搜索方式；搜索参与者处于不同地点，是远程协同搜索。

协同搜索为用户提供了独特的工具，可以用来在同位或远程搜索对话中有效地同他人合作。但商用的协同搜索系统很少。

6.4.5 即时搜索

即时搜索（Instant Search Engine，简称 ISE），又称当前事件搜索引擎（Current Event Search Engine）。它是指以 RSS/Atom、Tag 等新兴技术为基础，专注于网络世界里信息频繁更新的博客网站、新闻网站、商贸网站或微博工具等，能够给用户提供接近实时效果的搜索结果。

1. 即时搜索的基本特点

与百度、Google、Yahoo 等通用搜索引擎相比较，ISE 具有以下几个基本特点：

①ISE 的搜索和阅读具有即时性。ISE 以 RSS/Atom、Tag 等主流新兴技术为依托，支持信息动态聚合、分类推送、即时更新，完全不同于通用搜索引擎对信息采集的不定期性或滞后性。

②ISE 具有精确的判断力和高度的整合性。通过 Spider 的语义鉴定，ISE 能够实现机器的快速识别和自然过滤，降低用户对信息判断和选择的难度，提高用户拥有信息的数量和质量。而通用搜索是一种全面性综合性的信息搜索，是不区分结果类别的。

③ISE 关注网络社区。网络社区包括 BBS/论坛、讨论组、聊天室、贴吧、博客等形式在内的网上交流空间。同一主题的网络社区集中了相同兴趣的访问群体，不仅具备交流和交际的功能，也成为一种商业营销场所。ISE 的聚合内容更能满足特定圈子的需求。

④ISE 需要安装客户端

这是即时搜索有别于通用搜索最明显的地方。传统搜索是利用爬虫技术收集各个网页，更新数据库，内容的生产和被搜索引擎收录需要一段时间，远远无法达到“即时”，其作用更像静态的“图书馆”或“资料库”，而 ISE 则是指搜索引擎通过检索 SNS 网站公共信息或者微博网站用户生产的信息，频繁更新聚合返回，以满足用户最新最快的信息需求，用户使用该类搜索引擎，可以很轻易地找到更有价值的信息。

2. 即时搜索引擎的工作原理

用户先在自己客户端下载安装 RSS 阅读器，通过 ISE 指令数据库发出各种指令，利用 RSS 的自动聚合接收来自各大注册网站的定制，可将这些频道列表和内容返还给用户并进行即时更新。也可以使用一些在线 RSS 订阅网站来管理这些信息，用户只需在各注册网站添加自己想要订阅的关键词，RSS 就会从这些关键词形成的聚类库中直接提取出 RSS Feed 信息，包括标题、链接、发布时间、部分内文（XML 格式）等，为用户自动聚合成一个页面。用户不用安装任何附加软件，只需通过任意上网电脑都可以找到自己订阅的东西或点击链接查看原始资源，而无需做任何的数据迁移工作。可以看出，ISE 有几个明显的功能：一是信息采集是一个及时过程；二是 ISE 具有明显的智能聚合的特性；三是用户友好，阅读方便，个性突出。与传统搜索引擎的抓取、入库、更新、排序、检索、呈现等工作原理明显不一样，突出了快、新、准、类的特点。

3. 即时搜索引擎的体系结构

ISE 具有搜索上的独特性和创新性。但它同传统搜索引擎一样，仍然必须要有相应的服务搜索协议（SDP）来保证分组传输的可靠性和各网站之间的互访问。这种 ISE 协议基于 TCP/IP、WAP 等应用层协议之上。

即时搜索引擎在搜索时，只搜索以 RSS 或者 ATOM 格式发布的内容，能够排除网络信息中的冗余信息，并具有即时性的特点。即时搜索引擎主要由 3 个部分构成：

①信息发布者。信息发布者提供信息，这些信息可以是传统的以 HTML 形式发布的

内容，也可以是符合RSS规范的内容。以RSS规范发布的内容对于搜索引擎来说最直观。如果是传统的以HTML形式发布的内容，则必须经过处理为符合RSS规范的信息。处理方式可以采用传统搜索引擎所使用的爬虫技术，先对页面进行搜索和解析，然后转化为RSS信息。以HTML形式发布的内容由于必须经过传统的搜索引擎处理，其即时性得不到保障，因此，最好采用RSS规范发布。

②即时搜索引擎。即时搜索引擎将获取的RSS信息进行处理，进行聚合分析，对相关信息进行聚类及结合，最终形成对用户有用的、个性化、社会化的信息，并以RSS Feed的方式进行发布。为了保证搜索引擎的效率，还必须对这些信息进行分类、排序以及建立索引。建立了索引后，即时搜索引擎就能够为用户提供搜索服务，也可以采用推技术向用户主动的提供即时和个性化的信息。

③最终用户。用户查询即时搜索引擎可以获得采用RSS规范发布的相关信息，也可以被动地接受用户订阅的信息，这些信息具有高度的即时性与社会性。如果用户想获得信息全文，也可以利用搜索引擎，查询到相关的Web信息发布页面获得更多的信息。

6.5 个人信息检索

随着计算机存储技术的发展，个人电脑的存储容量越来越大，人们需要对个人数据信息进行有效的检索，从大量的个人数据中找到需要的信息。

6.5.1 个人信息检索

个人信息检索走过了从文件搜索，到Web搜索，到利用索引的桌面搜索的过程。

1. 个人信息检索的特点

个人信息检索的最大特点是，用户对他们所存储数据信息的细节和特点比较熟悉，因而能提供记忆信息，利用广泛和多变的上下文联系和线索来进行检索。而Web搜索则通过关键字来简化和加速对大量网页信息的检索。这也是Web搜索和个人信息检索最大的不同之处。用户可以通过关键字来检索个人信息，更多时候可以通过信息的属性值来过滤和查找有用的信息，这样的属性值称为元数据。用来检索的上下文联系和线索也可能与检索的信息并没有直接的联系。

个人信息检索与Web搜索另一个不同之处在于，个人信息包括了许多类型不同的文件、文档和信息，如Email、文档、多媒体信息等，还有许多未公开文件格式的数据。个人信息的检索，需要将这些信息整合在一起。目前许多桌面搜索工具提供了扩展的接口或者接受插件，对未公开格式的文件进行搜索。利用上下文联系和其他线索进行搜索，并且检索包括了许多不同类型的文件和信息，使得个人信息检索发展的趋势是将搜索和浏览整合到一个通用的用户界面接口上。

2. 个人文件查找方式

用户如需使用某个资源文件，首先需要找到该资源文件。在桌面系统中，常用的寻找资源文件的方式主要有两种：

一种方式是基于位置的查找。通过记忆目标文件的存储地址，直接定位目标文件。这种方式需要用户记住目标文件的存储目录，但却是一种简单快捷的方法。这种方式对于查找新获取的资源文件或是最近需要使用的资源文件非常有效。研究显示，用户习惯于将自己最近需要使用的资源放置于固定的自己熟悉的位置，以方便使用。这是一种非常关键的自我提醒方式。

另外一种基于文本的检索的方式，是通过基于关键字搜索来实现目标文件的检索。这种方式需要信息检索工具的支持。最重要的是用户需要提供合适的关键字作为搜索的输入。这些关键词一般来源于期望的目标文件的文件名，文件属性和文件内容。同时，信息检索工具可能需要建立高效的索引来提高检索的效率。这些索引结构需要占用一定的存储空间。

3. 个人信息检索研究内容

随着计算机存储技术的发展，个人电脑内存储的信息数量巨大、种类繁多，人们需要对个人信息进行有效的检索，提高个人信息的利用效率。目前对个人信息检索的研究主要围绕着个人信息检索因素、个人信息检索用户界面和个人信息检索工具三个方面。

①个人信息检索因素。目前主要从基于信息属性、上下文关系、个人对信息的记忆以及语境元数据等因素进行个人信息检索的研究。

②个人信息检索用户界面。目前主要是从用户的角度出发，利用当前成熟的关键词检索和属性值检索，并以用户记忆为导向为用户设计检索界面。

③个人信息检索工具。个性化检索工具可以提供快速、统一的电子邮件、文件和网页内容检索。

4. 个人信息检索系统框架

个人信息检索的最终目的是提高用户检索文件的效率，因此，个人信息搜索框架主要包括数据集成、数据模型、数据输出三个模块。

数据集成模块负责数据的输入，包括用户行为监控器、个人数据识别器和包装器。用户行为监控器自动监控用户行为，发现与用户相关的数据信息；个人数据识别器负责将个人数据实体及其属性识别出来并进行保存，包装器负责对特定数据对象的处理。因个人数据来自不同的数据源，需要针对不同的数据类型设计包装器。由于信息的隐蔽性、数据源的多样性、遇到信息的偶然性、数据处理效率以及主体自身因素，个人数据集成需要用到自然语言处理、信息抽取等多方面的知识。

数据模型主要涉及逻辑模型、物理存储模型。

数据输出指影响到个人数据输出的一系列行为，涉及查询、排序等方面的问题等。

6.5.2 桌面搜索

信息爆炸的时代，人类的记忆能力在不断地接受着挑战，搜索成了替代记忆需求的行之有效的方法，所以搜索引擎应势而生。随着硬盘容量的增大，用户本地文件系统目录结构越来越复杂，文件数量越来越庞大，用户对本地文件快速搜索的需要也越来越迫切，桌面搜索成了搜索领域的关注点，桌面搜索的竞争也成为各大搜索引擎公司竞争的焦点。当前，各大搜索公司都开发了自己的桌面搜索引擎，但从用户体验、索引实时性和系统资源占用率上来说，都有很大的欠缺。

桌面搜索引擎也称为个人桌面引擎或个人硬盘搜索引擎，是对个人计算机上存储的信息进行索引、查找的检索工具。它不同于企业搜索引擎或网络搜索引擎，主要是面向个人文档管理的智能搜索工具，在个人信息管理领域中受到用户的欢迎。

1. 常用的桌面搜索软件

桌面搜索软件按其主流功能分为两类：对文件属性信息的搜索和对文本文件内容的搜索。对文件属性信息的搜索软件主要有 File finder、Ava、Locate；对文本文件内容索引的软件主要有 Google 桌面搜索、百度硬盘搜索、微软桌面搜索、中搜网络猪等。

3. 桌面搜索关键技术

桌面搜索实现的关键技术是实现索引数据库，建立索引的过程往往是在个人电脑处于空闲状态，或者处理任务负担并不重的时候。在使用电池的状态下，笔记本的许多任务暂停了，建立索引的过程也会停止。索引的内容包括：文件和文件目录；信息元数据，包括标题、作者、评论等，多出现在 mp3、pdf、jpeg 等媒体数据上；支持的文档内容。

3. 语义桌面

语义桌面将语义 Web 的相关技术引入到桌面系统中，使得用户能够像使用个人语义 Web 一样使用个人计算机。语义桌面希望将用户桌面系统上的各种信息资源和应用程序相互关联起来，并通过本体实现无缝地集成。语义桌面是语义 Web 技术与传统桌面系统相结合的产物。语义桌面主要用于帮助人们实现个人信息管理，是一种新兴的个人信息管理工具范型。

6.6 企业搜索

企业搜索就是为用户提供一个统一的信息管理平台，用户可以从这个平台中获取用户想要获取的任意类型的数据而不用理会数据格式等数据内部的细节。企业搜索引擎与互联网搜索引擎的所采用的核心技术是一样的。

6.6.1 企业搜索概述

企业搜索与 Web 搜索方式有很大的区别，一方面，企业搜索会与企业内部种类繁多的系统交互，通常这些系统之间结构各异、数据标准以及存储格式也各不相同，有存在于各种业务系统数据库中的结构化数据，也有 docx、xlsx、pptx 等文档格式，甚至还有难以索引的 rm、mp3、jpg 等格式的文件；另一方面，企业搜索在给企业的员工带来便利的同时也对企业内部信息的安全提出了挑战。

“企业搜索”作为一个名词应该包含以下几个方面：任何具有电子文档格式的文档信息内容的企业；需要搜索企业内部或者外部的网站信息；需要搜索任何其他以电子文档形式存在的文档信息，如邮件、数据库记录、文档以及其他电子信息等。

1. 企业搜索引擎的特点

企业搜索引擎与互联网搜索引擎的所采用的核心技术是一样的，都采用了信息源采集、索引库的创建、信息检索等技术手段，不同之处在于企业搜索信息源的采集更加专业化、采集深度更深、检索更加注重个性化、更适合企业应用。企业搜索在技术上是有所创新的，但并不是全盘地将互联网搜索技术照搬到企业来使用，而是对企业信息组织方式采取有效的组织、分析和安全管理等技术手段。与互联网搜索引擎相比较，企业级搜索引擎具有以下特点。

①多源异构数据类型。企业级搜索引擎需要搜索的数据包括网页、Office 文档、邮件系统、pdf 文件、XML 数据资源，企业级搜索引擎可以通过一个统一的搜索工具，能够对所有的资源进行检索，并能够把返回给用户最满意的搜索结果。

②搜索信息的实时性。对于企业内部的管理者必须能够实时的把握信息变化方向，才有可能正确的做出决策，因此企业级搜索引擎的搜索结果必须能够实时反应企业信息更新，同时动态更新索引，保证数据一致性。不允许出像互联网搜索引擎服务那样信息滞后更新的现象。

③搜索全面性和准确性。查全率和查准率是衡量搜索引擎性能的两个最重要的指标，互联网搜索引擎不能真正做到全面的搜索，而且搜索结果的重复性、无关性很严重。相对来说，企业搜索引擎可以保证搜索的精确度，但也无法做到保持很高的查全率和查准率，来满足用户的需求。对此，可以通过提供更加复杂细致的检索选项和检索表达式，或者是提供一些可调节的系统参数，来部分满足两全其美的需求。

④严格的安全性。企业要保持健康可持续性发展，信息安全是基本的保证之一。而搜索引擎使得企业内部的信息变得更加开放和共享，从某种程度来说破坏了信息安全性，特别是对于那些商业信息很机密的公司来说，可能会更加担心搜索的结果是否会泄露企业的机密。因此，不同的资源对于企业网中不同的用户，其使用权限都可能不相同，需要企业搜索引擎能够做到基于角色的权限管理，从而做到用户、资源、权限实行分级管理和控制，提高系统的安全和可靠性。

⑤个性化检索。企业内部的搜索服务，搜索的结果必须和企业的业务特性相关，而不是像互联网搜索那些仅提供一些与业务不相关的参考信息。同时，企业内部搜索结果会直接参与到企业的运营和决策中，所以要求对搜索的过程采用智能化处理，以达到搜索的准确性、全面性。例如采用相关的智能调度算法，根据用户所感兴趣对搜索结果进行去重，对搜索结果者信息聚类或自动分类；提供智能化的概念扩展查询等，都将有助于企业对信息资源的整合和利用。

2. 企业搜索与搜索引擎的区别

①数据量不同。对于传统的信息检索系统，其一般的索引库的检索规模多在 GB 级。

但对于互联网网页来说，其搜索信息的规模有可能达到几千万甚至上亿量的网页的处理。由于搜索引擎的基本策略通常都是采用检索服务器群集的，以针对大数据量的信息搜索，因此，搜索引擎技术对于大多数企业的应用来说是不合适的和没有必要的，并不适合运用于企业的应用中。

②内容相关性不同。搜索的信息量越大，要求对其查准和排序也就显得越为重要。真正的企业应用的对信息的检索要求往往是基于内容的相关性排序，就是说，和检索要求最相关的信息排在检索结果的前面。而搜索引擎技术发展的网页链接分析技术，是根据互联网上网页被链接的次数来作为被查询信息的重要性评判的依据。但是，企业网站内部的网页链接是由网站的内容采编发布系统来决定，其链接次数存在偶然因素，因此不能作为判别重要性的依据，因此，搜索引擎的链接分析技术的对信息的排序方法并不适合运用于企业的信息检索中。

企业搜索主题有限，分类少，与企业搜索相比搜索引擎主题多，分类也多；在文档结构上，企业中的文档结构比较多，且多为非结构化数据。

③实时性不同。企业要求的信息检索需要实时地反映内外信息的变化。而搜索引擎的索引生成和检索服务是分开的，因此，只能周期性地更新和同步数据，大的搜索引擎的更新周期需要更长，有以周乃至以月为度量单位的。由此我们得知，搜索引擎的系统机制实际上并不能适应企业对信息检索的要求，即动态性的数据增长和更新的要求。因此，互联网的信息搜索不能等同于企业的信息搜索。

④安全性不同。企业的全文检索数据源大多都是来源于企业内部的信息，因而有较为严格的等级、权限等限制。因此，对查询方式也同样具有更严格的要求。所以，在企业应用中，数据一般会被要求存放在数据仓库中的安全和集中处，以保证数据的安全和满足数据的管理要求。但搜索引擎在互联网搜索的数据大都来源于互联网上公开的信息，对其检索信息的要求主要以文本正文为主，其他类型的信息并不是很重要，也谈不上什么保密性。

⑤个性化和智能化不同。由于搜索引擎技术的应用存在着受数据和客户规模大小的限制的问题，因此对具有计算密集特性的智能技术，如相关反馈、知识检索、知识挖掘等很难延用到搜索引擎技术中。但对于专门针对企业的信息检索系统，其在智能化和个性的方向的拓展则可以有很大的发展和应用的空间。

6.6.2 系统总体架构

企业搜索引擎主要分为以下几个模块：内容采集与解析模块、分布式全文检索模块、文档语义导航引擎模块以及 Web 前端模块。

1. 内容采集与解析模块

内容采集与解析模块负责采集企业中各处以及各种类型的信息以供后面的检索和索引使用。采集的数据来源包括用户上传到系统中的各类文档、数据库信息以及企业内部的网页信息等。对于用户上传到系统中的文档，由于数据来源各异、文档的格式也各不相同，因此需要对其中的信息进行抽取和组织，生成 XML 格式的文件以供索引；而对于企业系统内部的网页信息则需要用网络爬虫对其进行抓取，网络爬虫的功能相对独立，因为其在收集完相关的网页并且将信息组织成检索子系统所需要的形式以后，就与搜索引擎其他的系统模块基本独立了；而对于数据库中的数据来说，由于系统展示以及导航的需要，需要先将其经过相应的业务系统转化后生成可展示的结果并且根据事先定义的 XML 中的域抽取相应的信息然后进行索引。

内容采集与解析模块分为文档采集与解析、数据库内容采集与解析以及企业站内信息的采集与解析，这三类信息的采集与解析方式各不相同。

（1）文档采集与解析

文档的采集是以用户主动上传为主，其流程具体说明如下：

①用户通过拖拽或者选择选取需要上传的文件或者文件夹。

②服务器接收到用户的请求，判断上传的是单个文件还是包含若干文件的文件夹。

③对于文件，文档服务器首先提取其文件名、文件大小、文件修改时间内、文件属主等描述信息并且生成相应的 XML 格式的文件，然后判断文件格式并且使用相应的内容提取程序提取文件内容，加入 XML 中的 content 域；对于文件夹，服务器需要递归的遍历文件夹中的全部文件，然后依次提取文件中的内容信息。

④服务器将提取出来的数据以流数据的形式存放到分布式的文件系统上面。

⑤文档服务器将本次采集任务的结果状态返回给用户。

由于文档具有多种不同的格式，当前文档解析模块可以从 word、excel、ppt、pdf、CSV、文本以及各种压缩文件中提取相应的信息，提取出来的信息会供分析器分析基本的词条并且建立倒排索引。具体的文档解析方案，包括 4 个处理模块：描述信息提取、正文解析、关键字生成以及倒排。

（2）数据库内容采集与解析

数据库中的内容采集需要根据业务系统特点对其不同的特征进行抽取，由于显示以及后续导航的需求，对于数据库中的所有内容，可以使用业务系统对其数据进行相应的转换，直接生成可展示的 pdf 或者图片格式的文件。与此同时，由于 XML 文件具有良好的可拓展性以及对于 solr 索引的友好性，因此将数据库中的数据抽取出来以后使用 XML 格式文件对其所有属性以及内容进行保存；这种做法不仅有利于对数据库中的信息进行索引和展示，还能够为搜索结果的导航提供良好的自定义功能，对于需要对搜索结果进行导航的业务来说，其导航的依据就是其相应的 XML 文件。

（3）企业站内信息的采集与解析

由于站内信息采集与解析模块使用爬虫系统对从企业内部网络中爬取页面并且对页面进行相应的处理，对页面进行处理以后，将网页信息提取出来并且生成相应的 XML 文件以供后面的搜索引擎进行索引。因为爬虫模块相对独立，因此有必要的情况下还可以将爬取的原始网页放入原始网页库中。

2. 分布式全文检索模块

分布式全文检索模块接收内容采集模块解析后的文档并且对其建立分布式索引；除此之外，全文检索模块还要接收用户查询请求并且在倒排索引中进行查找，最后对查找结果进行包装并且返回给前端以进行结果的展示。

3. 文档语义导航引擎模块

文档语义导航引擎模块则是由导航查询生成器和导航信息管理器等组成，它主要是分析用户的导航操作，根据用户导航的操作生成相应的查询，这个查询可能是对搜索引擎的查询，也可能是对其他数据存储系统（如图数据库甚至是关系型数据库）的查询；这个模块还需要对导航信息进行管理。

导航查询生成器的主要任务是接收用户的导航请求并且将其翻译成为底层查询，导航信息管理器则主要是是管理与导航相关的一些信息，不管是何种方式的导航，其导航规则都必须进行存储和管理，除了管理导航规则信息以外，导航信息管理器还需要管理文档的原信息库以及展示文档库。导航信息管理器作为导航查询生成器的支撑，为导航查询生成器提供相应的导航规则等信息，同时当有新的导航的时候能够及时形成新的导航规则。

4. Web 前端模块

Web 前端模块从全文检索子系统获取搜索结果并且进行相应的显示，搜索结果展示主要任务是对结果进行类似百度等效果的展示；对于特定需求的业务系统还可以提供搜索结果的导航。

第7章 智能信息检索与跨语言检索

随着技术的进步和社会的发展，人们对信息的获取提出了更高的要求，同时，也对信息检索的智能化提出了要求。人们从文本分类、文本聚类、自动标引、自动文摘等多方面和多角度对信息检索的智能化进行研究。与此同时，人们也更倾向于使用自然语言检索，并尝试着进行跨语言检索。

7.1 智能信息检索

信息检索的主要任务是解决信息集合和需求集合的匹配与选择问题，在当前常用的检索模型包括布尔检索、向量空间模型、概率检索和模糊集合模型中，标引时只利用了文献的字符形式，未涉及文献的内容本身，所以标识往往不能反映文献的真实含义；另外，检索系统要求用户用规范化的语言来表达其信息需求，并规定了严格的输入格式，从而造成信息需求表达不完整或有偏差；而且，检索结果只是一些文献线索，指引用户去获得原始文献；缺乏适当的人机交互。

由于以上问题，导致了传统信息检索中主题概念相同或相似的文献不能完全被检索出来，或检索结果中包括了很多关键词一致但主题相去甚远的文献。随着用户对检索过程的要求越来越高，传统信息检索的缺陷也越来越明显。为解决这些问题，人们开始寻找新的途径来弥补这些缺陷和不足，智能信息检索被提了出来。

7.1.1 智能信息检索架构

智能检索把现代人工智能的技术与方法引入到信息检索系统，使后者具有一定程度的智能特征，在更高的层次上完成其功能。

1. 智能信息检索的特点

智能化信息检索的目的是使信息检索系统“理解”文件包含的信息内容和用户的信息需要。它在对内容的分析理解、内容表达、知识学习、推理机制、决策等基础上实现检索的智能化。具体地说，智能信息检索具有以下特点。

①智能检索系统是建立在大规模的知识库基础之上的，能够处理自然语言文本，它利用知识库的有关知识进行语法、语义分析，从内容上真正理解并准确描述文献所论述的主题。

②智能信息检索可以在知识库中使用语义网络、框架等各种知识表示方法来充分体现各主题概念和标识之间的分、属、交叉的复杂关系。

③智能检索系统能理解、分析用户的自然语言提问，检索过程中用户和计算机之间可以不断地进行自由、充分、多方面的反馈交流，具有较高的人机交互水平。

④智能检索系统中的检索结果是用户可以直接加以利用的信息，而且系统可以将部分文献内容以知识形态存放于目标知识库中，通过对知识库的搜索和推理，得出用户能够直接加以利用的信息。

⑤智能检索系统的智能特性还体现在提问模型的形成过程中，即用户对问题的描述，借助于知识库里的有关知识，推断出他的真正需求，产生合适的提问模型。

2. 智能信息检索的系统结构

一般来说，智能信息检索系统由知识库，文本处理和智能接口三部分组成。

①知识库部分：知识库是智能检索的核心。它又由知识库系统、数据库系统和检索推理系统三个子系统构成。

②文本处理部分：文本处理系统就是利用计算机自动处理自然语言形式的文本输入。它利用知识库中的语言学知识、科学知识和其他知识，对文本进行语法、语义分析界定，从内容上理解文献所论述的主题，并把它们表示成知识库中的知识单元和数据库中的数据元素，不断的丰富知识库和数据库。

③智能接口部分：智能接口是用户与系统之间的通道。它的主要功能是对自然语言进行查询和处理，作为智能终端建立用户兴趣档案，加工提取结果。

7.1.2 智能信息检索的主要方法

智能信息检索的实现可采用不同的方法，这些方法主要有以下几种。

1. 统计方法

信息处理和信息检索中，统计方法是一种最基本的方法。最典型的统计方法是词频统计法，其最早的理论依据是 Zipf 定律。早在 20 世纪 50 年代 Luhn 就注意到 Zipf 定律，并在此基础上提出自动抽词标引的思想。指出标引词应该在某特定文献中的发生频率较高，在整个文献集合中出现的频率较低的特征词。现在许多自动标引的工作都是在 Luhn 频率统计思想的基础上展开的，如自动标引的矢量空间模型、概率标引原理等。统计方法也是智能信息检索的基本方法。

2. 文本分析方法

智能信息检索的文本处理离不开文本分析。进行文本分析时，首先处理文本源，这种文本源可能是几个词组、句子、段落乃至篇章。计算机首先通过文本上下文中的一些线索来识别文本源所使用的语言。对于汉语，分词是其一个难点。汉语的分词涉及到汉语的词法、句法、语义各个层面上。由于汉语的多义性，语义消歧成为文本分析自始至终都面临的难题。汉语分词后，文本分析需要确定各个词在文本源中的重要程度；以及多字词、缩写词和其他词汇，如日期和流通数量，而汉语分词及特征词提取的方法决定文本分析方法的质量。

3. 人工智能方法

利用人工智能进行信息检索主要涉及以下方法。

①知识表示和处理的方法。知识表示是将关于世界的事实、关系、过程等编码成为一种合适的数据结构，是人工智能研究中涉及的重要内容。

知识表示方法有许多种，在人工智能传统研究中，常见的知识表示有产生式表示法、框架式表示法、语义网络表示法、面向对象的表示法等几种。

语义网络是知识表示中最重要的方法之一。语义网络利用节点和带标记的边构成的有向图描述事件、概念、状况、动作及客体之间的关系。采用语义网络表示的知识库的特征是利用带标记的有向图描述可能事件。结点表示客体、客体性质、概念、事件、状况和动作，带标记的边描述客体之间的关系。采用网络表示法比较合适的领域大多数是根据非常复杂的分类进行推理的领域以及需要表示状况、性质以及动作之间的关系的领域。

产生式表示法又称产生式规律表示法，是用来表示具有因果关系的知识，其形式是 $P \rightarrow Q$，或者如果 P，那么 Q。即当前提 P 所指条件满足时，应该得到的结论或应该执行的操作为 Q。

框架式表示法是以框架为理论基础发展起来的一种结构化的知识表示，它是描述对象属性的数据结构。框架是一种关于某个体类的结构化表示法，通常由描述事物的各个方面的槽组成，每个槽可以拥有若干个侧面，而每个侧面可以拥有若干个值。一个框架系统常被表示成一种数形结构，树的每一个节点是一个框架结构，子节点和父节点之间用 isa 和 AKO 槽连接。框架的一个重要特性是其继承性，所谓框架的继承性，就是当子节点的某些槽值或侧面值没有被直接记录时，可以从其父节点继承这些值。

面向对象知识表示是一种最有结构化的知识表示方法。用面向对象知识表示如同用框架表示知识一样要进行描述其对象一类，并可以按照一定层次形式来组织，因而面向对象知识表示具有结构化和模块化的特点。

②基于自然语言处理的方法。在自然语言理解过程中，对语言的理解和生成都是对语言进行正确分析的结果。各个自然语言处理系统其结构各不相同。具体可参见 7.4。

4. 语料库方法

①语料库方法解决问题的思路。语料，又被称为素材，是自然发生的语言材料的集合。而语料库是一个由大量在真实文本经过词法、句法、语义等多层次加工形成的语言材料库。这些加工的方式包括在语料中标注各种记号，标注的内容包括每个词的词性、语义项、短语结构、句型和句间关系等。随着标注程度的加深语料库逐渐熟化，成为一个分布的、统计意义上的知识源。语料库本身不能直接应用于自然语言处理中的句法或语义分析，但因为语料库包含了语言或者语言变体的词汇、语法结构、语义和语用信息，为语言学的研究提供了无穷无尽的资料来源，是计算机对文本进行各种分类、统计、检索、综合、比较等研究的基础，可以帮助语言学家揭示语言的词汇、语法、语义和语用规律，由

这些语言学的规律汇集成词法、语法、语义词典或知识库等文本分析的工具，然后利用这些工具进一步对其他大量新文本逐词标注词性，划分句子成分，进行语义标注等。

②语料库方法在信息检索中的应用。语料库的魅力来自语料库自动检索系统。借助于计算机的强大运算和信息处理能力和自动检索系统，语言学家可以迅速查找例证、对文本进行分析。正是语料库检索系统的开发和完善才使得语料库的应用价值得以体现。语料库检索系统一般有下列功能：选定一个或者多个检索文本、建立词汇表、查找关键词、排序并显示检索结果，等等。由语料库检索系统提供的检索结果为词法分析、句法分析和语义分析提供工具，从而实现在信息检索中的文本分析功能。

③基于语料库方法的信息检索系统的实现。随着语料库的发展，语料库在信息检索和自然语言处理中起着越来越重要的作用，为克服传统的基于理解的理性主义的方法的局限，在中文分词，词性标注、句法分析、语义分析等过程中引入语料库的方法。语料库方法基于统计，在方法上是经验主义的。目前，对语料库至少可以做以下检索和统计：词项的频率分析，即将语料中所有的单词按字母顺序、或按出现频率的高低、或按单词的长短排列成表；上下文语境的共一分析，即将某个单词或某种词组形式在语料中每一次出现的前后语境全部列出，并且可以按需要设定其前后语境延伸的长度。同时将检索出来的项目自行作统计分析。在自动分词方面，有人利用语料库用统计的方法自动建立起附有相关度的切词词典，用于自动分词，提高了分词准确率。有人利用语料库生成汉字的二元语法关系，解决汉语自动分词中的交集型歧义问题，在词性标注方面，一般采用N元模型（N-Gram）来计算词性标记串的概率，选择概率最高的一个标记串作为输出。在本例中，“元”就是指词性标记，N元模型的意思是，当前词的词性取决于它前面已经出现的N－1个词的词性，为了计算每个可能的标记串的概率，就需要从训练语料库中统计每个长度为N的标记串的出现次数，如要统计任意两个标记的出现次数。可以把“长度为N的标记串的概率”看成是对语言知识的一种描述。

7.2 自动标引

自从1957年美国IBM公司的H. P. 卢恩关于文献自动标引的论文发表后，各国曾进行大量的自动标引实验研究。在主要的国际联机检索系统中，已实现了全关键词自动标引和检索。主关键词自动标引也建立了多个实用系统。自1980年起，中国对汉语自动标引和分词进行了实验研究，科技文献自动分词初步达到了实用水平。并正在应用人工智能、语言学和决策论等方法研究解决自动标引中存在的问题。

7.2.1 自动标引基本方法

自动标引（Automatic Indexing），又称计算机辅助标引（Computer Aided Indexing），是根据文献内容，依靠计算机系统全部或部分地自动给出标引符号的过程。换句话说，就是利用计算机系统模仿人的标引活动并自动生成情报检索所需的索引符号的过程。

自动标引又分为自动主题标引和自动分类标引。自动主题标引关键在于词语抽取；对所识别出的主题词进行优选，以最终产生能表达文献主题内容的标引词。

根据自动标引所采用的理论，自动标引的方法主要有如下几种：

①统计标引法。这种标引方法是最早使用的一种自动标引方法，它根据 Zipf 在《人类行为与最小力气法则》中提到的“省力法则”，他认为人类在一定时期内，用最少量的词来传递最大量的信息。统计标引法依据下述假设来选择标引词：某词在文献中的出现频率与该词的文献区分功能有密切关系。一个词（实词）在文献中使用越频繁，就越有可能是一个指示主题的词。该方法包括：词频统计标引法、加权统计标引法、N－Gram 法等。

具体来说，就是将某一篇较长的文章（约 500 字以上）中每个词出现的频率按照递减顺序排列起来，并用自然数给这些词编上等级序号，频次最高的是 1 级，其次是 2 级，3 级……，如果用 f 表示词在文献中出现的频次，用 r 表示词的等级序号，则有 $f \times r = c$（c 为常数）。通过对这些词语的统计，求出其中的高频词、中频词和低频词，并使用中等频率的词语作为标识文献的主题词。除此以外，还可以根据取词的不同位置、词语本身的重要性给每个词赋予不同的权值，使得最终的加权统计结果更加符合实际情况，更能体现文章的主题。

这种标引方法最大的优点是简单易用，而且符合人类语言应用的一般特征。但是使用这种纯粹统计的方法去处理千差万别的人类思维的成果，往往显得力不从心，因此这种方法还需要和别的方法结合使用。

②概率标引法。概率标引法所依据的概率主要有相关概率、决策概率和出现概率。基于相关概率的标引法可以根据包含相同标引词的提问与文献的相关概率来标引划分文献，如二值独立性标引模型；也可以根据具有一定联系的文献之间的相关概率来标引特定的文献，如基于被引用与引用文献的标引方法。基于决策概率的标引方法主要是依据某标引词赋予某文献这一决策事件正确的概率来标引文献，如 DIA 标引方法。而 RPI 模型则是同时以需求—文献相关概率和叙词标引文献正确的决策概率为基础而构造的标引方法。基于出现概率的标引方法是根据词在文献中的出现频次所服从的概率分布的特征来选择标引词，如 2-Poisson 模型。

③句法分析法。句法分析法利用计算机自动分析文本的句法结构，鉴别词在句子中的语法作用和词间句法关系，苏联开发的自动标引系统多采用此法。它们一般都借助词典来制定词的语法范畴，以此作为句法分析的基础，最终抽出可做标引词的词语。句法分析法从文献的标题出发，分析其内在结构，其假设是文章的标题是可以基本反映文章的主要内容。它从语法角度上确定句子中每个词的作用（如主语还是谓语）和词之间的相互关系（如是修饰还是被修饰），并通过与事先准备好的解析规则或语法相比较而实现。

句法分析基于深层结构的标引法将文献标题可能反映的主题内容归纳为有限的几种元素基本范畴，并使用简洁的句法规则，减小了句法分析的复杂性。数字化指示符和处理码标识的运用更方便了计算机的识别处理。但是这种方法在主题名称的范畴分析及主题标目的选择等方面需要较多的人工干预，影响了其自动标引效率。另外，这种方法仅以文献标题为标引对象，虽然主题内容容易突出，但标题句法形式的规范性一般较差，增加了句法分析的难度，同时过窄的分析范围容易漏标一些相关主题。

④语义分析法。语义分析标引法通过分析文本或话语的语义结构来识别文献中那些与主题相关的词。这种方法本身受制于语言学的发展，目前利用语义分析的方法进行标引的研

究，所能见到的有诸如：潜在语义分析标引法、相信函数模型和语义矢量空间模型等。

⑤人工智能法。人工智能是计算机科学的一个分支，它专门研究怎样用机器理解和模拟人类特有的智能系统的活动，探索人们如何运用已有的知识、经验和技能去解决问题。实现自动标引的目的是让机器从事标引工作中的脑力劳动，即让计算机模拟标引员完成标引文献的工作，因此，人们把人工智能法运用于自动标引研究既顺应潮流，又带来新的活力。

人工智能在标引中的具体应用是专家系统，采用人工智能法进行自动标引比在相同专业领域中运用其他方法要复杂，但人工智能法是真正从标引员思维的角度模拟标引员的标引过程，这显然比以被标引文献为出发点的其他自动标引方法更有希望获得理想的标引效果。其中具有代表性的有：基于产生式表示法的 JAKS 系统、基于语义网络表示法的 World Views、MedInd Ex 系统和汉语自动标引专家系统 DIES 等。

7.2.2 自动标引基本流程

自动标引的基本流程包括：确定标引源、输入标引源内容、预处理、分词处理、确定关键词、转换为受控词、给出主题标识符。

(1) 确定标引源

即确定标引所依据的文献内容。标引源的选择是影响标引质量的一个重要因素。

标题是自动标引的主要标引源，大多数研究是基于标题进行的。但仅以标题为标引源，信息量少，标引质量差，难以推广使用。

如果对全文进行扫描，则存在数据量大和截取词汇太多等问题，为标引带来许多杂音，影响标引质量和速度。

一般选择以下内容作为标引源：

①标题。包括文章的主标题、章节标题、小结标题等。这是首选标引源。

②文摘。较标题而言，信息量较大，一般能够完全反映文献讨论的主题，但仅利用文摘难以确定 5～6 个最重要的词。

③首尾章节。科技论文首章节（引言、问题的提出等）常提出主要内容，尾章节常作总结。

④章节的首尾段。常反映章节讨论的主题，替代整个章节，节省大量无效劳动。

⑤段落的首尾句。国外有学者对科技文献的 200 个段落进行了主题句的分析，结果是：85%的段落主题句是段落的第一句，7%的段落主题句是最后一句。用段落首尾句替代整个段落，节省工作量，免除许多“杂音”。

(2) 输入标引源内容

标引源必须按标引系统要求的格式输入系统，才可能进行自动标引。具体如下：

①印刷型文献，手工录入或 OCR（光学字符识别）输入。

②电子文档（XML、DOC、TXT 等格式），直接导入。

(3) 文档的预处理

①字符内码的检测与转换：BIG5 码与 GB 码的自动检测与转换。

②文档格式的检测与转换：去掉 DOC、XML、RTF 等格式文件夹杂的许多无意义的格式符号，即将不同格式文件转换成适于自动标引的纯文本格式。

(4) 分词处理

在确定关键词之前，必须对文档进行切分，即将语句切分成由词组成的集合。

西方文字有自然分隔符，切分容易实现。而汉语采用连写方式，词之间没有自然分隔符，词语的准确切分较为困难，目前自动切分已基本能满足实际需要。

(5) 确定关键词

根据文本词语切分结果，以词语在文本中出现的频次、位置及词的词性等因素为依据，确定可表达文档中心内容的词作为该文档的关键词。

主要方法如下：

①绝对词频统计法。以词在文章中出现的绝对频次为根本依据确定文章的中心关键词，理论基础是齐夫定律。

②词频权重法。除考虑词频外，还考虑词的位置、词的词性、词本身的价值、词的长度等因素，对词进行加权，然后根据权值大小确定关键词。

(6) 转换为受控词

关键词与受控词之间存在着一定的关系。使用一定的方法，将以上提取的关键词转换为受控词。目前有效可行的方法包括：

①使用关键词－受控词对照表。该表含有关键词与规范化的主题词、副主题词、特征词之间的对照关系，由此对应转换。

②利用词汇相似度。大多数意义相同或相近的词之间字符全部或部分相同，关键词与主题词之间存在一定程度的相似性，可通过某些算法计算出来，根据相似性确定相应的主题词。

算法有两种，一是基于词素的相似度算法，二是给予单汉字的字面相似度算法。

(7) 给出主题标识符

根据确定的主题词、副主题词和特征词进行组配，给出主题标引符号，完成自动标引。

7.2.3 系统构成

一个自动标引系统通常包括文本输入、词典、抽词、知识库、综合与转换以及输出等6个子系统。

①文本输入子系统。对事实情报或文献文本进行自动标引前，必须使之变为机器可读形式，并按一定格式加以组织，这就是输入子系统的任务。通常，输入子系统处理的结果是将文本以数据库或文档中的记录形式存储在磁介质上。每个记录中包括供标引用的若干字段或子字段（如题目、文摘、文本段落等）。

②词典子系统。自动标引词典是存储在计算机系统内的一部或多部词表。因标引的目的要求不同，词表的结构和组织也有很大差别。在赋词标引系统中，词表通常是手工标引用的受控词表（如主题词表）。这种词表中的词之间具有整体－局部、种－属、同义和相关关系。在抽词标引系统中，全关键词标引词表是一种禁用词表（亦称非用词表），即词表中收入的词都不作为检索标志；而主关键词标引词表中的每个词具有若干信息，如词类，组配等。在标引过程中，通过查找机器词典确定关键词与非用词、词组构成与切分。

③抽词子系统。通过查找机器词典中存储的信息，对输入的文本逐字逐句进行扫描，

抽出供综合与转换子系统处理的检索标志。对于拼音文字来说，词间有空格分隔，可按空格进行逐词扫描，作抽词处理。对于汉语这样的拼音文字来说，词间没有空格，不能进行逐词扫描。因此，汉语抽词子系统的首要任务，是将连续书写的汉字文本切分为有空格分隔的词。汉语自动切分，又称汉语自动分词，主要是通过扫描取文本的一部分同词典比较进行分词。

④知识库子系统。是人工标引中选词知识形式化的规则集合。总结人工标引经验，人们发现，人工标引包括主题分析、选择表述主题的关键词和把关键词转换为规范主题词 3 个阶段。这些经验通过主题句法、频率法、概率法、加权法、语法分析法和语义分析法等方法加以形式化，用语义网、框架等知识表达方式构造成知识库。

⑤综合与转换子系统。依据知识库提供的知识，对抽词子系统抽出的全部词语进行统计、分析和综合，选取表达主题的关键词，然后，按词典子系统的规范化规则，将选出的关键词转换为规范化词语。

⑥输出子系统。将选取的关键词存入到文本记录的有关字段，并将记录输出到要求的介质上。

7.2.4 汉语自动标引方法

较典型的汉语自动标引方法包括：词典标引法、切分标引法、语法分析标引法、汉语自动标引专家系统、单汉字标引法等。

①单汉字自动标引法。单汉字标引法是众多标引方法中比较有影响的一种。单汉字法吸收了西文自动抽词标引的思想，把一个单汉字看成一个西文单词而作为标引词，检索时先匹配单字，再进行词组重组。同时，单汉字法借鉴西文标引策略，在标引系统中增加了一个停用字表，把一些使用频率高，但又不用于构词的字放入该表中，从而提高了标引效率。单汉字法绕开切分问题，容易实现，便于系统维护，标引速度快、深入、客观且一致，词语组配灵活。

单汉字自动标引法缺点是，检索速度不快，增加了用户的智力负担，浪费了计算机存储空间，牺牲了隐含概念主题及词汇间相互关系的表达，系统的查全率和查准率都不能令人满意。可以这样说，单汉字法引入的动机是为了解决歧义切分的问题，但在事实上，该方法并没有真正解决汉语词歧义切分的问题，而是避开了该问题。

②词典标引法。词典标引法是一个传统的标引法，在目前的国内自动标引中应用得相当普遍。其思想是构造一个词典，然后设计各种算法用文献数据去匹配词典，抽出标引词。但是词典的构造困难，词典的维护也需要付出相当大的代价，并且是永无尽头的。词典法的明显缺陷就在于学习新词的能力差、设计词典的工作繁重、需要大量的专业人员的参加、空间开销很大、更新滞后等。词典法中，词典构造的完善与否直接影响到标引质量。

③切分标记法。该法是将能够断开句子或表示汉字之间关系的汉字集合组成切分标记机内字典。字典既有用词首字、词尾字、不构词的单字或几种情况的组合来构建的，也有用“非用字”“条件用字”等来组成的。当原文句子被切分标记字典中的汉字构词属性分割成汉语词组或短语之后，再按一定的分解模式分割成单词或专用词组。

该方法的关键在于词语切分。吴蔚天、田鹤卿先生提出的实现汉字科技文献自动标引的非用字后缀法是一个典型的切分标记法。该法将汉字用与不用机械地分为四个类别：A表外用字、B表内用字、C条件用字、D非用字，并根据这些字的属性构造了一个非用字后缀表。实现时，机器自左至右扫描汉字，逐字对照非用字后缀表。将用字取出，非用字舍去。切分的原则是有联系则取，无联系则断。该方法在微机上实现标引，证明其简单易行，并能获得较高的准确率。

④语法分析标引法。语法分析标引法是通过对自然语言文法或句型文法的分析来抽取主题词加以标引。由于汉语自然语言文法复杂，规则较多，目前还没有一个形式化系统能对汉语文法进行描述。但是句型文法分析则相对容易。如：科技文献的标题和文摘中的句型种类较为有限，如“本文讨论了……”等，几乎出现在每一篇文献中，而这些句子对自动标引来说则非常重要，因为这些句型正是表达文献主题内容的句型。因此可以用句型文法来描述现代汉语，进而抽取主题词进行标引。

⑤主题词标引。详见后面内容。

7.2.5 主题词标引

主题标引技术是科学技术纵深发展带来的产物，目前，自动标引的研究正从关键词标引全面转向主题词标引的研究与实践当中。

1. 标引思路

主题词标引是指抽取信息中能够表达其核心内容的词或词组，并将这些词或词组转化为受控词的过程。这里所指的主题词是某一特定专业检索和标引用的规范词。

具体思路是利用汉语自动分词的研究成果，采用词典分词法将文献进行切分，通过词加权或词频统计法对切分后的词进行排序确定关键词，利用主题词表将关键词转化、合并、去重、重新排序后确定系统正式使用的主题词，并追加文献代号送入系统主题词字段中。在实现过程中为了继续发扬关键词标引过程中能够及时反映新出现的专业术语、及时更新词表，把原文献给出的关键词一并加入到切分后的词汇集中，进行合并、去重、加权、排序后确定为关键词。在合并去重过程中，将同义词合并、转化为规范词后排序，这样可以避免关键词标引过程中出现的一词多义、多词一义，使得标引人员与检索人员之间出现理解分歧现象和加权过程中同义词分别加权导致文献标引的不准确现象，实现真正意义上的主题词标引。具体的流程如图 7－1 所示。

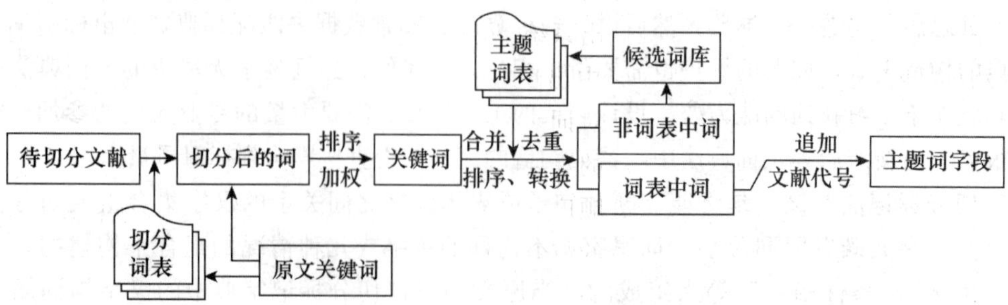

图 7－1 主题词标引流程图

2. 主题词标引的实现

（1）构造词表

①构造切分词表。利用词典法切分标引时需要事先构造词表。将普通词典导入系统中作为切分词的初始依据。为了提高标引的准确性和标引速度，在构造切分词表时尽量把泛滥的通用词和不能做名词和名词性词组的词汇不纳入词表中，即根据词性确定词表用词。

②构造主题词表。归并同义词和关键词转换为规范词需要用主题词表，主题词表包括词关系表和词族表。词关系表是词表中收录的所有有用代关系的词按字顺排列，并展示词的用代关系和族首词。利用用代关系，归并切分后的词并将关键词转换为规范词，切分后的词与词表进行对照，若是代词（非规范词）则将它转换为用词（规范词），如图 7－2 所示。将电视显像管或监视管转换为显像管。词族表作为扩检和缩检的依据，词族表中的词均为规范词。词族表按族首词的字顺排列，在每一个族首词下按字顺排列其直接下位词，依次每一个词下面列出它的直接下位词，直到词表规定的级别为止，再在每一个词后面列出其相关词（即“C：”项）。通过超链接的方式将词族表中的词与词关系表中的规范词相互链接起来。如图 7－2 所示将词关系表中的显像管与词族表中的电子管下的显像管链接。这样可以清晰地显示词的上下位关系和相关词，以便于扩检和缩检。主题词表如图 7－2 所示。

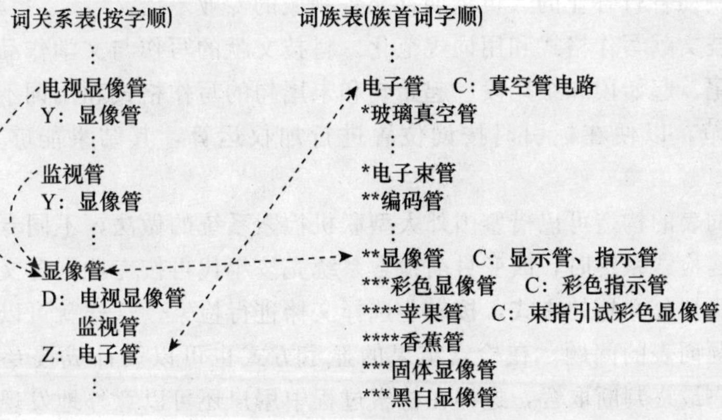

图 7－2　主题词表片段

（2）主题词标引

①抽取关键词。用词典分词法对需要切分的文献进行自动分词处理，并计算词频和权值，然后对切分后的词进行排序，选出系统规定数量的词汇作为关键词。词频在自动标引中是一个很重要的信息，在一篇文章中出现次数多的词不一定比次数少的词重要。因此，根据实际情况适当考虑相对词频和绝对词频。另外，在一篇文献中词的位置可以说明它的重要程度。在标题、摘要、正文中词的重要程度依次为标题、摘要、正文，在正文中权值的大小按起始段、结尾段、中间段的顺序；在一个段落中是以起始句、末尾句、中间句的次序。因此，根据词的位置给予不同的权值。作者给出的关键词不一定科学、规范，但它一定反映文献的核心内容，因此，在确定主题词时把原文献中作者给出的关键词可直接纳入到切分后的词集中，并给予一定的权值，参与词频计算。

②归并关键词。利用主题词表中的词间用代关系，对抽取的关键词进行合并同类项，

即归并同义词、近义词转化为系统所使用的规范词。通过归并关键词能够准确统计词频，真实地反映文献的内容特征。

③确定标引词。在归并、转换过程中一部分词是主题词表中存在的词，而有些是词表中不存在的新词。对词表中存在的词进行归并、转换，最后将规范词按词频和权值从大到小依次排序，选取系统规定数量的词作为标引词。而那些非词表中的词送入候选词库中，待专家审定。这一环节是全文自动标引过程中最为关键的一个环节，是区别于关键词标引的环节。这里的主题词表类似于手工检索工具中的主题词表，但在构造和工作原理上有所不同。

④主题词标引。对确定的标引词追加文献代号送入主题词字段中。

3. 词表的更新问题

系统中各种词表的构造和词表更新周期的长短会影响系统的最终效果。为了及时添加新内容，可采取以下措施：

①在标引过程中将原文献的关键词添加到切分词表中进行去重处理，产生新的切分词表。这样可以及时补充新词汇、新术语，解决了过去用词典法分词时词表构造困难、更新滞后等问题，提高了标引的质量和检索效率。

②动员和调动各行各业的人员定期补充各领域的专业术语。

③推广科技文献写作格式和用词规范化。科技文献的写作与文学作品的创作不同，文章的开头和结尾、起始段和结尾段、起始句和末尾句的写作格式和用词不宜多样化，需要进行统一和规范，以便在标引时按词位置进行加权运算，其结果能够反映文献的真实情况。

④对主题词表的构造可以借鉴国外大型联机检索系统的做法，不同专业构造不同的主题词表，在构建检索系统时，改变目前检索系统先按年代再按专业划分文档的方法，可先按专业再按年代划分文档的方式，按专业选择文档进行检索，这样就可以解决综合性检索系统中构造主题词表的问题。在检索结果的显示方式也可以设计成按专业分门别类地显示，以利于用户最终判断取舍，这样在检索过程中用户还可以意外地发现和了解某一技术在其他领域的应用情况。

7.3 自动文摘

文摘是准确全面地反映某一文献中心内容的简洁连贯的短文。所谓自动文摘（Automatic Extraction）就是利用计算机自动地从原始文献中提取文摘。它能够生成简短的关于文档内容的指示性信息，将文档的主要内容呈现给用户，以决定是否要阅读文档的原文，这样能够节省大量的浏览时间。

7.3.1 自动文摘概述

互联网上的文本信息、机构内部的文档及数据库的内容都在成指数级的速度增长，用户在检索信息的时候，可以得到成千上万篇的返回结果，其中许多是与其信息需求无关或关系不大的，如果要剔除这些文档，则必须阅读完全文，这要求用户付出很多劳动，而且效果不好。

1. 自动文摘的含义

简单地说自动文摘就是利用计算机自动地从原始文档中提取全面准确地反映该文档中心内容的简单连贯的短文。自动文摘具有以下特点：

①自动文摘应能将原文的主题思想或中心内容自动提取出来。

②文摘应具有概况性、客观性、可理解性和可读性。

③可适用于任意领域。

自动文摘的质量很不稳定。当加权函数调整时又总是顾此失彼，对这一类文章的效果好了，对另一类文章的效果又差了。此外，自动文摘还存在不全面、不简洁、不连贯等方面的不足。

2. 分类

按照生成文摘的句子来源，自动文摘方法可以分成两类，一类是完全使用原文中的句子来生成文摘，另一类是可以自动生成句子来表达文档的内容。后者的功能更强大，但在实现的时候，自动生成句子是一个比较复杂的问题，经常出现产生的新句子不能被理解的情况，因此目前大多用的是抽取生成法。

自动文摘按其内容特征可分为指示型文摘、信息型文摘、评论型文摘、结构型文摘和理解型文摘。

指示型文摘不涉及文章的细节内容，当用户浏览该文摘内容后，知道文章的大体内容，可以判断是否需要进一步读原文。

信息型文摘能够反映文章中心内容。该文摘能迅速抓住原文中心内容，大大地提高了阅读效率，在有限时间内获得更多的信息。

评论型文摘可以帮助用户了解作者想要表达的中心思想。

结构型文摘把与多个句子都有联系的主题句作为文摘句。对于长文章，把与多个段落都有联系的中心段抽取出来组成摘要。

理解型文摘注重理解。理解型文摘基于自然语言理解，依据领域知识判断出文献的中心内容，并生成文摘。但是理解型文摘通用性还不够。

文本自动文摘技术还可以分为单文档文摘技术，多文档文摘技术。

3. 自动文摘步骤

自动文摘将文本视为句子的线性序列，将句子视为词的线性序列。它通常分四步进行：

第一步，计算词的权值；

第二步，计算句子的权值；

第三步，对原文中的所有句子按权值高低降序排列，权值最高的若干句子被确定为文摘句；

第四步，将所有文摘句按照它们在原文中的出现顺序输出。

在自动文摘中，计算词权、句权、选择文摘句的依据是文本的六种形式特征：

①词频。能够指示文章主题的所谓有效词往往是中频词。根据句子中有效词的个数可以计算句子的权值，这是 Luhn 首先提出的自动文摘方法的基本依据。V. A. Oswald 主张句子的权值应按其所含代表性“词串”的数量来计算，而 Doyle 则重视共现频度最高的“词对”。美国 IBM 公司在 1960 年前后研制了一套文摘自动生产程序 ACSI－Matic，该程序在句权的计算方面对 Luhn 的方法进行了改进。1995 年美国 GE 研究与开发中心的 Lisa. F. Rau 等人完成了 ANES（Automatic News Extraction System）系统，该系统采用相对词频作为词的权值。

②标题。标题是作者给出的提示文章内容的短语，借助停用词词表，在标题或小标题中剔除功能词或只具有一般意义的名词，剩下的词和原文内容往往有紧密的联系，可以作为有效词。

③位置。美国的 P. E. Baxendale 的调查结果显示：段落的论题是段落首句的概率为 85%，是段落末句的概率为 7%。因此，有必要提高处于特殊位置的句子的权值。

④句法结构。句式与句子的重要性之间存在着某种联系，比如文摘中的句子大多是陈述句，而疑问句、感叹句等则不宜进入文摘。

⑤线索词。Edmundson 的文摘系统中有一个预先编制的线索词词典，词典中的线索词分为 3 种：取正值的褒义词，取负指的贬义词，取零值的无效词。句子的权值就等于句中每个线索词的权值之和。20 世纪 70 年代初，俄亥俄州立大学的 James A. Rush 教授和他的学生开发了 ADAM（Automatic Document Abstracting Method）系统。ADAM 强调的是排斥句子的标准而不是选择句子的标准，词控表（WCL）中大多数词是否定性的。

⑥指示性短语。1977 年，英国 Lancaster 大学的 Paice 提出根据各种“指示性短语”来选择文摘句的方法。和线索词相比，指示性短语的可靠性要强得多。

上面我们介绍了文本的 6 种形式特征，即：F－词频、T－标题、L－位置、S－句法结构、C－线索词、I－指示性短语。这 6 种特征是自动文摘的依据，它们从不同角度指示了文章的主题，但都不够准确，不够全面。如果能够将上述各种特征“有机”地结合起来，即以 W=f（F，T，L，S，C，I）作为计算句子权值的公式，那么文摘质量可望进一步提高。问题的关键在于函数 f 的确定。

目前的许多自动文摘系统都综合考虑了两种或多种形式特征。比如，新加坡南洋大学研制的图书馆新闻删节系统，提供了题名法、位置法、关键词法和指示性短语法 4 种自动文摘方法供用户选择。但是在多种特征的结合方面尚待深入研究。

1997 年，日本的 Tadashi Nomoto 等人提出了一种基于语料库的自动文摘方法。他们将一批文献分为训练集和测试集，对训练集中每篇文献内的每个句子自动建立一个包括“该句在文本中的位置”“与标题相近似的程度”等属性的属性集，并人为地将句子分为两类，一类是文摘句，另一类不是文摘句。然后在训练集的基础上建立统计模型，对测试集中每个句子是否能够作为文摘句的判别问题，将转化为依据决策树对该句进行分类的问题。这种设计思想是在语料库语言学的影响下提出的，它让计算机自动地从训练集中提炼各个特征的结合函数，为多种形式特征的综合利用开辟了一条新的道路。但是，由于它毕竟是建立在文本表层的形式特征基础之上，缺乏深度，所以发展潜力将受到限制。

7.3.2 单文档及多文档文摘

多文档文摘技术就是要从多个文档中综合分析，再得到摘要，文档集合中的多文档之间具有很多相同信息，所以最后还要去除重复信息。多文档文摘技术根据用户的需求不同分为通用型文本文摘和面向查询的文本文摘。其中通用型文本文摘是面向所有用户的，它是全文信息的浓缩，不能适应不同用户的查询要求。而面向查询的文本文摘技术能够根据需要，提供满足用户查询条件的内容，文摘的内容不仅取决于原文档的中心内容，还取决于用户查询要求。

1. 单文档自动文摘技术

单文档自动文摘技术曾经出现过两种典型方法。

①基于浅层分析的方法。该方法对文档中一些浅层特征进行统计和分析，并将某些特征按照特定模型结合起来进行分析，然后根据分析结果选择文档核心内容。基于浅层分析方法不需要复杂文档向量表示，使得计算容易实现。但准确率有误差，尤其是在处理类型不同的文档过程时。而且基于浅层分析方法是建立在表层描述基础上，这就使得文摘质量不高。

②基于篇章结构的方法。该方法主要是对全文的宏观分析，比如对文档格式、文体结构等进行分析，这样，就容易准确把握全文内容和文章篇章结构。由于文档结构信息经常能表示语言单元间的逻辑关系，这种逻辑关系和文档结构信息可以给文摘生成提供重要线索。

2. 多文档自动文摘技术

在多文档文摘技术的发展过程中，出现过五种方法。

①基于单文档文摘。该方法采用单文档文摘技术生成文摘。比如 NeATS，该系统用单文档文摘的成熟技术选择文摘句。不足的是，该系统在利用单文档文摘技术时忽略了文档间的联系。

②基于信息抽取的技术。该方法的缺点是生成信息抽取模板时需要进行学习，而且该方法有赖于外在语言资源，所以生成的文摘质量不太高。

③基于文档特征技术。基于文档特征的方法是将文档集合中的段落或者句子按照多种特征组合进行打分和排序，最后由分数高低得到文摘句。选取的特征主要包含：句子的位置信息、句子的词语频率、句子的长度、句子的线索词、句子的句法结构、句子的命名实体个数和句子间的相互关系。

目前，很多文摘系统采用了特征融合的文摘句抽取策略来得到文摘。但特征项的选取与融合、冗余度的处理和压缩率的控制就成为了难点。

④聚类的方法。聚类后挑选文摘句的方法通过对段落或句子聚类后，从类别中挑选文摘句生成文摘。

⑤基于信息融合的方法。基于信息融合的方法通过聚类技术将同主题的句子聚在一

起，并将类中的每个句子表示成依存树结构，从而得到共同内容组成文摘。后来又出现了面向多文档文摘的多文本框架，通过描述单元间的联系来实现信息融合。

7.3.3 基于理解的自动文摘

基于理解的文摘方法是以人工智能，特别是自然语言理解技术为基础而发展起来的文摘方法。这种方法与自动摘录的明显区别在于对知识的利用，它不仅利用语言学知识获取语言结构，更重要的是利用领域知识进行判断、推理，得到文摘的意义表示，最后从意义表示中生成摘要。

1. 基本步骤

基于理解的自动文摘通常有以下步骤：

①语法分析。借助词典中的语言学知识对原文中的句子进行语法分析，获得语法结构树。

②语义分析。运用知识库中的语义知识将语法结构描述转换成以逻辑和意义为基础的语义表示。

③语用分析和信息提取。根据知识库中预先存放的领域知识在上下文中进行推理，并将提取出来的关键内容存入一张信息表。

④文本生成。将信息表中的内容转换为一段完整连贯的文字输出。

2. 篇章意义的机内表示

篇章意义的机内表示是原文分析的结果和文摘生成的依据，它在基于理解的文摘系统中处于中枢地位。不同系统采用的篇章意义机内表示有所不同。

①脚本。20 世纪 70 年代末 80 年代初，美国耶鲁大学的 Schank 在脚本的基础上研制了 SAM（Script Applier Mechanism）系统。该系统应用脚本分析简单的故事，在此基础上对故事进行总结。

美国耶鲁大学的 DeJong 于 1979 年研制了著名的 FRUMP（Fast Reading Understanding and Memory Program）系统，该系统用于快速阅览英文新闻资料，是理解文摘系统的样板。FRUMP 由预言器和验证器两部分组成。预言器利用梗概剧本预测当前情形下可能出现的一个或一组事件，验证器的任务是去证实这些被预测的事件，并给出实际信息。FRUMP 的应用范围受内部存储的梗概剧本的限制，如果文章中没有该系统所期望的内容则无法生成任何摘要，会有被误导，以致望文生义的可能。

②概念从属结构。美国 J. I. Tait 的 Scrable 系统对 FRUMP 系统进行了改进，它要求输入的资料在处理前先转换成 CD（Conceptual Dependency Structrue）结构，在此基础上分析和确定被预测的信息与未预测的信息之间的关系，并将这两部分信息合理地组织成一篇完整连贯的文摘。然而由于 CD 结构过于复杂，所以实现起来困难较大。

③框架。20 世纪 80 年代末，美国 GE 研究与开发中心的 Lisa F. Rau 等研制了概念信息缩写、组织和检索系统（System for Conceptual Information Summarization，Organization and Retrieval，SCISOR）。SCISOR 属于典型的理解文摘，它处理的对象是有关“公

司合并”的新闻报导。SCISOR首先采用关键词过滤和模式匹配的方法对待处理文献进行主题分析，以便判定该报道的内容是否与“公司合并”有关；然后采用与领域无关的自底向上的分析器TRUMP（TRansportable Understanding Mechanism Package）识别每个句子的结构，生成类似于框架的概念表示；最后运用自顶向下的预期驱动的分析器TRUMPET（TRUMP Expectation Tool）从概念表示中提取预期的内容。

20世纪80年代初，德国康斯坦茨大学的Hahn等人研制了TOPIC系统，该系统针对微处理器领域的科技文献，以框架作为知识表示的基础，通过对全文的语法语义分析生成不同长度的摘要。

④一阶谓词。意大利Udine大学的Danilo FUM等人在20世纪80年代初研制了（SUmmarizing System，SUSY）缩写系统，该系统以一阶谓词逻辑为基础，取得了较好的效果，体现出了逻辑方法的潜力。

SUSY系统由两部分组成。第一部分称为纲要生成器，它收集用户需求，形成摘要纲要和文本纲要。第二部分包括分析器和缩写器。分析器自底向上地分析原文，建立起一阶谓词形式的机内表示。缩写器首先使用文本纲要和加权规则产生加权的内部表示，然后使用摘要纲要和选择规则修剪加权的内部表示，最后从输入文本中检索出基本单元（词、短语或整句），将它们装配成摘要。

3. 理解文摘的不足

理解文摘的不足在于领域严格受限。造成领域受限的原因在于：

①面向大规模真实语料的语法语义分析技术尚未完全成熟，因此如果想获得高质量的语言分析结果，就必须将待处理的语料限制在某个范围之内。

②理解文摘方法的基础是框架等知识表示，框架需要根据领域知识预先拟定，因此如果想把适用于某个领域的理解文摘系统推广到另一领域，则需重新拟定框架，这种填充和组织领域知识的沉重负担使理解文摘难以移植。

7.3.4 信息抽取的自动文摘

基于理解的文摘方法需要对文章进行全面的分析，生成详尽的语义表达，这对于大规模真实文本而言是很难实现的。与之相比，信息抽取只对有用的文本片段进行有限深度的分析，其效率和灵活性显著提高。

信息抽取的自动文摘以文摘框架为中枢，分为选择与生成两个阶段。文摘框架是一张申请单，它以空槽的形式提出应从原文中获取的各项内容。例如，针对计算机病毒类的文章可以提出如下的框架：

病毒{病毒名称：

病毒传染对象：

病毒类属：

病毒攻击对象：

……}

在选择阶段，利用特征词从文本中抽取相关的短语或句子填充文摘框架。例如，在文本中发现“……感染可执行文件……”字样，则可以将特征词“感染”后面的短语“可执行文件”作为病毒的感染对象填入文摘框架。

在生成阶段，利用文摘模板将文摘框架中的内容转换为文摘输出。文摘模板是带有空白部分的现成的套话，其空白部分与文摘框架中的空槽相对应。例如，“该病毒的感染对象是（病毒传染对象）”是模板中的一个句子，因为在文摘框架中登记的病毒感染对象为“可执行文件”，因此在文摘中将输出这样的句子：“该病毒的传染对象是可执行文件”。

英国 Lancaster 大学 Paice 等人在 1993 年提出的选择与生成文摘法，实质上就是信息抽取方法。

由于文摘框架的编写完全依赖于领域知识，所以信息抽取仍然是受领域限制的，只不过文摘框架比理解文摘中的脚本等要简单得多，更易于编写。信息抽取要想应用于多个领域，就必须为每个领域都编写一个文摘框架，在处理文本时先进行主题识别，根据主题调用相应的文摘框架。另外，单凭特征词或特征短语的提示作用来填充文摘框架并不是非常准确的，而且由于语言的灵活多样，一些有价值的文本片段可能没有明显的特征。最后，由于使用模板生成文摘，使得文摘的语言千篇一律，十分呆板。

7.3.5 基于结构的自动文摘

篇章是一个有机的结构体，篇章中的不同部分承担着不同的功能，各部分之间存在着错综复杂的关系。篇章结构分析清楚了，文章的核心部分自然能够找到。但是语言学对于篇章结构的研究还很不够，可用的形式规则就更少了，这使得基于结构的自动文摘到目前为止还没有一套成熟的方法，不同学者用来识别篇章结构的手段也有很大差别。

1. 关联网络

如果将一个语言单元的各个子单元视为节点，并在两个有语义联系的子单元之间引一条边，那么我们就得到了一个关联网络。在网络中，与一个节点相连的边数称为该节点的度。节点的度越大，则节点在网络中的重要性越高。将最重要的若干子单元抽取出来，即可构成文摘。

前苏联的 E. F. Skoroxod'ko 将文章视为句子的关联网络，句间的关系建立在词间的同义关系基础之上，和很多句子都有联系的中心句被确认为文摘句。美国 Cornell 大学的 Salton 等人则将文章视为段落的关联网络。文献中的每个段落被赋予一个特征向量，两个段落特征向量的内积作为这两个段落的关联强度。如果两个段落的关联强度超过给定阈值，则认为两个段落有语义联系。和很多段落都有联系的中心段被提取出来组成一篇文献摘要。

对于篇幅较长的文章，句子之间的关联网络将十分庞大，其时空开销都将是难以承受的。相比之下，段落之间的关联网络要小得多。另外，和由句子组装起来的文摘相比，由段落拼接起来的文摘连贯性显著提高。不过，由于最重要的段落中也可能包含一些无关紧要的句子，所以基于段落抽取的文摘显得不够精练。

2. 修辞结构

20 世纪 90 年代初，日本 Toshiba 公司的 Kenji Ono 等基于修辞结构研究自动文摘。

他们将修辞关系归纳为举例〈EG〉、原因〈RS〉、总结〈SM〉等 34 种，首先依据连接词等推导出一种类似于句法树的修辞结构树，然后对修辞结构树进行修剪，将保留下来的内容根据它们之间的修辞关系组织成一篇连贯的文摘。这种方法的不足在于：修辞关系的识别依赖于连接词，如果文章中连接词的数量很少，那么修辞关系就无法识别了。

3. 语用功能

这种方法主要是针对科技文献。科技文献的写作有比较严格的规范，文献中不同部分承担着不同的语用功能，根据语用功能可以将文章的主体部分识别出来构成文摘。

1978 年，捷克斯洛伐克的 Jiri Janos 提出了依据功能句子观（Functional Sentence Perspective，FSP）理论进行文本浓缩的方法。FSP 是布拉格学派马泰休斯（Mathesius）等人提出的一种语篇理论，Jiri Janos 采用该理论的目的是为了通过对句子语用功能的分类将文本的主干（称为 Text Proper）和枝叶（称为 Metatext）区别开来。文本的主干由主题和述题构成，以不同的主题推进方式（Thematic Progression，TP）相互衔接。主干是需要重点分析和摘录的内容，而枝叶则可以排除在文摘之外。

日本北海道大学的 Maeda 将句子的信息功能分为：背景（B）、主题（T）、方法（M）、结果（R）、例子（E）、应用（A）、比较（C）和讨论（D），并认为 T、M、R 和 D 是主干，应进入文摘；E、A、C 和 B 是枝叶，应排除在文摘之外。美国纽约 Syracuse 大学的 Liddy 通过对人工文摘的大量调查归纳出经验文摘的基本结构：背景—目的—方法—结果—结论—附录，其中每一项内容中又包括了一些细则。如果将文摘中承担这些功能的片段识别出来，就可以组成文摘。

7.3.6 自动文摘评测

文摘的评测方法是文摘技术的一个重要组成部分，也是容易引起人们争议的地方。国内缺乏统一的测试集和测试平台，并且自然语言资源也不成熟，中文文摘评测方法的研究成果还不多。文摘系统的评测方法可以分为两类：分别是内部评测方法和外部评测方法。

1. 内部评测方法

内部评测方法主要是通过参数来评测文摘质量的好坏。常用的内部评测参数包括准确率、召回率、F－measure 和可读性，可以用这四个参数对文摘系统进行评测。准确率是指所有选取结果中，正确结果所占的比例；召回率是指所有相关结果中，正确结果所占的比例；F－measure 参数是上述召回率和准确率的综合；可读性是对文摘的逻辑连贯性和语句连贯性进行评测。目前，文摘的逻辑连贯性和语句连贯性主要采用人工评测的方法。

2. 外部评测方法

外部评测方法是一种间接评测方法。外部评测方法是通过分析文摘对其他任务的影响来判断该文摘系统的好坏。外部评测方法可以对多个文摘系统进行对比来分析各个文摘系统的好坏。

7.3.8 中文自动文摘的发展

我国从1985年开始介绍国外自动文摘方面的研究情况，从20世纪80年代末开始研究自动文摘实验系统。

在形式特征方面，汉语和西文主要区别是汉语词间没有空格，因而存在着自动分词问题。汉语自动分词是一项经过多年研究仍未圆满解决的难题。然而因为汉语中真正负载信息的是词而不是字，所以如果分词技术能够满足大规模真实文本处理的需要，那么以词为基础的自动文摘必然优于以字为基础的自动文摘。实际上，大多数中文文摘系统都要对文本进行分词处理，只是由于采用的分词方法不同，使得分词精度有所不同。此外，汉语的词汇极为丰富，同一个概念可以用很多不同的词汇表达，这给词频统计带来了一定的困难。上海交通大学王永成教授从20世纪80年代末就开始研究自动摘录技术，1997年研制了OA中文文献自动摘要系统。该系统集成了位置法、指示短语法、关键词法和标题法等多种方法，是一个实用的系统。

在语言的深层结构方面，汉语存在一些有别于西文的特点。比如，汉语缺乏词形的变化，增加了句法分析的难度；汉语有一些特殊的句式，如兼语、连动等。采用理解的方法研究中文文摘，必须充分考虑汉语的特点。20世纪80年代末，东北大学姚天顺教授和香港城市理工大学联合开展了“中文全文自动摘要系统”的研究，该系统采用脚本知识表示，通过与用户交互获取文摘。1990年前后，中科院软件所的李小滨、徐越，在北京大学马希文教授的指导下，对英文自动文摘进行了研究，并研制了一套实验系统EAAS (English Automatic Abstract System)。该系统是一个标准的理解文摘系统，它局限于“就业机会介绍”这样一个领域。系统首先通过与用户交互获得信息焦点集，然后对文章进行语法语义分析，生成文章意义框架amf，接着按照信息焦点集从amf中搜索推理出有关信息，最后生成有一定逻辑性的文摘。

哈尔滨工业大学王开铸教授于1992年研制了基于自然语言理解的文摘实验系统MATAS，1994年研制了自动摘录类的HIT－863Ⅰ型自动文摘系统。1996年刘挺提出了基于信息抽取和文本生成的自动文摘方案，1998年完成了基于篇章多级依存结构的HIT－863Ⅱ型自动文摘系统。

7.4 自然语言检索

目前，网络信息资源在信息检索中所占的比重不断增加，成为越来越重要的信息资源形式。丰富的网络信息资源造就了大量的网络信息用户。在网络环境下，信息用户构成发生了变化。终端用户不再以专业技术人员为主，而是包括了不同年龄阶段、不同职业的用户，非专业人员的网络检索行为的比重大幅度提高。由于用户的多样性，用户的检索需求也由学术性信息转为更加生活化的信息。这样，大多数用户，尤其是没有经过检索培训的用户，趋向于使用自然语言来描述他们的信息需求。

7.4.1 自然语言检索概述

在信息检索中，尤其是在信息检索的标引过程中，所谓的自然语言是相对于受控语言而言的，自然语言本质上是未经加工和规范化处理的非受控语言。从信息检索的整个过程来看，自然语言检索包括自然语言标引和自然语言提问查询两个方面的内容。可以认为，自然语言检索就是直接以源文档中的内容作为检索标识，用户能够直接使用自然语言表达提问，并完成信息检索的一种检索形式。所以在自然语言检索中，用户可以直接使用自然语言，通过字、词、句子甚至段落等作为提问式进行检索。

1. 自然语言检索的特点

自然语言检索不受词表的限制，保持与新概念的同步，可以有效地跟踪新事物的发展；同时，直接采用文献作者使用的自然语言，使标引工作摆脱了对受控语言的依赖，更便于进行自动标引；而对于大多数普通检索用户而言，直接使用自然语言进行检索更符合其行为习惯；另外一个重要的特点在于：由于自然语言检索采用自然语言处理技术，因而能够在一定程度上理解文本信息和用户提问的含义，并在某些环节上进行概念控制，所以能更准确地定位检索目标，实现较好的查准率。

自然语言不存在受控语言的统一兼容问题，在使用自然语言的各数据库间可实现标引、检索成果的共享。另外自然语言不受词表及各种复杂标引规则技术的干扰，更具备联合建设数据库的优势。此外，自然语言检索不仅适合文献检索，更适合数值检索和事实检索。

虽然自然语言检索具有多方面的特点，但这并不意味着一定要用它来代替其他类型的检索。同其他检索形式一样，自然语言检索也有其自身意义和适用范围。一个检索系统可以同时采用多种检索方式，不同的用户可以根据需要选择使用，传统的信息检索方式仍将在信息检索中发挥其作用。

一般认为，自然语言检索系统应包括以下三个方面的特征：

①生成信息源检索标识时，使用作者、摘要编写者原来所用的词语或标引人员自拟的词语，而一般不使用取自词表的规范词语进行标引。

②在技术实现上，自然语言检索将自然语言处理技术应用于检索系统的信息组织、标引和检索输出中。

③从检索用户的角度来看，自然语言检索直接采用自然语言形式的字、词甚至整个句子、段落作为检索提问输入和对话时的交互方式。

2. 自然语言处理过程

对语言的分析总是要包括词法分析、句法分析以及语义和语用分析等几个阶段，句法分析和语义分析是自然语言处理的基础。

句法分析是自然语言处理中的一个重要组成部分，句法分析的任务是要对输入的单词序列进行分析，并在此基础上构造出相应的句法树。所谓句法树是用来表示句中各成分之间句法关系的树状结构。

由于短语结构语法（也叫上下文无关语法）既有一定的描述能力又比较简单，并能成功地根据这类语法来实现各种计算机程序设计语言的编译与解释系统，所以早期的自然语言处理系统都试图采用上下文无关语法来实现自动句法分析。后来人们逐渐发展出一些其他句法分析的语法，其中较著名的有：扩充转移网络语法、词汇功能语法、广义短语结构语法、功能合一语法、定子句语法，这些语法大大扩充了短语结构语法描述与生成自然语言的能力，同时又保持了短语结构语法表达简洁、处理效率高的优点，因而得到较广泛的应用。

语义分析是在句法分析的基础上进行的。语义分析的结果是语义网，而语义分析的工具之一便是语义关系。系统在进行信息处理过程中进入句法分析后，可以从全解中得到一个优化的有用解，然后进入句法语义分析。在这一阶段，对语言自身结构和句法属性进行综合分析，这包括：语法分析是句法结构、句法属性、句法关系的分析与确定，语义分析是对句子的语义分类、语义属性、语义关系的分析与确定。在句法分析的过程中分成三个层次，即短语子树层、谓词框架之内层以及谓词框架之间层，与句法分析的这三个层次相适应，每次句法分析后都相应地产生一个语义分析结果。因此，语义分析的过程也相应地分成三个层次，即短语子树的语义子网内的语义关系、谓词框架形成的单网内的语义关系以及各个谓词框架之间形成的多网间的语义关系。在语义分析理论方面，研究也在不断深化，其中比较引人注目的是语义网络、格语法、概念从属理论。

在自然语言处理的研究领域中，传统的方法是基于规则的方法。规则包括句法知识、语义知识、语用知识的表示及相应的推理知识。这是一种模拟人类理解语言的方法。由于自然语言是一个开放系统，用这种方法实现语言理解要求建造庞大的句法、语义知识库，庞大的专业知识库以及复杂的推理机制。因此自 20 世纪 80 年代以来，有些自然语言处理学者主张用基于语料库的方法理解自然语言。这种方法的特点是，分析方法主要依赖于对语料库中语言结构成分的统计特征，而不完全依赖于语法规则。因此基于语料库的方法不要求建造很完备的知识库和复杂的推理机制，这是其优点，但需要建造庞大的语料库，而建造具有一定规模的语料库不仅要输入大量经过精选的语料，而且还要对这些语料进行多种不同层次的加工，如自动分词、标注语法属性乃至语义属性等，这些语料才有利用的价值。

自然语言处理理论与技术是自然语言检索处理的重要基础，一般可以把自然语言处理的内容从低到高划分为 6 个层次，它们是：

①语音学层次，即关于对声音的识别、理解和合成处理。

②词形学层次，对各种词形和词的可识别部分的处理，如英语中的前后缀，复合词等。

③词汇学层次，重点在于对词操作和词汇系统的控制。

④句法层次，该层次的处理与语言结构单元的鉴别有关，具体来说就是利用词汇层次的词性标注输出，对输入的词性序列进行分析，划分出短语和从句，考查它们能否构成合法句子，如果能则给出相应的合法句子结构。

⑤语义层次，指对自然语言文本意义的识别、理解和表示，它涉及各级语言单位（单词、词组、句子和句群）所包含的意义及其在语言使用过程中所产生的意义。

⑥语用学层次，该层次涉及上下文和语言交际环境以及背景意义和联想意义的语义分析。语用学研究不同种类文本的结构，从文章的结构提取附加的含义。自然语言处理利用这种可预测的结构来理解一条信息在文章中起什么作用，如结论、观点、预测或事实。

3. 自然语言检索的实现

国外很早就注意到在信息检索中采用自然语言处理技术以提高检索效果，并开始了相关的研究和实验。但研究工作多体现于自然语言检索的一个方面，即使用自然语言处理技术对原始文档进行处理，尝试基于自然语言处理的标引。自然语言检索的最早研究工作是将自然语言处理应用于信息检索的相关环节中，这些工作主要体现在 20 世纪 60 年代到 80 年代早期的自动检索研究中。

自然语言检索的研究和应用包括两个方面的工作，它们是使用自然语言进行标引和用户使用自然语言形式的提问进行检索。这两个方面的研究可以独立进行，在技术上分别实现，同时，它们相互之间又具有密切的联系。其中，前者是对规范标引检索语言的自然语言化，后者的实质是为用户提问提供自然语言接口，使信息检索系统理解用户以自然语言形式表达的检索需求，系统处理用户的自然语言提问。

在实际应用中，人们更多地关注词法、句法和语义三个应用层次。依据处理过程中对自然语言文本处理的深入程度，自然语言检索可以只应用词法分析技术，在较低的词法分析层次实现，也可以在检索处理过程中使用句法分析技术，从而在较高的层次实现。所以，在自然语言检索中，对提问与文档的处理可以涉及到词法、句法和语义三种不同层次的分析。

虽然对自然语言检索的研究已有一段时期的研究，但是其中仍存在着很多值得深入探讨的问题。这些问题包括自然语言文本的分析与处理、面向自然语言检索的标引、用户提问的机器处理、匹配过程控制和查询扩展等。这些问题涉及不同的研究方面，具有一定的难度，其最终解决依赖一些相关学科的发展。

①主题分析与标引。高性能的检索需要有效的索引支持。自然语言检索的关键问题之一就在于如何从文档中提取出能最准确、充分地表达文档中与主题相关的词语，以及这些词语在表达文档主题概念时的关系，并将这种关系存储于索引之中，以支持后继的检索过程。该难点的复杂性在于文档作者的用词无明显的规律性，其实质在于如何克服自然语言的不规范性和缺乏语义关联给检索造成的困难。

②用户提问的机器处理。自然语言检索的另一个关键问题是用户自然语言形式的提问的机器理解和表示。理想的检索系统应该能够“理解”用户真正用自然语言表达的检索要求，而不只是理解自然词语。不仅要理解用户明显陈述的意义，而且要领会隐藏在表述中的意义。这样，最终用户就不需要多费心思去表达需求、学习烦琐的命令和格式。用户自然语言检索提问的机器理解与文档主题分析及索引所依赖的技术在一些方面是相同的。文档主题分析及索引的一些算法可用于计算机理解自然语言表述的信息检索需求。

当然，由于纯粹自然语言提问处理的困难，可行的方法是在不同的语言处理层次上探讨相关的问题，以逐步使机器处理用户自然语言形式的提问，从而在此基础上展开检索匹配过程，得到可接受的检索效果。

③提问与索引的有效匹配。提问与索引的有效匹配是自然语言检索的另外一个难点所在。具体的匹配算法取决于索引的结构和提问处理的层次，同时，所采取的检索模型也会在很大程度上影响匹配算法。当索引经历了关键词索引、全文索引、短语索引和语义索引

的变化，用户提问的形式和处理也不断变化之时，检索模型和相应的匹配过程如何改进，从而更有效地支持新的检索形式就成为一个重要的问题。

④检索中的概念控制。从本质上说，自然语言检索是一种概念检索，它需要一定的概念体系，或知识库支持。从长远来看，自然语言检索系统应以综合知识库为基础，使信息检索与导航服务更具有智能性。知识库中的知识有助于解决表达差异的问题，即解决文本信息源和用户使用不同的词语表达相同的概念。而知识库中的同义词可以消除这种表达差异带来的检索困难。

7.4.2 面向自然语言检索的标引

目前，常用的自动标引方法有无标引形式的全文索引和抽词标引形式的关键词索引。对于具有很强的概念检索特征的自然语言检索来说，这样的标引和索引方式不能很好地满足检索的需求，所以需要探讨新的标引和索引形式。

1. 标引对检索效果的影响

实际上，标引对检索的影响主要体现在以下几个方面。

①标引深度。标引深度是指标引一篇文档所用的标识数量，它反映了标引处理对文档的主题分析描述的全面性和专指性程度。作为检索标识的索引词数量越多，查全率就会相对升高，相反，索引词数量越少，查全率就会相对降低；而同时，作为检索标识的索引词数量越多，一些不相关的、无用的“噪声标识”也就可能越多，查准率就可能下降，与此相反，索引词数量越少，这样的“噪声标识”也就越少，查准率可能会相对高一些。

②索引标识的质量。标引标识的质量即选用的索引词与所反映文档主题的相关程度，两者相关程度越高，查全率和查准率也就越高，反之查全率和查准率就会降低。索引标识的质量受多方面因素的影响，如文档本身的用词规范程度、专业领域的特点以及自动标引方法。

③标引词间关系的表示。文档主题内容是由多个标引词组合在一起共同表达的，在表达某一文档主题时，表达主题的标引词间存在特定的语法联系和限制关系，这种关系在检索上体现为标引词相互间的组合形式。在自动标引过程中，标引词间的关系分析得越准确、在索引中表达得越完备，文档主题概念表达的也就越准确，相应的检索效果也就越好，主要体现在查准率也就越高。

④标引文本块的规模。在进行标引时，一个需要考虑的问题是标引项所指向的文本块的规模大小，可以称这样的文本块为标引单元。标引单元是指在标引过程中对多大规模的文本块产生一个标引项集合，它反映的是标引对象的粒度。标引粒度可以是一篇文档、也可以是文档中的一章或一节，甚至是一个段落。在有检索意义的前提下，标引粒度越小，标引也就越精细，在此基础之上的检索针对性、指向性也就越强。

2. 段落分析与主题标引

就标引单元来看，目前的标引基本上是以文档的物理实体为单位的，这主要是受传统的标引工作的影响。传统的针对印刷型文档的手工或自动标引常以文档的物理实体为标引单位，即以一本书、一篇文档或一个网页为单位进行标引。标引工作是从文档中抽取或为文档赋予一组标引词，这些标引词的目的地址最终指向某个文档。而用户所需要内容具体在文档中的什么位置，则需要用户自已再去进行查找。所以，这种标引更适合那种以寻找文档实体为目的查询要求。

虽然以文档实体为标引单元的标引可以支持信息检索，但它也存在一系列问题。不难发现，这种标引的索引强度取决于文档本身的规模。对于一定数量的标引词而言，如果文档本身规模较小，其所包含的主题就相对简单，就可以有较好的描述效果；反之，如果文档本身规模较大，那么所包含的主题就相对复杂，主题层次就会多，分主题数量也越多，从而也就很难全面地对文档进行准确的描述。虽然这时也可以通过增加标引词数量的方法来提高标引的网罗度，但也同样会增加不同标引词间错误组配的机会，从而生成出虚假的标引主题概念，在一定程度上造成检索的混乱。产生这些问题的原因就在于，以文档实体为标引单元的标引面对的是一个多主题的描述对象。在生成索引的过程中，无论一个文档实体包含多少主题，标引都是将该实体做为一个完整的单位进行描述。由此可见，在对文档进行标引时，如果能对文档进行适当的划分，使标引对象包含尽可能简单、尽可能少甚至是单一的主题，就可以降低索引词间错误匹配的机会，提高索引强度和揭示能力，从而更好地支持信息检索。

自然语言检索具有概念检索和事实检索的特征，这些特征使得它对文档内容的检索更细微化。文档通常包括多个主题，用户经常对被检索文档的特定主题或部分感兴趣，所以，检索目的往往是针对文档中的某个分主题，针对不同层次细节的文档内容进行检索，这些内容可能出现在文档中的某个或某几个段落中。对信息检索而言，特别是对自然语言检索而言，有效的标引应该是面向主题概念、面向事实内容的。通过段落分析进行主题标引，是指以一个或若干个有检索意义的主题为标引单元而生成的索引。实际上，概念检索和事实检索都要求检索应面向主题，而不是面向文档实体，这样，传统的全文索引或以整个文档为标引对象的索引都难以有效地支持这种检索。为了能更好地实现自然语言检索，应对源文档进行分析，将文本切分为关联的主题，分割并提取出其中的分主题，使文档的主题层级化表达出来，根据文档主题和分主题将文档分成不同的部分并进行标引。在段落分析的结果进行主题标引，并利用其生成的索引进行检索匹配，可减少甚至消除错误组配，从而提高查准率。

7.4.3 用户提问处理

自然语言检索的特征之一就是允许用户使用自然语言的形式直接向系统表达检索需要，这与传统的检索系统限制用户使用词语表达提问的形式不同。由于使用自然语言形式，以自然句子形式表达的提问在形式上与系统索引中的索引项对文档主题的表达形式不同，所以两者无法直接进行比较匹配，这样，就需要先对用户提问进行必要的处理，将以自然语言形式表达的用户提问形式化，产生与索引中索引项相一致的数据形式，从而建立起检索匹配的基础。为了确定处理用户自然语言提问的方法和过程，需要了解用户可能的提问形式。并在此基础之上进行用户提问分析与设计。

1. 用户提问处理的内容

能够有效处理自然语言形式的用户提问是自然语言检索最外在、最直接的目标。总的来看，用户提问处理的任务就是从用户的自然语言提问中，分析出其信息检索需求，并以系统可处理的形式予以表达。具体地说，就是从连续的词语串中抽取出能够表达检索主题的有效词以及词间关系，并以此为基础构成系统内部的检索形式。为建立这种检索形式，一般对自然语言形式的用户提问处理应包括两个方面的工作，它们是形式上的分解转换和内容上的调整。

①形式上的分解转换。利用自然语言提问进行检索时，除非检索系统中的索引项在语言层次采用和用户提问完全相同的形式，否则，必须要对用户提问进行处理，将其转换为系统索引项的形式，这样才能进行匹配。无论用户的提问式是简单的短语还是一个复杂的句子，都应先进行分解处理，从中提取出能反映提问内容的短语，并用词对的形式表示出来，以建立与索引匹配的对象。形式上的分解转换通过对提问进行句法分析而实现。

②内容上的调整。自然语言检索具有概念检索、语义检索的特点。同时，用户使用自然语言表达检索需求时，由于提问在构成时基本不受限制，所以自然语言提问式本身具有模糊性、随意性等特点。因此，为达到更好的检索效果，理论上应对其进行概念层次上的处理，即利用一些有关的语言学词典，如同义词词典、概念关系词典等，或相关的知识库，完成概念的判断和调整。用户检索提问内容上的调整可以在检索匹配前的用户提问处理中完成，也可以在检索控制中实现，即在提问扩展和相关反馈中进行概念和语义控制。

2. 提问语言现象分析

自然语言形式的用户提问在很多方面还表现出与一般的词语提问表达形式所不同的语言学上的属性和特征，这些属性和特征为系统的检索控制带来了新的问题，检索系统在处理自然语言形式的提问时应该考虑相关的问题。通过对用户提问进行分析，应对自然语言提问的以下几个方面的语言现象进行分析。

①提问的长度。根据其复杂程度，这种用自然语言表达的用户提问可分为长提问、短提问两种，有时为了分析方便，也可将短提问进一步划分为短提问和超短提问。

②疑问词。用户提问表达的是对所查询事物的疑问，所以很多提问都使用了疑问词。由于使用自然语言的系统往往被用户认为具有事实检索和数据检索的能力，所以用户提问也会出现针对事实检索和数据检索的内容。疑问词隐含地说明了要查询内容的类型。

③否定形式。对检索过程而言，关键之处在于能够对所存在的否定形式进行识别，并对否定的作用域进行判断，然后将其转化为检索操作控制。在现代汉语中还有一些词，虽然具有否定含义，但已经和所限定的部分结合，形成一个肯定的整体，如“非结构化决策”“非欧几何”等。

④回指、省略与重复。在文本的上下文中，一个事物往往会被多次提到。对于第一次出现，后面的提及就是回指。在汉语中，人们常常用到指代和省略，它们可以起到简化句子和概念的作用。回指有名词回指、代词回指和零形回指三种形式。回指的对象往往是检索中需强调的内容，可以认为是检索需求表达中潜在的中心概念。

⑤时间与空间信息。提问中具有对时间信息与空间信息的描述，这主要是因为需要对检索目标进行时间和空间上的限制。时间与空间信息通过两种方式表现出来，一是通过疑问词，二是通过表示时间与空间的名词。疑问词有“哪里”“哪个城市”“哪一年”“何时”等。通过名词表示的提问如“2008 年奥运会在哪个城市举办”等。

⑥提问用词。由于使用自然语言提问，所以用户表达检索意图的用词具有多样性和不规范性，如用户可能使用关键词“计算机”进行查询，也可能使用“电脑”进行查询。在提问中还存在一些词语，这些词既不是构成提问句子必须的语法成分，对检索也并无实际意义，它们只是用户与系统进行交流语气的一种的反映。如“吗”“能……”“怎么样”“请”等。

⑦标点符号。在提问中，短提问中有些有标点符号，有些则没有，而长提问中都有比较正确、完整的标点符号。对短提问和超短提问而言，标点符号并不重要，有无标点符号并不影响对提问的理解，而对于长提问来说，标点符号，如冒号、顿号等对分析各部分的关系具有一定的作用。

⑧失形与句法错误。汉语是一种语言现象复杂、语法相对宽容的语言，不像一些其他语种的自然语言，如英语那样具有严格的时态、语态、人称和数的变化。从这个意义上说，汉语不会出现失形的情况，即形态错误。

7.4.4 检索匹配及概念控制

在信息检索系统中，标引是系统的后端处理，它为检索建立了索引数据。而用户提问处理是系统的前端工作，它提供了系统和用户之间交互的接口。而匹配控制是真正完成检索功能的处理所在，它将标引工作所生成的索引项与用户提问处理所得到的匹配框架中的检索项进行比较，以确定所对应的文档是否满足用户的提问要求。

1. 检索匹配模型

在检索过程中，索引项与检索项间的比较在一定的匹配控制机制下完成，该机制可以通过检索匹配模型表示。实际上，检索匹配模型不仅直接决定了检索匹配的过程，也间接地影响了索引的形式和用户提问处理的过程。目前常用的检索模型有布尔检索模型、向量空间检索模型和概率检索模型。

从理论上说，自然语言检索可以使用以上三种模型中的任何一种来构造检索。但是，当选用不同的检索模型时，相应的索引结构和匹配机制都要与之一致。向量空间模型本身具有结构简洁，形式化强，易于实现的特点。同时，它的实现机制，即通过文档特征项和用户提问项进行比较，并利用权重来计算相似性，然后通过相似性来判断检索结果的机制，部分地克服了传统布尔检索的缺陷，能够产生一种快速将相关文档筛选出来的检索过程，这也是该模型被广泛应用的原因。当然，向量空间模型存在着一些缺点，它的两个主要缺点是：标引词的权重较难确定，对标引词的相互独立的假设不符合实际情况。

自然语言处理技术的应用为两个问题的解决提供了新的途径，基本模型的不足可以通过自然语言处理技术来弥补。有关分析技术的应用，可以更好地发现索引项在揭示文档内容上的作用，从而为权重的确定提供更准确的结果。同时，短语索引项的使用，也为解决向量空间模型中的问题提供了更多的手段。采用短语索引项使词之间的相互独立的关系变为短语之间相互独立的关系，从而使词之间的关系被更好地体现出来，增加了向量空间模型在信息检索中的优势。而它的另外一个缺点，相似度计算量大的问题，相对较好的准确性来说，在目前计算机硬件飞速发展的情况下，相似度计算量对检索速度的影响已不再是一个难以解决的问题。

2. 概念控制与语义扩展

在处理自然语言提问的用户检索时，在检索匹配过程中仍使用模式匹配技术，即通过关键词或短语的比较来完成。模式匹配具有处理速度快，简单易行的优点，但是由于自然语言提问未受规范处理，因此具有模糊性和不规范性的特点，所以检索处理时如果只是机械地采用简单的模式匹配处理，而没有采取相应的概念控制措施的话，模式匹配方式就会暴露出自身的缺点，这些缺点主要表现在以下两个方面：

①自然语言检索系统对同义词、近义词、多义词以及其他一些与其相关的词语没有进行规范和统一，词间缺乏有机的联系。当然也就无法知道各词汇之间的关系。当用户提问的检索概念具有多种表达形式时，采用单一的关键词或自然语言索引词匹配方式势必会影响查全率。如用户使用关键词“计算机”查询相关文档，则使用术语“电脑”的文档就会漏检。

②自然语言检索系统的选词没有严格限制，词量较多，词汇较为杂乱，这样会影响查准率，并且会过多地占用磁盘的存贮空间，影响查询匹配的速度。

为了解决这些问题，必须在匹配过程中对自然语言查询做进一步的处理，即在概念层次上进行控制。用户提问通过关键词表示检索概念，而概念并不是孤立存在的，一个概念总是与其他概念之间存在着各种各样的关系，如上下位关系、同义关系、反义关系等。同时，关键词也会出现一词多义、一义多词、以及同一事物多种表述的情形。

根据概念之间的相互联系，在词的概念含义层次上建立联系，为检索用户提供相关的结果分析是概念控制的一个应用前景。例如，“体育”这一概念根据上下位类的关系可以细分为足球、排球、奥运会、亚运会等，单纯的字面匹配就会漏检，甚至误检很多与之相关的信息。通过概念控制就可以将一个上位类的概念扩展为多个相关的子概念，这样就可以进一步提高检索效果。“计算机”和“电脑”是同一事物的不同表述，采用概念控制的相关方法可以将这些相同概念的词汇统一到检索匹配中，这样就扩大了检索面，从而提高了查全率。在自然语言检索系统中进行概念控制，就是把信息检索从目前的基于关键词层面提高到概念检索的层面，使检索能够从概念意义层次上来认识和处理检索用户的请求，从而提高查全率和查准率。

概念控制主要的方法是利用知识体系建立的概念间的关系进行查询扩展，深度匹配，优化检索效果。概念控制的内容包括：

①问句概念语义块的抽取，从提问句中切分出概念词或词组等语义单位。

②概念扩展，基于知识体系对抽取出的语义单元进行概念扩展。

③概念的组配，将选择出的各检索单位基于知识体系的组织信息转换成体现概念关系的逻辑表达式。在概念控制的三项关键活动中，概念扩展和概念组配都离不开语义知识库

的支持。所以，进行概念控制的关键是语义知识库的建立。

查询扩展也可以用于实现概念扩展。查询扩展的工作内容是在用户输入原始的查询请求后，借助已有的自然语言资源，采用一定的技术和方法，根据用户提问项中的词语，把相似或相关的概念加入到用户提问的短语结构中，把指向同一概念的词聚集起来。在提问处理中，利用自然语言处理技术对用户原始提问进行处理后，解决了提问的词法分析和句法分析问题，但从检索的角度看，以此为基础进行的检索仍存在着一些相关文档的漏检。其原因在于检索用户和文档作者之间以及不同用户之间都存在表达差异，对相同事物的表述，除了句法结构上的不同，在用词上也有很大的差别，在文档中某些词常常不是用户提问句中使用的关键词，而是这些关键词的同义词。这样，基于字面的"精确匹配"就可能造成漏检，因此需要对提问项中的词语做适当的扩展来提高查全率，避免由"字面匹配"带来的漏检问题。

查询扩展的实质是找出提问词的相近词，用那些语义上相关的概念去补充原始的查询提问，可以认为是一种词汇含义的规范化过程。查询扩展的方法取决于词语之间的语义关系，具体有两种形式：在计算机的自动处理中，可利用某种语义知识库对查询直接进行扩展；在用户干预的情况下，查询扩展还可以从另一个方面入手，即对检索的结果进行分析，并从中选出更多的信息加入查询中，这时的查询扩展就是一个相关反馈过程。在自然语言检索中，查询扩展可以在不同的处理阶段采用两种不同方法。利用语义知识库，把表示同一概念的不同词汇聚集起来，扩大了检索的范围，它不改变查询的语义；利用相关反馈，则是在分析文本内容之后，加入一些新的相关概念，使原查询表达的内容更加明确，提高了检索的准确性。

7.5 跨语言检索

跨语言信息检索研究涉及了语言学、情报学、计算机科学等多门学科知识，是一个综合性强、富有挑战性的研究领域。跨语言检索技术的实现应用了信息检索、文字处理、和机器翻译等技术，如文字切分技术、词汇翻译、词频技术、索引技术等。

7.5.1 跨语言检索含义

跨语言检索（Cross-Language Information Retrieval，CLIR），是输入某种语言（源语言）的查询，在一个或者多个其他语言（目标语言）的文档库中检索结果。当只有一种目标语言时，称为双语检索（Bilingual IR），当有多个目标语言时，称为多语言检索（Multilingual IR），与此对应，传统的检索称为单语检索（Monolingual IR 或者 Single Language IR）。

跨语言信息检索研究最早可追溯到 1973 年 G. Salton 的 *Experiments in multilingual information retrieval* 一文的发表。当时的研究主要针对国际联机检索进行的。在 Internet 迅猛发展的 20 世纪 90 年代后期，由于 Internet 的全球化信息结构引发了对跨语言信息检索的迫切需要。这就促使越来越多的研究团体深入研究跨语言信息检索问题，并研制开发跨语言信息检索的不同方法。这一时期国际上先后有许多相关论文发表，一些实验性跨语言信息检索技术相继问世。

CLIR 是这样一类技术，它允许用户以他们熟悉的语言构造检索提问式，然后使用该提问式检索系统支持的任一种语言写成的文献。它可用于回溯检索、定题服务系统以及自适应过滤系统中。跨语言检索对于能够阅读多种语言的用户，特别是不能有效地用非母语表达其信息需求的用户，具有十分重要的价值。对于只能阅读一种语言的用户，CLIR 系统也可能很有用。有的 CLIR 系统能够对检索出的文献进行翻译。虽然系统显示给用户的结果可能只是一种粗略的翻译，但也足以向用户提供文章的要点以及帮助用户作出相关性判断。此外，即使 CLIR 系统不对文献进行翻译，用户也可能通过使用该系统找到若干篇参考文献中包含了以该用户的母语写成的文章的论文，这无疑会为该用户提供很有价值的线索。总之，最重要的是 CLIR 系统能够检索出多种语言的相关文献资源，以及能够指导用户做出收集与否的判断。

在跨语言检索中主要涉及的技术有计算机信息检索技术和机器翻译技术：计算机信息检索技术完成提问式与文档之间的匹配，机器翻译技术完成不同语言之间的语义对等。

7.5.2 跨语言检索的实现

网上信息跨语言检索的过程是：网络爬虫搜索网络信息，在统计方法、自动标引技术的支持下编制以语言为基础的索引，服务器接受以一种语言描述的提问式，并返回跨语言检索的结果，这一结果是由不同语言描述的信息集合构成的。

1. 跨语言检索的难点

跨语言检索有两个难点：一是一词多译，一个词或者片断有多个可能的译文。一般通过上下文进行排歧。二是未定义词（Out Of Vocabulary，OOV）问题，即词典里找不到这个词，一般通过并行语料获取及对齐等方法来解决。

具体的，跨语言信息检索需要解决如下几个主要的问题：

①提问与文献分属不同语言。这是跨语言信息检索的最主要特征，由于提问与文献分属不同的语言，因此在两者之间需要通过词典等方式建立匹配的对应关系。

②词的歧义和多义性。由于原始提问中有些词义的不确定性，系统中需要借助歧义性、多义性分析机制，将原始提问排歧后转换成最终提问。

③提问中词的切分。一些语言（如中文、日文、韩文等）由于词与词之间没有明显的分隔符号，因此词的切分问题成为此类语言的跨语言检索研究要点之一。

④文献的多语言性。在跨语言检索系统中，由于原始文献是用不同的语言书写的，因此语种识别是检索的基本工作，此类情况常出现在自动标引的系统中。

⑤输出结果的排序方式。检索结果中，不同语种的文献如何排序，如何对不同语种的文献进行相关度的计算，也是跨语言资讯检索系统必须研究的问题。

2. 跨语言检索的实现方式

方式一：将所有文档翻译成源语言，采用单语检索的方法。

优点：检索结果可读，文档的翻译理论上相对准确（可以依靠上下文解决翻译中的歧义）。

缺点：翻译量巨大，翻译的时间消耗较大。在多语言检索情况下，需要多个语言对之间的翻译工具。

方式二：将查询翻译成目标语言。

优点：翻译量小，相对灵活。

缺点：由于查询通常很短，翻译质量难易保证。如果用户不懂目标语言，仍然需要把结果再翻译成源语言。

查询翻译方法是目前CLIR中的主要方法。在具体实现上，可以有以下方法：一是将查询翻译成各种语言，分别进行单语检索，最后将结果合并。二是将查询翻译成某个中间语言，然后将中间语言查询翻译到目标语言分别进行检索，最后将结果合并。三是类单语言检索方法，即将原始查询和翻译到每种目标语言的查询综合在一起，在所有文档库上进行单语检索。

翻译主要是采用以下方法：

①基于词典的方法。通过查词典（双语词典、同义词词典、统计词典等），将源语言翻译合适的成目标语言。双语词典是目前常用的跨语言翻译的知识源。

②基于机器翻译工具的方法。通过机器翻译工具，将源语言翻译成目标语言。

③基于语料库的方法。语料库是指由大量经过整理的文本形成的具有既定格式与标记的文本集。语料库分为平行语料库与比较语料库两种。平行语料库的语料中包含文档及其相应的翻译文档，按照文档翻译的方式又分为文档对齐、语句对齐和语词对齐三种方式。可比语料库的语料中包含不同语种的涉及相似主题的文档，不同语种的文档之间不存在一一对应的关系。基于平行语料库实现跨语言信息检索的方法有跨语言潜在索引、伪相关反馈方法和广义向量空间模型。

3. 语言转换策略

目前跨语言检索的主要实现方法有：提问式翻译、文献翻译、提问式—文献翻译、中间翻译和非翻译。

①提问式翻译方法。提问式翻译的过程是把源语言的提问式利用机器翻译技术翻译成目标语言提问式，再进行单语言检索。利用提问式翻译的方法进行跨语言检索的实质是把源语言提问式做了适当转换，其基本的过程和技术还是单语言检索，而且检索返回的结果是用目标语言描述的，这增加了用户利用信息的难度。当一个源语言提问词有多个目标语言词与其应时，通常选择第一种或全部的释义作为提问式的译法。选择第一种译法自然存在一定的不合理性，选择全部的译法又大大降低了检索的查准率。针对这一问题，Pirkola等人提出了提问式构造法，认为主要有三种构造提问式的方法：基于同源词的构造法、基于复合词的构造法、n元匹配法。提问式构造方法的实质是利用同源词、复合词或n元匹配分析提问式中各个词的权重：只有一种或两种释义的词的权重最高，而有多种解释的词用同源词符、复合词符或n元匹配符连接以降低其权重。Pirkola等人通过对三种方法实验，验证了使用提问式构造法会提高跨语言检索的检索性能。

②文献翻译方法。文献翻译方法不对提问式进行翻译，而是把数据库中用目标语言描

述的文献翻译成与提问描述相一致的源语言形式，再通过提问式与信息库的匹配，完成检索过程。运用文献翻译方法进行跨语言检索，返回给用户的结果是用源语言描述的，用户能够方便地选择利用。文献层次的翻译相比于提问层次的翻译，其语境更加宽泛，进行歧义性分析所能利用的线索比较多。但是这种方法所使用的文本自动翻译技术的正确率目前还难以达到实用水平，而且将数据库中全部文献从目标语言翻译到源语言的工作量也是巨大的。文献翻译方法只有在翻译内容有限的情况下才有意义，如对已确定要浏览的某个网页进行翻译。

③提问式一文献翻译方法。在这一方法中，源语言提问式翻译成目标语言提问式，与目标语言描述的信息库进行匹配，检出相关信息，然后再把检索结果的全部或部分翻译成源语言描述的信息。检索结果的翻译一般选择部分翻译，因为跟全部翻译相比，部分翻译的工作量较少，容易提高翻译的效率和质量。部分翻译一般是对结果文本的前两行、文摘、或文本中重要的词进行翻译。在重要词的翻译中，如何找出确定重要词是决定这种方法效果的关键。目前的研究主要是根据词频并结合禁用词表和功能词表来决定词的重要性。利用提问式一文献翻译方法进行检索，返回给用户的结果是用用户所熟悉的源语言描述的，用户能够容易地选择利用检索出的信息，减少了用户的翻译成本，提高了检索服务的质量。

④中间翻译方法。在跨语言检索中，解决语言障碍的基本方法是两种语言之间的翻译，然而所有的翻译方法都离不开机器翻译、双语词典、语料库等作为翻译的语言基础。但是，在跨语言检索中可能会碰到这样的情形：两种语言直接翻译的语言资源不存在，例如在 TREC 中很难找到德语和意大利语之间直接对等的语言资源。为此研究人员提出了一种利用中间语言或中枢语言进行翻译的方法：将源语言翻译成中间语言（可以是一种或多种），然后再将中间语言翻译成目标语言（利用多种中间语言时需要合并）。

⑤非翻译方法。Deerwester 等人 1990 年在单语言检索研究中提出了潜在语义标引法（Latent Semantic Indexing－KSI），Dumais 等人进一步把这种方法引入到跨语言检索中，他们将英语词汇、法语词汇、英法双语文件映射到一个向量空间中，尽管这些术语是不同语言描述的，但是可进行语义上的比较匹配，而无需翻译转换。Berry 等人在希腊文—英文、Oard 在西班牙文—英文等不同语言配对上进行了实验，验证了这种方法具有一定的有效性。

4. 跨语言信息检索系统

随着跨语言信息检索技术的发展，到目前为止，国外已经涌现出不少成功的跨语言信息检索系统。但遗憾的是国内没有这方面的系统出现。

这些系统可分为两类：示范系统和商业系统。示范系统有 Aport 系统、Arctos 系统、Erie 系统、Mulinex 系统、Mudial 系统等。还有一些投入实用的商业系统，有 Cindor 系统、Rotondo 系统、TextFinder 系统等。

Mulinex 系统是 1997 年德国语言技术研究室人工智能研究中心研究开发的，是世界上第一个成功地运用跨语言自动翻译技术。使人们能够利用本国语言就能有效获取网上其他语言信息的跨语言网络信息检索系统，可实现英、德、法三语种之间的两两对译。

Cindor系统是MNIS公司的一个产品，目前所支持的语言有英、法、德、意、日和西班牙语，而对于中文的支持正处于研究之中。该系统的特点是：统一的字符编码标准、自然语言检索、查询自动扩展、申请专利的跨语言检索技术等。Cindor有3项核心技术，即概念中间语言、语言分析、搜索管理。

Keizai是美国新墨西哥州立大学计算研究实验室开发的一个系统，是一个跨语言的交互枪索和摘要系统。它使用了统一字符编码检索体系（USRA）和交互文档摘要方法(MIDNS)。它提供了自动和用户帮助两种方法，以构建和提高跨语言查询的效率。它目前所提供的新闻源有英文、法文、德文、西班牙文、意大利文、中文、日文、韩文的新闻，支持以上几种语言的跨语言翻译和检索，不过查询只能是英文的。

7.6 基于情境感知的信息检索

目前大多数信息检索系统都将提问作为信息需求的唯一知识表示，按提问给出相应的结果，而不管提问者是谁。由于大量的信息由大量具有不同背景、不同知识、不同偏好的人创作开发，这些差异带来了不同的查找情境，它们会对用户的相关性判断产生很大的影响。为解决这一问题，新一代信息检索系统开始关注如何在检索过程中获得并整合情境信息，即基于情境的信息检索。

7.6.1 情境与情境感知

在计算机应用领域，情境的概念出现于20世纪90年代中期。Dey等提出的概念受到很多人的认可，即情境可以是描述实体状态的任何信息；这个实体可以是用户和应用程序交互时相关的一个人、位置和对象，也包括用户和应用程序本身。Dey同时还指出4类主要的情境：位置、标识、活动和时间，指出这几种类型的情境不仅能够回答4W（Who，What，When，Where）问题，而且可以作为进入其他情境信息资源的索引。我们可以把情境理解为用户和应用程序交互时的所有信息。

1. 情境构成元素

在工作环境和日常生活环境中，情境框架的构成元素主要由任务、时空、个人、社会和环境等5个元素构成。

①任务：指与用户正在做的工作相关的任何目标、任务、行为或活动。工作任务被视为信息行为产生的动机。当用户基于组织需求或个人动机识别出信息需求时，就产生了工作任务。人们通常从狭义和广义两种角度定义工作任务，狭义角度的工作任务被限定在与工作相关的任务，而广义角度的工作任务不仅仅局限于与工作相关的任务，而将其理解为任何促使信息行为产生的动机。

②时空：描述与用户目前的时间、位置、方向等相关的属性。时空情境有时又被称为物理情境。近年来，移动技术尤其是智能手机正在以前所未有的速度影响着人类的生活。移动用户的需求是由时空情境所驱动的：他们所要查询的结果不但与直接信息需求相关，而且查询结果与物理位置是相关的。空间的相关性也可以基于物理位置的可访问性来衡

量，即到达某一物理位置所花费的时间。时间情境建模，最直观的方法之一就是通过信息的“新鲜度”衡量相关性，即某一项信息越新，其相关度就越高。这种方法可以与空间足迹法结合起来针对用户当前的物理位置为用户提供最新的信息。

③个人：指用户的生理情境、精神状态情境、喜好、思维模式等。生理情境包括诸如脉搏、血压、体重等的生理信息。精神状态情境包括诸如心情、专长、愤怒、压力等的信息。一些个人情境信息是动态变化的。

④社会：用户的社会角色、地位以及与他人的关系等。社会情境元素对信息查询的影响主要体现在两个方面：一是信息查询需求的社会性，即用户的信息需求来源于在工作和社会生活中遇到的各种问题；二是信息查询过程的社会性，用户在进行信息查询时用户的社会角色、文化价值观都会到查询过程产生影响。

⑤环境：指围绕在用户周围的实体，这些实体可以是事务、服务、温度、光照、湿度等。信息行为的环境情境主要是指用户可访问的信息资源环境。在信息资源环境中的主要关注点是用户查询的内容类型。

2. 情境类型

情境可归纳为 4 类：

①设备情境：指帮助用户直接获取信息的物理设备，如计算机、手机、PDA 等。在这一情境因素中，主要考虑的是设备特性。例如使用小型设备则意味着内存资源有限，提问必须简短（容易出现歧义），难以进行复杂信息交互。

②时空情境：包括相关的地理位置和时间，这类情境的检索目的在于提供更好地反映用户在时空应用中状况的信息。这些应用中的数据、查询等对象随时间推移会改变其位置和时效性，如旅游指南和网络路由等应用。

③用户情境：包括个人和社会两方面。个人情境由人类学、心理学和认知 3 种情境组成。人类学情境是指个人偏好属性如种族、语言、性别等，可用于定制检索；心理学情境是指诸如焦虑和沮丧等影响用户信息搜寻行为和相关性判断的情感特征；认知情境是个人情境最重要部分，它指用户短期或长期的专业知识水平和兴趣范畴。社会情境指用户的各种社会关系，如朋友、邻居、同事等，这些因素也会对用户检索中的偏好有潜移默化的影响。

④任务/问题情境：指隐含在检索活动中的用户的基本目的与意图，如了解情况、查找实事、探索答案等。

在信息检索中，情境包括嵌入在检索状况中的全部数据、元数据、应用和认知结构，它们影响着用户的行为和对相关性的感知。显而易见，用户和系统的互动构建了有关用户偏好、经历、知识及兴趣的潜在信息库，它代表了交互的情境，可视为证据源，帮助检索系统更好地获得用户的信息需求，更准确地测度所提供信息的相关性。换言之，系统对相关性的估计不仅依靠提问和文档的匹配结果，而且依赖用户情境的充分表达。设计基于情境的信息检索系统的关键是定义好情境的相关维度和与之相关的方法策略以改进检索性能。

3. 情境感知

Schilit 和 Theimer 给出情境感知的定义为“能适应其使用的位置、周围的人和对象集合变化的一种软件”。Dey 总结很多学者提出的情境感知的概念，给出自己的定义：如果一个系统使用情境提供相关的信息和（或）服务给用户，这样的系统就是情境感知的。这里的相关性依赖于用户的任务。Dey 还指出情境感知的应用程序所支持的情境感知的特征主要有 3 类：显示信息和服务给用户、服务的自动执行、标注情境信息方便以后检索。情境感知又被分为“主动情境感知”和“被动情境感知”。如果一个应用程序能根据应用行为的不断变化，自动的适应已发现的情境，那么这个应用程序是主动的；如果应用程序能提供更新的情境给感兴趣的用户，或者将情境信息保存下来供以后用户检索，这样的应用程序是被动的。

7.6.2 情境感知的信息检索

James Allan 等人在 2002 年 9 月 University of Massachusetts Amherst 大学的智能信息检索研讨会上，给出基于情境的信息检索定义，将检索技术与查询和用户情境相关的知识整合到一个整体框架中，以提供最适合用户信息需求的结果。2006 年 5 月 19 日和 20 日，在雅虎欧洲研究中心和 Universitat Pompeu Fabrah 大学网络搜索研究组联合举办的“互联网搜索的未来”研讨会上，搜索研究专家 Andrei Broder 指出我们现在处于第三代搜索引擎，搜索引擎开始关注用户“查询背后的请求”，而不再是仅局限于查询本身。情境信息（空间信息、以前的查询信息、用户资料等）的使用，可以更好的挖掘用户查询背后的请求，提高检索效果，同时第四代搜索引擎将实现“情境驱动的信息推送”。

传统的信息检索忽略了用户和查询的情境信息，没有考虑到用户的情境对检索的结果产生的影响。情境感知检索对传统信息检索进行了扩展，它在检索过程中融合了情境信息，目的是在当前情境中为用户提供更符合其个性需求的相关信息。情境感知的信息检索主要在查询优化和结果排序两个阶段实现情境信息在检索中的融入并产生影响。

情境感知的信息检索主要涉及情境信息的获取、情境信息的建模、检索模型、情境信息的推理这几个关键技术。

1. 情境信息的获取

根据情境信息的测量方法，情境信息可以被分为客观情境信息和主观情境信息。客观情境信息一般都具有一个公认的标准，通过这一标准可以对其值进行测量。主观情境信息则一般需要通过推理来得到情境变量信息的值，这些情境信息包括信息查询者的心情、检索经验、信息素养或领域知识等，但目前还缺乏稳健的方法来获取这些情境变量的值。

根据情境信息的应用目的，情境信息可以被分为基于个人的情境信息和基于群体的情境信息。一些利用情境信息研究方法的目标是提升个体检索者的检索效果和易用性，例如利用关于检索者的情境信息对检索者提供个性化的体验。而另外一些研究方法则是利用群体信息来支持个体检索者的决策制定，如基于协同过滤的检索方法。例如在查询家庭度假信息时，我们希望查询结果能够满足家庭中多个成员的需求。

根据情境信息的影响作用，情境信息可以被分为有意义的情境信息和偶然的情境信息。有意义的情境信息是指能够直接影响任务如何被执行的信息，而偶然的情境信息是指其是情境的一部分，但对于任务如何被执行没有显著影响的情境信息。根据具体的情况，情境变量可能是有意义的也可能是偶然的，例如如果检索者正网上查询某个名人的传记时，此时物理位置信息就是偶然的情境信息；而如果检索者正在查询餐厅信息时，那么此时检索者的物理位置信息就成为了有意义的情境信息。

情境信息通常分为高层的情境信息和低层的情境信息。低层的情境信息主要由传感器获得，高层的情境信息通常是由低层的情境信息通过解释器和集合器获得。通过解释、推理低层的情境信息能够获得高层的情境信息。Web 搜索中，高级的情景信息如用户当前活动信息和过去的使用习惯等，可以借助于计算机的情境感知的物联网信息检索技术研究日志、用户日程和其他人工智能技术来获取。低层的情境信息可以直接通过自己部署的传感器获得，也可以通过 Web 服务器发布的传感器数据获得。

设备情境、时空情境等环境性情境信息，一般通过各种传感器对相关用户检索活动的各种物理信号进行采集。

用户情境信息按照用户与检索系统“互动”的程度，可划分为用户静态和动态两种。用户静态情境涉及用户的学历、专业、工作性质、个人爱好、生活经验、习惯等和与用户个体相联系的各种因素。用户描述文件是使用最普遍的一种对用户静态情境信息进行描述的方法。用户动态情境指检索过程中产生的所有信息，主要包括检索关键词、检索发生的时间、检索用户所属的位置（IP 地址）、当前查询浏览时间、用户检索的反馈信息、服务器的响应操作等诸多因素；其中，查询内容、时间、位置、当时的环境背景等因素可看作永久性因素，此类因素在用户的一次查询会话过程中不会发生什么变化；用户查询浏览时间、服务器的响应操作、反馈信息等可看作暂时性因素，此类数据受很多外界因素的影响，变化不定。根据上述两类因素的特征，在用户初次检索时，则可借助永久性因素信息来辅助系统进行检索。

在用户情境的研究中，可以将用户的静态情境看成是用户的长期兴趣，用户动态上下文看成是用户的短期兴趣。

对于用户情境信息的采集，其关键是获取用户知识和偏好，这类情境信息一般从用户行为以及外部或内部情境源的信息中隐式推断。

下面一些证据源经常被用来构建用户档案：

①用户行为：以一组隐式反馈指标表示，如过去的点击历史、点击数据、浏览特点等。

②书签：它们是推断用户偏好的线索。

③桌面信息：如新闻站点、博客站点、电子商务站点等，这些可用来推测用户的兴趣爱好。

④用户的背景性信息，如感兴趣的主题、对查询主题的熟悉度、意图、偏好等，构成了用户档案的主体。用户兴趣是用户档案的重要部分，它们通常表示为基于关键词的向量、向量类或基于本体结构的语义概念。

2. 情境信息的建模

由于情境信息多样性和复杂性的特点，很难定义一个适合所有情境状态的规范语言，因此几种常用的情境建模方法被提出来，包括以下几种。

①基于键值对的模型。该模型是表达情境信息的最简单的方法，情境信息仅由一对组成。由于这种表示情境信息的方法比较简单，占用内存少，是一种广泛应用的情境建模方法。但是这种模型只有有限的空间存储有限的标识，缺少对结构化信息的完整描述，只能支持精确的键值对匹配，同时对键值对的解释依赖于应用程序，当键值对不标准时应用程序的互操作性很差。

②标记模式模型。该模型通常使用固定的结构来表达情境信息，同时允许表示更复杂的关系，例如关联关系。这种模型通常是使用序列化的 XML 或 RDF 文档来提高应用程序的互操作性。相对于键值对模型，标记模式模型提供了更广泛的语言表达能力来建模情境信息。但是由于 XML 仅提供基于树结构来确定信息，标记模式模型的解释工作需要用户或编程人员全权处理。

③图模型。由于图模型简单直观，表达能力强，也被用来表示情境。

④面向对象模型。借助于软件工程中面向对象建模的思想，面向对象模型的继承、封装和重用等优点，UML 被用来表示情境信息，为开发者提供了一种表示情境信息更友好的模型。

⑤基于本体的模型。由于本体支持语义推理，因此本体经常被用来建模情境信息。

⑥基于规则的模型。使用 SWILL（Semantic Web Rule Language）表示动态的情境信息。SWRL 的 W3C 提出的 Semantic Web 规则语言，组合了 OWL 子语言（OWL DL 和 OWL Lite）和 RML（Rule Markup Language）。SWRL 具有 OWL—DL 的全部功能，但是在可判定性和实现上存在不足，至今能够使用 SWRL 推理的规则引擎很少。

对于情境信息建模，应使用基于本体的情境模型，加入少量规则表示动态情境信息，充分集合基于本体的情境模型和基于规则的情境模型的优点。

3. 情境感知的信息检索

情境信息是一种复杂多变的信息。低层的情境信息通常由传感器获得，而高层的情境信息除了通过解释和集合低层的情境信息外，还可以通过推理由已知的情境信息获得未知的情境信息。推理情境信息的方法通常包括：基于规则的推理、基于案例的推理、基于约束的推理等。

情境感知的信息检索主要研究怎样将用户和查询相关的情境信息加入到检索框架中。情境感知的信息检索中加入了用户的情境信息（包括用户的喜好，个人文档，位置等信息）和检索环境的情境信息（主题环境中的情境信息），能够更准确的获得用户的检索需求，为用户定制个性化的服务，实现智能化的检索，提高检索结果的查全率和查准率，使得用户得到的信息就是他们想要的信息。情境感知的信息检索研究怎样将用户和查询相关的情境信息加入到检索框架中。目前对这一技术研究最多的是在查询处理中加入情境信息，且多是静态情境信息，通过查询重构或扩展提高检索效果。

①查询优化。检索提问的构建是用户描述和反映自身信息需求的一个认知过程，这一过程深受检索者自身和外在因素的影响，将这些影响因素整合进检索提问中，是提高针对需求的查询准确性的有效途径。为此，有人提出了基于统计语言模型的情境感知检索算法、隐式获取查询情境中任务类型的个性化检索模型、基于用户档案的提问扩展方法、还有的在需求管理领域提出需求跟踪检索模型。

在移动环境下，情境信息检索的目标是解决信息过载问题，其手段就是根据资源的限定条件和用户的地点、时间、兴趣等因素提供合适的结果。具体方法有：基于情况的适应方法和基于用户档案的个性化方法被整合进检索模型；利用手机用户当前地理位置信息对其查询进行优化，消除提问过短所带来的歧义性；利用地理信息系统将地理情境转换成地理语言，通过网络日志挖掘技术估计情境语言与用户提问的相关性；根据情境语言在全部文档中的全局分布和其在检出文档的局部概率二者的比较，对情境语言进行适当的加权；用具有最高权重的情境语言对提问进行优化。

②结果排序。信息检索系统的输出一般是一个相关结果的排序列表，从方便用户考虑，通常按与提问相关性强弱降序排列。在确定各结果排序位置时以情境因素进行调节，可使结果列表与用户需求顺序更吻合。具体做法有：利用从用户档案中获取的证据对返回的前列文档重新排序；通过基于投票的整合算法改进检索的有效性；基于用户在线社会网络的情境感知信息检索排序算法，它发挥社会查找、使用用户当前情境和 Page Rank 等手段的优势，通过移动设备主动为用户提供适应其当前情境的个性化结果。

以用户为中心的情境检索相比于以系统为中心的传统检索，具有诸多优点，在检索实践中，情境感知的信息检索所带来的优势可概括为：

①消解简短提问中的语言歧义。

②提高信息检索的查准率。

③促进用户与环境和社会的交互。

④提高面向特定领域的检索质量。

基于系统和基于情境的信息检索之间的比较如表 7－1 所示：

表 7－1　基于系统与基于情境的检索比较

比较维度＼检索类型	基于系统的检索	基于情境的检索
信息	作为标引或匹配特征的文本词	与用户认知和理解相关的解释结果
信息需求	用与情境无关的关键词描述	与认知相关的内容，领域/任务知识
用户地位	在检索过程之外表达信息需求	作为检索过程的组成部分
检索模型	文档和提问的描述规范、匹配算法	检索置于全部认知主体和结构的情境中
检索结果	对相同提问返回同样结果	在相同情境下，对相同提问返回同样结果
相关性	主题	情形、情感、认知
有效性	为某主题提问确定主题相关文档	在特定情境下满足信息需求

资料来源：洪颖．基于情境感知的信息检索研究综述［J］．图书情报知识，2014，58（16）：146。

7.7 语义检索

语义信息检索，也称为基于概念的信息检索，其基本方法是通过对文献中的原文信息进行语义上的处理，析取各种概念信息，由此形成一个知识库，然后，根据对用户提问的理解，在知识库中的相关信息的帮助下，发掘用户需要的信息。

7.7.1 语义检索特性

语义信息检索有以下几个特性。

①具有分析和理解自然语言的能力。可以对输入的原文根据其概念内容进行组织和安排，析取相关的概念信息和范畴知识；可以将用户查询过程以概念的形式存储到知识库，并能实现知识库的自动补充与更新，为用户提供更加智能化的服务。

无论是向知识库的自然语言输入，还是对系统的自然语言提问，语义信息检索都可以通过分析和理解，得到自然语言原文的内容。

自然语言的不确定性极大限制了检索的查准率和查全率。语义检索关注信息资源的真实含义，不仅仅停留在文字表面，从而保证了信息检索的质量。

②语义检索赋予检索条件语义，对于用户各种形式的输入（例如：表单、词语、或者自然语言），通过加入特定的背景信息或者语义关系，使计算机能够更好理解用户输入，使得用户和计算机在对检索入口的理解上达到更大一致；语义检索赋予信息组织语义，是指在建立索引时，不再局限于以词作为索引入口，而是以语义实体、语义属性和语义关系作为切入点，使信息检索具有更强的推理分析能力；语义检索赋予检索结果语义，是指检索的结果将不再是纯粹的文档，而可能是语义实体、语义属性和语义关联（语义关联是指在某一领域模型或者应用中，具有重大意义或者为用户所感兴趣的实体之间的联系），从而拓展了语义检索的应用空间。除此之外，语义检索通常使用本体描述语言来描述语义实体、属性和关系，本体描述语言的推理能力为在查询中进行推理分析提供了条件。一类非常典型的推理应用就是：在本体知识库已经建立的情况下，用户可以使用类和属性的继承关系对查询进行扩展，提高查全率。例如，查询与“水果”相关的文档，在知识库中，由于“苹果”是“水果”的子类，所以，可将“苹果”在后台作为扩展检索。

③语义信息检索的记忆机制能够自动补充与更新。同时，存储在知识库中的概念信息和范畴知识也应能得到补充与更新，且补充与更新的新信息与新知识应能恰当地归类到相应的范畴之中。

④语义信息检索具有用自然语言回答用户提问的能力。这种能力包括从自然语言原文的概念内容中析取检索要点，通过记忆机制检查某个特别的范畴，以获取必需的背景知识，以及通过对知识库中存储的其他概念信息进行分析和理解，来回答用户的提问。

7.7.2 语义检索原理

语义检索的实现可以从查询请求、信息组织和检索结果三个方面考虑。

1. 查询请求处理

目前，语义检索的查询处理主要采取基于本体的查询处理包括查询消歧与查询扩展。通过消歧，明确查询的确切所指，准确反映用户的信息意图，继而通过加入与其语义相关的其他概念来实施扩展。许多研究中利用了语言本体，通过其所提供的词的不同义项来实现查询消歧，通过其所蕴含的同义、整分、上下位等词汇关系来实现查询扩展。此外，各种自建的领域本体也被应用于查询处理。

2. 信息组织

在语义检索中，对信息组织赋予语义，主要是指在原始数据的基础上建立语义标注索引。与传统系统的检索模块不同，语义索引的建立不是以关键词为切入点，而是以本体实例为切入点，将文档表征为一系列本体实例的向量。有人引入了向量空间模型，采用了基于概念级的向量空间文档表达，还设计了文档排序算法。有人在进行标注时以文档为单位，将其作为一个概念类的实例来进行处理。它设计了一种独特的索引和检索方法，以从文档全文和其语义标注数据中抽出的内容描述符（词）来代表文档，并建立索引记录。这样的索引可支持基于关键词或语义标注信息的检索。

3. 检索结果

对检索结果赋予语义是指检索的结果不再只是纯粹的文档，而是语义对象及其实例。其中，语义关联就是非常重要的一类语义对象，它是指在某一领域模型或者应用中，具有意义的或者为用户所感兴趣的实体之间的关系。它包括本体模型中直接定义的语义关系。语义关联的设置依赖于具体的应用，例如在 LsDIs 的语义研究项目中，用户可以查看个人和个人之间，以及个人和组织之间的语义关联，研究者首次通过背景指数、深度指数等来计算语义实体之间的关联。

4. 应用系统

①CyFr 系统。CyFr 系统是 Schank、Kolodner 和 DeJong 于 1981 年根据概念信息检索理论建立的系统，用于处理与美国前国务卿范斯（Vance）有关的新闻。它由两个子系统组成，即记忆模型和知识库。其中知识库包括 60 个简短剧本，分别表示 60 种不同的情况，如访问、选举、工人罢工等。

②Researcher 系统。由 Lebowitz 于 1983 年在哥伦比亚大学研制，用于阅读和理解用自然语言形式输入的专利文献摘要。系统分四部分：知识呈现部分、基于记忆的文本处理、记忆机制、基于概括的问题回答。

另外，还有由 McCune 和 Tong 研制的 Rubric 系统，是用来检索与恐怖行为概念有关的文献，即各种类型的恐怖行为及时间、地点、组织等文献，以及美国通用电器公司人工智能研究室的 Ran 在 1987 年建立的 SCICOR 系统、美国卡内基梅隆大学机器翻译中心 1991 年完成的 FERRET 系统等。由于这些系统能分析和理解原文内容及用户提问信息，因此查准率较高。

第8章

基于内容的检索

基于内容的信息检索是根据媒体对象的语义和上下文联系进行检索的，其特点是从媒体内容中提取信息特征，即对文本、图像、音频、视频等媒体进行分析和特征提取，利用这些内容建立特征矢量作为索引进行检索。这是一种基于媒体多维特征进行近似性匹配的信息检索技术。

8.1 概述

基于内容的检索（Content-Based Retrieval，CBR）是多媒体数据库信息检索中的一门新兴的技术。它是指从多媒体数据中直接提取出对象的语义、特征（如图像的颜色、纹理、形状，视频中的镜头、场景、镜头的运动，声音的音色、音调、响度等），然后根据这些线索从大量存储在数据库中的媒体进行查找，检索出具有相似特性的媒体数据来。CBR 能从大型分布数据库（集）中，以用户可以接受的响应时间，查询到所要求的信息。它不需要理解或识别媒体中的对象，所关注的是基于内容，并快速地发现信息。

8.1.1 内容检索的特点及类型

1. 基于内容检索的特点

①以综合性学科为基础。基于内容的检索属于多媒体的综合集成技术。它利用图像处理、模式识别、计算机视觉、图像理解等学科中的一些方法作为部分基础技术，从认知科学、用户模型、图像处理、模式识别、知识库系统、计算机图形学、数据库管理系统，以及信息检索等领域中获得启发，引入新的媒体数据表示和数据模型，产生出有效、可靠的查询处理算法和可视化查询接口，以及与领域无关的检索技术和系统结构。

②从媒体内容中提取信息线索。基于内容的检索突破了传统的基于表达式检索的局限，它直接对图像、视频、音频内容进行分析，抽取媒体语义和视觉、听觉等特征，利用这些内容特征建立索引，并进行检索。由于突破了传统的基于文字表达符的局限，从而大大提高了检索过程的效率和适应性。

③相似性比较。基于内容的检索是一种近似匹配。由于对内容的表示不是一种精确描述，因此，CBR 采用相似性匹配的方法逐步求精，以获得查询结果，即不断减小查询结果的范围，直到定位于要求的目标，这是一个迭代过程。这一点与常规数据库检索中的精

确匹配方法不同。

④交互性查找。CBR系统充分发挥人和计算机各自的长处，利用人对于物体的内容特征比较敏感，而计算机善于从大量数据中标识对象和从事重复性的工作，把交互操作引入到查询过程中。

⑤直观的查询方式。

⑥大型数据库（集）的快速检索。

2. 基于内容检索的类型

基于内容检索多数是面向多媒体的，所以，基于内容检索的类型也是多种多样的。

（1）图像查询

主要依据图像的颜色、纹理、形状特征，以及图像中子图像（目标，又称对象）的特征进行检索。包括颜色查询、纹理查询、形状查询和图像对象查询。

其中，形状查询是利用形状特征（区域、主轴方向、矩、偏心率、圆形率、正切角等）或匹配主要边界进行检索。而图像对象查询是对图像中所包含的静态子对象进行查询。查询条件可以综合利用颜色、纹理、形状特征、逻辑特征和客观属性等。

（2）视频浏览和检索

视频数据巨大的数据量和丰富的表现内容不是几个关键词所能包含的。视频检索就是在大量的视频数据中找到所需要的视频片断。基于内容的视频检索是指，用户可以指出其所想要的镜头的一些特点，如该镜头的颜色主色调、运动特点等，根据这些要求由计算机查找出相应的视频镜头，并反馈给用户做进一步的选择。其用途非常广泛，如各类体育节目的检索、卫星云图变化情况的检索等。

视频可用场景、镜头、帧来描述。基于关键帧的检索就是对代表视频镜头的关键帧进行检索。关键帧是一幅幅图像，可以采用与图像检索相似的方法。一旦检索到目标关键帧，用户就可以利用播放来观看它所代表的视频片断。

（3）声音查询

声音查询利用声学的和主观的特性进行查询。声音的一些感知特性，如音调、响度、音色等，它们与音频信号的测量属性非常接近，因此，可在音频数据库中记录这些特征，并利用这些特征进行示例和指定特征值查询。

（4）图形查询

基于空间的结束关系进行查询。包括：

①点查询：查找某坐标处的目标。

②线查询：查找线状目标两侧的目标。例如查找公路两侧的建筑。

③区域查询：查找某区域内的图形目标。

④关联查询：利用两个或多个图形对象之间的空间和拓扑关系来查询。空间约束关系可以为方向、邻接、包含等。

（5）文本查询

以往文本资料的检索是利用关键词标引，采用传统的数据库技术来实现管理和检索。然而，由于关键词标引工作量大，而且标引与用户的检索概念可能不一致，导致查准率和查全率低。因此，需采用直接对文本进行任意词和字的检索。根据实现方法的不同，其检索技术分为串搜索、串匹配和全文检索，以字和词以及它们的逻辑组合为条件进行查询。

以上查询类型并不一定同时用于某一应用。对于一个具体应用来说，可能只需要其中的几种查询，或利用以上查询类型作为基本操作来构造复合的查询。

3. 内容处理过程

多媒体内容的处理分为内容获取、内容描述和内容操纵等三个步骤，即先对原始媒体进行处理，提取内容，然后用标准形式对他们进行描述，以支持各种内容的操纵。

①内容获取。通过对各种内容的分析和处理而获得媒体内容的过程。多媒体数据具有时空特性，内容的一个重要成分是空间和时间结构。内容的结构化就是分割出图像对象、视频的时间结构、运动对象，以及这些对象之间的关系。特征抽取就是提取显著的区分特征和人的视觉、听觉方面的感知特征来表示媒体和媒体对象的性质。

②内容描述。描述在以上过程中获取的内容。目前，M-PEG7 专家组正在制定多媒体内容描述标准。该标准主要采用描述子和描述模式来分别描述媒体的特性及其关系。

③内容操纵。针对内容的用户操作和应用。查询是面向用户的术语，多用于数据库操作。检索是在索引支持下的快速信息获取方式。搜索常用于 Internet 的搜索引擎，含有搜寻的意思，又有在大规模信息库中搜寻信息的含义。摘要对多媒体中的时基媒体（如视频和音频）是一种特殊的操作。过滤就是与检索相反的一种信息存取方式。用过滤技术可以实现个人化的信息服务。

8.1.2 基于内容检索的系统结构

完整的 CBR 系统一般由两个子系统构成，即数据库生成子系统和查询子系统。每个子系统由相应的功能模块和部件组成。

①对象标识。为用户提供一种工具，以全自动或半自动（需用户部分干预）的方式对静态图像、视频镜头的代表帧等媒体中用户感兴趣的区域（静态对象）及视频序列中的动态对象进行标识，以便针对对象进行特征提取、描述和查询。如果进行整体内容的检索，则可利用全局特征，而不用对象标识功能。对象标识是可选的。

②特征提取。对视频、图像等多媒体数据自动或半自动地提取用户感兴趣的、适合检索要求的特征。特征提取可以是全局性的，如针对整幅图像和视频镜头，也可以是针对某个对象的，如图像中的子区域、视频中的运动对象等。

③数据库。数据库由媒体库、特征库和知识库组成。媒体库包含多媒体数据，如图像、视频、音频、文本等；特征库包含用户输入的客观特征和预处理自动提取的内容特征；知识库包含领域知识和通用知识，其中的知识表达可以更换，以适应不同领域的应用要求。

④用户查询和浏览接口。主要以示例查询（QBE）和模糊描述等可视查询形式向用户提供查询接口。查询允许针对对象、整体图像、视频镜头以及任意特征的组合形式来进行。由于多媒体数据的视觉和听觉特性，不仅查询时需要通过浏览确定查询要求，而且查询后返回的结果也需要浏览，尤其是视频浏览。

⑤检索（匹配）引擎。检索是利用特征之间的距离函数来进行相似性匹配，模仿人类的认知过程，近似得到数据库的认知排序。对于不同媒体的数据类型，具有各自不同的相似性测度算法，在检索（匹配）引擎中包括一个较为有效、可靠的相似性测度函数集。

⑥索引/过滤器。检索引擎通过索引/过滤机制来达到快速搜索的目的，从而可以应用于大型多媒体数据集中。过滤器作用于全部数据，过滤出的数据集合再用高维特征匹配来检索。索引用于低维特征，可以利用 R 树，以加快检索。

8.1.3 关键技术

多媒体信息检索系统应能对以文本信息为代表的离散媒体和以图像、声音等为代表的连续媒体的内容进行检索。为了达到较好的检索效果，必须解决以下关键技术。

（1）信息模型和表示

信息模型是使用基于计算机的符号结构对应用信息模型化。常见的多媒体对象是构造型的复合对象，其本身可用多种数据模型来描述，典型的数据模型有：超文本模型（网状模型）、文献模型（层次模型）和信息元模型（层次模型）等。多媒体信息覆盖面宽，对象多且复杂，功能要求多样性。同时，文字与图像、声音需并发处理，这就要求它们之间在时间和空间组合上匹配。应研究一种普遍适用的模型，既适合多媒体对象的组织，又符合多媒体对象的构造，并在此基础上建立一种高层的查询机制，用来对多媒体及其各成份进行统一检索。同时，也可以根据实际情况，改造现有的信息模型和相应的数据结构，以满足多媒体信息处理的需要。

（2）特征提取和语义获取

需要易用的能对原始特征进行抽取的自动工具和获取逻辑特征的半自动工具，用于开发大型、实用的多媒体信息检索系统。另外，还需要新的特征表示方法，如基于分形或小波的特征数学表示。

传统的数据库查询语言 SQL 无法适应多媒体信息的检索，尽管 ISO 对 SQL 做了多次扩充，特别是在 SQL3 中增加了面向对象的概念和功能，并对过程加以扩充，但形式化地表达和实现用于多媒体检索的 SQL，仍是非常困难的。

基于内容检索以 QBE（Query By Example）为代表。这类检索直接依赖于图像理解、语音识别等模式识别技术，首先进行特征抽取，再计算其相似性。目前，计算机模式识别技术尚未完全成熟，且不存在通用、高效的算法，这是多媒体基于内容检索进一步发展的主要障碍。

（3）基于内容的编码

现在我们使用的媒体，其格式和编码没有考虑到内容，只是针对颜色、像素、样值来编码，因此，从这些数据中抽取内容特征非常困难。如果我们在对媒体数据编码表示时就考虑到媒体的内容，即媒体包含其表示内容的信息，那么，对这些数据的内容进行检索就会更有效与准确。目前这方面的工作已经取得很大的进展。例如即将成为国际标准的基于内容的编码标准 MPEG-4 和多媒体数据内容表示国际标准 MPEG-7。

（4）查询说明模式

对于特定类型的查询，专家可能宁愿需要一种功能丰富的复杂的图形接口，以支持多种形式的查询类型。而非正式和普通用户喜欢用自然语言来说明查询。

（5）索引和性能

研究适合于大型多媒体库检索的索引结构和过滤器，缩短系统的响应时间，提高查询效率。

（6）集成查询

用基于内容的查询补充和扩展已存在的数据库查询及信息存取方法。应用系统应能把日期、价格等客观属性与内容特征，如颜色、纹理和形状等结合在一起集成查询。

（7）扩展性和灵活性。系统的体系结构应该支持更新与扩充新的特征表示和新的匹配/相似性度量算法，以使系统查询及检索的性能和功能不断增强。

（8）其他技术

①信息压缩和恢复。将物理形式的资料转化为数字信息，并进行压缩和转化。多媒体信息载体由于采用了大量的图像、声音、影视，其数据量比传统以文字为主的单一媒体要大数百倍。数据的压缩及恢复成为多媒体信息处理的一项关键技术。

②信息存储管理。存储对象可以是文本、声音、图形、图像的数字化信息。对每一种类型的对象，可以定义它们的索引、查询支持（目录）信息。信息存储管理采用客户/服务器模型，信息服务器管理数据（或目录）的索引和查询，而对象服务器则用于管理（或收集）数字化的对象。

③多媒体同步技术。多媒体同步技术就是解决如何展现多媒体的空间组合问题。尤其在采用客户/服务器模式的系统中，各种媒体源往往分布在不同的数据库中，多媒体同步技术就是从不同的库中，将数据按时间顺序及空间缓冲区地址的安排，恰当地组合起来。

8.1.4 系统评价标准

评价系统质量的标准，一般来说，首先要考虑易用性和性能价格比，而对于特殊用户，则可能强调安全性、实时性等。

（1）易用性

软件的易用性主要指软件对使用者熟练程度的要求。对于图像检索系统而言，易用性的目标是：仅通过拖动并敲击鼠标即可完成所有操作。界面的易用性可通过以下两个指标来衡量。

①对鼠标进行操作是否可完成所有功能。

②对系统陌生的人员是否可以在几分钟内熟悉系统。

（2）性能

这里所说的性能是指系统完成目标是否快速、正确。一般来说，查询结果在若干秒内返回是可接受的，当然，结果应当尽可能准确。准确可以用查全率和查准率来衡量。

（3）可移植性

软件的可移植性是指该软件是可以在多种硬件及操作系统平台上运行。显然，系统开发工具的选择很重要。在这个问题上，Java 这一与平台无关的编程语言就显得尤为突出。由于 Java 的代码在绝大部分主流机（微机、工作站）上可相互移植，并且未来的图像检索系统很可能在网络环境下运行，因此，用 Java 完成开发工作不失为明智之举。

（4）经济性

低廉的价格或免费下载将吸引大量用户。特别是在当前的网络时代，免费下载已成为一种被广泛接受的软件获取方式，高价位难免要吓倒一批为数不小的潜在用户。

（5）可维护性

整个系统的设计和实施应简明、高效、易于纠错、易于修改。为了便于系统扩充、改进和添加新特征，系统应尽量模块化，提高每个模块的内聚度。系统还应易于升级，且升级版本应迅速发送到用户手中。

8.2 基于内容的图像检索

所谓基于内容的图像检索技术（Content Based Image Retrieval，简称 CBIR），是基于内容检索技术的一种，又称图像内容检索（Query By Image Content，简称 QBIC）技术，是指利用图像的颜色（灰度）、形状、纹理、语义等特征对图像进行查询，试图在理解图像内容的基础上，检索出与示例相类似的图像。这种查询是一项复杂的工作过程，融传统的模式识别技术与多媒体人机交互技术为一体，是多种高技术合成的新兴的检索技术，涉及到图像处理与理解、模式识别技术、相似检索技术、数据库等关键技术。

8.2.1 图像检索概述

1. 查询形式

样例：根据库中或者库外已有图像或者人工绘制的图像进行检索。比如通过输入一个红色圆形物体来检索相似的图像。

绘图：手工绘制草图用于检索。如通过勾画衣服形状对服装设计图进行检索。

属性说明方式：指定特征进行检索。如通过限定人的脸形、五官特征从人脸库中进行检索。

浏览方式：按类别或者库结构进行浏览。

2. 图像检索类型

①基于视觉特征的检索

基于颜色特征进行检索：检索出与用户颜色要求相似的图像。在检索中，颜色空间常常不采用 RGB 方法，而是采用 HSV 方法（hue-色调，saturation-饱和度，value-亮度）。

基于纹理特征的检索：检索出与用户纹理要求相似的图像。

②基于形状特征的检索

检索出与用户形状要求相似的图像：主要通过主要边界特征或轮廓特征来实现。

③基于对象和区域特征的检索

基于全局特征：全局特征包括图像总的色调、颜色统计分布、图像的一般属性（如图像中的对象数目、总面积等）和视觉特征。

基于局部特征：局部对象的颜色、纹理或形状，对象在空间的约束逻辑关系（方向、邻接或包含)。

④基于综合特征的检索

将不同侧面的特征综合起来进行图像的检索:如将图像的客观属性(如:作者、时间)、主观属性(如:人的胖瘦)或者语义属性(如:日出)结合在一块进行检索。

⑤文字型图像的检索

文字型图:通过对书面文本进行扫描得到的图像。通过 OCR 系统识别图像中的文本,基于文本进行检索。

3. 图像检索特点

基于内容的图像检索具有以下特点:

①基于内容的检索突破了传统的基于文本检索的局限,它直接对图像进行分析,抽取特征,利用这些内容特征建立索引,进行检索。

②基于内容检索是一种近似匹配,而非精确匹配。

③基于内容的检索由计算机自动完成,处理速度快,具有客观性。

基于内容的图像检索虽然有很多优点,但目前还存在许多问题,主要表现为:

①特征信息难以提取。图像的复杂性加大了信息提取的难度,成为基于内容检索的瓶颈问题。

②增加冗余信息。图像信息本身存储量就十分庞大,在此基础上又增添许多特征信息,无疑是雪上加霜。

③检索难度加大。基于内容的信息查询,决非简单的比较就可以完成,需要复杂的模式匹配过程。

④对于专用检索系统,不仅需要计算机技术,而且还需要对相关专业十分了解。

8.2.2 基于特征的图像检索过程

基于特征的图像检索过程有以下几个步骤:

①图像的预处理。主要工作有图像去噪音、图像尺寸的统一和图像的旋转等,这些工作是图像特征抽取的基础。去噪音时可将彩色图像按三原色分别做滤波处理,并将所得结果合并输出。另外,滤波处理还可降低背景信息的影响,滤波器一般具有均值滤波和中值滤波两种方式。

②图像特征的抽取。图像特征包括视觉特征和统计特征。图像的视觉特征是指具有直观意义的图像的形状与颜色特征;而图像的统计特征常常没有直观意义,它们是对图像像素与纹理特征的统计,如图像的直方图和频谱等。

③数据库系统。它由图像库、特征库和知识库组成。图像库存储数字化的图像信息;特征库存储图像内容特征和客观特征;知识库存储专门和综合性知识,有利于检索优化和快速匹配。

图像检索系统负责对用户输入的图像内容进行特征提取,然后检索特征库,将与用户要求最相似的图像检索出,并以相似度降序排列。常用的图像搜索策略有自适应聚类搜索、模糊搜索、图像的文字信息与图像信息混合搜索等。

该子系统由以下部分构成：

①检索和浏览界面。提供示例检索和模糊描述等方式，与标引系统对应，用户可用整幅图像、特定对象或各种组合方式检索。浏览界面以确定检索要求和浏览检索结果。

②匹配引擎。图像检索就是利用图像特征之间的距离函数来进行相似度匹配。既可以从特征库寻找匹配的特征，也可以临时计算对象的特征。

③索引过滤器。大型的 CBIR 数据库经常利用过滤和索引的方法以加快检索速度。无论采用哪一种特征类别，检索结果一般以缩略图、图像 URL 或含有图像信息网页的 URL 的形式出现。

基于内容的图像信息检索技术的工作过程如下（图 8－1）：

①检索用户对待检的图像信息进行内容特征分析。

②根据分析提取的信息特征制定检索命令式。

③检索命令式经索引过滤器后，在匹配引擎中与存储在数据库中的图像信息进行内容特征匹配，并计算其相似度。

④若匹配，则进行图像检索，把数据库系统中图像索引库中的图像检索结果返回检索界面。

综上所述，用户提交的查询将首先转换成为一个由低层特征和高层特征结合的向量，然后分别与数据库中图像的向量计算相似度。相似度的计算分两步完成：一是计算低层特征的相似度；二是计算高层语义特征的相似度，然后采用线性组合的方法得到最后的相似度。相似度高的图像成为检索的结果。

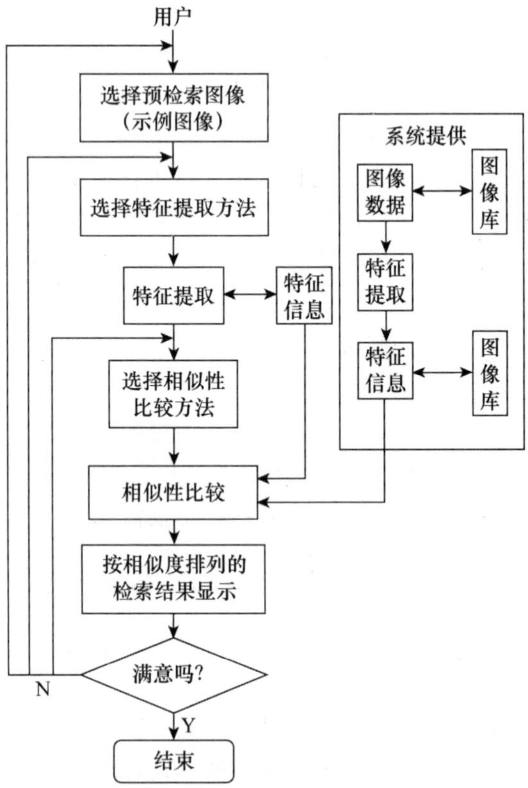

图 8－1　基于内容特征的图像检索过程

8.3.3　图像特征抽取策略

图像特征抽取是指从包含大量信息的图像中分解出不同种类的特征。图像的特征大致分为两类，即人的视觉可以直接感受到的自然特征和人眼无法直接观察到的特征。前者被称为图像的视觉特征，如二值化信息、区域的边缘轮廓、纹理、亮度和清晰度等；后者被称为图像的统计特征，如图像的直方图和频谱等。图像特征相当于文本检索中的关键词，特征提取相当于让计算机自动地从图像中找出这些关键词。

1. 低级特征

颜色特征、形状特征和纹理特征均属于低级特征。

①颜色特征的提取。颜色特征是图像最直观、最明显的特征，是图像内容组成的基本要素，是人识别图像的主要感知特征之一。由于颜色特征与图像尺寸无关。所以颜色特征具有旋转不变性和尺寸不变性，即图像颜色特征与图像尺寸和图像对象位置无关。

最早采用色彩进行图像检索是由 Swain 和 Ballard 提出的基于色彩直方图的检索方法，其核心思想是在一定的色彩空间中对图像各种色彩出现的频数进行统计。色彩直方图描述了图像颜色的统计分布，直方图的横轴表示颜色等级，纵轴表示在某一个颜色等级上具有该颜色的像素在整幅图像中所占的比例。

色彩直方图的主要缺点是：它只包含了该图像中某一色彩出现的频数，而丢失了某像素所在的位置信息；任一幅图像都能唯一地给出一幅与它对应的直方图，但不同的图像，可能有相同的直方图，也就是直方图与图像是一对多的关系，这显然与人的视觉感应不符，即误检率较高。为此，有很多人提出了改进的办法，例如模糊直方图方法。

模糊直方图方法将模糊理论应用到图像检索中，为了避免将两个相似的图像块归入不同的类别，而导致错误的比较，给出一个图像块对于多个类别的隶属度。这样，每一个图像块就以不同的隶属度从属于多个或所有的类别，从而形成一个模糊多维直方图。

颜色特征提取还涉及到色彩空间的选择、色彩的聚类方法、高维直方图的优化存储等问题。

②纹理分析。纹理是图像中一个重要而又难以描述的特性。很多图像在局部区域内可能呈现出不规则性，而在整体上却表现出某种规律性，习惯上把图像中这种局部不规则而整体有规律的特性称之为纹理。简单地说，纹理就是图像的条纹。纹理特征主要有粗糙性、方向性和对比度三个性能指标。

纹理分析就是对条纹的分类过程。常用的纹理分析方法是统计方法，如基于共生矩阵的纹理分析。

由于纹理是千差万别的，所以，对不同的应用领域常常需要设计不同的纹理分析方法。

③形状分析。形状特征是图像目标的一个显著特征。一个封闭的形状具有许多特征，如形状的拐点、重心、各阶矩以及形状所包含的面积与周长比、长短轴比等。目前常用的形状匹配方法主要有几何参数法、不变矩法、边界方向直方图法、小波重要系数法、小波轮廓表示法等。图像中某目标的边缘称为轮廓，基于轮廓的检索也是图像内容检索的一个重要方面。

形状分析的基础是图像的边缘提取。图像中的边缘又称边沿，是图像最基本的视觉特征，它指图像中其周围象点灰度有阶跃变化或屋顶变化的那些象点的集合。边缘是图像分割的重要依据。图像边缘提取的好坏直接影响到后面的形状提取。一个好的边缘提取过程必须与滤波器配合使用。微分边缘提取算法是常用的算法。对形状的识别目前还没有一个统一的方法，还需针对特定的领域设计专用算法。算法的专用性主要表现在对不同特征的取舍上。

在图像检索中单独利用这三种特征是不够的，实际上描述物体需要用到不同的特征，尤其对真实图像较为抽象、较为客观的检索，都要求综合多种特征，以克服使用单一特征带来的问题。例如颜色和形状特征的结合，颜色和纹理特征的结合等。

2. 高级特征

前面介绍的各种匹配主要基于颜色、形状、纹理等低层特征，这些低级图像特征对图像的描述与人类对图像的描述存在较大差异，解决这类问题的办法是采用高级或高层的特征，一般称之为“语义特征”。语义级描述与人类对图像内容的理解更为符合，更适合对视觉内容的匹配。

人在观察一幅图像时会将其分为一些视觉上有意义的区域，每个区域都具有一定的语义内容。基于语义的图像检索技术从人类的视觉理解出发，着眼于提取图像中符合人类视觉概念的部分。例如 James Ze Wang 提出的基于语义的数字图像图书馆的检索，首先使用 k 均值聚类方法将图像分成若干区域，各区域被送到分类器中决定图像的语义类型，不同的语义类提取不同的特征。通过语义分类，将图像分为纹理和非纹理图像，室内的和室外的图像等，缩小了搜索范围，有助于检索。

8.2.4 图像的模糊检索方法

在传统的信息检索领域，最流行的查询是：精确的查询条件和满足查询条件的结果。而在实际使用中，有许多查询条件不能精确定义，查询结果却是一组与查询条件近似匹配的对象。其中包含了模糊概念，这就是模糊查询。因此，在模糊查询中，查询条件是不确切的，查询结果是近似的。模糊检索即根据检索对象的模糊特征来查找所需内容。

1. 模糊数据库模型

关系模型是传统数据库使用最多的数据模型。显然，传统关系模型难以适应基于内容的图像数据库的模糊查询。为适应基于内容的图像检索，同时最大限度的利用关系数据库的优点，应该对关系模型的概念进行扩展。其数据结构是一张由基本属性和超属性组成的二维表，即超关系构成。

2. 模糊查询过程

模糊查询就是根据模糊特征来查找所需内容，由于检索中查询要求往往是根据人的主观性所决定。因此很大程度上带有模糊性，我们用图 8 - 2 所示的查询体系结构来说明具有模糊特征的基于内容检索的基本方法。

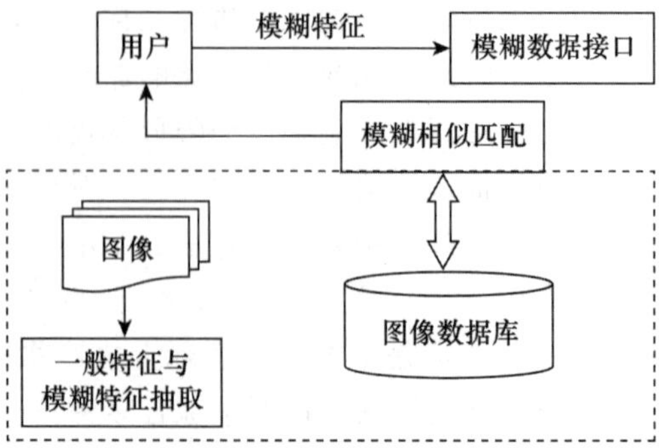

图 8 - 2　模糊查询接口

模糊查询接口是用户输入模糊查询条件的人—机交互接口。模糊特征的描述实际上往往由用户的主观性所决定，对于图像纹理，习惯于用“很粗”“中等”“弱”这样的一些模糊概念来描述；形状一般用“几何形的”“立体形的”或“似长方形的”“正方形的”等概念描述；颜色特征通常用“很艳”“一般”“暗淡”或“大红”“紫红”“红”这样的模糊概念来描述。系统将复杂的多维特征经过模糊分类简化为有限的几个特征集上，数字化表示成模糊特征向量（Q_j^i，$j=1$，…，M_i，$i=1$，…，q）。

要使用户模糊查询描述更精确，还需进行模糊特征的调整。当用户用模糊概念输入特征，计算机通过用相似性计算公式求得库中一些与用户输入特征相近的对象，返回给用户，然后由用户从这组相似对象中选择一个对象作为目标对象，并用模糊术语，如“更窄”“更暗”等调整参考对象的每个特征，这些模糊术语又被转化为一定的数值，经过相似性匹配求出更相似的对象。

模糊相似性度量是实现模糊相似匹配的核心，常用模糊相似距离来作为检查模糊查询向量和模糊图像向量之间的相似性的度量标准。为讨论方便，我们以模糊年龄的相似性度量为例，来定义模糊查询向量 Q_j，$j=1$，2，…，q 和模糊图像向量 B_j，$j=1$，2，…，q 之间的相似性度量。Q_j，B_j 是相同的模糊空间里的模糊子集。

8.2.5 常用的图像检索系统

目前有的图像检索系统有以下几种。

QBIC（Query By Image Content）是 IBM Almaden 研究中心开发的第一个商用基于内容的图像及视频检索系统，它提供了对静止图像及视频信息基于内容的检索手段，其系统结构及所用技术对后来的视频检索有深远的影响。

由 MIT 的媒体实验室开发研制的 Photobook，图像在存储时按人脸、形状或纹理特性自动分类，图像根据类别通过显著语义特征压缩编码。

美国哥伦比亚大学开发的 VisualSEEK 图像查询系统，该系统的主要特点是用到了图像区域的空间关系查询和直接从压缩数据中提取视觉特征。

EXCALIBUR 技术公司开发的 retrieval ware 系统。

Virage 公司开发的 virage 检索系统。

香港中央图书馆的多媒体信息系统（MMIS）是 IBM 和分包商 ICO 于 1999 年底承建的数字图书馆项目，被认为是世界上最大且最复杂的“中文/英文”双语图书馆服务之一，其采用的 DB2 Text 和 Image Extenders 既支持文本查找，也支持图片查找。

8.3 基于内容的视频检索

随着信息、计算机网络技术的快速发展，大量的图像和视频数据的存储与传输已经成为可能，除了数字图像、图片等数据外，我们还会获得海量的视频数据。

8.3.1 概述

基于内容的视频检索是当前多媒体数据库发展的一个重要研究领域，它通过对非结构化的视频数据进行结构化分析和处理，采用视频分割技术，将连续的视频流划分为具有特定语义的视频片段——镜头，作为检索的基本单元，在此基础上进行代表帧（representative frame）的提取和动态特征的提取，形成描述镜头的特征索引；依据镜头组织和特征索引，采用视频聚类等方法研究镜头之间的关系，把内容相近的镜头组合起来，逐步缩小检索范围，直至查询到所需的视频数据。其中，视频分割、代表帧和动态特征提取是基于内容的视频检索的关键技术。目前相关的研究有：

MPEG-7 标准称为“多媒体内容描述接口”（Multimedia Content Description Inteface)，它是一种多媒体内容描述的标准，它定义了描述符、描述语言和描述方案，对多媒体信息进行标准化的描述，实现快速有效的检索。

JJACOB 是基于内容的视频检索系统，可进行视频自动发段并从中抽取代表帧，并可按彩色及纹理特征以代表帧描述基于内容的检索。

卡内基·梅隆大学的 informedia 数字视频图书馆系统，结合语音识别、视频分析和文本检索技术，支持 2000 小时的视频广播的检索；实现了全内容的、基于知识的查询和检索。

由于视频包含的信息量大，内容丰富，以及其结构复杂特殊，数据量也比较大，所以建立好的数据模型是存储和管理视频信息的关键。数据模型的结构和性能将直接影响到后续检索和管理效率。

视频有其特有的性质，所以使用传统的数据模型不能有效的表达，所以需要建立专用的视频数据模型。现在常用的视频数据模型主要有：时间线模型、时间层次模型、代数模型、视频对象模型。

时间模型是视频数据模型中使用最早也是比较典型的一种模型。由于视频本身是一种基于时间的媒体，因此可以沿时间轴直接地来表示视频信息。这种模型的弊端是不能够充分体现视频的高级语义信息。时间层次模型是将层次模型和时间轴结合的一种模型，在这种模型下视频的不同的两个视频片段根据时间轴上的先后关系，可以组成 13 种关系。时间层次模型比时间模型在一定程度上弥补了时间模型的不足。代数模型是在视频的逻辑结构中，引入视频段之间的层次关系和对视频的代数操作。在代数模型中定义了很多运算和基本操作，借助这些操作可以分析视频的时间关系以及描述特征。它可以实现基于内容的检索。视频对象数据模型是把视频定义为视频对象的集合。而视频中的任何一部分都可以表示成视频对象。视频对象有自己的属性和属性值，它通常对应一组时间上可分离的视频帧序列。一个视频对象可以有任意的属性值，但其属性值必须可以表达所代表的视频帧序列。

8.3.2 镜头检测技术

为对视频进行有效的组织，需要将视频分解为基本单元，即镜头，一个镜头由一个摄像机连续拍摄得到的时间上连续的若干帧图像组成。基于内容检索的视频处理，首先要把视频自动地分割为镜头，所以，镜头检测也可以看作是一个分割问题。视频时域分割是进一步对视频进行分析的基础。目前对视频图像的时域分割大都是采用基于边界的方法，即设法确定从镜头到镜头的转换处，镜头之间的转换方式主要有两大类，即突变（切变）和渐变。

1. 突变检测

两个镜头间的突变是将两个镜头直接连接在一起得到的，中间没有使用任何摄影编辑效果。突变一般对应在两帧图像间某种模式的突然变化。对镜头突变的检测目前都采用类似图像分割中基于边界的方法，即利用镜头间的不连续性。这类方法有两个要点：一是对每个可能的位置检测是否有变化，二是根据镜头的变化特点确定是否是突变。

（1）基于全局特征的变化检测

其特点是将整幅帧图像看作一个单元计算亮度，这样不管是场景亮度或颜色的改变，还是目标或背景的运动，边缘轮廓的变化等都会造成亮度的突变。其中主要的方法有：

①像素对比较方法。对两帧相邻的帧图像，可以计算其对应位置上两个像素的灰度差。这种方法的最大问题是对摄像机和物体的运动比较敏感。

②模板比较方法。选取以对应位置为中心的某个子图像窗内所有像素的灰度差，获得两帧相邻图像对应窗的灰度差；缺点是对噪声和镜头或物体运动非常敏感，因为它严格地局限于像素的位置。

③似然比方法。类似模板比较方法的选取，计算它们灰度的二阶统计量来得到似然比。

④直方图比较方法。计算帧图像的直方图，并比较前后帧图像直方图的对应统计。直方图体现的是图像像素总体的灰度分布，因此基于直方图的比较法对小的运动和噪声不太敏感。

⑤彩色直方图矩的比较。利用直方图的统计局来进一步判定。这种方法可有效地消除景物运动带来的影响。

（2）基于局部特征的变化检测

其特点是对图像的不同部分分别对待，最常用的方法是考虑图像中的边缘或轮廓信息。一种方法是对两帧相邻的帧图像，先用高斯滤波器对图像进行平滑，计算图像的梯度，对梯度幅度取阈值，并用Canny算子提取出边缘像素来。然后计算在前一帧中有多少边缘像素与它们在后一帧中的最近邻边缘像素接近，而在又有多少边缘像素与它们在前一帧中的最近邻边缘像素接近。该算法对过暗或过亮镜头的检测效果会比较差。另一种方法为边缘直方图描述子方法，先对帧图像统计以得到边缘直方图，再借助对边缘直方图变化的检测可对镜头间的突变进行检测。

2. 渐变检测

渐变是许多镜头切换方式的总称，它的特点是整个切换过程逐渐完成的，从一个镜头变化到另一个镜头常可能延续十几帧或几十帧。与突变只有一种不同，渐变有许多种。许多突变检测算法也可用来检测渐变。渐变也有自身的特点，所以也有许多专门用于渐变检测的方法。例如，考虑到渐变产生的步骤，先针对性地对渐变建模再应用模型检测的方法。基于模型的方法是利用对镜头编辑的先验知识，对各种镜头切换建立一定的数据模型，自上向下地进行镜头切换的检测。因此，这种方法对镜头渐变的检测往往能取得较好的效果。

8.3.3 关键帧提取

关键帧是表达镜头内容的代表帧，是从视频数据中抽取出来的、能概括镜头内容的表述图像。因此，关键帧的抽取是建立视频数据索引的关键，它不仅要解决如何从镜头的帧序列中抽取出能代表镜头内容的关键帧，还要从关键帧中析出其所含内容与所属类别，目前关键帧提取技术可分为基于非压缩域和压缩域两大类型。

1. 非压缩域关键帧提取技术

①将镜头的首帧与末帧确定为关键帧。首帧与末帧往往与镜头的主题密切相关，在一定场合可表示特定的视频镜头，因此最简单的方法是将一个镜头的第一帧与最后一帧提取出来代表整个镜头。这种技术的优点是实现简单，但存在明显的不足，即当视频的镜头较为复杂时，用两帧显然很难客观的表示视频镜头内容。

②选择内容显著变化的帧为关键帧。视频镜头帧序列的图像特征可能变化很大，也就是首帧与尾帧不能概括镜头的全部内容，需要从中提取新的帧，这种技术将镜头中的每一帧与首尾帧颜色直方图进行比较，如果与首尾帧存在显著变化，将其作为关键帧，继续将未比较过的帧与这三个帧比较，若三个帧有显著差异也作为关键帧。如此反复下去，直至比较完毕。这种技术相对以首帧与末帧选为关键帧有较好的效果，但其不足是内容的显著变化很难有精确的标准，通常只能以经验值进行比较。

③帧平均法确定关键帧。这种方法的思想为计算镜头中所有帧的某个位置像素的平均值，然后选择在该位置上像素值最接近平均值的那一帧作为关键帧。另外，也可以是直方图平均法，选择镜头平均直方图最接近的那一帧为关键帧。此方法思想简单且较容易实现。

④根据关键对象确定关键帧。这种思想是将关键帧分解成更小的单元，从这些更小的单元中获取关键对象，这些关键对象可以从关键帧中抽取，也可从镜头甚至全局中抽取。如电视剧中主要人物的图像。有了关键对象就可以根据适当的策略选取关键帧。如关键帧图像中必须有关键对象，具有多个关键对象的帧，根据关键对象的颜色、形状和运动的平均值等属性比较出关键帧。

2. 基于压缩域的关键帧提取技术

基于压缩域的关键帧提取技术是在不解压或不完全解压的前提下，通过对 DCT 系数的分析与处理达到关键帧提取的目的，这一技术在今后有极大的应用前景。

8.3.4 基于运动特征的视频检索技术

在镜头检测的基础上可对每个镜头提取关键帧，并用关键帧简洁地表达镜头。由于视频数据量巨大，在存储容量有限的情况下，通常仅存储镜头关键帧，可以收到数据压缩的效果。重要的是用关键帧来代表镜头，使得对视频镜头可以用基于内容的图像检索技术来进行检索。但是，视频中除了包括从每幅帧图像中可得到的视觉特征，如颜色、纹理、形状和空间关系等，还有运动的信息。运动是对序列图像进行分析的一种基本元素，它直接与空间实体的相对位置变化或摄像机的运动相联系。运动信息是视频数据所独有的，可用一组参数值或表示空间关系如何随时间变化的符号串来表示。运动信息表示了视频图像内容在时间轴上的发展变化，它对于描述理解视频内容具有相当重要的作用。

运动特征的提取和描述主要有两类方法：一种是考虑灰度元素的时间变化，从而计算各个像素的密集的光流。另一种方法是基于先提取目标的一组稀疏的特征，如角点和显著点等，并在其后的帧内跟踪它们。

对视频中的运动信息，可采用不同方式描述。如可以采用参数模型的方法，这种方法可以同时用于对全局运动和局部对象运动的描述，也可以直接在 MPEG 压缩域建立对视频中运动的空间分布的描述符。一种简单的方法是首先计算每个 P 帧中的平均运动向量限度，取该平均运动向量幅度为阈值，将整个帧内的所有宏块分为有运动的和无运动的，再用游程方法统计两种宏块在帧中的空间分布，并将宏块的游程分成短、中、长三类，利用每类的数目和每帧平均运动向量幅度构成一个 4-D 特征，然后用这种特征对视频数据进行运动内容的检索。这种特征数据量极小而且提取方便，检索速度相当快。但是，由于没有考虑运动方向，这种描述符无法区分不同方向的运动。

1. 全局运动向量检测

全局运动模型取决于摄像机运动，要获得全局运动模型需要检测摄像机的运动，常用的方法可分两类：非图像方式和图像方式。非图像方式针对摄像机的各种操作建立操作的模型，在拍摄的过程中直接提取参数，但这通常需要额外的设备；图像方式则采用基于运动向量的参数模型，利用图像技术获取运动向量，从而建立模型。

基于双线性模型的全局运动向量检测方法是一种新的有效方法。为了对双线性模型的 8 个参数做出估计，需要求出一组（大于 4 个）运动向量观测值。在获取运动向量观测值时，考虑到全局运动中的运动向量常比较大，可以将整个帧图像划分为一些正方形小块，然后用块匹配法求取观测运动向量。

通过选取较大的匹配块尺寸，可以减少由于局部运动造成的匹配运动向量与全局向量的偏差，以获得较为准确的全局运动观测值。该方法对全局运动有较强的描述能力，并且可以较好地适应摄像机运动时立体景物所造成的透视交换。

2. 局部运动向量检测

视频中的局部运动指场景中的目标运动，它可看作与全局运动模型不相符合的部分。理论上说，局部运动向量应是实际运动向量与全局运动向量之差，但是，实际上却不能直接将块匹配算法的结果减去由全局运动模型恢复出的运动向量当作局部运动向量。这是因为局部物体运动通常规模较小，还常包含一些细节的运动，而块匹配法要求块的尺寸不能太小，因此很多局部运动无法用块匹配法计算得出。另外，块匹配算法没有考虑各个块运动向量之间的相关性，所以在图像中的低纹理区域常会产生匹配错误，并造成较大的随机误差，从而影响运动向量场的分割结果。

为了计算局部稠密运动向量场，可以采用基于亮度梯度的 Horn-Schunck 稠密光流计算法，它通过迭代的方法逐渐逼近相邻帧之间各个像素的运动向量。该方法由于采用迭代算法，计算量大，基于该算法的运动信息提取通常只能做到离线的非实时处理。

8.3.5 镜头聚类技术

镜头分割常基于视觉特征进行，这表明镜头内容的语义信息尚未很好地利用，况且镜头主要还是一个物理单元，还不足以描述有语义意义的事件或活动。为此，需要对视频进行更高层的抽象，将内容上有关系的镜头结合起来，以描述视频节目中有语义意义的事件或活动。这个工作称为镜头聚类。类似于在镜头的检测中常采用发现镜头边界的方法，对镜头聚类的检测也常采取发现镜头聚类集合边界的方法。但在通用的情况下自动检测镜头聚类比检测镜头切换要困难得多，因为视频节目种类很多，它们中间的镜头聚类常含有特定的语义。所以，大多数镜头聚类检测方法都是针对某类特定视频节目的，这样可以利用专门的领域知识或结构知识。

1. 基于分割的方法

从一般的角度来看，镜头聚类也可看作一个视频分割问题、与镜头的时域分割不同，这里不是也不能完全按时间轴进行切割，因为镜头聚类中镜头并不一定在播放时间上连续。可以凭借助突变或渐变检测将视频分成一系列镜头，再根据内容的相关性结合镜头形成聚类。

当借助镜头在时间上的相似性进行镜头聚类时，常需要事先对聚类个数有一定的先验知识。另外，如果利用方差作为聚类准则，选择方差阈值也是一个重要步骤。如果先通过初始迭代对视频进行粗分割，再利用分裂合并进行细调，就有可能避免对聚类个数、方差容许值等的估计，自动地实现对镜头的聚类。

2. 基于模式分类的方法

镜头聚类常基于关键帧进行，主要问题是对关键帧进行分类，这可参照利用特征对模式进行分类的方法。需要提取关键帧的特征，并把关键帧用对应的特征空间点表示，通过将特征空间的点聚集成团，然后再将它们映射回原空间以得到对关键帧分类的结果。这类方法的两个要点：特征选择和提取，特征空间聚类。特征选择和提取可用类似于基于内容的图像检索中的方法，特征空间聚类可用基于关联规则的分类法或基于模糊图论聚类法等。

实际应用中，由于高维特征空间聚类可解决仅用一个特征所不能解决的问题，所以特征空间聚类常采用多个特征进行。

3. 基于特定视频类型的方法

很多情况下，如视频节目中的新闻报道、体育比赛和广告节目等，可以针对某类特定视频节目的特点，利用该类视频节目专门的领域知识或者结构知识来建立模型以帮助进行镜头聚类。构建更高层次的与内容相关的镜头聚类，既要考虑各种视频单元，如场景、情节和故事单元等，也要考虑不同的聚类方法，还要考虑具体应用的要求。

8.4 基于内容的音频检索

对于基于内容的音频信息检索，则首先应提取数据的音频特征，而后对音频特征进行匹配，从而进行音频数据的分类和检索。

8.4.1 音频检索的形式与类型

1. 查询形式

样例：用户选择一个声音例子表达其查询要求，查找出与该声音在某些特征方面相似的所有声音。如查询与飞机的轰鸣声相似的所有声音。

直喻：通过选择一些声学/感知物理特性来描述查询要求，如亮度、音调和音量等。

拟声：发出与要查找的声音性质相似的声音来表达查询要求。如用户可以发出嗡嗡声来查找蜜蜂或电气嘈杂声。

主观特征：用个人的描述语言来描述声音。这需要训练系统理解这些描述术语的含义，如用户可能要寻找“欢快”的声音。

浏览：基于分类目录或音频的结构进行浏览。

2. 音频检索类型

①语音检索。主要利用语音识别技术，从语音中获取全部文本，根据文本建立索引，进行文本检索；或者关键文本、或者辨别说话人。

②普通音频检索。以波形声音为对象的检索，这里的音频可以是汽车发动机声、雨声、鸟叫声，也可以是语音和音乐等，这些音频都统一用声学特征来检索。例如，音频分割、音频训练及分类、基于听觉特征检索。

③音乐检索。以音乐为中心的检索，利用音乐的音符和旋律等音乐特性来检索。如检索乐器、声乐作品等。或者基于样例检索、基于哼唱曲调来检索。

8.4.2 音频预处理

音频有别于一般数据，本身是一种正弦波，检索前需要进行预处理或进行媒体转换，以提取音频特征或文本描述。

1. 语音识别

语音是与文字一一对应的，区别只在于语言不同，文字不同，所以如果把语音识别出来变成文字，就可以借助于常规的信息检索技术进行检索处理，或者进行其他操作，如人机交互，这就是语音识别的初衷，语音识别技术（Automatic Speech Recognition，ASR）是音频处理的重点研究领域。

语音识别技术已经从实验室走出来成为一种比较实用的技术。IBM 的 Via Voice 和 Lernout&Hauspie 的 Voice Express 是两种比较成功的系统，其中 Via Voice 将成为国内计算机的标准配置。

实际上所有实用的 ASR 系统都是基于隐马尔克夫模型（HMM）的。隐马尔克夫模型是语音事件如单词的统计表现，模型参数由大量带标识的语音数据训练生成。给定 HMM 训练集，有很多高效的算法可以找出最可能的模型序列。这种方法不但对于大词汇量的识别系统，而且对关键词识别系统也很有效。

①关键词识别。关键词识别是指在给定音频数据中查询少量特定的单词或短语。它可以通过对需要的关键词和填充模型进行 HMM 训练，以使其与每一个单词匹配。相对于大词汇量识别系统，关键词识别系统既精确，计算量又小，而且对于实际的语音数据有较大的弹性。对于关键词识别技术，比较典型的测试是 SWITCHBOARD 集，它收藏了自然生成的电话对话。由于对话大都是关于某一主题的，因此有些研究组正试图自动检测某一对话的主题。来自 BBN 的研究人员曾综合大词汇量识别与关键词识别技术以解决主题确认问题。

②大词汇量语音识别。不同于关键词识别，大词汇量识别将大量的语音数据转换成文本形式。然而，单纯对所有单词建立 HMM 模型的大词汇量识别有一些缺点：如果单词不在语音词典中，将无法识别；需要建立语言模型，而且要有大量的文本训练集。有鉴于此，一般采用“子单词”方法，将单词分段，而不是对数以千万计的单词建立 HMM 模型。这样只需要用到几百个基于音节的子单词模型。将几个子单词和在一起就可构成完整的单词。比如，“right”就可以由 3 个子单词相加而成。另外，针对不同语言的特点，需要研究各单词的出现概率。ASR 的一个优点是，大多数需要的音频数据是已知的，故可以离线操作。然而 ASR 系统的一个很大的缺点在于它的准确性较低。对于特定的领域，即使是最好的连续语音识别系统也只能达到 90%左右的准确率。而对现实的任务如电话对话或新闻广播，只能有 50%到 60%的准确率。

2. 说话者检测

说话者检测是音频处理的重要领域，可用以进行语音数据的对齐和视音频的聚类。相对于语音识别而言，说话者区别是比较简单而实用的技术。即不管说的是什么，而只注意是谁说的。应用说话者识别进行多媒体数据流的分段是一个很有前途的领域。如果分析处理能在毫秒级足够准确的话，就可用来在音频或视频等多媒体数据中检测说话者的改变。有位学者 Wyse 开发了一种基于倒频谱差异的方法：该方法比较特征空间中相似区域的差别，以消除同一说话者内部的改变。当此差异大于适当阀值时，即可认定出现了新的说话者或话音有显著变化。此方法可与视频处理方法相结合，迅速有效地从音频与视频流中提取信息。

3. 音频特征与提取

在进行音频检索之前，首先要提取音频特征。音频有其自身的特点和属性。在音频数据中提取特征有两种方法，一是提取感性特征如音高、响度；二是计算非感性属性或称物理特性，如对数倒频谱系数，线性预测系数。特征提取多在频域进行，故先对音频数据进行加窗处理，加窗大小在 10～30ms，然后对加窗后的数据即每一帧作离散傅立叶变换（DFT），实际上常用快速傅立叶变换（FFT），最后应用不同算法计算相应的特征。这里介绍几个常见的特征。

响度：这是较常用的感性属性特征。计算应在时域进行，一般是对每帧数据取平方和，然后计算其平方根。（此方法与人耳的频率响应无关）。

音调：这是与频率有关的感性属性。对此有很多高效的算法，这里就不赘述了。

过零率：两个相邻取样值有不同符号时，便出现“过零”现象。单位时间过零的次数称为“过零率”。过零率应用极广，尤其在语音识别方面。过零率高的区段对应于清音或无声区，因此时噪声相对较高，过零率低的区段对应于浊音。可见，过零率是区别清音与浊音，有声与无声的重要标志。

Mel-伸缩对数倒频谱系数（Mel-scaled frequency Cepstral coefficients，MFCCs）：这是音频数据经 Z-变换和对数处理后得出的结果。一般对每帧数据取 12 个系数，可以很好地表现每帧的特征。其处理过程如下：

线性预测系数（Line prediction coefficients，LPC）：LPC 无论在音频压缩编码领域还是在音频信息计算方面均有极广的应用。在实用中有很多线性预测方法，可以极大的提高线性预测的准确度和效率。

8.4.3 基于内容的音频检索系统

自然界的声音极其广泛，如音乐声、风雨声、动物叫声、机器轰鸣声等，要从数以千万计的音频数据中提取所需的信息，常规的基于文本检索方法是行不通的，只有从广泛的音频数据中提取特征信息，才能对不同音频数据进行分类和检索，这就要用到基于内容检索（Content Based Retrieval，CBR）的方法。

1. 音频检索系统的基本结构

音频检索第一步是先建立数据库：对音频数据进行特征提取，将音频数据装入数据库的原始音频库部分，将特征装入特征库部分，通过特征对音频数据聚类，将聚类信息装入聚类参数库部分。数据库建立以后就可以进行音频信息检索。音频检索主要采用示例查询(Query by Example，QBE）方式，用户通过查询界面确定样本并设定属性值，然后提交查询，系统对样本提取特征，结合属性值确定查询特征矢量，而后检索引擎对特征矢量与聚类参数集匹配，按相关性从大到小的顺序在特征库和原始音频库中一定数量的相应数据，并通过查询接口返回给用户。其中，原始音频库存放的是音频数据，特征库存放音频数据的特征，按记录存放，聚类参数库是对音频特征进行聚类所得的参数集，包括比如特征矢量空间的码本，阈值等信息。

2. 音频分类与检索方法

在音频检索应用中，常需要对音频数据分类。音频分类和聚类是两个不同的概念：聚类指特征空间的分割，根据音频特征和需要将样本分成个数不定的类；而分类则是判断一个给定样本所在的类别。音频分类一般采用相似性检索的方法，即计算音频特征的距离。距离可采用欧几理德距离，对称相对熵，或其他相应的距离定义。

比较常见的聚类方法是采用平均矢量量化方法。Muscle Fish 公司即应用此种方法，先将带标识的数据加窗处理，对每帧数据提取音高，响度，亮度，带宽属性，而后对属性序列计算其均值，方差和自相关值，加上能量共 13 个特征，最后采用平均矢量量化的方法将其分配到矢量空间的特定区域中。要确定某数据的类别，计算其与各码本间的距离，距离最小的码本所在的类即为所求。检索一个数据则提取矢量空间中与它最近的 N 个点。

还有一种基于树型结构的方法：对带标识的数据加窗后计算其特征，而后采用基于最大相互信息（Maximum Mutual Information，MMI）树的方法将矢量空间分成 L 个不相交的区域，然后根据各类在区域中的分布生成模板。计算欲检测数据与模板间的距离即可进行分类和检索。

3. 查询接口

对音频进行检索，可有多种检索方式。

①基本属性检索。这与普通的文本检索基本相同，查找诸如文件名，大小，生成时间等一般属性，或者是取样率，声道数等音频属性。

②特征值检索。这是较高层次的检索，比如查找能量大于某值的音频数据。

③示例检索（QBE）。这是最高层次的检索方法，也最常见。比如给定一段“雨声”数据，查找与“雨声”相似的音频数据。

4. 数据库组织与索引

音频数据库可以综合关系数据库和多媒体数据库的优点，在高层采用如上所述的方法，底层采用已很成熟的关系数据库，比如 DB2 或 Oracle，这样可以借助其完善的数据库组织，事务处理和高效的底层关系检索功能，中间可以应用 ODBC 接口，构成一个完整的系统。

至于数据库记录，主要包含以下内容：

一般属性：比如文件名，文件格式，大小，日期等；

音频属性：比如声道数，取样率，持续时间等；

特征属性：比如声强，能量，带宽或 MFCCs 系数等。

实际应用时，常加入索引，聚簇以提高检索效率。由于音频特征比较多，常采用 B＊树索引结构。

第9章 个性化信息服务

随着社会的发展和技术的进步，人们越来越追求个性化，服务也越来越讲求针对性。为此，信息检索领域开始寻求个性化服务。数据挖掘、个性化需求是个性化信息服务的基础和准备，问答系统、推荐系统，尤其是电子推荐系统是个性化信息服务的应用和试水，上述，即是本章的研究内容。

9.1 个性化信息服务的定义与特点

随着互联网的飞速发展，网上信息资源迅猛增长，现有的搜索引擎如Yahoo等越来越难以满足用户获取信息的需要。这些搜索引擎在服务中，一方面忽略用户的个性化要求，另一方面不能提供主动信息服务，使互联网上的海量信息和用户对信息的有限获取能力形成了强烈的反差，使得互联网上信息的获取和利用面临着严重的效率和质量问题。有效解决这些问题的办法，就是利用新技术提高用户获取信息的能力，使信息服务更加符合用户自己的需要，概括地说，就是建立面向用户的个性化服务机制。

1. 个性化信息服务的概念

个性化信息服务是网络信息服务发展的重要方向，但对于个性化信息服务，现在还没有统一的科学认识。下面是一些具有一定代表性的观点。

①个性化信息服务是根据客户的特性提供具有针对性的信息内容和系统功能。

②个性化信息服务就是将用户感兴趣的信息主动提交给用户。

③个性化信息服务是基于信息用户的信息使用行为、习惯、偏好和特点，来向用户提供满足其各种个性化需求的一种服务。

④所谓个性化信息服务，是指能够满足用户的个人信息需求的一种服务，在某一特定的网上功能和服务方式中，自己设定网上信息来源方式、表现形式、特定网上功能及其他网上服务方式等，而主动地向用户提供可能需要的信息服务。

⑤所谓个性化信息服务，首先它应该是一种能满足用户的个体信息需求的服务，即根据用户提出的明确要求，或通过对用户个性、习惯的分析而主动向用户提供其可能需要的信息和服务；其次它应该是一种培养个性，引导信息需求的服务，以此促进信息业的多样化和多元化发展。

⑥个性化信息代理就是一个能够理解用户真正需求的智能Agent。所谓个性是指Agent 行为中所表现的一致的、稳定的、可信的、典型的特征和态度集；个性可以表示为有序的目标集和对于目标的规划的偏好程度。

2. 个性化信息服务的特点

综上所述，个性化信息服务的根本就是尊重用户（或者说以用户为中心），研究用户的行为、兴趣、爱好和习惯，为用户搜索、组织、选择、推荐更具针对性的信息服务。通过对个性化信息服务特点的了解和掌握，可以使我们的服务更具针对性，从而提高用户对信息服务的满意度。具体地说，个性化信息服务具有以下特点：

①以用户为中心。所有的服务必须以方便用户、满足用户需求为前提。

②允许用户充分表达个性化需求，能够对用户需求行为进行挖掘。信息服务的系统不仅要提供友好界面，而且要方便用户交互，方便用户描述自己的需求，方便用户反馈对服务结果的评价。要能够了解用户的个人需求、习惯、爱好和兴趣，为其提供“量身定制”的个性化信息服务。

③服务方式更加灵活、多样。不仅要为用户提供更加准确的信息，而且还要能够按照用户指定的方式进行服务。

④能够主动将用户所需信息推送给用户。

9.2 个性化信息服务的类型

就现阶段的环境条件而言，个性化信息服务至少应包括个性化内容定制服务、个性化信息检索定制服务、个性化界面定制服务和个性化信息推荐服务四个方面。

1. 个性化内容定制服务

个性化定制服务是有效获取用户需求信息的方法之一。它通过用户定制获取用户的个性化信息，从而理解用户的需求，为用户提供更为准确的信息服务，提高用户的满意度。同时通过与用户的直接或间接的沟通，改善与用户的关系，提高用户的忠诚度。

在个性化内容定制服务中，用户可以根据自己的兴趣和需求定制信息。定制的内容包括信息资源、界面和服务等。个性化信息定制服务系统通常提供一些信息资源，让用户选择（定制）。例如在数字图书馆中，人们可以选择数据库资源、电子期刊、电子图书、相关网站、学科导航、搜索引擎等。

另外，如安全与隐私保护也是个性化信息定制服务中需要注意的重要问题。安全包括用户私人信息的安全和系统管理的安全。隐私保护需要制定完善的隐私保护政策，提供隐私政策公示，并提供用户隐私公开的工具和运用保证隐私不外泄的保护技术等。

2. 个性化信息检索定制服务

在数据库检索或网上信息的查询中，不同的用户由于其拥有的检索知识和所处的领域不同，往往其习惯也不同。另外，不同用户可能用不同的词汇表达同一专业概念，不同用户对检索结果的选取原则和排序方法也可能不同。诸如此类，正是用户个性化的显著表现。因此，检索定制需要充分支持用户在检索策略、检索方法和检索结果处理上的个性化。

①个人检索模板定制。用户可根据个人需要对所需信息的专业、应用目的、深度、语言、地域、数量、时域等进行定制，从而内在地表达自己相对稳定的检索限制条件。用户在每次检索时也可以选择“屏蔽”模板条件，灵活表达特殊要求。

②检索工具定制。包括选择数据库检索系统和搜索引擎，已纳入资源定制。

③检索式表示方式定制。用户可自定义默认检索方式，自定义布尔检索式，系统还可为用户记录最近的特定数量的检索式，供用户选择使用。

④个人词表定制。可写入用户自定义的常用词汇的自定义规范词、通用限制词、特殊限制词、以及同义词和近义词；当该用户使用这些常用词汇时，系统可根据个人词表调用相应词汇优化检索，或弹出相应词汇供用户选择使用。

⑤检索结果处理定制。可对检索结果的相关度计算标准、输出格式、排序方式、重复记录整合方式、分类组织、下载格式、传送地址等进行定制。

⑥检索历史分析定制。用户可要求系统动态追踪其检索过程，提取最常用的检索词和检索式，最经常选择的数据库、期刊、网站等资源，最经常排除的资源，相近用户最常用的检索词、检索式、数据库、期刊及网站等。当然，这种追踪必须事先得到用户的授权，同时必须安全地保护这些历史数据，这些历史数据可用来自动修改用户的有关定制信息。

3. 个性化界面定制服务

个性化界面定制服务是让用户根据自己的爱好选择桌面的显示方式，它包括界面的结构布局，显示颜色和显示内容的排列方式等。例如在一些网站中，让用户输入自己的个人信息，然后生成“我的主页”“我的搜索引擎”“我的图书馆”等，这类服务都属于个性化界面定制服务。

4. 个性化信息推荐服务

通过网络信息的挖掘，了解用户的需求和兴趣，为用户提供个性化的实时信息推荐服务，也是互联网服务的一个发展方向。面向单个用户的实时个性化推荐服务有在Cache内的协作推荐、利用聚类方法实现实时个性化推荐、利用分类方法实现实时个性化推荐、利用协作推荐的方法实现实时个性化推荐等4种方法。

9.3 个性化需求

用户信息需求是信息系统发展的动力，也是制定信息政策的出发点和依据。了解用户需求的特点、心理规律、查询行为及需求方式，有助于系统制订合理的信息搜集方针和信息资源的合理布局，从而提高服务效益和质量。

9.3.1 用户描述文件

对个性化服务系统来说，最重要的是用户的参与。为了跟踪用户的兴趣与行为，有必要为每个用户建立一个用户描述文件。用户描述文件刻画用户的特征与用户之间的关系。

在收集用户的信息之前，首先需分析用户愿意提供什么信息，目前，用户一般都很注意个人信息的保密性。

1. 用户描述文件的表达

不同个性化服务系统的用户描述文件各有其特点，用户描述文件从内容上可以划分为基于兴趣的和基于行为的两种类型。基于兴趣的用户描述文件可以表示为加权矢量模型、类型层次结构模型、加权语义网模型、书签和目录结构等；基于行为的用户描述文件可以表示为用户浏览模式或访问模式。在具体实现时可以综合基于兴趣和基于行为这两种表达方式。

用户描述文件可以用文件来组织，也可以用关系数据库或其他数据库来组织。也有一些系统采用基于 XML 的 RDF 来表达用户描述文件，并利用支持 XML 的数据库系统来存储用户描述文件，这样，不仅利用了 XML 的优点，也保持了系统的性能。

2. 用户信息的收集与更新

在用户第一次使用个性化服务系统的时候，系统可以要求用户注册自己的基本信息和感兴趣的内容，系统也可以隐式地收集用户信息。在定制好一个用户描述文件之后，系统可以让用户自主修改，也可以由系统自适应地修改。这样，系统就可以随用户兴趣的变化而变化。系统要自适应修改用户信息，必须根据学习的信息源分析当前用户的行为，从而调整用户兴趣的权重或调整用户兴趣层次结构。

根据学习的信息源，用户跟踪的方法可分为两种：显式跟踪和隐式跟踪。显式跟踪是指系统要求用户对推荐的资源进行反馈和评价，从而达到学习的目的。隐式跟踪不要求用户提供什么信息。所有的跟踪都由系统自动完成，隐式跟踪又可分为行为跟踪和同志挖掘。显式跟踪是简单而直接的做法，系统可以要求用户反馈自己对推荐资源的喜好程度。一般情况下，这种做法很难收到实效，因为很少有用户向系统主动表达自己的喜好。比较实际的做法是行为跟踪，因为用户的很多动作都可以暗示用户的喜好。用户行为可以表现为查询、浏览页面和文章、标记书签、反馈信息、点击鼠标、拖动滚动条、前进、后退等等。研究表明，简单的动作（比如点击鼠标）不能有效地揭示用户的兴趣，而浏览页面和拖动滚动条所花的时间可以有效地揭示用户的兴趣。

9.3.2 用户行为分析

用户行为分析是互联网技术不断向前发展的重要推动力，它可以为互联网搜索引擎提供非常重要的用户反馈信息，如何有效挖掘和利用用户行为信息成为网络信息检索和搜索技术改进的重要研究课题之一。

1. 用户行为分析的相关概念

当互联网出现时，用户行为分析就产生了，但是随着搜索引擎的广泛应用，用户行为分析才逐渐成为一个重要的研究内容。我们利用工具或者通过其他途径记录用户在互联网上的行为，这些记录的信息被称为用户日志，用户日志信息通常分为三类：一是网站日志，它记录网站处理的各种用户请求和网站运行时状态信息，其中包括用户浏览访问该网站时的各种行为信息；二是搜索引擎日志，记录用户使用该搜索引擎系统时的各种行为信息；三是用户浏览日志，即借助于工具等方式记录用户浏览过的页面的相关信息，例如代理日志、浏览器日志等信息。

近些年来，随着搜索引擎越来越普及，搜索用户规模也在不断增长，因此可以通过研究搜索用户行为信息来改进搜索引擎性能。用户行为分析也成为了信息检索领域的重要研究方向，被学术界广泛关注和研究，可以帮助搜索引擎改进相关算法，更加准确地理解用户需求，进而提高搜索引擎搜索质量。现有搜索用户行为分析研究根据研究对象的不同分为以下四类：用户群体宏观统计分析、查询需求分析、用户点击行为分析和用户浏览行为分析。

2. 用户群体宏观统计分析

用户群体宏观统计分析是通过对用户的群体行为进行研究，分析用户在搜索过程中各类行为的统计、用户搜索习惯等信息。经过宏观统计分析后得到的结论可以用来帮助改进检索算法和搜索引擎系统结构，例如，经统计发现，大约 85%的用户只翻看搜索结果页中前 10 个结果，针对这一现象，研究人员对搜索引擎的评价标准提出了补充。

3. 用户查询需求分析

用户查询需求分析是帮助搜索引擎更准确地理解用户查询需求，近些年来，用户查询需求分析越来越受到重视，逐渐成为用户行为分析的研究热点之一。Broder 提出搜索用户的查询目的决定了查询需求，进而通过查询词的形式表现出来，Broder 把查询大致分成导航类、事务类和信息事务类，并通过实验统计得出了三类查询的比例，分别约为 20%、30%和 50%。根据同一个用户提交的查询词与查询词之间、查询词与点击页面之间的关系来挖掘用户查询信息。Baeza-Yates 通过查询词和点击网页之间的关系构造了二元关系图，研究在查询词与点击网页之间的语义关系。Boldi 对单个用户在搜索过程中所有查询词之间的关系进行了分类，其中类别有查询词特殊化、查询词一般化、查询词纠错、查询词主题转移等，并使用分类方法对查询词之间转化类型进行统计分类。

4. 用户群体点击行为分析

用户群体点击行为分析主要利用搜索用户在使用搜索引擎时的行为信息，研究判断查询词与点击页面之间相关性的关系。用户点击行为也被称认为是隐式反馈，对应于页面的相关性和人工标注查询的显示反馈。由于互联网环境具有复杂性，搜索引擎用户也存在搜索经验和搜索能力上的差异，搜索用户在查看搜索结果的浏览行为也存在着很大的不同，用户行为数据含有着许多噪音信息。例如，大约 85%的用户只点击浏览搜索结果的前 10 个结果，搜索用户点击存在偏差。因此，搜索用户点击和查询相关性之间存在着不确定性，不能简单地根据搜索用户点击判别查询相关性。

5. 互联网用户浏览行为分析

应用 Page Rank 算法的搜索引擎在商业实践中取得了巨大的成功，其主要利用互联网用户浏览行为“随机游走模型”。该模型是对用户浏览行为模式作一个简单的假设，和用户真实的浏览行为仍存在差距。Page Rank 算法假设用户顺着当前页面的链接浏览其他页面时，浏览每个链接网页的概率相同，但是在真实的互联网环境中，同一页面上的不同链接具有不同的重要性，而且真实互联网用户的网页跳转可能不沿着页面上的链接进行跳转。例如，通过 Web2.0 技术生成个性化页面等。此外，随着 Page Rank 算法的应用越来越广泛，利用链接关系优化搜索结果的 SEO 技术导致互联网产生大量垃圾页面，同时新的互联网环境也给传统的 Page Rank 算法带来了新的挑战。

9.3.3 用户个性化需求的获取方法

对用户需求、兴趣、爱好的了解和获取是个性化信息服务具备针对性的关键，而对用户网络信息需求的分析、获取和管理是保证个性化信息服务实施的基础。

对用户需求的获取，目前主要有两大类方法：一类是通过人机交互模式获取用户的信息需求。这类方法的优点是可以准确地获得用户的需求信息，也是目前绝大多数检索系统所采用的方法。缺点是主动性差。对于以信息拉取技术为核心的信息服务系统，系统一般提供一个与用户进行实时交互的检索界面，让用户表达需求。对于以信息推送技术为核心的信息服务系统，系统会提供给用户一个表达信息需求的定制表单。用户可以十分详细地填写自己的个性化需求信息。另一类是通过对用户访问记录的挖掘，获取用户的需求、兴趣和爱好等。这种方法的主动性强，一般用于个性化主动信息服务系统中。对用户需求行为的挖掘目前有三种方法：一是通过 Cookie logs 挖掘，二是通过 Bookmark（书签）进行网络信息过滤，三是利用智能 Agent 跟踪用户信息行为。

1. 用户访问记录的挖掘

网络用户访问记录的挖掘主要是从 Web 的访问记录中抽取具有意义的模式。Web 中的每个服务器都保留了用户的访问日志（Web access log）等记录，保存了有关用户访问和交互的信息。分析这些数据可以用来了解用户的需求行为，为用户提供个性化的服务。目前 Web 使用记录挖掘技术和工具可以分为两大类：访问模式的追踪和个性化的使用记录的追踪。一般的访问模式追踪通过分析使用记录来了解用户的访问模式和倾向，以改进站点的组织结构；而个性化的使用记录追踪则倾向于分析个别用户的偏好，其目的是根据不同用户的访问模式，为用户提供个性化的定制服务。

用户访问挖掘针对用户对 Web 的访问记录，利用路径分析、分类聚类、关联规则和序列模式的发现等方法进行分析，寻找其中蕴涵的用户知识和模式。Web 访问信息挖掘的数据对象主要是日志数据。

用户访问 Web 服务器时，服务器方将会产生三种类型的日志文件：Server logs、Error logs 和 Cookie logs，用以记录用户的访问情况。

Cookie 是由互联网服务器产生的记号并由客户端持有，用于识别用户和用户的会话。

通过Cookie分析，获取用户个性化需求、兴趣和爱好，目前还是一种较为有效的方法。但由于Cookie存储在客户计算机上，使用中会由于各种原因导致Cookie内容失真，因而通过对Cookie的挖掘获取用户的个性化需求，也有一定的局限性。

2. 利用Bookmark

当用户在互联网上用浏览器浏览主页时，经常会遇到自己需要的和喜欢的站点和主页，只要点一下浏览器的Bookmark菜单，就能将当前的站点存入Bookmark中。下次访问时，只要从Bookmark中取出即可使用。用户可以对Bookmark进行多级管理，不同的目录反映用户不同的兴趣，这给对用户需求的分析提供了依据。

利用用户在浏览器上存储的Bookmark获得用户信息需求是一种有效的方法。在Bookmark中存储的信息往往是用户最关心的，需要记录下来以便以后再读。Bookmark结构化的信息存储更能够确切地表达用户需求。我们可以利用用户对文章的评价来表达用户的信息需求。对存入Bookmark的某一推荐目录的文章，可以认为是用户喜欢的文章，作为学习中的正例；在其他目录的文章，或是经过推荐没有被选中的文章将作为学习的反例。根据向量空间法将正反例表示成向量，就可以利用机器学习的方法对新文章进行推荐。

利用Bookmark进行信息过滤有很多优势。用户可以导入自己已有的Bookmark文件或直接在浏览网络时通过客户端软件加入的新书签，并且可以对其进行各种编辑操作。用户可以明确地对文章的内容与自己的需求是否一致做出评价，通过反馈信息将使信息推荐更为准确。用户可以灵活地设置推荐的范围，系统对用户信息的推荐信息直接并入Bookmark结构中，完全符合用户的习惯。另外，系统使浏览器的Bookmark功能实现网络化，即利用网络服务器存储用户的Bookmark信息，这样，可以使用户在任何地方、各种平台上拥有一致的Bookmark信息。

3. 利用智能Agent

监视用户的信息查询过程的方法能自动获得用户的信息需求。其方法是在用户的终端上运行一个监视的信息代理。信息代理将用户在Web浏览时的相关信息不断传送给远端的服务器，服务器将信息进行整理、组织，并从中分析出用户的信息偏好。

9.3.4 移动用户需求获取技术

移动用户需求获取技术是指在复杂、融合、协作、泛在的移动网络环境下，通过跟踪、学习用户的兴趣、偏好以及性格特征等信息，实时、准确地发现不同用户对各种移动网络服务的需求，并对其变化做出适应和调整。

1. 特点

移动用户需求获取技术具有以下几个特点：

①绑定性。移动终端个人化、私有化等特点，使移动用户具有更为明确、真实可靠的用户标识，并方便从概貌层面对移动用户进行刻画。

②上下文感知。移动网络环境下，用户需求受上下文影响更加明显。这也是移动用户需求获取技术与传统用户需求获取技术之间最大的区别。

③动态获取。用户的移动性、终端的移动性，使得用户需求会随着周围上下文的改变而改变。另外，随着时间的推移，用户需求也会阶段性地发生变化。因此，移动用户需求获取技术是一个动态变化、不断调整和更新的过程。

④实时性。移动个性化服务对实时性要求较高，实时、准确获取移动用户需求很重要。

2. 基本框架

从面向过程的角度，移动用户需求获取技术可分为移动数据收集、移动用户需求获取、效用评价三个阶段，这三部分内容组成了移动用户需求获取技术基本框架。

（1）移动数据收集层

该层位于整个框架的底层，负责收集以下3类信息。

①移动用户上下文信息。主要包括用户基本信息（例如性别、职业、年龄、文化程度、专业知识等）、用户生活信息（例如偏好、情绪、社会关系等）和用户行为信息（例如用户和移动业务之间的交互、反馈等）。

②移动环境上下文信息。主要包括时空信息（例如时间、位置等）、周围环境实体（例如同伴、餐馆等）、实时自然因素（例如温度、噪音、光线等）以及环境活动等。

③移动计算上下文信息。主要包括设备能力（例如信号接收能力、显示屏分辨率等）、终端业务、终端环境（例如网络流量、信号强度等）等。

（2）移动用户需求获取技术层

该层是整个框架的核心层。首先，移动用户需求获取技术可以分为显式获取和隐式获取两种。由于移动终端屏幕小和输入/输出能力差，通过显式的用户评分来获取用户需求会严重影响用户的体验，因此常用隐式方法来获取用户需求。目前，隐式获取移动用户需求的技术主要有定量分析和定性分析两种思路，基于定量分析的移动用户需求获取技术通过数学模型、机器学习与数据挖掘技术（例如余弦相似性、最近邻算法、聚类、Rocchio方法、决策树、神经网络和贝叶斯分类器）等来实现，该技术有利于展开量化表示和计算，方便生成排序和推荐，使各个具体移动用户偏好之间形成全序关系，但不允许偏好之间的弱序表示，不能直观描述两个具体移动用户偏好之间的关系和逻辑推理；基于定性分析的移动用户需求获取技术通过形式化的数学统计模型、严格偏序模型等实现，该技术有利于描述那些不一定满足全序关系的移动用户偏好，方便处理偏好之间的弱序关系，可以表示任何两个移动用户偏好具体实例间的关系，能够进行逻辑推理，但不能用数字量化表示。其次，移动用户需求可能随着时间的推移而动态变化。目前，大多数研究采用定期重新提取移动用户需求的办法对其进行更新，计算复杂度较大。也有的研究通过分析移动用户的行为日志来判断上下文约束条件下的移动用户行为是否发生变化；若否，只对相应的上下文移动用户偏好的可信度进行修正；若是，则采用分类方法进行学习，减少移动用户需求获取的响应时间和复杂度。此外，通过静态方法获取的用户需求应用在动态环境中可能已经过时，因此不能及时准确地为移动用户提供个性化信息服务，因此，也需要动态地获取移动用户需求。最后，上述工作大部分都是面向单个移动用户的，而在很多时候，面向移动用户群体的需求获取技术也很重要。

（3）移动用户需求获取技术效用评价层

该层结合用户隐式或显式的反馈，利用实时性、多样性、精确性、准确性等指标评价移动用户需求获取技术的性能。平均绝对误差MAE、准确率、召回率、F1指标等，主要是通过客观计算对得到的移动用户需求的准确度进行评价。移动用户满意度则通过用户对系统的显性评分得到，它不仅表现在系统获取的用户偏好信息准确度高，还表现在新鲜性、意外性、多样性、用户对系统的信任度等方面。

3. 定量与定性技术

定量分析移动用户需求获取技术使用效用函数和数字评分量化表示用户需求，并设计相关方法进行数学计算。它又可分为以下两类：

①基于启发式方法。该方法利用一些具有直观意义的启发式方法来获取移动用户需求，例如最近邻算法、聚类、相似度计算。

②基于模型的方法。该方法利用数学统计模型或机器学习技术学习一个模型（例如线性规划、贝叶斯分类器、决策树、矩阵分解等），以获取用户需求。其优点在于能够充分利用各种机器学习模型的优势，有利于提高用户偏好获取的精确度，但其计算的复杂性较高、模型训练时间较长。目前，比较常用的模型如下：马尔可夫模型、关联规则、决策树、神经网络和贝叶斯网络。

上述模型各有其优缺点：马尔可夫模型对移动用户需求获取过程的状态预测效果良好，不适宜用于中长期的移动用户需求预测；关联规则方法和决策树方法适合处理数据量较小时的移动用户需求获取；神经网络模型具有自学习力和高速寻找最优解的能力，但也存在局部极小点、过学习以及结构和类型的选择过分依赖于经验等固有缺陷，适合移动用户需求自适应更新技术；贝叶斯网络模型适合进行移动上下文不确定性推理。

基于定性分析的移动用户需求获取技术考察两个偏好之间的二元偏序关系，即不关注用户对项目及其属性的偏好的量化值，从逻辑推理和偏序模型的角度提取用户对任意两个具体项目或其属性的偏序关系。

9.3.5 用户模型的构建

要实现个性化信息服务，系统必须具备两方面的能力：一是构建个性化信息Agent模型，即将个性化信息从全局信息空间中分离出来；二是构建用户Agent模型，即跟踪用户行为，学习、记忆用户兴趣，通过描述用户的兴趣特征来建立个性化用户模型。此外，还需要有功能强大的网络信息搜索能力和友好的用户界面，这既是构建信息Agent和用户Agent的基础，也是实现个性化信息服务的保障。

1. 用户模型信息的获取方法

通常情况下，用户兴趣模型信息的获取方法一般分为两种：一种是显式的，另一种是隐式的。

通过直接询问用户有关的兴趣和偏好或者是允许用户自己定义和修改用户兴趣模型的方式为显式方法，这种方法需要用户的主动参与；显式方法的优点是获取信息方便直接，可靠性较高；其缺点是由于要过多地询问用户，从而影响用户的正常浏览，所以可能会使用户感到厌烦，灵活性相对较差。

通过跟踪用户的浏览历史和行为来评估和推测用户兴趣模型的方式为隐式方法，该方法不需要用户的主动参与。隐式方法获取信息不需要用户的参与，比较隐蔽，但是所获取的信息有时与用户的兴趣相差较大，因此用这种方法建立的用户兴趣模型经常无法达到用户的满意。

在个性化服务的用户建模中，最常用的方式是将这两种方法结合起来。该方式在建立初始用户兴趣模型的时候要求用户的参与，而在随后的用户兴趣模型维护过程中，就不需要用户显示地输入兴趣信息了，主要是通过跟踪用户的访问操作，并通过挖掘用户访问过的页面，来隐式地获取信息。也就是通过跟踪分析用户的浏览历史和行为，来获取一些有用信息，并用这些信息动态的更新用户的兴趣模型从而实现个性化的应用系统。用户建模的信息来源具体来说主要有以下七种。

①用户输入搜索引擎的查询关键词。由于用户最了解自己的兴趣和意图，所以用户输入搜索引擎的查询关键词也能反映用户的兴趣，但是却不适合单独用于用户建模，这是因为查询关键词虽然代表了用户的兴趣，但却不能全面准确地描述用户的兴趣和意图。

②用户维护的 Bookmark。相比于查询关键词用户的 Bookmark 能较好地反映用户的兴趣。通常用户认为感兴趣或者重要的页面才会保存在 Bookmark 中，以便于以后的浏览。虽然通过 Bookmark 构建的用户模型能够反映用户非常关注的兴趣，但是用户 Bookmark 中的页面数相对于用户浏览的所有页面而言却相当的少。因此通过 Bookmark 构建的用户兴趣模型也不能全面地反映用户的兴趣。

③用户浏览的页面。用户浏览的页面与用户的 Bookmark 相比可以全面地反映用户的兴趣。优点是系统可以自动的保存用户浏览的页面，可以实现自动用户建模。缺点是用户不感兴趣的页面也包含在用户浏览的页面中。换句话说，用户浏览的页面中可能含有噪声数据，因而在利用浏览页面构建用户兴趣模型时要注意避开噪声页面。

④用户的浏览行为。包括用户在每个页面上驻留的时间，对每个页面进行的操作（如保存、打印页面、将页面存入 Bookmark)，鼠标和键盘的操作等；用户保存某个页面或者在某个页面上驻留的时间较长等用户浏览行为也可以反映用户的兴趣，因为这些行为也能表明用户对该页面的感兴趣程度。浏览页面作为用户浏览行为对用户兴趣的体现载体，在构建用户兴趣模型时必须把用户的浏览行为与浏览页面相结合，这样构建的用户兴趣模型才能完整。

⑤服务器日志。可分为代理服务器日志和网站服务器日志。服务器记录用户对网站的访问信息，主要包括用户的 IP、访问时间、用户所在的时区、访问的页面、页面的大小等内容。用户浏览的页面和用户在访问过程中的行为都记录在服务器日志中，所以服务器日志也能反映用户的兴趣。用户对所有网站的访问通过代理服务器日志来记录，因而通过代理服务器日志构建的用户模型能够全面地反映用户的兴趣。由于网站服务器日志光记录用户对该网站的访问，不记录用户对其他网站的访问信息，所以通过网站服务器日志构建的

用户兴趣模型，只能反映用户对该网站的兴趣，而不能反映用户的全部兴趣。用户访问的页面和浏览行为是服务器日志构建用户兴趣模型的实质。

⑥用户下载、保存的页面和资料等。只有用户感兴趣的页面和资料，用户才会下载和保存。所以这些被用户保存和下载了的页面和资料也能反映用户的兴趣。用户为了方便管理和访问，会对收集的感兴趣信息进行分类和整理，所以这些被用户保存、整理的文档也称为用户的背景知识，能够反映用户长期关注的主题、从事的研究等用户特点。

⑦用户手工输入的有关信息。包括用户感兴趣主题的关键词、感兴趣的频道或栏目等。用户手工输入的感兴趣主题的关键词、对浏览页面的感兴趣程度等是另一类信息来源。用户手工输入的信息，在自动用户建模技术的早期是用户建模的重要信息来源。

用户兴趣模型的性能与用户信息的关系密切，因此在选择用户信息作为建模数据的时候应该慎重。作为建模数据的信息要能够反映用户的兴趣和意图，用这些信息构建出来的用户兴趣模型才能具有良好的性能。

通过上述分析，我们知道用户在访问 Web 过程中的大量信息都能够在一定程度上反映用户的兴趣，可以作为用户建模的信息来源。在这些信息来源当中，用户浏览的页面和浏览行为最能全面地反映用户兴趣；服务器日志也能较好地体现用户的兴趣；用户的 Bookmark 和保存整理的文档能够很好地反映用户关注的信息，却不一定能全面反映用户的兴趣；用户输入的查询关键词由于不能全面描述用户的兴趣，所以不宜单独用于用户建模。

2. 用户模型的构建方法

个性化推荐系统的建模过程包括四个部分，分别是数据收集、模型表示、模型学习和模型更新。

用户特征模型几乎是所有个性化服务系统的基础。只有首先建立了准确的用户特征模型，系统才能准确“理解”用户的特征，进而才能实现理想的个性化服务。根据用户在建模过程中的参与程度，可以将用户建模分为以下三种建模方法：用户手定制建模，示例用户建模和自动用户建模。

用户手工定制建模是指用户特征模型由用户自己定制或选择。用户需要手工输入自己感兴趣的关键词列表，或者选择自己感兴趣的栏目，系统根据这些关键词列表或栏目构建用户特征模型。在个性化信息服务发展的早期，该方法是主要的用户建模方法。用户手工定制建模方法的优点在于其思想很简单，容易实现，但也存在以下几点明显不足：首先该方法完全依赖于用户；其次是用户有时候自己都不太确定用什么关键词来描述自己的兴趣；再次是当用户兴趣发生变化时，用户必须重新输入关键词或栏目来建立新的特征模型，这三点的一个共同之处就是加重了用户的负担，用户建模的工作大部分交给了用户自己，也是正因如此，用户手工定制建模方法在系统实现上是最容易的。该方法对用户体验有较大的影响，所以实际应用中不多见。

示例用户建模是指用户特征模型由用户提供与自己兴趣相关的示例及其类别属性来建立。显然，该方法与用户手工定制建模方法在本质上没有什么太大的区别，不同的是该方法不严格要求用户输入代表自己兴趣的关键词，可以用示例及其类别属性来代替，这种方法在用户不知道如何选取关键词时比较有优势。同样这种方法也需要用户的参与。

自动用户建模是指不需要用户参与，由系统自动为用户建模的方法。系统自动地根据用户的浏览内容和浏览行为为用户建立特征模型，建模过程无需用户主动提供信息，所有工作都由系统来完成，对用户来说是完全透明的。相比前面两种方法，省去了用户参与的负担，很大程度地提高了用户体验，在实际应用中应用得较多。但同时由于建模工作完全交给机器来完成，因此对系统的智能水平要求很高，实现起来相对复杂，开发和维护成本都较高。

根据用户特征模型的表示方式，常用的用户建模方法可以分为基于向量空间模型的建模方法和基于本体模型的建模方法。

基于向量空间模型的建模方法，实现相对简单，应用也相对广泛。该方法将用户特征模型表示成向量或矩阵的形式，向量中的每个元素通常由键值对构成，键表示相关属性，值表示该属性上的权值，用户的特征通过不同属性上的权值的大小描述。

基于向量空间模型的建模方法只是简单地罗列了用户在各个属性上的权值，而忽略了各个属性之间的关系。基于本体模型的建模方法则充分利用了属性之间的关系。本体本身具有语义特性，基于本体的用户特征模型采用规范的结构模式描述用户兴趣特征，把用户特征与语义概念层次相结合，具有更强的表达能力。每一个用户特征模型都对应一个本体，本体中有若干概念来表示用户的特征，并且各个概念之间存在关系，这样用户的本体模型就表示成了一个层状或网状的概念模型，概念及概念之间的关系均具有丰富的语义，用户的特征也描述的更加准确。然而，本体建模方法也有实现复杂，维护成本高等缺点。

3. 用户建模常见表示方式

用户需求建模的表示目前没有一个统一的标准，常见的表示方式有以下几种。

①主题表示法。是指以用户感兴趣的信息的主题来表示用户模型的方法。如用户对医学和科技感兴趣，则用户模型可以表示为（医学，科技）。主题表示法往往与具体的某个应用领域相结合，如系统通过定制服务的方法获得了用户感兴趣的领域为医学类和科技类，这样在用户下次登录的时候，系统就可以根据所得的用户模型向用户提供医学和科技方面的个性化信息服务。

②用户书签表示法。用户书签表示法是指以用户保存的重要站点或页面的书签来表示用户兴趣。一般来说用户的书签反映了用户浏览过程中感兴趣的主题。

③关键词列表表示法。是指以用户感兴趣的信息的关键词来表示用户模型的方法。这些关键词可以由用户指定，也可以通过学习算法得到。

虽然这种方法比较直观，但是也存在着缺陷。当用户指定关键词时，一方面需要用户参与，增加了用户的负担，另一方面要求用户准确而全面地描述自己的兴趣爱好也不太现实；当采用学习算法得到用户兴趣关键词时，首先要由用户提供或由系统采用方法收集到一组用户感兴趣的文档，然后再采用某种机器学习算法得到描述用户兴趣的关键词，过程比较烦琐。

④基于向量空间模型的表示法。基于向量空间模型的表示法是指用关键词向量空间中的向量来表示用户模型的方法。一般可以采用用户感兴趣的文档作为用户模型，而如何选

取关键词及计算权重则关系到模板的性能。目前最常用的关键词权重的计算有布尔值、词频和 TF-IDF 等方法。

这种表示方法也存在着缺陷，用户的兴趣偏好通常比较复杂，仅使用一组关键词无法充分表达；而且关键词本身由于存在一词多义和一义多词，以及没有考虑到关键词具体的上下文等情况，使得基于这种模型表示所产生的个性化服务具有很多局限性。

⑤基于本体论的表示法。基于本体论的表示法用一个本体来表示用户感兴趣的区域，引入本体来表示用户模型的最大好处在于能够实现知识的重用和共享，包括用户间本体类样本的共享以及与其他外部本体的知识交流和共享。

4. 用户模型的学习及更新

由于用户的兴趣和信息需求并不是一成不变的，为了提供更高质量的个性化信息检索，当用户兴趣发生改变时，需要及时调整、学习、更新完善用户模型，以保证用户模型能正确地反映出用户的兴趣，从而使个性化信息检索系统表现出良好的适应性。

从目前的研究来看，用户兴趣模型的学习和更新主要包括两个方面。

①采用某种机器学习技术对收集到的数据信息进行解释和推理，从中分离出噪音，形成关于用户兴趣的有用知识，以产生最终的具有结构化表示的用户模型。用户兴趣模型的学习技术有很多，常见的学习技术有 TF－IDF、贝叶斯分类器、决策树归纳和自动聚类等。

②考虑用户兴趣的遗忘、衰减和变化机制，认为用户原有的兴趣内容会随着时间推移而逐渐衰减，可通过基于时间窗或遗忘函数的兴趣衰减处理以更好地反映用户兴趣的变化。用户模型的更新根据用户对于检索结果的显性或隐性反馈改进原有的用户模型，以确保模型能够匹配用户的最新偏好，从而提高模型的精度和推荐信息的质量。

常用的用户模型更新技术有：一是信息增补技术，从用户反馈信息中抽取出新信息添加到用户模型中；二是基于遗传算法的自然进化技术，根据生态系统的优胜劣汰法更新模型；三是借助神经网络技术的自适应更新方法。

信息增补技术是目前为止使用最多的一类用户模型更新技术。它又包括了直接的信息增补以及涉及权重调整的信息增补两种类型。直接的信息增补将获取的用户对推荐的反馈信息直接添加到用户模型中。这种更新只是简单地添加了新信息，并没有删除或削减无效旧信息在用户模型中的作用，因此很可能导致推荐阶段假阳性错误的出现，即将用户不喜欢的项目推荐给了用户。而且随时间的推移，模型规模不断扩大，这带来了存储空间占用和模型维护问题。

涉及权重调整的信息增补，不仅将用户新的反馈信息（如新关键词）增加到用户模型中，而且还会调整用户模型中新、旧信息的权重，使反映用户最新偏好的新信息在推荐中起到更为重要的作用，同时无效的旧信息将随其权重的不断减小而最终从模型中被删除。因此，含权重调整的信息增补技术从一定程度上缓解了直接信息填补存在的问题，但这类技术的性能很容易受到新信息选择方法和被增加的新信息数量的影响。

9.3.6 个性化查询扩展

目前，用户个性化搜索的查询扩展方法有如下三种：基于用户行为的查询扩展、基于查询日志的查询扩展和基于用户兴趣的查询扩展。

基于用户行为的查询扩展首先通过用户输入查询词得到初次查询结果，并根据用户对初次查询结果的操作，如点击、浏览等进行分析，得出初次查询结果中与用户查询最相关的结果集，最后将此结果集作为候选查询词文本集，进行查询扩展。如基于查询行为和关联规则的相关反馈查询扩展，这种方法需要用户与系统进行实时的交互及反馈，比较繁琐。

基于查询日志的查询扩展采用用户的查询历史文档作为候选的查询文本集，如对用户日志挖掘的查询扩展以及基于用户查询日志的查询扩展统计模型。

基于用户兴趣的查询扩展则是通过建立用户兴趣模型，然后以用户兴趣模型的特征描述文本作为候选查询词文本。如基于用户兴趣的局部上下文分析方法和面向用户兴趣的个性化语义查询扩展方法。

上述三种查询扩展方法在传统的互联网搜索中应用较多，在移动搜索场景下，通常采用基于移动上下文信息的查询扩展来实现个性化搜索。

9.4 推荐系统

目前被学术界广泛引用的推荐系统的定义是："推荐系统是利用电子商务网站向客户提供商品信息和建议，帮助用户决定应该购买什么产品，模拟销售人员帮助客户完成购买过程"。这个定义是 Resnick 和 Varian 在 1997 年发表的一篇文章里提出的，此后越来越多的科研机构和学者开始关注并研究推荐系统，这使得推荐技术得到了全面的发展和完善。

9.4.1 推荐系统构成

"推荐系统"这个概念是 1995 年在美国人工智能协会（AAAI）上提出的。当时 CMU 大学的教授 Robert Armstrong 提出了这个概念，并推出了推荐系统的原型系统——Web Watcher。在同一个会议上，美国斯坦福大学的 Marko Balabanovic 等人推出了个性化推荐系统 LIRA1。随后推荐系统的研究工作开始慢慢壮大。

1. 推荐系统发展过程

1996 年，Yahoo 网站推出了个性化入口 My Yahoo，可以看作第一个正式商用的推荐系统。21 世纪以来，推荐系统的研究与应用随着电子商务的快速发展而异军突起，各大电子商务网站都部署了推荐系统，其中 Amazon 网站的推荐系统比较著名。有报告称，Amazon 网站中 35%的营业额来自于自身的推荐系统。2006 年，美国的 DVD 租赁公司 Netflix 在网上公开设立了一个推荐算法竞赛——Netflix Prize。Netflix 公开了真实网站中的一部分数据，包含用户对电影的评分。Netflix 竞赛有效地推动了学术界和产业界对推荐算法的研究，期间提出了很多有效的算法。近几年，随着社会化网络的发展，推荐系统在工业界广泛应用并且取得了显著进步。

比较著名的推荐系统应用有：Amazon 和淘宝网的电子商务推荐系统、Netflix 和 MovieLens 的电影推荐系统、Youtube 的视频推荐系统、豆瓣和 Last. fm 的音乐推荐系统、Google 的新闻推荐系统以及 Facebook 和 Twitter 的好友推荐系统。推荐系统诞生后，学术界对其关注也越来越多。最近的 10 年间，学术界对推荐系统越来越重视。

2. 推荐系统分类

根据推荐系统中推荐算法模块的不同，推荐系统被分为基于网络结构的推荐系统、基于内容的推荐系统、基于协同过滤的推荐系统、基于知识的推荐系统以及混合推荐系统。随着移动端设备的发展，又出现了情境感知推荐系统。

在基于网络结构的推荐系统中，商品和用户均被视作网络中的节点，商品节点和用户节点间的连边表示用户和商品间的选择关系。商品节点、用户节点以及两者间的连边组成了项目一用户二部图。

基于内容的推荐系统源自于信息检索和信息过滤领域，基于内容的推荐系统将与用户曾经购买过的物品比较相似的物品推荐给用户，其比较适用于推荐像新闻、图书以及论文等文本描述比较多的商品。在推荐系统中文本描述的基本单位是关键字，有人提出使用 TF－IDF 权重来表示关键字所代表的信息量。除了采用信息检索和信息过滤的相关知识外，还有人将向量空间文档模型、特征选择以及朴素贝叶斯分类等技术应用到了基于内容的推荐系统中。

基于协同过滤的推荐系统是目前比较流行的一种推荐技术，它仅仅通过分析用户的历史记录就能得出用户的兴趣爱好，而无需借助于其他属性信息。协同过滤推荐算法假定：如果两个用户在过去一段时间内兴趣相似，那么将来他们的喜好也会保持相似。根据协同过滤算法的不同，有人又将基于协同过滤的推荐系统细分为基于记忆的推荐系统和基于模型的推荐系统。

基于知识的推荐系统是一种交互性很强的会话式系统，Burke 和 Felfernig 给出的定义是：基于知识的推荐系统是以一种个性化的方法引导用户在大量潜在候选集中找到其感兴趣的物品的系统。基于知识的推荐算法依赖于基于内容的推荐算法和协同过滤算法无法使用的信息做出推荐。Zanker 和 Bridge 等人又将基于知识的推荐算法细分为基于约束的推荐和基于实例的推荐两种基本类型。在这两种推荐方法中，用户都必须指定需求，然后系统给出推荐列表，如果系统没有合适的推荐结果，用户必须修改需求。

根据推荐方式的不同，现在推荐系统可划分为如下四种类型：

个性化推荐系统并不针对顾客个人需求来提供相应商品，其所推荐的商品是针对电子商务网站的所有用户，比较典型的如热门商品推荐、新品推荐以及特价商品推荐等。

基于属性的推荐系统从顾客挑选的商品具备的属性出发，为顾客提供同一属性的商品，以此来增加销售机会。

基于项目的推荐系统主要利用历史销售资料来找出顾客单次购买的商品，据此找出各商品之间的关联法则，然后利用关联法则来进行商品推荐。

基于用户的推荐系统会找出与目标顾客相似的顾客，并根据顾客的评分来为目标顾客推荐合适的商品。

3. 系统架构

尽管需求不尽相同，一个完整的推荐系统通常都包括数据建模、用户建模、推荐引擎和用户接口 4 个部分。

数据建模模块负责对拟推荐的物品数据进行准备，将其表示成有利于分析的数据形式，确定要推荐给用户的候选物品，并对物品进行分类、聚类等预处理，它也可以称为推荐对象建模。用户建模模块负责对用户的行为信息进行分析，从而获得用户的潜在喜好。用户的行为信息包括问答、评分、购买、下载、浏览、收藏、停留时间等。推荐引擎模块利用后台的推荐算法，实时地从候选物品集合中筛选出用户感兴趣的物品，排序后以列表的形式向用户推荐。推荐引擎是推荐系统的核心部分，也是最耗系统资源和时间的部分。用户接口模块承担展示推荐结果、收集用户反馈等功能。用户接口除了应具有布局合理、界面美观、使用方便等基本要求外，还应有助于用户主动提供反馈。主要有两种类型的接口：Web 端和移动端。

9.4.2 推荐模式

根据系统在实现推荐服务的过程是否考虑和利用了用户特性，可将信息推荐服务划分为无差异模式和差异模式两类。

1. 无差异模式

所谓无差异模式，就是对所有用户提供相同的推荐内容。它是完全基于内容的、不定向的推荐服务模式，不考虑构建和利用用户模型，个性化程度一般比较低。包括两种子模式：无触发模式和触发模式。

无触发模式也可称为 LOG-IN 模式或广告模式，这种模式既不考虑和区分用户特性，也不对推荐内容作相似度比较和分析，更没有利用任何形式的相关反馈（显式的或隐式的）。这种模式的好处在于实现起来比较简单，无需太大的投入和系统开发成本，因此得到广泛应用。常见的方式有：标注“通报”“推荐”等字样，使用特殊字体或颜色，使用广告条，使用弹出式窗口等。图书馆网站上的新书通报、新书推荐，电子商务网站上的新产品推荐服务，新闻网站上的重要新闻推荐服务等皆属此类。这种模式的缺点是个性化程度低，推荐质量和收敛性差，因而容易为用户所忽视。作为一种容易实现的信息推荐方式，无触发模式适用于用户多且不易细分而服务相对比较集中，或目标用户不明确的情况。

触发模式，由用户的检索或浏览活动激发的、基于内容聚类的信息推荐服务。其基本思想就是将用户的当前行动选择作为相关反馈提交给系统，从而把推荐问题转化为相似度比较问题。用户浏览某个网页，或用户的一次查询，都在一定程度上反映了用户的当前信息需求或兴趣，因而，它们被当作一种相关反馈提交给系统，系统利用用户所访问或查询的对象与其他对象的某种关联规则和聚类特性将相关的产品、文献或服务推荐给用户。文献引用关系、同一著者关系、共同著者关系、事物和文献聚类关系、索引词表对索引词之间相关和等级关系的揭示、产品特征聚类、事物共现现象等，都可以用作推荐算法的检索依据。另外，很多检索系统都利用智能帮助系统和索引词表提供查询重构策略推荐。

此外，也可利用被访问信息对象的某种统计特性，如销量统计数据、软件下载次数、点击量等提供推荐服务，很多电子商务系统和信息服务系统都提供了此类推荐服务。

2. 差异模式

差异模式就是一种通过挖掘、显化用户特性（偏好、行为模式等），建立用户模型，并根据用户模型主动将用户感兴趣的信息、产品和服务推荐给用户的个性化信息推荐服务模式，它是基于用户的、定向的推荐服务模式，核心是构建和利用用户模型，个性化程度一般比较高。根据系统对用户模型的不同利用方式，差异模式可分为个性化模式、共性模式、整合推荐三种子模式。

①个性化模式是基于用户个性的定向推荐服务模式，核心是建立、维护、利用用户模型。与触发模式一样，个性化模式运用的也是基于内容的推荐方法，其实现推荐任务的基本思路也是利用相关的信息检索和索引技术。不同的是，后者利用用户模型（文档）反映和汇集用户的期望、兴趣、偏好等个性特征，它所提供的信息被用作相关反馈提交给推荐系统。也就是说，用户模型是推荐决策和检索的依据，相似度比较在用户兴趣向量表示和系统推荐目标对象之间进行。

目前，推荐系统和推荐代理使用了多种方法来表示用户的兴趣，其中常用的是特征向量表示，语义网、决策树等人工智能表示技术则越来越得到人们的重视。

传统的定制服务中基于用户自我管理的用户模型往往不能准确地、动态地反映用户实际需求和兴趣。为了解决这个问题，出现了基于推理的个性化推荐模式和自适应的个性化推荐模式。基于推理的个性化推荐将根据用户兴趣描述生成的用户文档以及根据人口统计学数据和训练集生成的用户文档视为初始模板或原型模板，利用用户的相关反馈信息学习和推理用户的兴趣。

②共性模式又称群模式或分类推荐模式，是一种基于集体认知，以用户划分为基础的社会化定向推荐服务模式。在这里，信息系统更多地被看作一种社会信息交流系统，更强调社会交流要素。基于协作的社会化推荐服务在电子商务系统、门户系统以及具备明显社会交流特性的信息服务系统中获得了非常成功的应用。协作过滤技术、用户模型、用户之间的匹配技术是决定这类推荐服务质量的关键因素，用户匹配是社会化推荐的核心环节，用户归类、生成用户群体模型、推荐都是建立在用户相似度比较的基础上的。社会化推荐与个性化推荐的最大区别体现在对用户模型（或文档）以及用户相关反馈信息的使用上。在个性化模式中，用户模型中的数据直接服务于推荐计算，而在共性模式中，用户模型主要用于比较用户之间的相似度以生成用户分类或聚类（用户群体模型）。用户模型能否准确反映用户兴趣需求直接关系到所生成的用户聚类相似度的高低，从而影响推荐的针对性和质量。

用户相关反馈信息是社会化推荐的主要依据，用于将目标用户未发现而其他同类用户评价较高的内容对象推荐给目标用户，或用于生成用户群体兴趣模型。

建立、生成、维护用户群体模型的基本方法有三类：预定义分类、分类器和自动聚类。预定义分类是利用原型技术或系统自定义的分类原则对用户进行分类；分类器是一种自动分类方法，分类器既用于生成用户模型，其结构同时用于模型表示，如神经网络、决策树、关联规则、贝叶斯网等；自动聚类是社会化推荐应用的最为广泛的一种方法，最近邻居和聚类匹配是其中最常用的两种技术。

③整合推荐是推荐服务开发的发展方向。系统、用户、环境之间的协同是推荐系统研

究与开发的一大发展趋势，因为这既是改进系统推荐性能的根本途径，同时也是适应复杂应用的必然要求。元推荐系统研究、竞争推荐系统研究、构建统一的推荐模型就是试图在系统、用户和环境之间找到一种最佳推荐机制。

9.4.3 主要推荐技术

推荐技术是整个推荐系统中最核心、最关键的部分，很大程度上决定了推荐系统性能的优劣。目前，主要的推荐技术包括：基于内容的推荐、协同过滤推荐、基于关联规则的推荐、基于效用的推荐、基于知识的推荐和基于用户统计信息的推荐。

1. 基于内容的推荐

基于内容的推荐是信息过滤技术的延续与发展，它是建立在项目的内容信息上做出推荐的，而不需要依据用户对项目的评价意见，更多地需要用机器学习的方法从关于内容的特征描述的事例中得到用户的兴趣资料。在基于内容的推荐系统中，项目或对象通过相关的特征的属性来定义，系统基于用户评价对象垂直搜索引擎个性化推荐研究与应用的特征，学习用户的兴趣，考察用户资料与待预测项目的相匹配程度。用户的资料模型取决于所用学习方法，常用的有决策树、神经网络和基于向量的表示方法等。基于内容的用户资料是需要有用户的历史数据，用户资料模型可能随着用户的偏好改变而发生变化。

基于内容的推荐算法的具体步骤可以描述为如下三步。

①创建项目属性文件。创建项目属性文件的根本目的是抽取项目的一些属性特征来表示这个项目。在实际应用中，每一个物品都有一些属性信息，这些属性信息分为结构化属性和非结构化属性两种。所谓结构化属性就是例如身高、学历等取值限定在某个范围内，并且意义明确的属性。非结构化属性则是像用户对商品的文本评价等意义不太明确，取值也没有什么限制的文本数据，这类属性需要转化为结构化属性后才能被系统利用。在当前基于内容的推荐算法中，使用最为普遍的一种文本处理方法是空间向量模型法，其本质是通过词频－逆文档频率算法，用一个向量表示一段文本信息。

②生成用户兴趣模型。根据用户对过去选择过的物品的评价记录来生成一个用户兴趣模型，根据这个模型再结合第一步生成的项目属性文件，就可以判断用户是否喜欢这个物品。用户兴趣模型的生成是一个典型的有监督分类问题，常用的一些机器学习算法有最近邻方法（K-Nearest Neighbor，简称 KNN）、Rocchio 算法、决策树算法（Decision Tree 简称 DT）、线性分类算法（Linear Classifer，简称 LC）以及朴素贝叶斯算法（Narve Bayes，简称 NB）等。

③产生推荐列表。如果第二步生成用户兴趣模型中使用的是 Rocchio 等直接学习用户属性的方法，那么配置文件与用户属性文件最相似的 L 个项目即为推荐系统的给出的推荐列表。如果第二步使用的是决策树（DT）、线性分类（LC）等分类模型，那么分类模型预测的用户最可能喜欢的 L 个物品即可作为推荐列表反馈给用户。

基于内容推荐的方法有很多优点：它不需要其他用户的数据，没有冷启动问题和稀疏问题；能为具有特殊兴趣爱好的用户进行推荐；能推荐新的或不是很流行的项目，没有新项目问题；通过列出推荐项目的内容特征，可以解释为什么推荐那些项目；已有比较好的技术，如关于分类学习方面的技术已相当成熟。

基于内容推荐的方法有很多缺点：稀疏问题、新用户问题、复杂属性不好处理、要有足够数据构造分类器等。

2. 协同过滤推荐

协同过滤推荐技术是推荐系统中应用最早的技术之一。它一般采用最近邻技术，利用用户的历史喜好信息计算用户之间的距离，然后利用目标用户的最近邻居用户对商品评价的加权评价值来预测目标用户对特定商品的喜好程度，系统从而根据这一喜好程度来对目标用户进行推荐。协同过滤最大优点是对推荐对象没有特殊的要求，能处理非结构化的复杂对象，如音乐、电影、图书等。协同过滤是基于这样的假设：为一用户找到他真正感兴趣的内容的好方法是首先找到与此用户有相似兴趣的其他用户，然后将他们感兴趣的内容推荐给此用户。其基本思想非常易于理解，在日常生活中，我们往往会利用好朋友的推荐来进行一些选择。协同过滤正是把这一思想运用到推荐系统中来，基于其他用户对某一内容的评价来向目标用户进行推荐。

根据协同过滤所采用的算法的不同，Breeze 将协同过滤分为两类，分别是基于模型的协同过滤算法与基于内存的协同过滤算法。依据协同过滤算法中所基于的信息主体的不同，基于内存的协同过滤算法又可细分为基于用户的协同过滤算法和基于项目的协同过滤算法。

①基于用户的协同过滤算法。其主要思想简述如下：首先，给定一个用户历史评分数据集和当前目标用户的 D 作为输入，找出在过去一段时间内和目标用户有相似偏好的一个用户集合，这些用户也被称为最近邻或对等用户；然后对目标用户没有购买或评价过的每个产品 P，利用其近邻对产品 P 的评分值预测目标用户对产品 P 的评分，从而判断是否将产品 P 推荐给目标用户。基于用户的协同过滤算法有两个潜在的假设：第一个假设是如果两个用户过去有相似的偏好，那么将来他们也会有相似的偏好；第二个假设是某一用户的偏好在一段时间内不会发生显著的变化。基于用户的协同过滤算法的具体步骤如下：第一步，输入数据；第二步，寻找目标用户的最近邻居集合；第三步，得出预测评分。

②基于项目的协同过滤算法。尽管基于用户的协同过滤算法已经成功应用在了多个领域，但是在一些有着数以亿计的用户和商品的大型电子商务平台上仍然存在着许多严峻的挑战。特别是当需要扫描大量的潜在最近邻时，基于用户的协同过滤算法很难做到实时的计算预测值。因此，大型的电子商务平台经常采用另外一种协同过滤技术：基于项目的协同过滤算法。基于项目的协同过滤技术比较适合在商品上线之前做线下预处理，因此即使在用户－项目评分矩阵非常大的情况下也能做到实时预测评分值。基于项目的协同过滤技术的主要思想是计算项目间的相似度，寻找与目标项目相似度最高的若干个项目组成最近邻集合，根据用户对最近邻集合中的项目的评分来预测用户对目标项目的喜好程度。

③基于模型的协同过滤算法。基于用户的协同过滤算法和基于项目的协同过滤算法统称为基于内存的协同过滤算法，他们面临的一个共同的难题是难以实时的处理稀疏度高、数据量大的数据集，影响推荐算法的实时性，因此发展出以模型为基础的协同过滤技术。以模型为基础的协同过滤算法首先会离线处理历史资料得到一个推荐模型，推荐系统运行时，只需要使用此模型就能进行预测。基于模型的协同过滤算法广泛使用的技术包括矩阵

奇异值分解（SVD）、关联规则挖掘等。

基于协同过滤推荐的方法有很多优点：新异兴趣发现，不需要领域知识，随着时间推移性能提高，推荐个性化、自动化程度高，处理复杂非结构化对象。

基于协同过滤推荐的方法有很多缺点：如冷开始问题、稀疏问题、新用户问题、质量取决历史数据集、系统开始时推荐质量差。另外，协作过滤还存在规模扩展、忽视语义和用户传递性等问题。

（1）稀疏性问题

这是协同过滤最主要的问题。用户评价是其产生的主要原因。由于各种原因，用户很难全面准确地对众多项目一一评价，这会使用户兴趣矩阵上的很多评分数据缺失。用户数量越多，这种现象也就越严重。

解决这类问题的基本思路是降低对用户评价的依赖。为此，可以采用以下具体方法：

①更多采用隐性方式获得用户的行为信息。

②对矩阵进行降维处理。以降低其稀疏性。

③采用机器学习方法，根据已有的评价信息自动计算价值，从而降低稀疏性。

（2）初始评价窘境

坐享其成是很多人所喜欢的，表现在协作过滤系统中，用户评价不积极是很常见的现象。这样，在系统投入之初就几乎没有可用的用户评价数据。而随着系统数据的增加，用户评价速度落后于文档的增长速度，系统又将陷入稀疏性。

解决此类问题的办法就是建立激励机制。最常见的是对评价采取有偿支付，如积分等。

（3）“黑羊”与“灰羊”问题。用户评价数据经常性出现“白羊”“黑羊”和“灰羊”等群落性特征分布。“白羊”用户是指他与大多数用户的评价都差不多，形成了集中的趋势，这时比较便于协作推荐；“黑羊”用户是指他与其他用户都不相似，此时无法形成任何推荐；“灰羊”用户是指他与其他用户之间只具有较低的兴趣相似性，若以此进行推荐，准确性不够理想。

解决此类问题的办法是：将协同过滤和内容过滤相结合。实际上，这两种方法是有很多互补性的。

要实现协同过滤的推荐算法，主要分为三大步，收集数据、找到相似用户和物品以及进行推荐。

3. 基于关联规则的推荐

基于关联规则的推荐技术允许用户按照需要定制规则，也可以根据用户信息利用多种数据挖掘技术来实现，主要以关联规则挖掘为主。使用项目关联进行推荐的理论解释是：每个用户都有多种兴趣，对应于多个兴趣组；每条项目关联的前件相当于一个兴趣组，而规则的后件则相当于该兴趣组的推荐。基于规则的推荐技术的优点是：可以应用于所有领域，具有通用性；而且可以推荐出新的用户感兴趣的资源，利用规则来推荐信息依赖于规则的质量和数量。基于规则的技术的缺点是随着规则的数量增多，系统将变得越来越难以管理；关联规则抽取难，耗时；产品名同义性问题；个性化程度低。

一个规则本质上是一个 If-Then 语句，规则可以利用用户静态属性来建立，也可以利用用户动态信息来建立。为了利用规则来推荐资源，用户描述文件和资源描述文件需用相同的关键词集合来进行描述。信息推荐时的工作过程是这样的：首先根据当前用户阅读过的感兴趣的内容，通过规则推算出用户还没有阅读过的感兴趣的内容，然后根据规则的支持度（或重要程度），对这些内容排序并展现给用户。基于规则的系统一般分为关键词层、描述层和用户接口层三部分。关键词层提供上层描述所需的关键词，并定义关键词间的依赖关系，在该层可以定义静态属性的个性化规则；描述层定义用户描述和资源描述，由于描述层是针对具体的用户和资源，所以描述层的个性化规则是动态变化的；用户接口层提供个用户接口层提供个性化服务，根据定义的个性化规则将满足规则的资源推荐给用户。

4. 基于效用的推荐

基于效用的推荐是建立在对用户使用项目的效用情况上计算的，其核心问题是怎么样为每一个用户去创建一个效用函数，因此，用户资料模型很大程度上是由系统所采用的效用函数决定的。

基于效用的推荐优点：无冷开始和稀疏问题，对用户偏好变化敏感，考虑非产品特性。

基于效用的推荐缺点：用户必须输入效用函数；推荐是静态的，灵活性差；属性重叠问题。

5. 基于知识的推荐

基于知识的推荐在某种程度是可以看成是一种推理技术，它不是建立在用户需要和偏好基础上推荐的。基于知识的方法因它们所用的功能知识不同而有明显区别。效用知识是一种关于一个项目如何满足某一特定用户的知识，因此能解释需要和推荐的关系，所以用户资料可以是任何能支持推理的知识结构，它可以是用户已经规范化的查询，也可以是一个更详细的用户需要的表示。

基于知识的推荐系统是一种会话式系统，它的两种基本类型分别是基于实例的推荐和基于约束的推荐，这两种方法在推荐过程上比较相似：用户必须指定需求，然后系统设法给出合适的推荐。如果系统中没有合适的物品，用户必须修改需求。这两种推荐系统的不同之处在于系统如何使用所提供的知识：基于实例的推荐系统着重于根据不同的相似度衡量方法检索出相似的物品，而基于约束的推荐系统则依赖明确定义的推荐规则集合。基于约束的推荐系统会在符合推荐规则的所有物品集合中搜索得出要推荐的物品集合。另一方面，基于实例的推荐系统会根据相似度衡量标准检索那些与特定用户需求相似的项目。

基于知识的推荐优点：把用户需求映射到产品上，考虑非产品属性。

基于知识的推荐缺点：知识难获得，推荐是静态的。

6. 基于用户统计信息的推荐

基于用户统计信息的推荐是首先利用用户的个人属性对用户进行分类，然后根据用户分类的不同为其提供推荐，这种推荐技术一般要求用户提供准确的个人信息或是对系统提出的描述用户属性的信息给予回答，以便通过机器学习等分类方法给出用户的类别。

基于用户统计信息的推荐优点：新异兴趣发现，没有新用户问题，不要领域知识。

基于用户统计信息的推荐缺点：用户的人口信息统计资料难得到。

推荐系统在研究领域得到了广泛关注，在实际的电子商务系统中也得到了广泛应用。但随着电子商务系统规模越来越大，推荐系统也面临一些挑战：

①推荐需求的多样化。

②推荐精确性和实时性。推荐质量与实时性之间的平衡一直是推荐系统所面对的最大挑战。大部分推荐技术在保证实时性要求的同时是以牺牲推荐质量为前提的。

③推荐结果解释研究。目前的电子商务推荐系统一般都采用排行或者向用户提供评价信息等方式来向用户解释产生推荐的原因。

7. 混合推荐算法

混合推荐系统是一种将多个推荐算法或系统单元组合在一起的技术，目的是结合不同算法和模型的优点，又克服各个推荐算法独立工作时所面临的缺陷和问题。

在混合推荐算法的设计模式方面，Burke 总结出了七种混合策略，然而从更综合的角度看，这七种混合策略可以概括成整体式、并行式和流水线式三种基本设计思路。

整体式是指在一个算法中实现多种推荐策略的混合设计模式。在整体式中多个推荐系统都在发挥作用，因为混合推荐算法使用了另外一个只限于另一个推荐算法的输入数据源，或者输入数据源先被一种方法预处理后再被其他方法所用。例如使用用户－项目评分矩阵计算物品相似度的基于内容的协同过滤推荐算法就是一种整体式混合推荐算法。

并行式。并行式混合推荐系统需要实现至少两种不同的推荐算法，各算法相互独立运行，分别产生各自的推荐列表，最后各个推荐列表被组合到最终的推荐集合中形成一个列表呈现给用户。

流水线式流水线式混合推荐系统同样需要实现两个或两个以上不同的推荐算法，各个推荐算法依照流水线的架构连接起来，把前一个推荐算法的输出作为后一个推荐算法的输入。当然，任何一个推荐算法都可以选择部分或者全部原始输入数据集作为输入。流水线上的最后一个推荐算法的推荐列表即为整个混合式推荐系统的最终输出。

各推荐技术的优缺点见表 9－1。

表 9－1　推荐技术优缺点比较

推荐技术	主要步骤	优点	缺点
协同过滤推荐	识别当前要预测的用户的邻居用户，根据其生成当前要预测项目的评价分	推荐个性化，自动化程度高，处理复杂的非结构化对象，新异兴趣发现，不需要领域知识。	冷开始问题，稀疏问题；系统开始时推荐质量差；系统实时性与推荐精确性的矛盾
基于关联规则的推荐	生成关联规则，根据规则生成推荐	发现新兴趣点，不要领域知识	关联规则抽取难，耗时；产品名同义性问题；个性化程度低

续表

推荐技术	主要步骤	优点	缺点
基于内容的推荐技术	根据所有用户的评价分生成项目的分类器	推荐结果直观，容易解释；不需要领域知识	稀疏问题，新用户问题，复杂属性不好箍理；要有足够数据构造分类器
基于用户统计信息的推荐	识别当前要预测的用户的相似用户，根据其生成当前要预测项目的评价分	新异兴趣发现，没有新用户问题，不要领域知识	用户的人口信息统计资料难得到
基于效用的推荐	把效用函数用户各项目，生成各项且的排序	无冷开始和稀疏问题，对用户偏好变化敏感，考虑非产品特性	用户必须输入效用函数；推荐是静态的，灵活性差；属性重叠问题
基于知识的推荐	计算各项目和用户需要的匹配程度	把用户需求映射到产品上；考虑非产品属性	知识难获得；推荐是静态的

9.4.4 推荐系统衡量指标

伴随着推荐系统的诞生，推荐系统的衡量指标也随之诞生。随着推荐系统的在商业系统的普遍应用，推荐系统的衡量指标也变得越来越多，能够从各个不同的角度衡量推荐系统的性能优劣。这些指标有些是定量计算出来的，有些只是对推荐系统性能的定性描述。通常情况下，定量计算的指标需要通过离线实验获得，定性描述的指标需要通过用户调查和在线评测才能获得。

用户调查需要一些评测用户，让他们参与推荐结果的评估，在他们完成评估之后需要对结果进行汇总和分析，这部分用户不是随便选择的，需要保证测试的用户与真实用户的各方面条件相符。用户调查的优点就是可以获取用户真实的主观感受，更加人性化，但它的缺点是让大量用户参与评估，花费代价比较大。

离线实验主要是将数据分为训练集 E^T 和测试集 E^P，在训练集上训练用户的兴趣模型，在测试集上进行推荐结果的测试，最终通过离线指标评价算法在测试集上预测结果。该方法的好处就是不需要用户的实际参与，可以方便快速的计算出来，但它不能获取用户的真实评价，用户实际的满意度可能会与预测结果存在一定的差距。

经过用户调查和离线实验以后，可以将该系统进行在线测试，常用的在线测试算法如AB测试，不同的用户通过流量分配系统被打上不同的标签，浏览网页产生的数据存储在日志数据库中，实验人员负责定义流量分配系统的分配规则并且收集日志数据库中的数据，通过评测系统生成实验报告。但该方法的缺点是周期比较长，需要进行长期的实验才能得到可信的结果，因此通常选择在用户调查和离线实验中结果比较好的算法进行AB测试。

下面对这些指标分别进行介绍。

(1) 用户满意度

用户作为推荐系统的重要参与者，他们的满意度对于推荐系统的发展和推广至关重要。因此，用户满意度是衡量推荐系统性能的一项重要指标。用户满意度是一个定性描述推荐系统的指标，只能通过用户调查或在线评测来获取。用户调查主要通过让用户填写调查问卷的形式来获取用户对推荐系统的满意程度。由于满意度是一个定性指标，所以没有一个定量值来衡量它，只能把用户对推荐系统的满意度分成几种不同的层次。设计的调查问卷只需要用简洁的语言描述清楚这几种满意层次即可。

用户调查不是获取用户满意度的唯一方法，在线评测也是一种应用很普遍的方法，尤其在电子商务的推荐系统中。

（2）预测准确度

预测准确度是一个定量指标，主要用来衡量推荐算法对用户行为的预测能力。通常需要离线实验来获取。首先把用户的历史行为数据预处理成一个离线的数据集，然后把生成的离线数据集分隔成训练集和测试集，利用推荐算法在训练集上建立推荐模型，最后利用创建的推荐模型在测试集上预测用户的行为，并计算用户预测行为和用户真实行为之间的拟合度，这个拟合度就是预测准确度。由于预测准确度是一个定量的值，可以很容易地衡量推荐算法性能，因此，自推荐系统出现以来，学术界几乎所有的研究都是根据预测准确度展开的，很多优化算法的优化目标也是预测准确度。

①评分预测。很多拥有推荐系统的网站都会给用户提供一个让用户对项目打分的功能，比如淘宝网会让用户在购买商品后，给商品的描述相符度，商品质量进行打分。推荐系统拥有了用户对项目的历史评分，就可以从中学习出用户的兴趣模型，进而可以利用学习出的模型来预测用户对没有评价行为项目的评分。预测用户对未知项目评分的行为成为评分预测。

②TopN 推荐。在当前应用的推荐系统当中，大多数都是给用户提供一个个性化的项目推荐列表，这种推荐方式我们通常称为 TopN 推荐。研究人员通常使用准确率/召回率度量来衡量 TopN 推荐的预测准确率。

（3）覆盖率

覆盖率也是一个定量指标，主要用来评价推荐系统发觉长尾的能力。目前学术界和工业界有很多种覆盖率的定义，最长使用的定义是，推荐系统能够推荐出来的项目数占总项目数的比例。

（4）实时性

实时性是一个衡量推荐系统性能的定性指标。通常情况下，推荐系统的实时性包括两个方面，一方面是推荐对象具有很强的实时性，另一方面是新用户行为实时地反馈到用户兴趣模型中，以便给用户给出实时行为的推荐。

（5）多样性

多样性描述推荐系统中推荐结果能否覆盖用户不同的兴趣领域。一般通过推荐列表中物品两两之间的相似性来计算，物品之间越不相似则多样性越好。

（6）新颖性

如果用户没有听说过推荐列表中的大部分物品，则说明该推荐系统的新颖性较好。可以通过推荐结果的平均流行度和对用户进行问卷调查来获得。

也可以用惊喜度来衡量，即如果推荐结果和用户的历史兴趣不相似，但让用户很满意，则可以说这是一个让用户惊喜的推荐。可以定性地通过推荐结果与用户历史兴趣的相似度和用户满意度来衡量。

9.4.5 电子商务推荐系统

电子商务推荐系统（Recommender Systems）正式的定义是1997年Resnick & Varian给出的，"电子商务个性化推荐系统是利用电子商务网站向用户提供产品信息和相关建议，帮助用户决定购买什么产品，通过模拟销售人员帮助用户完成购物过程的系统"，同时还指出其作用主要表现在三个方面。

①将电子商务网站的浏览者转变为购买者。

②提高电子商务网站的交叉销售能力。

③提高客户对电子商务网站的忠诚度。

目前，推荐系统已广泛运用到各行业中，推荐对象包括书籍、音像、网页、文章和新闻等。

1. 电子商务推荐系统构成

(1) 输入模块

不同类型的电子商务推荐系统，其输入信息也不相同。不同电子商务推荐系统根据不同的输入信息产生不同类型的推荐。电子商务推荐系统的输入可以是用户当前的行为，也可以是用户访问过程中的历史行为。在大型的电子商务系统中，为了产生高质量的推荐，推荐系统可能需要多种类型的输入信息。

电子商务推荐系统的输入包括多种形式，主要包括以下几种。

①隐式浏览输入：将用户访问电子商务Web站点的浏览行为作为推荐系统的输入，用户的浏览行为与访问一般的Web站点没有区别。并不知道电子商务推荐系统的存在。用户当前正在浏览的商品、用户购物篮中选择的商品、用户的浏览路径等都可以作为隐式浏览输入信息。

②显示浏览输入：也是将用户的浏览行为作为电子商务推荐系统的输入，但与隐式浏览输入不同，用户的显式浏览输入是有目的的向电子商务推荐系统提供自己的兴趣爱好。例如，电子商务提供一系列热门商品供用户选择，用户只选择浏览自己感兴趣的商品列表，电子商务根据用户的浏览行为向用户提供个性化的推荐服务。

③关键字/商品属性输入：用户在搜索引擎中输入关键字作为推荐系统的输入，或者将用户当前正在浏览的商品类别作为推荐系统的输入。这种类型的输入不同于用户随意的浏览行为，用户输入的目的就是在电子商务系统中搜索自己需要的商品。

④用户评分输入：将用户对商品的数值评分数据作为推荐系统的输入。电子商务推荐系统列出一系列商品让用户评分，用户的评分可以是一个数值，数值大小表示用户对商品的喜好程度，也可以是一个布尔值，0代表不喜欢，1代表喜欢。用户提供的评分数据使得电子商务推荐系统可以为用户提供个性化的推荐服务。

⑤用户文本评价输入：用户对已经那个购买的商品或自己熟悉的商品以文本的形式进行个人评价，推荐系统本身并不能判断这些评价的好坏。其他用户浏览该商品时，可以看到用户对商品的文本评价信息。

⑥编辑推荐输入：将领域专家对特定商品的评价作为推荐系统的输入，领域专家对商品的性能特点进行全面的介绍，用户通过专家的专业介绍，可以对自己并不熟悉的商品加深认识，从而决定是否购买该商品。

⑦用户购买历史输入：推荐系统将用户的购买历史作为隐式评分数据。一旦用户购买了特定商品，则认为用户喜欢该商品。推荐系统根据用户的购买历史产生相应的推荐。但是用户购买了某件商品并不代表用户喜欢该商品，所以在精确的推荐系统中，用户可以对购买的商品进行重新评分，从而使推荐系统产生更精确的推荐。

（2）输出模块

不同类型的电子商务推荐系统，其输出也各不相同。大型电子商务系统可以同时向用户产生多种不同形式的输出。

电子商务推荐系统的输出形式主要包括：

①相关商品输出：推荐系统根据用户表现出来的行为特征或电子商务系统的销售情况向用户产生商品推荐，这种方式是电子商务推荐系统中最为普遍的一种输出。相关商品输出可以基于简单的销售排行向用户推荐热门商品；也可以基于对用户的行为特征进行深入分析，发现用户的购买行为模式，从而产生个性化的推荐。

②个体文本评价输出：电子商务推荐系统向目标用户提供其他用户对商品的文本评价信息个体文本评价一般是非个性化的，对每个项而言，所有用户得到的个体文本评价均相同。

③个体评分输出：向目标用户提供其他用户对商品的数值评分信息。个体评分输出没有大量的文本描述信息，因此更加简洁明了。个体评分输出比较适合于个体数值评分数据比较少的场合。

④平均数值评分输出：电子商务推荐系统向用户提供其他用户对商品数值评分信息的平均值。这种输出形式具有简洁明了的优点，用户可以立即获得对该商品的总体评价。

⑤电子邮件输出：电子商务推荐系统通过电子邮件的形式向用户提供商品的最新信息。这种输出形式可以吸引用户再次访问电子商务系统，从而达到保留用户，防止用户流失的目的。

⑥编辑输出推荐：向用户提供领域专家对商品的专业介绍，用户通过专家的专业介绍可以对自己并不熟悉的商品加深认识，了解商品的性能特点，从而决定是否购买该商品。

（3）推荐模块

推荐模块是推荐系统的核心，它的好坏与推荐系统的性能优劣细细相关。而推荐模块中的核心则是一系列的推荐算法。

2. 电子商务推荐系统工作步骤

首先，收集客户的信息作为数据源。个性化推荐系统中重要的信息来源于用户的参与。其中包括了 Web 页面浏览记录、购买的历史记录以及个人属性等。页面浏览记录储存于服务器的日志文件中，它可以记录下来用户曾经访问过那些网页，访问的次数和频率，访问了那些内容和用户的信息来源是什么。购买的历史记录主要存储于电子商务网站的后台交易数据库中，它包含了每位用户以前历次购物的详细情况，包括购物时间、商品名称、价格、数量、折扣等，同时也可以采集用户通过上网行为经常关注的，或是过去点击过的商品的连接以及放入购物篮而未购买的商品信息等。对于电子商务网站来说，可以根据自己的经营策略，通过一定的算法，设计合适的模型，通过对这些记录信息的运算和分析，可以帮助企业得到目标用户偏好，进而推出和适合用户的产品和相应的措施，改进在线营销系统的结构和性能，提高产品点击率。个人属性可以从用户注册表单中获得——前提是用户已注册，并且提供的是真实有效的信息。

其次，分析数据。分析数据的目的是建立客户行为模型，形成客户档案，按照推荐算法的需要，这些模式可以是客户的分类或聚类情况，也可以是一些规则。这些模式应该能回答诸如各类小分者具有哪些特征。协同过滤、数据挖掘、神经元网络、模型化算法和其他信息处理手段在数据分析中都得到了广泛的应用，聚类技术将具有相似兴趣、相似属性的客户聚集到相同的簇中，根据簇中其他客户的行为和评价对目标客户产生推荐。贝叶斯网络技术用训练集创建相应的模型，模型用决策树表示关联规则用来分析产品间的关联模式用于提高交叉销售能力，最近邻居技术利用客户历史信息计算客户之间的距离，目标客户对产品的评价则根据最近邻居对该产品的评价加权产生。这些方法各有优劣，推荐系统需要兼顾准确性和实时性，一个好的系统很可能是多种方法或技术的结合。

目前用到的建立用户模型的技术有 TF－IDF 技术，贝叶斯分类器，决策树归纳，神经网络技术和聚类技术。用户模型表示方法有基于向量空间模型的表示以及基于神经网络的表示，基于用户－项目评价矩阵的表示，基于案例的表示以及基于本体论的表示。它们各有利弊，同时根据不同的商业站点和不同的商业策略，对用户会有不同的分类系统可以根据实际的应用情况进行选择，构建不同的用户模型。

最后，生成产品推荐列表。一般对目标客户可以有两类推荐结果：一是“最好的几个”推荐集，二是客户对任意项的兴趣度。

3. 电子商务推荐系统分类

从不同的角度出发，电子商务推荐系统可以有不同的分类，下面给出电子商务推荐系统的几种分类方式：

(1) 按照用户是否已注册，分为对注册用户的推荐和对非注册用户的推荐

①对于非注册用户采用协作过滤的方法。根据当前非注册用户的访问状态，把用户归类。在用户所属的类里，权值较高的物品（页面）代表是这一类用户普遍感兴趣的。在这一类用户中权值较高和已经购买该物品（浏览过的页面）的用户对它的平均评价值也高的物品（页面），就是系统推荐给用户的对象。

②对于注册用户则根据用户的当前购买状态和购买历史向用户做推荐。站点上的物品存在一定的关联相似关系。根据这个关系，系统就可以对当前注册用户已经购买的物品来确定推荐。此外，如果某些物品购买时间距离当前购买时间久远，则基于这类物品推荐的可能性降低。

③无论是注册用户还是非注册用户，系统根据他们请求的最新页面中所涉及的物品和物品之间存在的关联相似关系，寻找可以推荐的物品。如果某个物品在当前用户请求的最新页面中的权值高，那么和这个物品有极高的相似关联关系的物品可以作为推荐的对象。

(2) 根据用户获得推荐系统推荐的自动化程度和持久性程度对电子商务推荐系统进行

分类

①自动化程度，按照用户为了得到推荐系统的推荐是否需要显式的输入信息，自动化程度分为自动化方式和手工方式。

②持久性程度，电子商务推荐系统产生推荐是基于用户当前的单个会话还是基于用户的多个会话。

根据用户获得推荐的自动化程度和持久性程度，可以将电子商务推荐系统分为非个性化电子商务推荐系统，基于属性的电子商务推荐系统，商品相关性推荐系统和用户相关性推荐系统。

①非个性化电子商务推荐系统，向当前用户提供的推荐结果可能基于其他用户对商品的平均评价，或者基于电子商务系统的销售排行，或者基于电子商务系统的编辑推荐。这种推荐技术独立于各个用户，每个用户得到的推荐都是相同的。非个性化电子商务推荐系统属于自动化方式推荐，产生的推荐基于用户的单个会话。典型例子包括 Amazon 提供的 Average Customer Rating 推荐，eBay 提供的 Customer Comments 推荐。

②基于属性的电子商务推荐系统，根据商品的属性特征向用户产生推荐列表，这种推荐系统类似于搜索引擎，用户需要手工输入所需商品的属性特征。基于属性的电子商务推荐系统需要用户显式输入商品的属性特征，因此属于手工方式推荐。产生的推荐可以基于用户的单个会话，也可以基于用户的多个会话。典型例子包括 Amazon 提供的 Delivers 推荐，Reel 提供的 Movie Map 推荐。

③商品相关性推荐系统，根据商品之间的相关性向用户产生相应的推荐。商品相关性推荐系统可以是全自动化推荐系统，也可以是全手工方式推荐系统。这种推荐技术一般是基于用户的单个会话。典型例子如 Amazon 提供的 Customers who bought this book also bought 推荐，CDNOW 提供的 Album Advisor 推荐。

④用户相关性推荐系统，又称为协同过滤推荐系统，这种推荐系统首先搜索当前用户的最近邻居，然后根据最近邻居的购买历史或评分信息向当前用户产生推荐。用户相关推荐一般不需要用户显式输入信息。产生的推荐一般是基于用户的多个会话。典型例子包括 Amazon 提供的 Book Matcher 推荐，Movie Finder 提供的 Web Predict 推荐。

（3）按照客户购买频度划分产品类型，可以把产品分为频繁购买的产品和非频繁购买的产品

①频繁购买的产品。包括各种快速消费品，例如食品、日用品、化妆品等；其他可能频繁购买的产品，例如书籍、CD、DVD、服装等。对于这一类产品推荐系统通过分析客户的个人信息、浏览记录及其以前的网上购物记录推断他的个人参数。这类推荐系统的核心是学习客户个人参数和对客户兴趣变化的适应能力。在收集信息阶段，可以给出一个表单让用户明确地表示他的兴趣。这种方式是获得初次访问客户兴趣参数的最为有效的方法。针对这类产品，采用基于模块的方法构建推荐系统，每个模块自治地执行各自的任务，同时共同完成产品推荐。

②非频繁购买的产品。包括家用电器、耐用消费品、层次性消费品。这类产品客户不会像前一种产品一样经常购买。由于没有足够的关于客户过去购买的信息，推断客户以前的参数将会非常困难；另一方面，客户的每次购买通常无太大的关联，而且每次购买的要

求都不尽相同，那么推断客户以前的参数也没有必要了。在这种情况下，客户常常没有特殊的领域知识来评价这类产品，专家的建议变得非常重要。推荐系统必须要具备特殊领域的知识和与客户即时交互的能力。

这类推荐系统不是建立在客户过去的参数模型上，而是获得和分析客户当前的需求，然后在有关的产品中帮助他寻找最合适的一个。客户先简单确定他所需要的产品类型，形容出产品特征或要求的特殊功能；推荐系统比较数据库中的产品与客户要求的产品之间的相似处，选出一些与客户要求最为匹配的产品；然后客户对这些预推荐产品的某些特征进行修正，或者增加或减少某些特征的需要程度；推荐系统根据修改后的要求提供新的推荐产品。通过这种方式，客户可以在推荐系统的引导下逐渐找到最符合需要的产品。

利用这类推荐系统，客户可以更直接地接近他们感兴趣的信息，系统的引导也使得客户能顺利地在自己不太熟悉的领域内选择产品，或者使原本模糊的需求变得清晰。但是由于客户很可能对产品的了解程度不够，完全按照其需求得出的产品并不是最优的，这时候需要一些专家意见来修正或者认可基于客户目前需求的理想产品。

9.5 问答系统

问答系统是一种新型的、智能化的信息检索形式，它是信息检索的一个真子集，承载着信息检索的基本功能，即提供用户所需要的信息，同时，由于结合了词法、语法、语义处理以及命名实体识别、信息抽取等技术，因此可以接受用户以自然语言的形式提出的问句，并提供准确简洁的答案。问答系统是具备了一定的理解能力的信息检索系统，是信息检索理论与技术研究发展的重要方向之一。

9.5.1 问答系统概述

问答系统，又称人机对话系统（Human Machine Conversation，HMC），是指系统接受用户以自然语言形式描述的提问，从大量半结构化或者非结构化的数据中，获取能回答此自然语言形式问句的准确、简洁、个性化的答案。这种答案通常是一小段正面回答用户提问的文本，其中显式或者隐式地包含问题的答案，而不是像目前大多数基于关键字串匹配技术的信息检索系统那样返回数以千计的文挡链接。

1. 问答系统分类

根据系统所处理的问题的范围的不同，问答系统可以被分为开放领域问答系统和特定领域问答系统。前者不限输入问题的范围，试图解决关于任何主题的问题；后者只接受针对某一个特定领域提的问题，往往有此领域内的领域知识作为指导，例如医学。

根据获取或产生答案的方法的不同，问答系统又可以被分为自动问答系统和用户交互式问答系统。自动问答系统主要基于构建的知识库进行回答，首先利用自然语言处理技术自动分析用户问题中所包含的用户需求，然后查找知识库将知识库中和用户需求匹配的信息作为答案返回给用户。用户交互式问答系统则通过充分调动系统用户的积极性，并利用人类良好的理解能力，让广大用户参与到问答当中，使用户能够共同协作，从而到达相互帮助的目的。同时，由于答案都是由人来提供，答案的质量也得到了保证。

2. 问答系统的优势

问答系统有别于传统关键词检索系统的特征表现为：一是检索入口是自然语言形式的问句，二是检索得到的结果是和问句直接相关的一句或一段话、或一个词。这两个基本特征就决定了问答系统具有关键词检索所无可比拟的优势。

①自然语言的提问更符合人们的习惯，毕竟字词检索方式不是人们日常生活中直接使用的方式。

②字与词的语义表达能力远不及语句，语句可以更好更准确地表达人们的意图。

③检索出的答案精确简洁，直接针对问题，而关键词检索出的往往是大量的相关信息，还需要用户从中进一步的筛选。

④字词检索本质上是语句检索的一个子集，一个特例。即问答式检索可以代替字词检索，反之则不能。

9.5.2 问答系统体系结构

根据获取或产生答案的方法的不同，问答系统又可以被分为自动问答系统和用户交互式问答系统。这两者的体系结构是不相同的。

1. 自动问答系统

自动问答系统，尤其是开放域的自动问答系统，是包含信息存储、知识表示、信息检索、信息抽取、自然语言处理等多方面的研究技术的综合性应用系统。其体系结构一般包括三个主要组成部分，也代表了自动问答系统需要解决的三个核心问题：问题理解、信息检索和答案抽取。

①问题理解。问题理解的任务是充分理解用户提出的问题，把用户的查询意图转化成相应的查询向量。对问题的理解是问答系统首先进行的分析工作，这个过程分析的效果对后面的处理有着重要的影响。

问题理解模块需要完成以下几部分工作：确定问题的类型，提取出问题的关键词，依据问题的类型等因素对问句进行适当的扩展。

问题理解阶段还要针对于不同类型的问题制定相应的答案抽取规则，以便在答案抽取阶段应用这些规则来抽取问题的答案。比如对于询问日期的问题，我们就可以规定，答案中必须含有时间信息。

②信息检索。信息检索的任务是快速检索出相关文档，提供答案抽取的文档集信息检索的任务就是利用前面提取出来并扩展得到的关键字到文档库中查找相关的文档并返回一些最相关的文档。在问答系统中的信息检索模块也可以直接调用已有检索系统，比如 Smart 系统，或者也可调用 Internet 上的搜索引擎，比如 Google。

③答案抽取。答案抽取是将答案从信息检索返回的相关文档中抽取出来并进行评价。

一般搜索引擎返回的是一堆网页，而问答系统需要返回的是简短的、准确性较高的答案。这样，通过信息检索模块搜索出来的相关文档就要提交给答案抽取模块来提炼答案。

答案可以是一句话、一段文摘，或者是图片。对于那些问时间地点的问题，就可以用很短的语句来回答，而对于询问原因、事件的问题就需要较长的语句才能回答。所以答案的抽取还需要依据问题理解阶段判断得到的问题的类型。

2. 交互式问答系统

交互式问答系统由于自身的特点在系统架构上存在一定的差异，但从功能上讲，都主要包括五个模块：

①输入识别/融合模块。交互式问答系统的人机接口除了文本外，还包括语音、图形等交互的媒介。一些系统采用多模态混合的交互接口。系统要对输入进行识别，并转化成对应语义的文本，还要对多模态混合的输入进行融合。

②交互管理模块。又称对话管理模块。这是管理人机交互过程的核心模块，对其他模块起着关键的协调作用。它内部包含多个子模块，主要功能有记录和更新当前交互状态和上下文信息；根据当前的交互策略执行相应的操作；根据用户反馈调整交互策略；决定系统输出的内容和形式，例如对用户的使用提示，答案的数量和表示形式等。

③输入分析模块。对转化成文本形式的输入进行分析和理解。首先对用户输入的类型进行识别，判断输入是新的问句、对系统提问的应答、日常的对话、还是无效的噪音等等。将有效的输入转换成便于其他模块操作的语义表示形式。

④问答模块。功能类似于自动问答系统，分析和检索问句，处理检索结果并返回生成的答案。检索的数据源可以是数据库、文档集合、互联网的海量网页资源等。

⑤输出生成模块。与输入识别/融合模块相反，将答案或系统响应以自然语言的形式输出，并确保对话的流畅。对于多媒体模态的人机接口，还需要进行语音合成、图像绘制等工作。

9.5.3 中文问答系统

1. 体系结构

与英文问答系统一样，中文问答系统也分为三大功能模块，即问题分析、信息检索、答案抽取三个环节。但考虑到中文与英文的语言不同，在问题分析和答案抽取模块中，增加了许多中文自然语言处理步骤，如分词、词性标注、句法分析、命名实体识别等。这些中文自然语言处理技术是中文问答系统处理的基础，也是关键所在。

2. 处理流程

(1) 问题分析环节

包括问句分词、词性标注、句法分析、问句分类、关键词提取及查询扩展等步骤。其中问句分词、词性标注、句法分析等与前面的内容一致，在此不再多说。

①问句分类：就是确定问句所属的类型，也就是确定了答案应该属于什么类型，这一工作为后面的答案处理服务，如时间类型的问句，其答案中应该含有时间信息。

②关键词提取及查询扩展：问答系统中的关键词提取及查询扩展是针对信息检索的需求对问句进行的处理，由于目前的检索都是基于关键词的，因此，关键词提取的任务就是

将问句中的关键词提取出来，提交给搜索引擎进行检索。为了提高检索的召回率，需要对问句进行一定的同义扩展。

（2）信息检索环节

主要任务是检索可能包含答案的文档，一般借助于现有的搜索引擎即可完成。因此需要调用搜索引擎以实现信息检索，也就是将问题分析环节的结果（提取的关键词及同义扩展）提交给搜索引擎。

（3）答案抽取环节

包括相似度计算、命名实体识别、答案提取等步骤。答案抽取环节是问答系统最终产生答案的关键模块，前面的处理都是为答案抽取服务的，答案抽取的对象是信息检索产生的检索结果，其基础是问句分析结果。

相似度计算是根据相似度计算模型计算问句与信息检索的结果句之间的相似度，以找到可能包含答案的候选答案句。对于事实类问句，命名实体识别找到问句中包含的命名实体如地点、人物、时间、数量、机构等。答案提取根据问句类型判断答案信息所在的位置，进而提取核心答案。

9.5.4 问答系统相关技术

1. 问句分析

（1）问句分类

问句分类任务可以定义为：把给定的某个问句映射到已定义好的答案类型体系中某一个或几个类中，以确定问题的答案类型。

问句分类是一个问答系统中不可或缺的组成部分。在问答系统中，问句分类的结果对抽取答案具有很好的指导作用，直接影响到了系统回答问题的准确性。首先，问句分类可以减小寻找答案的搜索空间。其次，问句分类还能够决定答案选择策略，根据不同的问句类型去采用不同的答案选择策略。

问句分类一般借鉴文本分类的思想。问句分类可以看作是文本分类，但它们之间存在不同，即一般情况下问句都比较短。与普通文本相比，问句所包含的词汇信息较少，也没有足够的上下文环境。因此，与文本分类相比，问句分类的难度较大。

①基于人工规则的方法。在早期的问答系统研究中，大多数的系统都是采用基于规则的方法进行问句分类。此类方法利用预先定义好的规则或者模板对问句进行分类。这种方法对很多问句都很有效。

采用基于人工规则的分类方法，优点是通常有较高准确性和针对性，缺点是人工书写规则的工作量很大，而且系统运行的效率不高，更重要的是，由于自然语言的复杂多变性，规则不可能穷尽。且很精细的分类需要利用问句中更多的特征，如句法、语义分析的结果，需要准确描述每个类型所对应问句的各种形态，需要花费大量的人力和时间。

②基于机器学习的方法。近年来，也有很多系统是采用基于机器学习的方法进行问句分类。

（2）浅层句法分析

该技术是近年来自然语言处理领域出现的一种新的语言处理策略。在问题处理阶段通过该技术对用户提出的问题进行分析，识别出问题的名词短语、动词短语，得出句法树。在信息检索结束阶段依靠该技术对检索出来的包含答案的片断进行浅层句法分析并进行实体匹配。浅层句法分析的主要任务是语块的识别和分析。

(3) 询问类型识别

经过浅层句法分析形成分列树，其好处在于可以根据问题的预期答案进行识别、分类。一般是根据语义进行分类，比如分成 Object、Person 和 Time 等。而对应的问题通常是 What、Who、How long 等。

(4) 命名实体识别

命名实体是提取句子中有确切含义的名词。命名实体识别目的是将一个文档中的所有词划分到若干种类别中，如人名、地名、组织机构名、数字、日期、时间、百分比等。命名实体识别的方法包括 HMM、最大熵、条件随机域、基于类的 NE 识别、决策树方法等。命名实体识别是自动问答系统的重要基础工具。

2. 关键词提取及查询扩展

一个句子中所有的词汇对该句子所表达的语义的贡献不同，对于基于关键词检索的搜索引擎，必须提供提高检索效果的关键词，因此，需要在用户的提问问句中，提取出对后面检索有用的关键词。

为了提高检索的召回率，一般要对关键词做同义扩展，即查询扩展。查询扩展技术可以分成三种类型：

①手工查询扩展：需要用户介入到查询修正的过程中，用户构造新的查询，系统不帮助用户。

②自动查询扩展：是指系统自动地完成查询修正，查询扩展的检索词由系统给出并且选定，不需要用户介入到查询修正过程中。对用户而言，这个过程可以是完全自动的，它在提交查询之后不需要再与系统交互。

③交互式查询扩展：在构造一个新的查询时需要用户与系统交互，系统提供给用户一个来自相关反馈文献的候选检索词列表，这些检索词已经根据某种排列算法排序。用户从这个列表中选择重要的检索词加入到查询中。

3. 检索技术

与传统意义上的关键词检索相同，可以直接调用已有的检索系统，也可以建立自己的全文索引库，进行快速的全文检索。

为了减少答案抽取所需处理的数据量，需要从海量文档集中检索出可能包含答案的相关文档。

此外，还要在检索到的相关文档中，把可能包含答案的文档句段提取出来，以进一步减少答案抽取所需处理的内容。这种文档句段是介于答案相关的文档和精确答案之间的中间形式。

因此，典型的问答系统分三个步骤获得候选答案：第一步，利用搜索引擎检索相关文档。第二步，在搜索引擎检索到的相关文档中进一步检索可能包含答案的文档句段。第三步，从可能包含答案的文档句段中抽取精确的答案。

4. 答案抽取

这是系统处理的最后一个环节。前面做的都是为了最后能抽取出正确的答案。答案抽取是问答系统的重要部件，它对从文档句段中抽取出来的相关语句做进一步的语言上的分析来确定精确的候选答案，并对候选答案进行排序。因为问答系统的目标是找出问题的精确答案而不只是相关的文档，所以答案选择是问答系统的一个关键步骤。

答案可能是一句话，或者是几句话，也可能是一个或几个词。如对于那些问时间、地点的问题，就可以用一个或几个词来回答，而对于询问原因、事件的问题就需要一句话或几句话才能回答。所以答案的抽取还需要依据问题的类型。

根据用户提出的问题进行分类，答案源获取方法可以分为基于事实型问题的答案抽取和基于定义型问题的答案抽取。

事实型问题的答案抽取方法主要有：

①简单匹配的方法。对于简单的事实型问题，可以在相关文档句段中简单的抽取和问题的预期答案类型一致的命名实体，如问题期望的答案类型是数值，则从句段中抽取出数值作为一个候选答案。

②利用大规模文档集中数据冗余的方法。其基本思想是，对海量的网页数据集，在含有正确答案的所有文档中，总会存在一些和问题的描述方式相近的答案句子，因此，系统可以不用复杂的语言处理技术，只使用简单的统计方法辅助浅层语言技术就可以确定问题的答案。

③基于多特征的统计机器学习方法。在检索到的候选句段中，可能存在多个满足问题预期语义类型的命名实体或者短语，可将它们作为候选答案，在对这些候选答案进行排序或者选择时，利用句子特征，语言特征，候选答案的 Web 冗余特征等多种特征结合，发挥它们在不同条件下的优势。

基于定义型问题的答案抽取方法中，定义型问题是指对一个概念或者实体定义的提问。例如，问：计算机网络是什么？答：计算机网络就是一些相互连接的、以共享资源目的的、自治的计算机的集合。这类问题的答案在表述时存在一定的模式，可采用这些模式，在大规模语料中进行总结。

5. 语句相似度

为了提高问答系统的效率，常常会把用户经常提到的问题及其对应的答案收集起来，形成常问问题集（FAQ）。问答系统中使用了 FAQ 后，就存在匹配用户提交的问题和 FAQ 库的更新两个主要问题，而解决这两个问题的关键，则在于问题（或称问句）相似度的准确计算。

目前，基于英文语句相似度计算的方法可以大致分为四类：词共现的方法、基于语料的方法、混合的方法和基于关键词的方法。

目前，中文语句相似度计算大致有下面几种方法：基于关键词信息的方法、基于语义信息的方法和基于句法特征的方法。

参考文献

[1] 王知津. 信息存储与检索(第二版)[M]. 北京:机械工业出版社,2016.
[2] 赵泉. 信息检索[M]. 北京:机械工业出版社,2008.
[3] 袁津生,李群,蔡岳. 搜索引擎原理与实践[M]. 北京:北京邮电大学出版社,2008.
[4] 赵丹群. 现代信息检索:原理、技术与方法[M]. 北京:北京大学出版社,2008.
[5] (美)W. Bruce Croft Donald Metzler Trevor Strhman. 搜索引擎:信息检索实践[M]. 刘挺,秦兵,张宇,车万翔,译. 北京,机械工业出版社,2015.
[6] 潘雪峰,花贵春,梁斌. 走进搜索引擎(第2版)[M]. 北京:电子工业出版社,2011.
[7] 罗素一罗丝(Russell-Rose)等. 设计搜索体验:搜索的艺术与科学[M]. CDC 翻客,译. 北京:机械工业出版社,2014.
[8] 钟哲辉. 基于计算机网络的信息检索[M]. 北京:电子工业出版社,2007.
[9] 赵泉. 信息管理基础[M]. 第二版. 北京:机械工业出版社,2007.
[10] 陈海波. 基于自动分词的企业文档搜索引擎设计与实现[D]. 西安:西北工业大学,2007.
[11] 何金凤. 基于中文信息检索的文本预处理研究[D]. 成都:电子科技大学,2008.
[12] 杨薇. 基于主题的搜索引擎研究[D]. 长春:长春工业大学,2007.
[13] 励子闰. 基于 Lucene 搜索引擎的中文全文信息检索技术的研究[D]. 上海:华东师范大学,2009.
[14] 杜伟. 检察专线搜索引擎的设计与实现[D]. 成都:电子科技大学,2014.
[15] 赵旭. 搜索引擎关键技术研究及性能优化——基于 Lucene 的全文检索技术的研究与应用[D]. 无锡:江南大学,2008.
[16] 任磊等. 大数据可视分析综述[J]. 软件学报,2014,25(9):1909—1936.
[17] 崔航,文继荣,李敏强. 基于用户日志的查询扩展统计模型[J]. 软件学报,2003,14(9):1594—1599.
[18] 温子梅. 基于概念的企业信息检索系统[D]. 广州:中山大学,2007.
[19] 倪廓阔,吕学强. 百度搜索日志中查询疑问推荐研究[J]. 小型微型计算机系统,2014,35(2):249—253.
[20] 郑杰. 基于维基百科的垂直搜索查询扩展问题研究[D]. 天津:南开大学,2012.
[21] 刘文娣. P2P 信息检索的研究[D]. 无锡:江南大学,2009.
[22] 郭永明. XML 文档交互式信息检索技术研究[D]. 上海:东华大学,2010.
[23] 徐莹. 信息检索中的查询优化技术研究[D]. 合肥:合肥工业大学,2008.
[24] 张华. 基于 lucene 的手机全文检索功能的设计与实现[D]. 成都:电子科技大学,2014.
[25] 梅翔. 语义检索中若干关键问题的研究[D]. 北京:北京邮电大学,2007.
[26] 赵飞. 对等网环境下的语义检索研究[D]. 西安:西安电子科技大学,2009.
[27] 方志,等. 中外全文检索研究的现状及趋势[J]. 图书·情报·知识,2006(5):71—75.

[28] 李梅,王庆林. 中文全文检索技术的研究及实现[J]. 情报学报,2003,22(2):11—17.
[29] 韩升,刘广志. 全文检索系统的数据预处理研究[J]. 计算机技术与发展,2006,16(3):208—210.
[30] 钱爱兵. 全文检索算法设计及全文检索系统概述[J]. 现代图书情报技术,2003,(2):42—44.
[31] 吴春玉. 中文全文检索系统主题词标引[J]. 情报科学,2004,22(6):720—722.
[32] 王楠. 基于聚类的全文检索系统后处理[J]. 情报杂志 2005(1):12—14.
[33] 张俊林. 这就是搜索引擎:核心技术详解[M]. 北京:电子工业出版社,2012.
[34] 袁野. 企业内网搜索引擎关键技术研究与实现[D]. 成都,电子科技大学,2014.
[35] 胡扬. 企业级元搜索引擎的研究与应用[D]. 上海:复旦大学,2012.
[36] 李凌凌. 企业搜索引擎优化方法与效果的实证研究[D]. 青岛:青岛理工大学,2015.
[37] 任惠静. 基于主题的垂直知识搜索引擎的研究和实现[D]. 贵阳:贵州大学,2010.
[38] 夏盛尔. 第三方技术源获取中的元搜索引擎研究与设计[D]. 大连:大连理工大学,2006.
[39] 孙珊珊. 基于网页聚类的搜索引擎结果排序[D]. 青岛:中国石油大学(华东),2010.
[40] 李信利. 基于信息类别的元搜索引擎研究[D]. 济南:山东大学,2006.
[41] 陈凯. 搜索引擎有关排序算法研究[D]. 武汉:武汉理工大学,2011.
[42] 李红梅等. 搜索引擎中的聚类浏览技术[J]. 中文信息学报,2008,22(3),56—63.
[43] 卢承山. 基于领域的主题信息采集技术研究[D]. 武汉:武汉理工大学,2011.
[44] 张玉连,王莎莎,宋桂江. 基于元搜索的网页去重算法[J]. 燕山大学学报,2011,35(2):121—123+161.
[45] 史培中. 垂直搜索关键技术研究与设计[D]. 郑州:郑州轻工业学院,2009.
[46] 李广丽. 垂直搜索引擎的研究与设计[D]. 南昌:华东交通大学,2008.
[47] 李涛. 垂直搜索的算法研究[D]. 青岛:山东科技大学,2011.
[48] 王晔. 垂直搜索引擎若干问题研究[D]. 上海:复旦大学,2011.
[49] 刘丽杰. 垂直搜索引擎中聚焦爬虫技术的研究[D]. 哈尔滨:哈尔滨工程大学,2012.
[50] 海涛,郑玲,江娟. 垂直搜索引擎中数据采集的主题相关性算法研究[J]. 中国电力教育,2007,S1:108—109.
[51] 史艳. 垂直搜索引擎中主题爬虫技术的研究[D]. 重庆:重庆大学,2012.
[52] 段一飞. 垂直搜索引擎主题特征提取及相关度算法研究[D]. 西安:长安大学,2007.
[53] 黄涵娟. XML 图书社会化搜索关键技术研究[D]. 北京:华北电力大学,2014.
[54] 赵喜燕. 基于不确定信息的个人信息搜索方法研究[D]. 天津:天津理工大学,2014.
[55] 马腾腾,赵宇翔,朱庆华. 国外移动视觉搜索产品的比较分析研究[J]. 图书馆杂志,2016,35(9):81—88.
[56] 张兴旺,黄晓斌. 国外移动视觉搜索研究述评[J]. 中国图书馆学报,2014,40(211):114—128.
[57] 张峰. 论移动搜索[J]. 情报杂志,2008(3):115—117.
[58] 杜杏兰,杨彦格. 移动搜索业务研究[J]. 信息通信技术,2009(02):5—9.

[59] 牟晓霞. 我国移动搜索业务发展研究[D]. 北京:北京邮电大学,2007.

[60] 王知津,韩正彪,周鹏. 网络信息移动搜索的结构框架与技术机理探讨[J]. 图书馆工作与研究,2010(177):4－7.

[61] 陈意. 垂直搜索中自动信息抽取关键技术的研究与实践[D]. 杭州:浙江大学,2007.

[62] 杨小丹. 面向教育资源搜索引擎的研究与实现[D]. 成都:电子科技大学,2015.

[63] 沈琦. 移动搜索的产业链及其盈利模式研究——从手机移动搜索谈起[D]. 上海:华东师范大学,2007.

[64] 汪清杰,陈桂鸿. 移动搜索技术探析[J]. 情报探索,2009,(6):95－98.

[65] 孙育华. 博客搜索的研究[D]. 成都:电子科技大学,2010.

[66] 闫瑞. 博客数据特征提取与基于分类的垃圾博客过滤[D]. 合肥:中国科学技术大学,2009.

[67] 刘明珠,杨建林. 微博搜索、网页搜索对用户信息需求满足能力的对比分析——以新浪微博搜索、百度搜索为例[J]. 图书与情报,2016,(05):126－136.

[68] 何佳等. 基于社会化标注的网页搜索算法综述[J]. 小型微型计算机系统,2014,35(06):1281－1285.

[69] 傅丽君. 社会化标签与分类集成的信息导航结构及其应用研究[D]. 杭州:浙江理工大学,2013.

[70] 李枫林,等. 社会化搜索的信息收益与分享行为研究[J]. 情报理论与实践,2013,36(11),53－56.

[71] 陈玉. Web2.0环境下的社会化搜索研究[J]. 情报探索,2010,(9),109－111.

[72] 汤丽娟. 多语言标签聚类及其应用研究[D]. 南京:南京理工大学,2013.

[73] 白劲波. 基于社会化标注的群体知识形成机理及机制研究[D]. 哈尔滨:哈尔滨工程大学,2014.

[74] 程时端,郭亮,王文东. 社会搜索研究综述[J]. 北京邮电大学学报,2013,36(1),1－13.

[75] 林禹. 保险行业桌面搜索引擎设计与实现[D]. 天津:南开大学,2008.

[76] 卫冰洁,等. 微博检索的研究进展[J]. 中文信息学报,2015,29(2):10－23.

[77] Teevan J. ,Ramage D. ,Morris M. R. #TwitterSearch:a comparison of microblog search and web search[C]//Proceedings of the fourth ACM international conference on Web search and data mining. Hong Kong,China. 2011:35－44.

[78] 吴笛. 面向博客空间的搜索排序研究[D]. 天津:南开大学,2007.

[79] 林鹏祥. 微博信息检索系统研究与开发[D]. 武汉:华中师范大学,2014.

[80] 李晓鑫. 桌面搜索引擎设计[J]. 电脑知识与技术,2011,7(20):4949－4951.

[81] 李伟超. 桌面搜索引擎评析[J]. 现代情报,2007,(12):211－213.

[82] 丁明. 一个语义桌面系统的设计与实现[D]. 南京:东南大学,2007.

[83] 占南,谢阳群,汪传雷. 从国际个人信息管理专题研讨会(ISPIM)看当前个人信息管理研究的热点[J]. 图书情报工作,2011,55(24):6－14.

[84] 吉向文,张世永. 个人信息检索概述[J]. 计算机应用与软件,2010,27(2):137－140.

[85] 刘博文. 分布式企业搜索引擎的设计与实现[D]. 杭州:浙江大学,2015.
[86] 王文娟,何利力,廖化生. 基于本体的企业搜索引擎研究[J]. 工业控制计算机,2012,25(2):91—92.
[87] 朱崇来. 基于 Lucene 的企业搜索引擎系统研究与实现[D]. 重庆:重庆理工大学,2012.
[88] 陈珊. 企业跨界搜索发展、内涵和提升机理研究综述[J]. 特区经济,2013,(12):222—223.
[89] 王延江. 企业搜索引擎排序技术的研究[D]. 大连:大连海事大学,2016.
[90] 刘明. 基于移动 Agent 和最优搜索的分布式信息检索系统研究[D]. 成都:电子科技大学,2013.
[91] 操牡丹. 基于知识库的企业异构数据集成[D]. 北京:北京邮电大学,2010.
[92] 陈娴. 企业信息共享关键技术研究[D]. 西安:西安电子科技大学,2010.
[93] 余波,黎海波. 即时搜索引擎及其发展趋势探析[J]. 情报科学,2012,30(4):633—636.
[94] 董元元. 文本分类中特征提取相关技术研究与实现[D]. 桂林:桂林理工大学,2012.
[95] 耿骞,赖茂生. 自然语言检索的实现及其关键问题[J]. 情报科学,2007,25(5):733—741.
[96] 司莉,贾欢. 2004～2014 年我国多语言信息组织与检索研究进展与启示[J]. 情报学报,2015,34(6):662—672.
[97] 孙耀. 基于跨语言信息检索的企业竞争情报收集系统模型研究[D]. 青岛:山东科技大学,2011.
[98] 胡志敏. 互联网文本自动文摘技术的研究[D]. 湘潭:湘潭大学,2010.
[99] 何秀. 隐私保护增强的上下文感知搜索[D]. 太原:太原理工大学,2013.
[100] 周玲元,段隆振. 基于情境感知的图书馆移动信息服务研究[J]. 图书馆理论与实践,2015,(07):71—74.
[101] 曾子明,陈贝贝. 融合情境的智慧图书馆个性化服务研究[J]. 图书馆论坛,2016,(2):57—63.
[102] 洪颖. 基于情境感知的信息检索研究综述[J]. 图书情报知识,2014,58(16):143—148.
[103] 周新. 情境感知的物联网信息检索技术研究[D]. 大连:大连海事大学,2011.
[104] 张俊丽. 文本分类中的关键技术研究[D]. 武汉:华中师范大学,2008.
[105] 许高建. 文本挖掘关键技术研究及实现[D]. 合肥:合肥工业大学,2007.
[106] 潘旭伟,等. 情境感知的自适应个性化信息服务体系框架研究[J]. 情报学报,2011,30(5):514—521.
[107] Allan J,Aslam J,Belkin N,et al. Challenges in information retrieval and language modeling[R]. Report of a Workshop Held at the Center for Intelligent Information Retrieval. Amherst: University of Massachusetts Amherst,2002.
[108] 方洁,龚立群. 信息行为研究中的情境研究[J]. 价值工程,2016,35(27):244—246.

[109] 寿亦敏. 跨语言信息检索的国内外比较研究[J]. 情报资料工作,2009,(4):53—57.
[110] 陈树清. 基于向量空间模型的文本分类研究与应用[D]. 广州:广东工业大学,2010.
[111] 何儒云,汤艳莉. 智能化信息检索研究[J]. 图书馆,2003(3).
[112] 李益. 基于多 Agent 的智能搜索引擎系统研究[D]. 哈尔滨工业大学: 2004.
[113] 陈鑫. 中文智能搜索引擎[D]. 四川大学:四川大学,2004.
[114] 刘琨. 搜索引擎的研究与实现[D]. 西安电子科技大学, 2004.
[115] 刘兵. 基于 MIDlet/J2EE 及机器翻译的元搜索引擎的研究及实现[D]. 上海:同济大学,2007.
[116] 戴雪梅. 面向购物的聚类搜索引擎的研究与实现[D]. 北京:北京交通大学,2011.
[117] 李向伟,康毓秀. 基于内容的视频检索与挖掘关键技术研究[J]. 软件,2014,35(8):26—31.
[118] 彭宇新,Ngo Chong-Wah,郭宗明,等. 基于内容的视频检索关键技术[J]. 计算机工程,2004,30(1):14—16.
[119] 李宗民,于广斌,刘玉杰. 基于内容的视频检索关键技术研究[J]. 情报科学,2004,22(7):851—852.
[120] 邵虹,文成,赵宏. 基于内容的图像检索技术研究[J]. 小型微型计算机系统,2003,24(10):1845—1848.
[121] 王晓林. 基于内容的视频信息检索技术研究与实现[D]. 西安:西安电子科技大学,2013.
[122] 韩杰. 基于概念层次网络理论的限定领域问答系统研究[D]. 南京:东南大学,2007.
[123] 严奉伟. 基于过滤机制的移动搜索方法研究[D]. 武汉,华中科技大学,2012.
[124] 刘娟. 基于移动搜索的查询扩展算法研究[D]. 秦皇岛:燕山大学,2010.
[125] 邱宗国. 互联网环境下中小型企业定制化信息服务模式研究[D]. 武汉:华中科技大学,2012.
[126] 刘勇. 大数据背景下基于网络结构的推荐系统的研究[D]. 北京:北京交通大学,2015.
[127] 孟祥武,纪威宇,张玉洁. 大数据环境下的推荐系统[J]. 北京:北京邮电大学学报,2015,38(2):1—15.
[128] 李翠平,等. 大数据与推荐系统[J]. 大数据,2015,(03):2015026—1～2015026—13.
[129] 盖亮. 电子商务推荐系统的研究与实现[D]. 天津:天津大学,2007.
[130] 青海. 电子商务推荐系统核心技术研究[D]. 北京:北京工业大学,2009.
[131] 冯婧禹. 泛在学习环境下学习资源推荐系统的研究与设计[D]. 北京:北京交通大学,2015.
[132] 孙远帅. 基于大数据的推荐算法研究[D]. 厦门:厦门大学,2014.
[133] 王晓军. 基于点击流控制和实时标签推荐[D]. 杭州:浙江大学,2012.
[134] 叶红霞. 基于多模型的移动电子商务推荐系统[D]. 苏州:苏州大学,2013.
[135] 张振亚. 基于文本信息检索的知识发现技术研究[D]. 合肥:中国科学技术大学,2004.

[136] 潘超. 基于领域本体的个性化信息检索模型研究[D]. 南京:江苏大学,2013.
[137] 陈琛. 基于社会化标签的个性化搜索研究[D]. 扬州:扬州大学,2008.
[138] 秦玉珠. 基于社会化标签的个性化推荐算法研究[D]. 哈尔滨:哈尔滨工程大学,2014.
[139] 吴良虎. WEB文章个性化推荐系统设计与实现[D]. 南京:东南大学,2014.
[140] 韩学铃. 基于CBR和Web日志挖掘的电子商务推荐系统研究[D]. 西安:西安电子科技大学,2012.
[141] 周春荣. 百度团购个性化推荐引擎的设计与实现[D]. 北京:北京交通大学,2015.
[142] 余肖生,程怡凡. 基于关键词集合的信息搜索推荐研究[J]. 图书馆学研究,2012(7):65—68.
[143] 陈琳. 基于搜索引擎的问答系统若干关键技术研究与实现[D]. 天津:天津大学,2008.
[144] 张娜. 电子商务环境下的个性化信息推荐服务及应用研究[D]. 合肥:合肥工业大学,2007.
[145] 林霞. 个性化信息检索技术在勘探门户中的应用研究[D]. 西安:西安石油大学,2011.
[146] 刘鹏鹏. 面向患者需求的医学搜索引擎的研究与实现[D]. 杭州:浙江大学,2010.
[147] 邸书灵. Agent联盟和流形学习在中文问答系统中的应用研究[D]. 天津:天津大学,2010.
[148] 强继朋. FAQ问答系统中的问句相似度研究[D]. 合肥:合肥工业大学,2013.
[149] 宋万鹏. 短文本相似度计算在用户交互式问答系统中的应用[D]. 合肥:中国科学技术大学,2010.
[150] 王江南. 规划识别在问答系统中的应用[D]. 镇江:江苏科技大学,2012.
[151] 张耀允. 基于用户意图分析的交互式问答技术研究[D]. 哈尔滨:哈尔滨工业大学,2012.
[152] 贾俊尧. 开放域问答系统答案源获取方法研究与实现[D]. 太原:太原理工大学,2012.
[153] 段利国. 开放域中文问答系统关键技术研究[D]. 太原:太原理工大学,2011.
[154] 李沛晏,朱露,吴多胜. 问答系统综述[J]. 数字技术与应用,2015,(04),69+71.
[155] 蔡宏志. 个性化信息推荐服务模式[J]. 情报知识,2006,(09),116—118+121.
[156] 孟祥武,王凡,史艳翠,张玉洁. 移动用户需求获取技术及其应用[J]. 软件学报,2014,25(3)::439—456.
[157] 车丰. 基于排序主题模型的论文推荐系统[D]. 大连:大连海事大学,2015.